BARTHOLOMEW

EUROPE ATLAS
AND DRIVER'S GUIDE

First published MCMLXXXIX by
John Bartholomew & Son Ltd
Duncan Street
Edinburgh EH9 1TA

Copyright © John Bartholomew & Son Ltd MCMLXXXIX

All Rights Reserved. No part of this publication may be reproduced, stored in a retrieval system, or transmitted in any form or by any means, electronic, mechanical, photocopying, recording or otherwise, without the prior permission of John Bartholomew & Son Ltd.

ISBN 0 7028 0882 2

Printed in Scotland by John Bartholomew & Son Ltd

Details included in this atlas are subject to change without notice. Whilst every effort is made to keep information up to date John Bartholomew & Son Ltd will not be responsible for any loss, damage or inconvenience caused by inaccuracies in this atlas. The publishers are always pleased to acknowledge any corrections brought to their notice, and record their appreciation of the valuable services rendered in the past by map users in assisting to maintain the accuracy of their publications.

CONTENTS

ZONE COUVERTE PAR LES CARTES (page de garde-devant)	AREA COPERTA DALLE CARTE (carta frontale)		MAP COVERAGE (Front end-paper)	KARTENBEREICH (vorderes Vorsatzblatt)
INTRODUCTION	**SEZIONE INTRODUTTIVA**		**INTRODUCTORY SECTION**	**EINFÜHRUNGSTEIL**
Europe-général	Europa-generale	iv	Europe-general	Europa-allgemein
Bacs pour autos	Navi-traghetto per automobili	v	Car ferries	Autofähre
Hiver	Inverno	vi	Winter	Winter
Eté	Estate	vii	Summer	Sommer
localité de villégiatures	località di villeggiature	viii	Resort Areas	Urlaubsbereiche
localité de villégiatures suédoises	località di villeggiature svedese	ix	Swedish Resort Areas	schwedische Urlaubsbereiche
localité de villégiatures françaises	località di villeggiature francese	x	French Resort Areas	französische Urlaubsbereiche
localité de villégiatures italiennes	località di villeggiature italiane	xi	Italian Resort Areas	italienische Urlaubsbereiche
localité de villégiatures alpines	località di villeggiature alpine	xii	Alpine Resort Areas	alpinische Urlaubsbereiche
localité de villégiatures alpines	località di villeggiature alpine	xiii	Alpine Resort Areas	alpinische Urlaubsbereiche
localité de villégiatures espagnoles	località di villeggiature spagnole	xiv	Spanish Resort Areas	spanische Urlaubsbereiche
localité de villégiatures espagnoles	località di villeggiature spagnole	xv	Spanish Resort Areas	spanische Urlaubsbereiche
localité de villégiatures yougoslaves	località di villeggiature iugoslave	xvi	Yugoslavian Resort Areas	jugoslawische Urlaubsbereiche
CARTES ROUTIERES	**CARTE AUTOMOBILISTICHE**		**ROAD MAPS**	**STRASSENKARTEN**
Légende	Segni convenzionale		Key	Zeichenerklärung
Europe, échelle 1/932 835e (page de garde-devant)	Europa, allo 1/932 835 (vedere carta frontale)	2-75, 92	Europe at 1:932 835 (see front end-paper)	Europa, Maßstab 1:932 835 (vorderes Vorsatzblatt)
PLANS DE VILLES	**PIANTE DELLE CITTA**		**TOWN PLANS**	**STADTPLÄNE**
Amsterdam, Basel, Bruxelles, Frankfurt	Amsterdam, Basel, Bruxelles, Frankfurt	76	Amsterdam, Basel, Bruxelles, Frankfurt,	Amsterdam, Basel, Bruxelles, Frankfurt
Genève, Göteborg, København, Köln	Genève, Göteborg, København, Köln	77	Genève, Göteborg, København, Köln	Genève, Göteborg, København, Köln
London	London	78-79	London	London
Lisboa, Madrid, Marseille, Milano	Lisboa, Madrid, Marseille, Milano	80	Lisboa, Madrid, Marseille, Milano	Lisboa, Madrid, Marseille, Milano,
München, Roma, Stockholm, Wien	München, Roma, Stockholm, Wien	81	München, Roma, Stockholm, Wien	München, Roma, Stockholm, Wien
Paris	Paris	82-83	Paris	Paris
CARTES ROUTIERES	**CARTE AUTOMOBILISTICHE**		**ROAD MAPS**	**STRASSENKARTEN**
Europe, échelle 1/1 865 672e (page de garde-devant)	Europa, allo 1/1 865 672 (vedere carta frontale)	84-91	Europe at 1:1 865 672 (see front end-paper)	Europa, Maßstab 1:1 865 672 (vorderes Vorsatzblatt)
TABLEAU DE DISTANCES	**TABELLA DELLE DISTANZE**	93-95	**DISTANCE TABLES**	**ENTFERNUNGSTAFELN**
GUIDE POUR CHAUFFEURS	**GUIDA PER L'AUTISTA**	96-104	**DRIVER'S GUIDE**	**HINWEISE FÜR AUTOFAHRER**
INDEX	**INDICE**	105-144	**INDEX**	**INDEX**

Europe—General

Winter

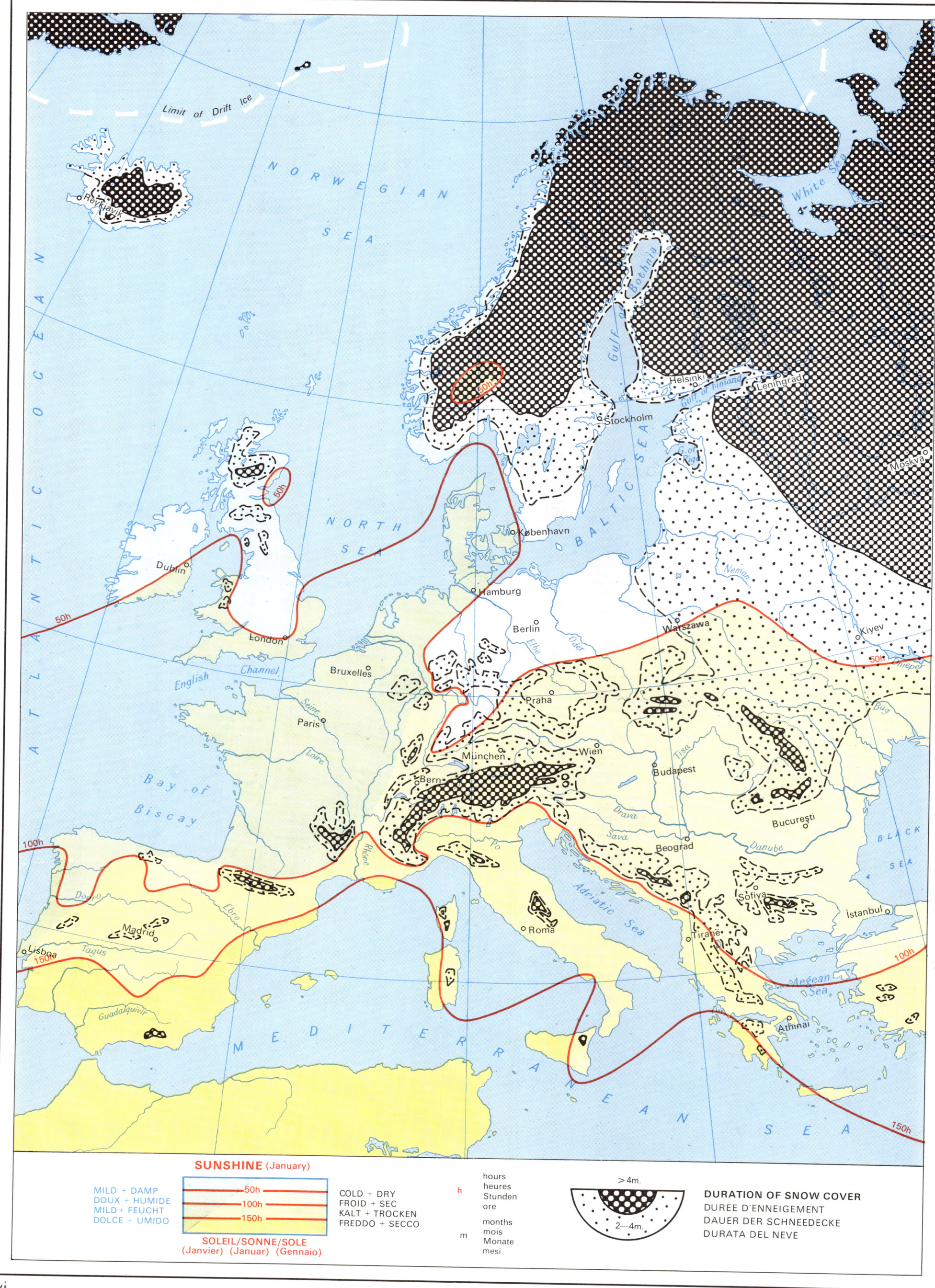

EUROPEAN RESORT AREAS

motorway — autoroute / Autobahn / autostrada	**cable car** — téléphérique / Seilbahn / funivia
motorway under construction — autoroute en construction / Autobahn im Bau / autostrada in costruzione	**viewpoint** — belvédère / schöne Aussicht / bel panorama
main road/under construction — route principale/en construction / Durchfahrtsstraße/im Bau / strada principale/in costruzione	**airport** — aéroport / Flughafen / aeroporto
other roads/under construction — autres routes/en construction / übrige Straßen/im Bau / altre strade/in costruzione	**shrine** — sanctuaire / Heiligtum / santuario
ferry — bac / Fähre / traghetto	**ancient site** — site antique / antikes Baudenkmal / antichita o rovine
mountain railway — funiculaire / Bergbahn / funicolare	**height in metres** — altitude en mètres / Höhe in Meter / altitudine in metri
	lighthouse — phare / Leuchtturm / faro
	port — port / Hafen / porto
	forest — forêt / Wald / foresta

RESORT AREAS / Localité de villégiatures / Urlaubsbereiche / Località di villeggiature

- **A** Bohuslän
- **B** Göteborg-Falkenberg
- **C** Stockholm
- **D** Côte d'Emeraude — St. Malo
- **E** Côte d'Azur
- **F** Riviera
- **G** Adriatic — Rimini
- **H** Riviera di Levante
- **J** Nápoli — Salerno
- **K** Luzern — St. Gallen
- **L** Berner Oberland
- **M** Haute Savoie
- **N** Salzburg
- **O** Innsbruck
- **P** Maggiore — Como
- **Q** Côte Basque — San Sebastián
- **R** Lisboa
- **S** Costa del Sol
- **T** Costa Brava
- **U** Costa Dorada
- **V** Costa Blanca
- **W** Istria — Rijeka
- **X** Dalmatia — Split
- **Y** Dalmatia — Dubrovnik

Italian Resort Areas

ADRIATIC - RIMINI

RIVIERA DI LEVANTE

NÁPOLI - SALERNO

Alpine Resort Areas

Luzern – St. Gallen

Berner Oberland

Haute Savoie

1:466 418

Alpine Resort Areas

Spanish Resort Areas

COSTA BRAVA
COSTA DORADA
COSTA BLANCA

KEY

1-75	84-92	
		motorway with junction / autoroute et accès / Autobahn mit Kreuzung / autostrada con stazione
		motorway under construction/projected / autoroute en construction/en projet / Autobahn im Bau/geplant / autostrada in costruzione/in progetto
		trunk road / grand itinéraire / Fernverkehrsstraße / strada di grande comunicazione
		main road / route principale / Durchfahrtsstraße / strada principale
		other roads / autres routes / übrige Straßen / altre Strade
40 / 14 26	40	**distances in kilometres** / distances en kilomètres / Entfernungen in kilometer / distanze chilometriche
E25 (E45)Future / N IV N 430	E3 (E90)Future	**road numbering** / numérotage des routes / Straßennumerierung / numerazione delle strade
TOLL		**toll road** / route à péage / Zollpflichtige Straße / strada a pedaggio
		car ferry / bac pour autos / Autofähre / autotraghetto
		railway / chemin de fer / Eisenbahn / ferrovia
		pass col / Paß / passo **tunnel** tunnel / Tunnel / galleria
		airport / aéroport / Flughafen / aeroporto
		international boundary / frontière national / Staatsgrenze / confine di stato
		regional boundary / limite régionale / Bezirksgrenze / confine di regione
CH	GR	**identification letters** / plaques nationales / Landeszeichen / sigla nazionale
.1654	△965	**height in metres** / altitude en mètres / Höhe in meter / altitudine in metri
		canal / canal / Kanal / canale
		marsh / marais / Marsch / palude
	RUINAS	**ancient site** / site antique / antikes Baudenkmal / antichita o rovine
		resort areas / localité de villégiature / Urlaubsbereiche / localita di villeggiatura
ROMA	Wien	**see pages 76-83** / voyez pages 76-83 / siehe Seiten 76-83 / vedere pagine 76-83

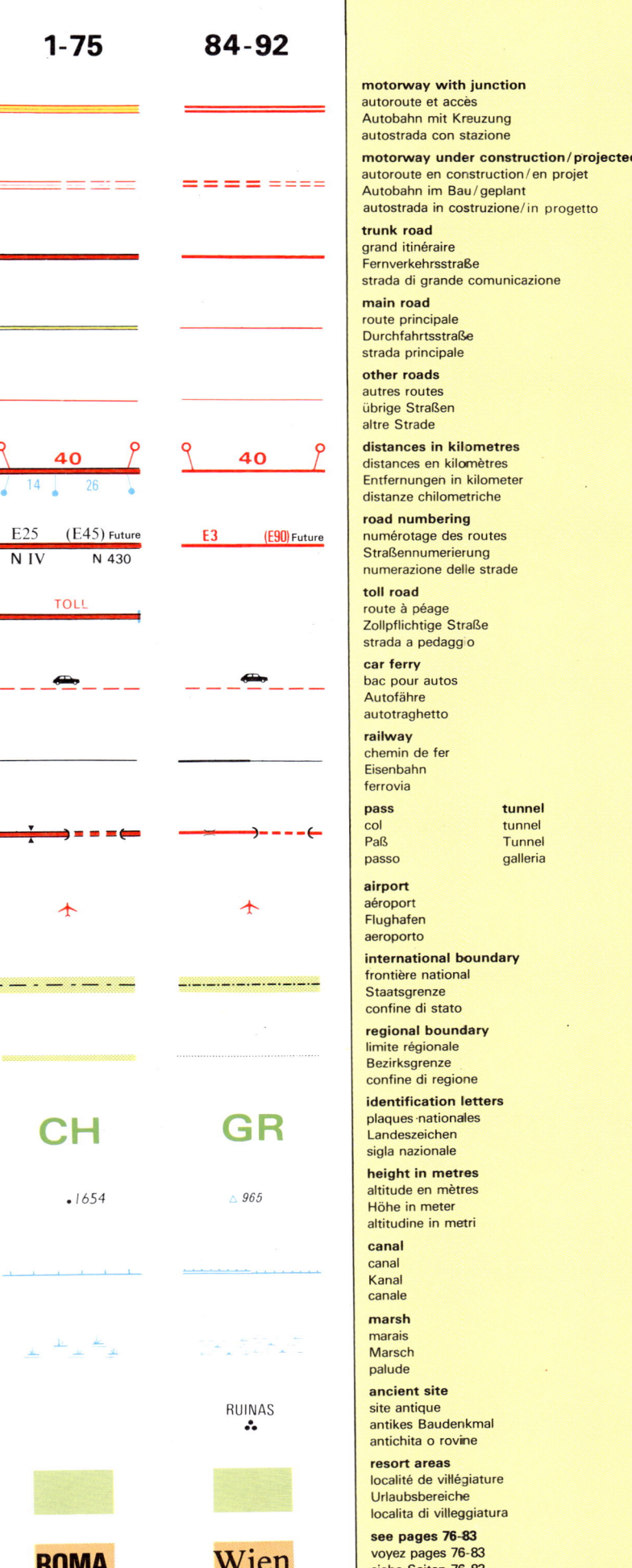

2 North & Central Scotland

Heights in feet 1:932 835 Distance in miles between circled points

North & Central Scotland 3

4 North England & South Scotland

North England & South Scotland

6 South England & Wales

Distances in miles between circled points   1:932 835   Heights in feet

South England & Wales

8 Ireland

Distances in miles between circled points

1:932 835

Heights in feet

10 South Finland

1 : 932 835

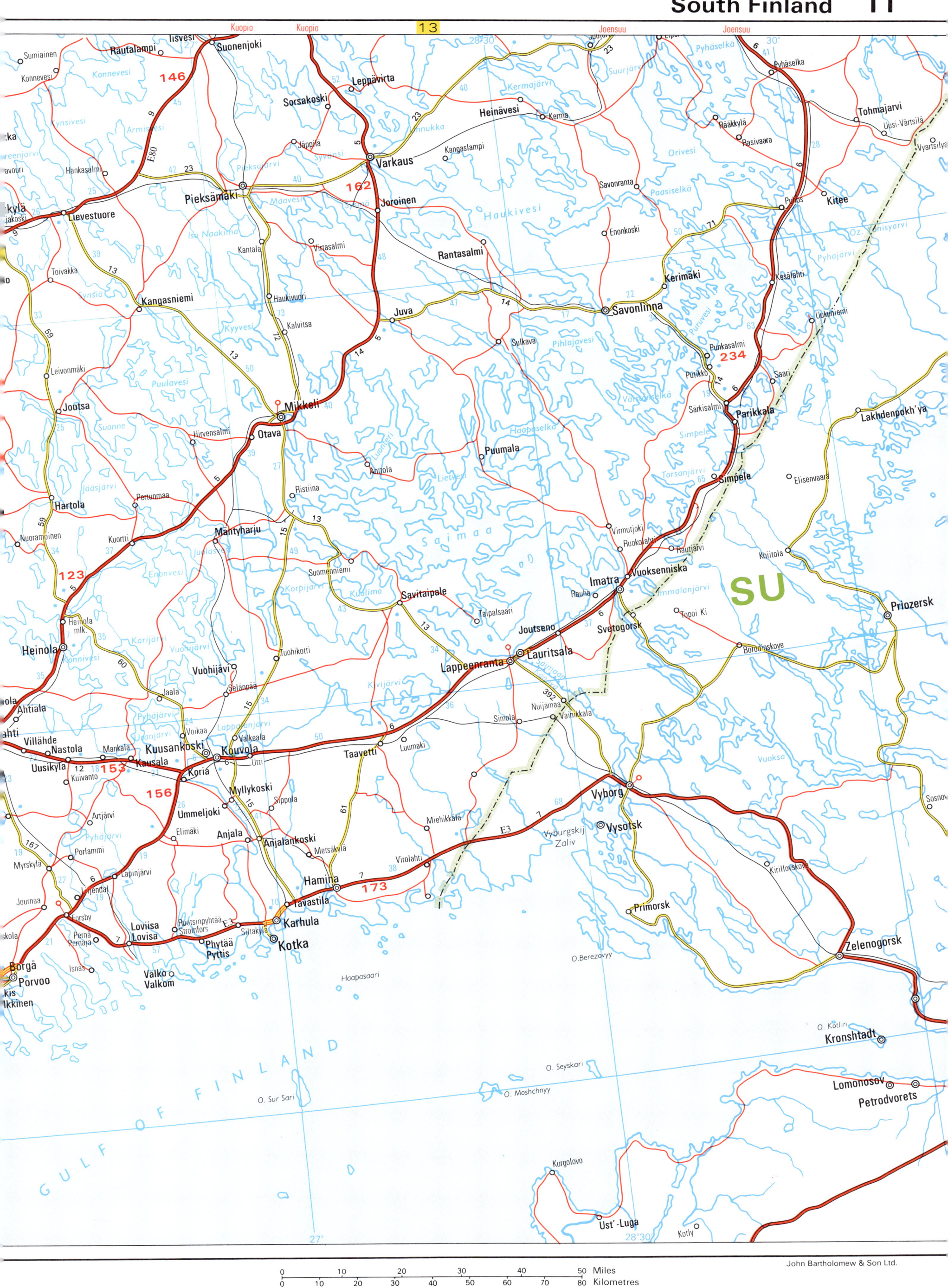

12 Central Finland

Central Finland 13

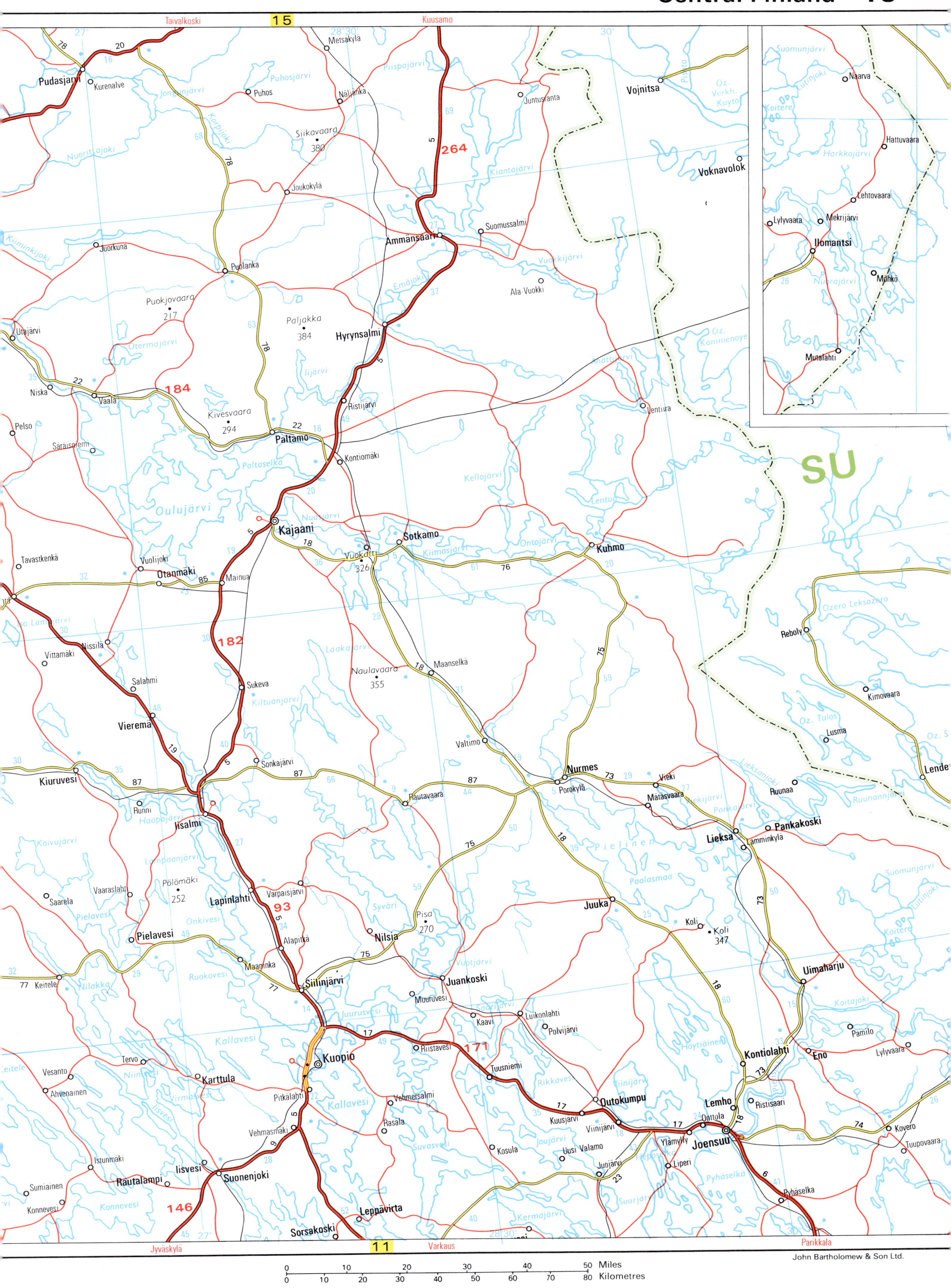

14 North East Sweden and Northern Finland

1:932 835

North East Sweden and Northern Finland 15

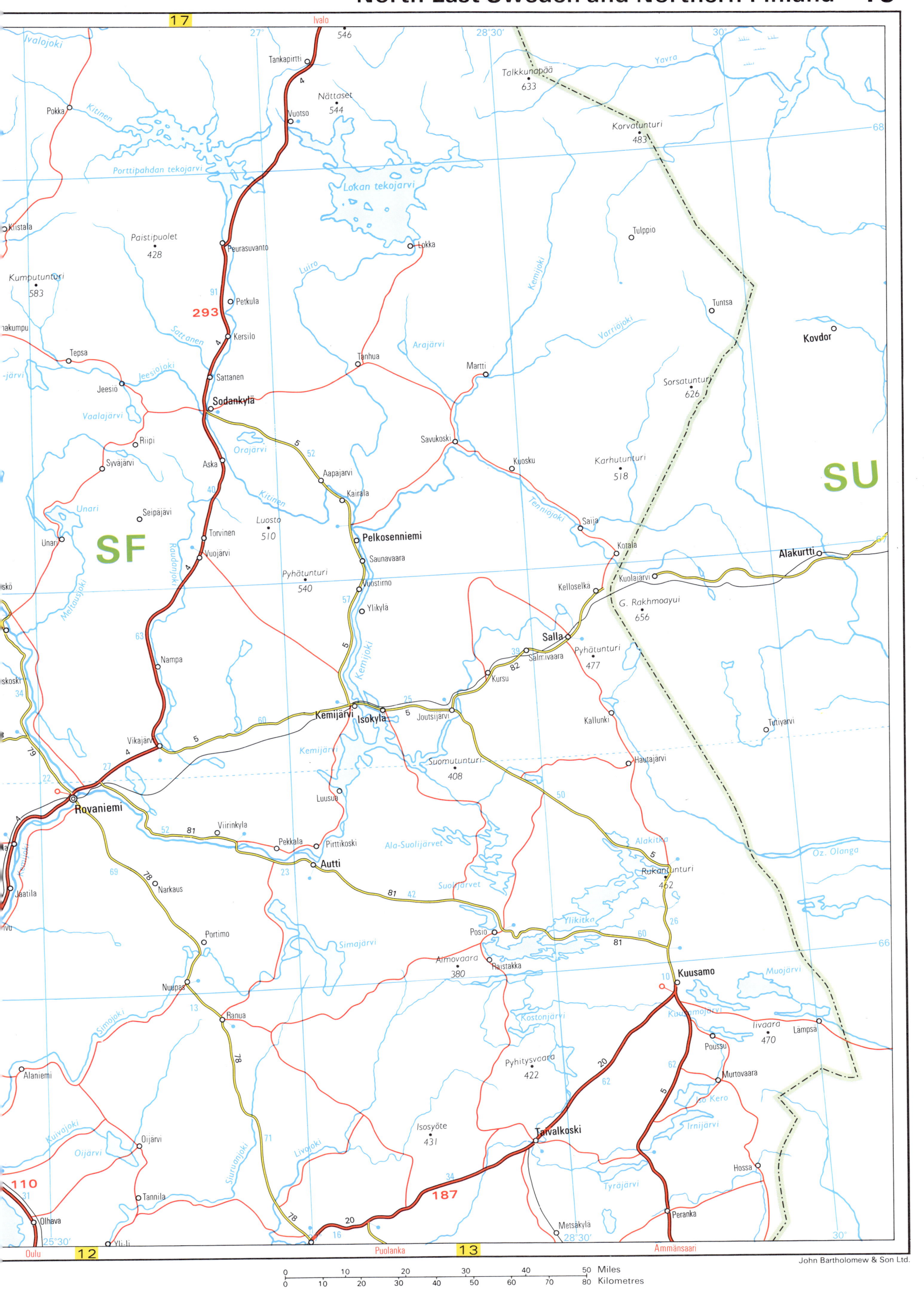

16 North Cape

1:932 835

North Cape 17

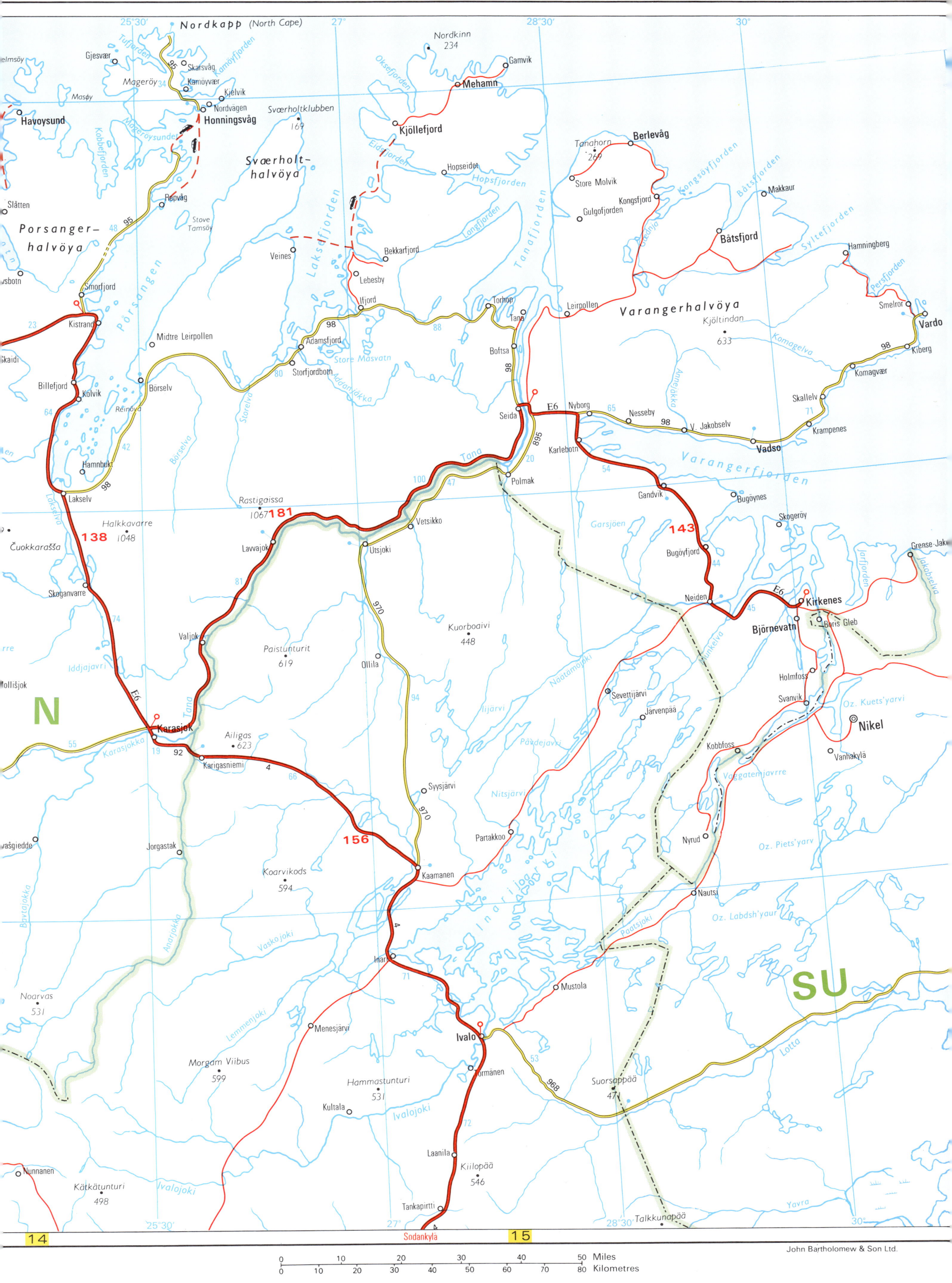

18 Narvik and North Sweden

1:932 835

Narvik and North Sweden 19

20 Mo i Rana, Storuman and Umeå

Mo i Rana, Storuman and Umeå 21

22 Trondheim

1:932 835

Trondheim 23

24 Central Sweden

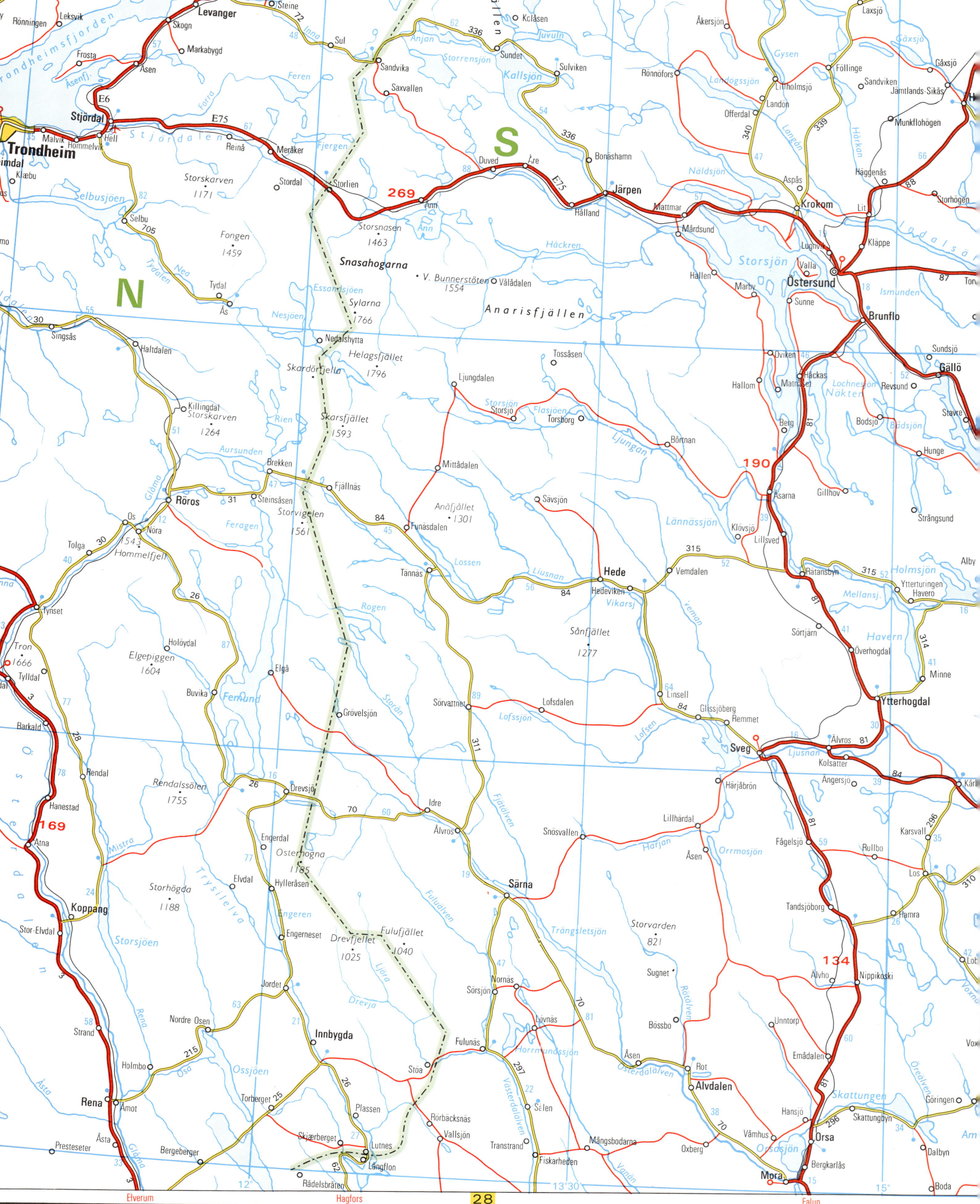

1:932 835

Central Sweden 25

26 South Norway

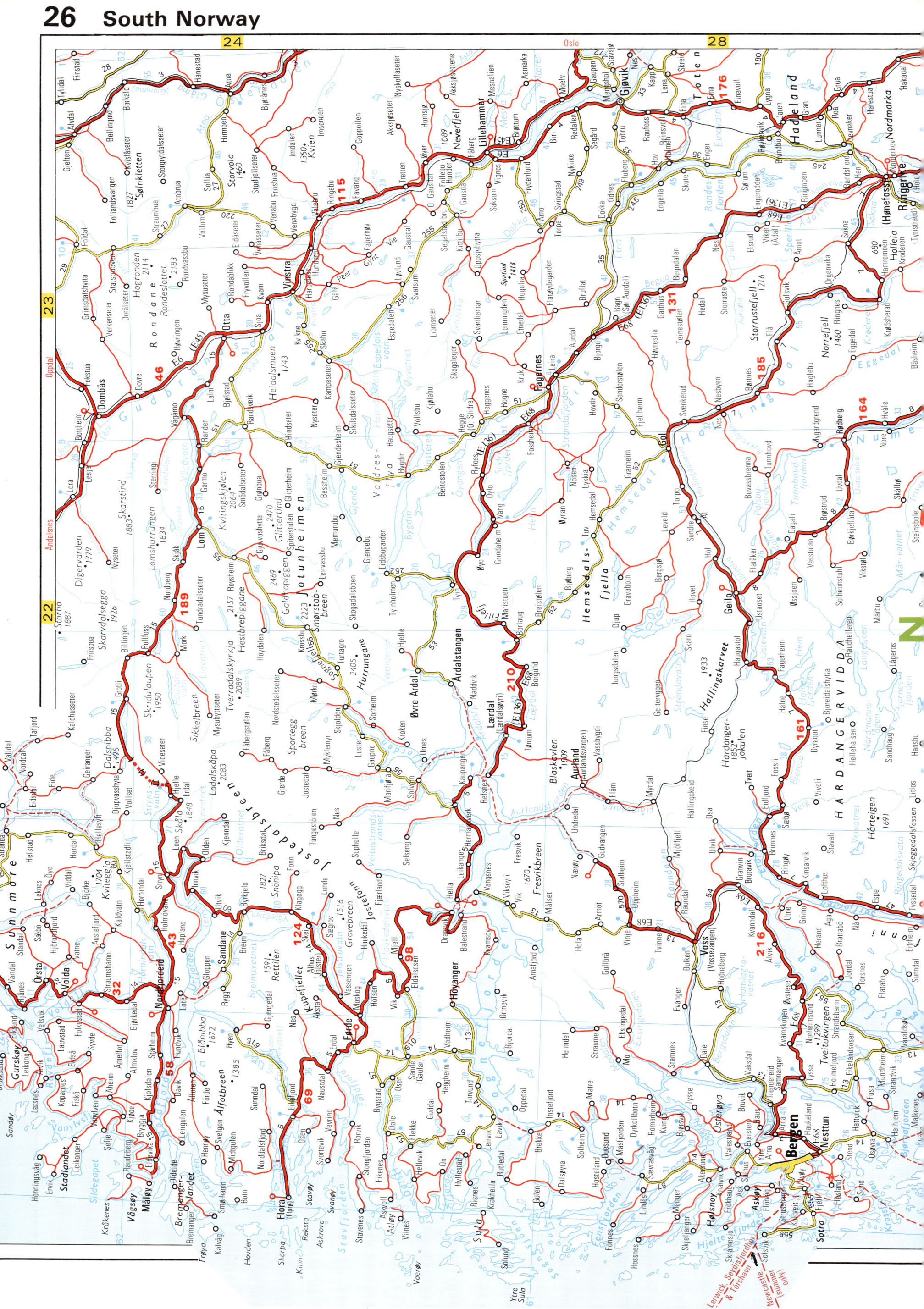

South Norway 27

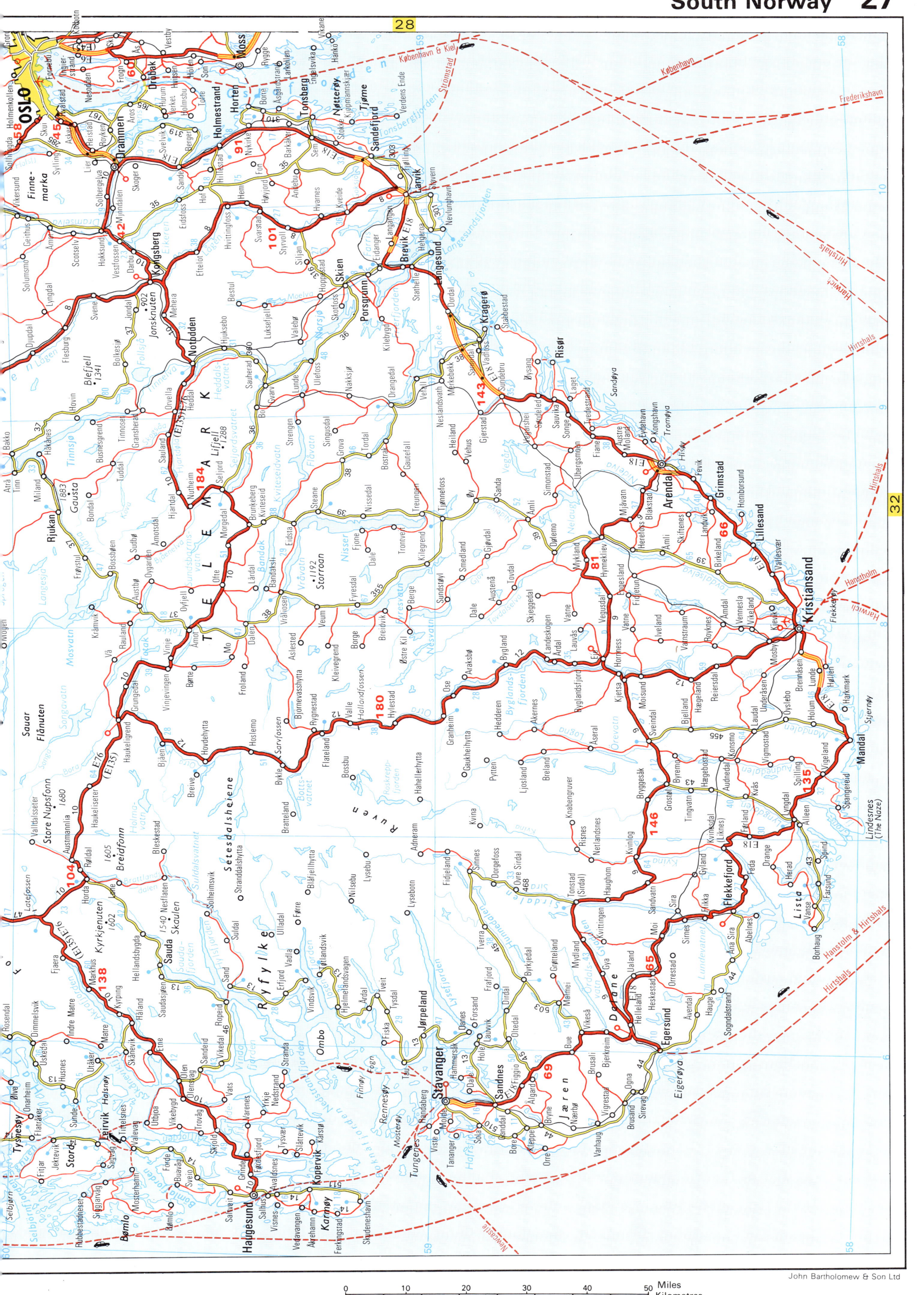

28 Oslo - Stockholm

Oslo - Stockholm 29

South Sweden 31

Denmark

Denmark 33

34 East England & The Low Countries

Distances in miles (GB) between circled points
1:932 835

East England & The Low Countries 35

36 North Germany

1:932 835

North Germany 37

38 North France & Belgium

1:932 835

North France & Belgium 39

40 Frankfurt - Nürnberg - Dresden

1:932 835

Frankfurt - Nürnberg - Dresden 41

42 Brittany & Normandy

1:932 835

Brittany & Normandy 43

44 The Loire

1:932 835

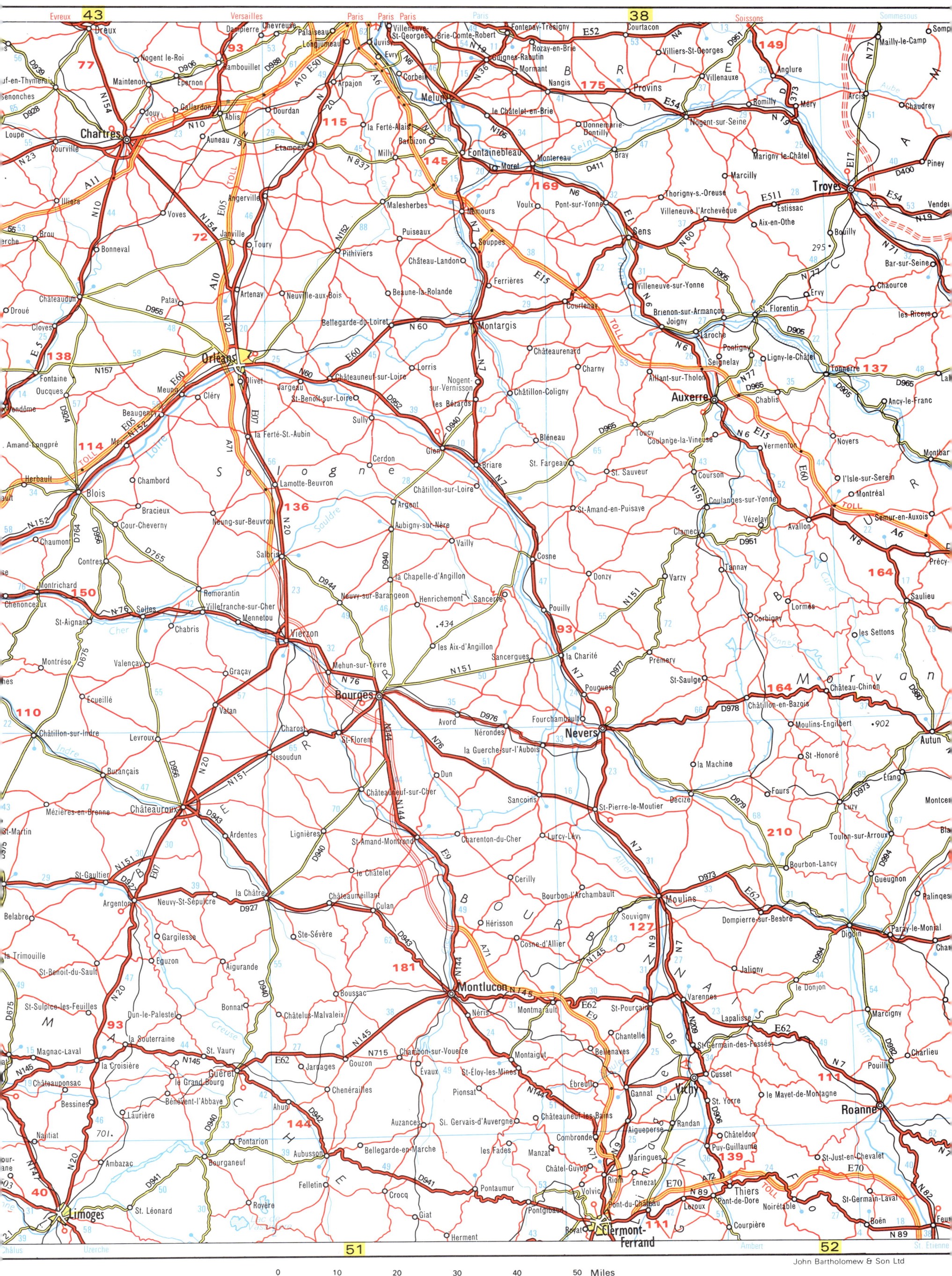

46 French Alps & Switzerland

1:932 835

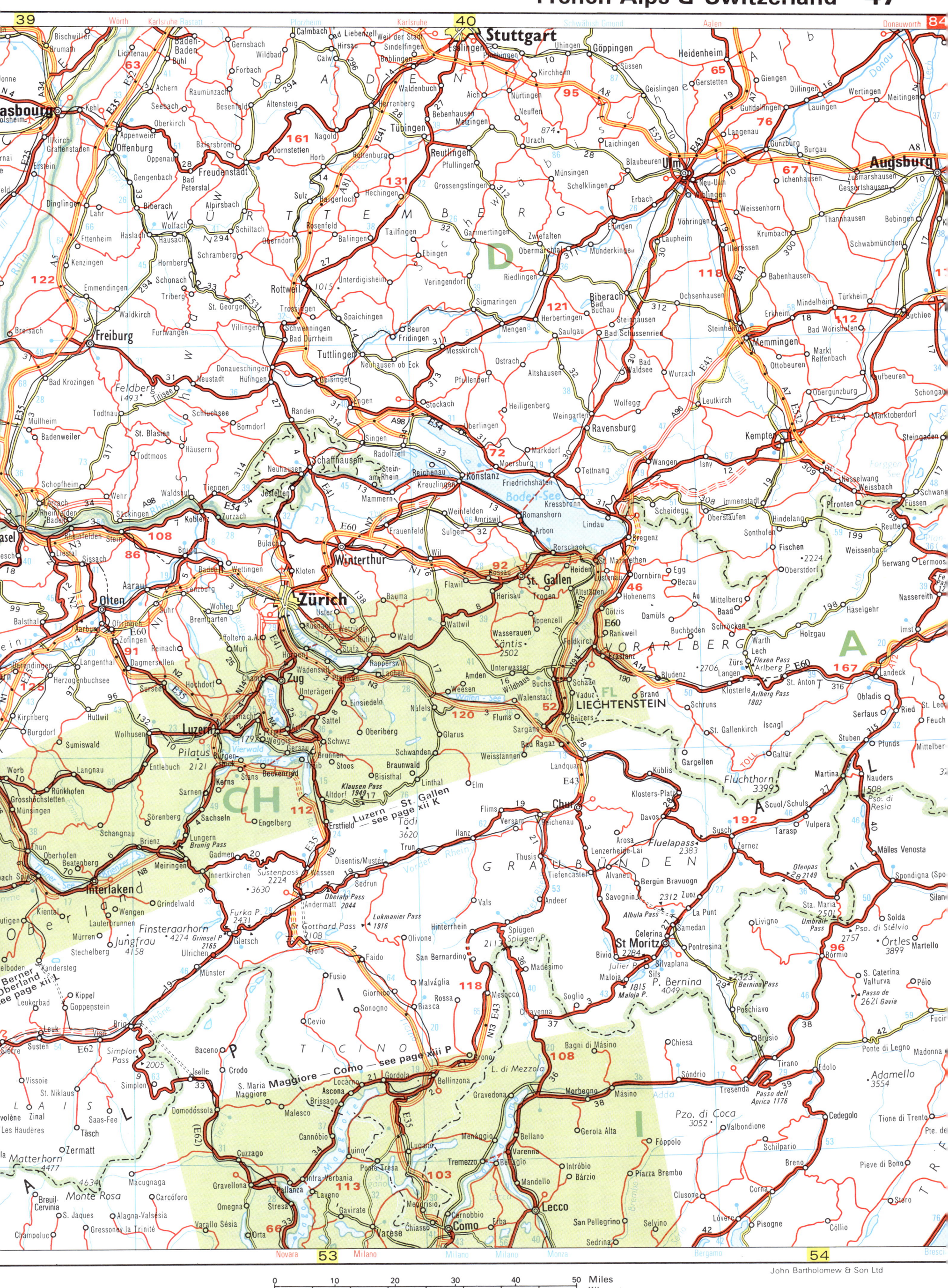

48 Austria & South Germany

1:932 835

50 Bordeaux & The Dordogne

Bordeaux & The Dordogne 51

Lyon - Marseille - Milano - Génova 53

54 Firenze, Venézia & North Yugoslavia

Firenze, Venézia & North Yugoslavia 55

56 Roma & Napoli

Roma & Napoli 57

58 South Italy

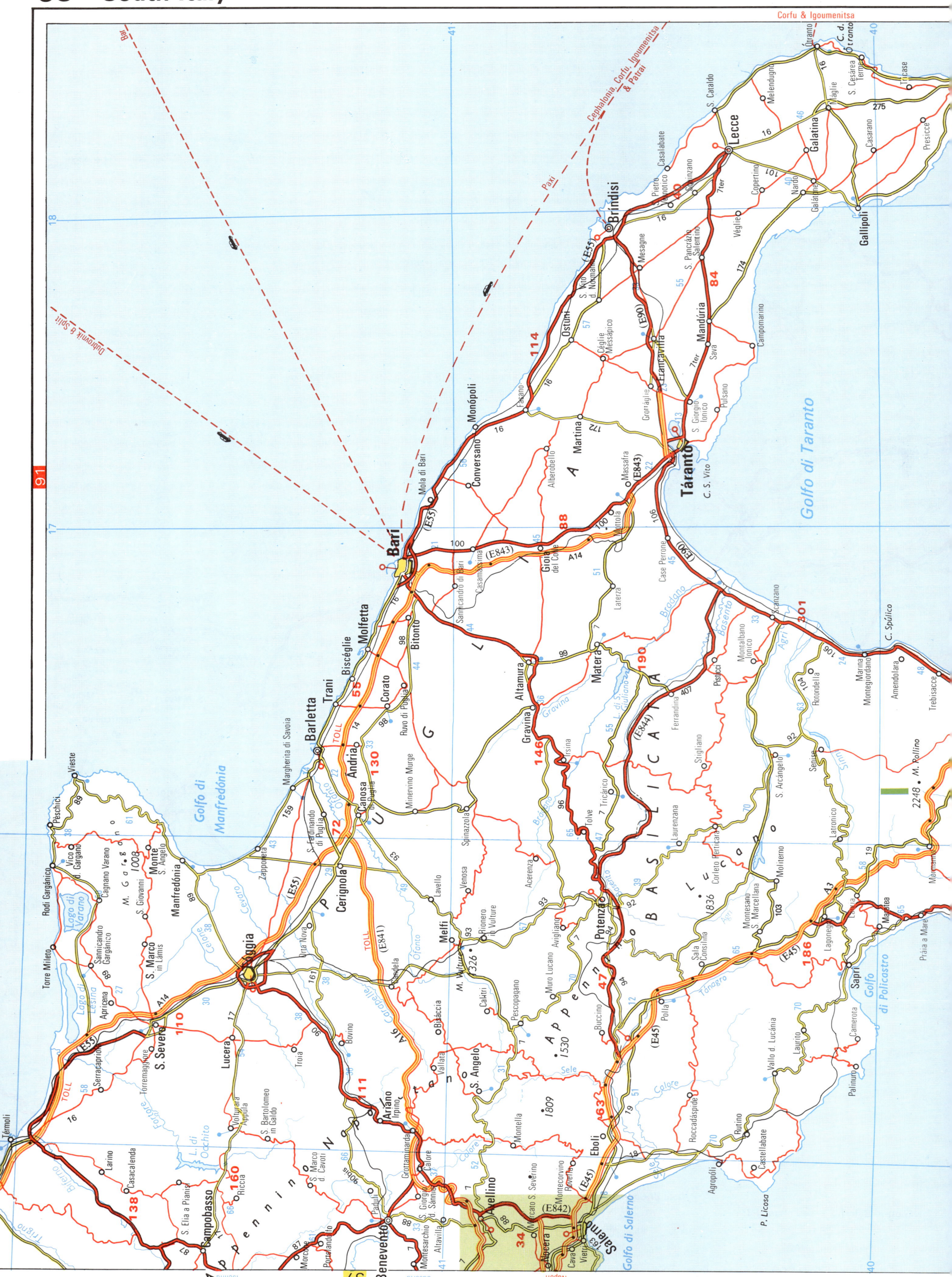

1 : 932 835

South Italy 59

Sardinia 61

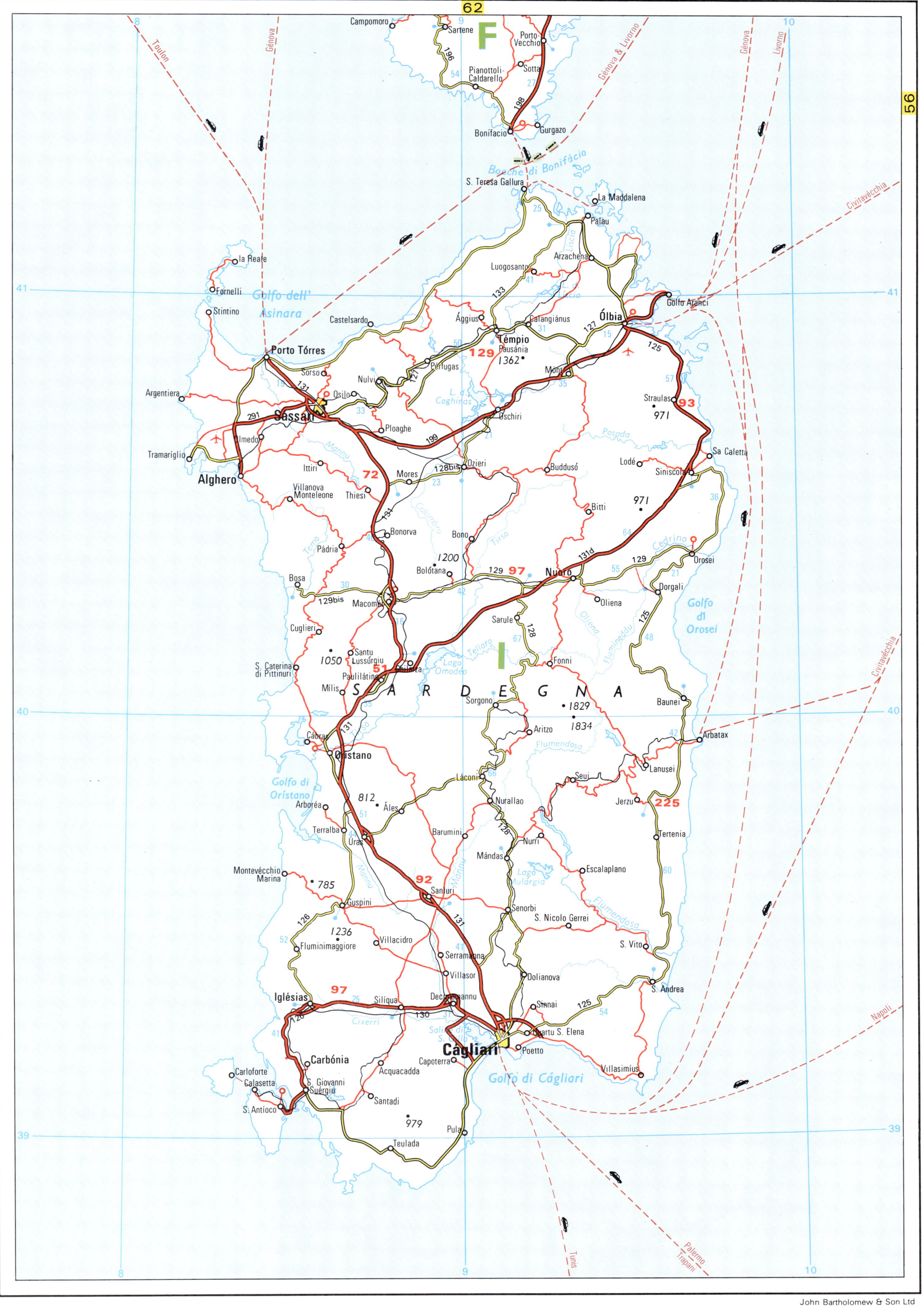

62 Corsica

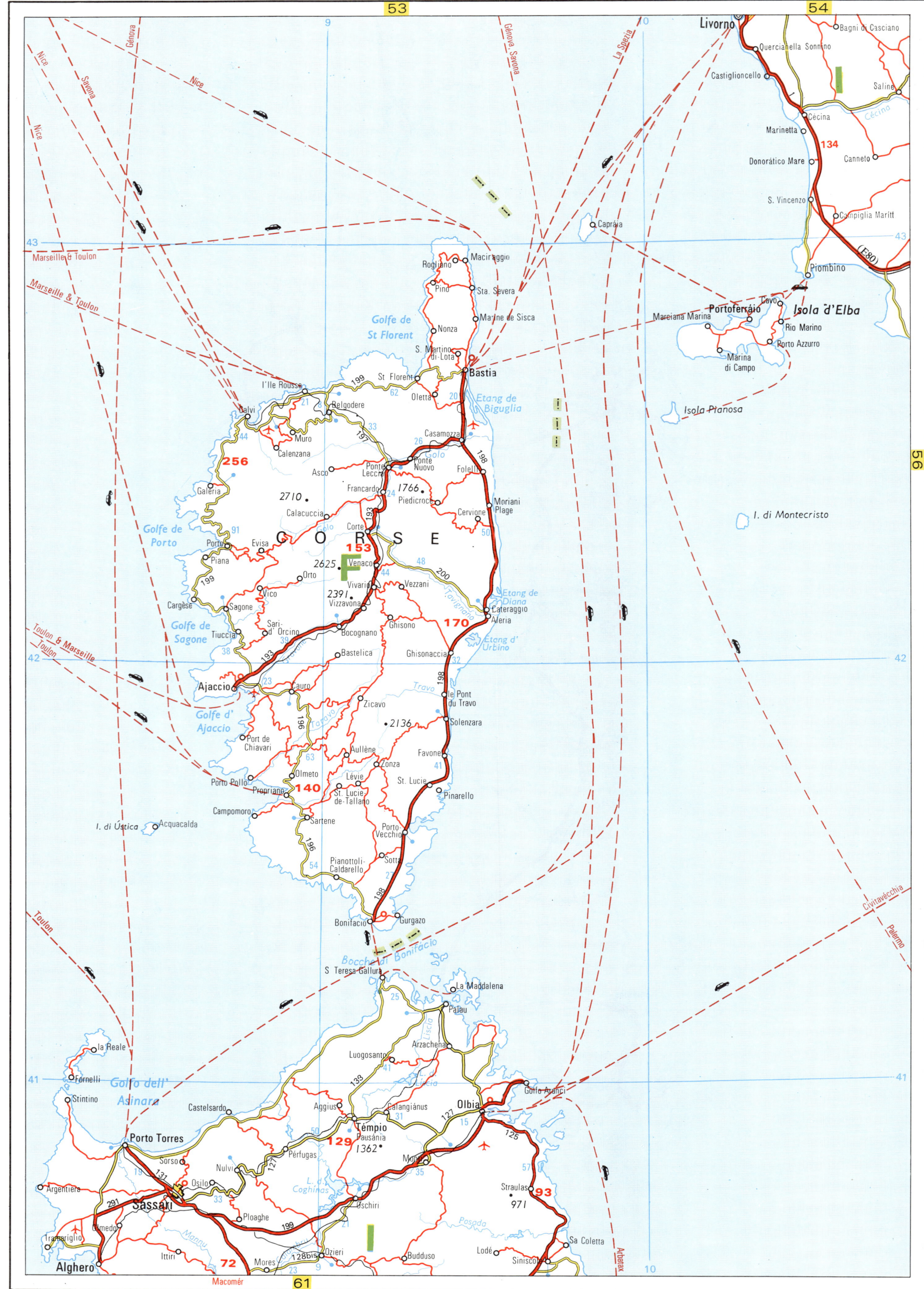

1 : 932 835

64 North Spain

North Spain 65

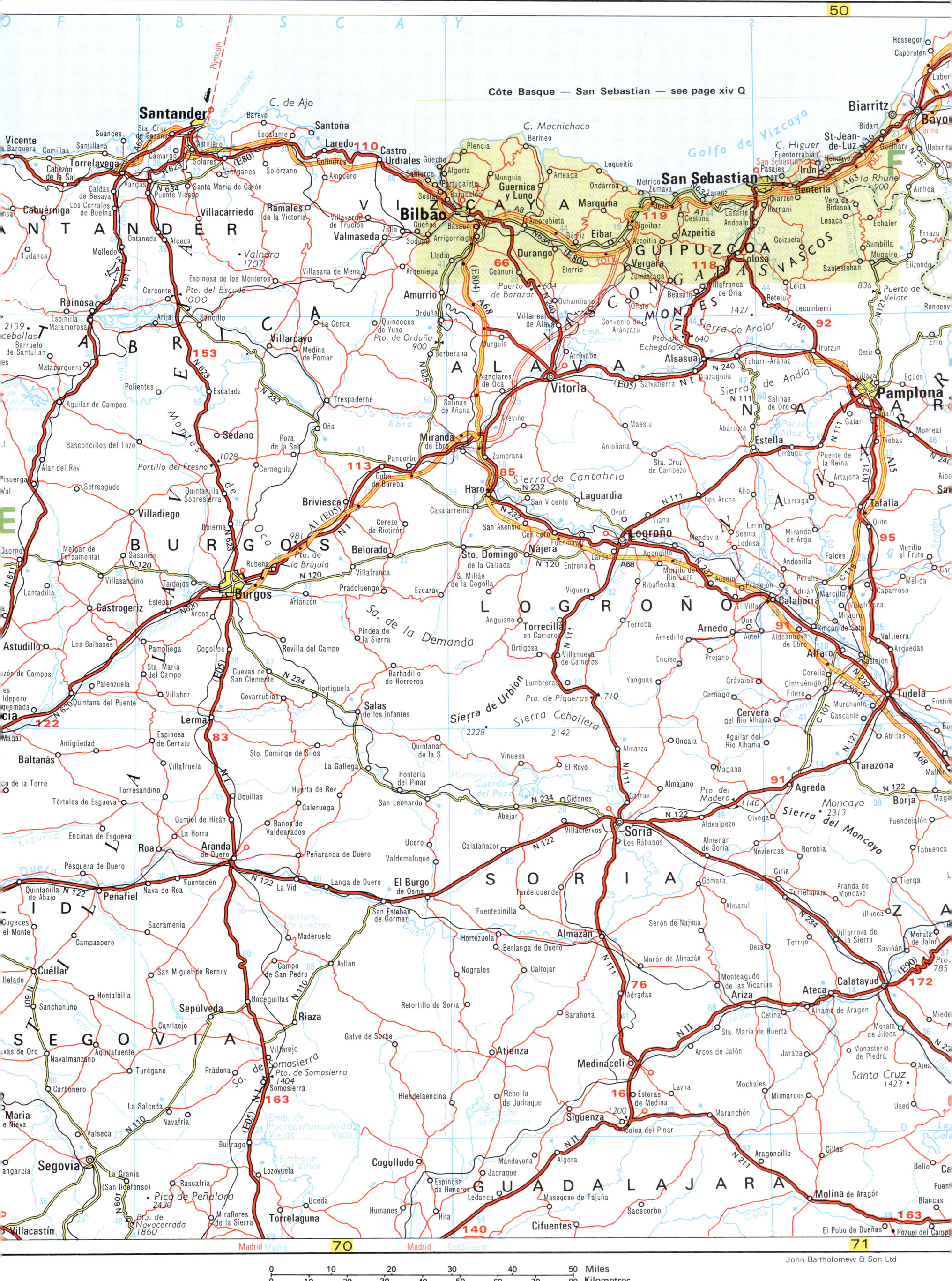

66 Pamplona - Zaragoza - Barcelona

Pamplona - Zaragoza - Barcelona 67

68 Portugal & Central Spain

Portugal & Central Spain 69

Madrid - Valencia 71

South Spain & Portugal 73

74 South East Spain & Balearic Islands

South East Spain & Balearic Islands 75

76 Amsterdam:Basel:Bruxelles:Frankfurt

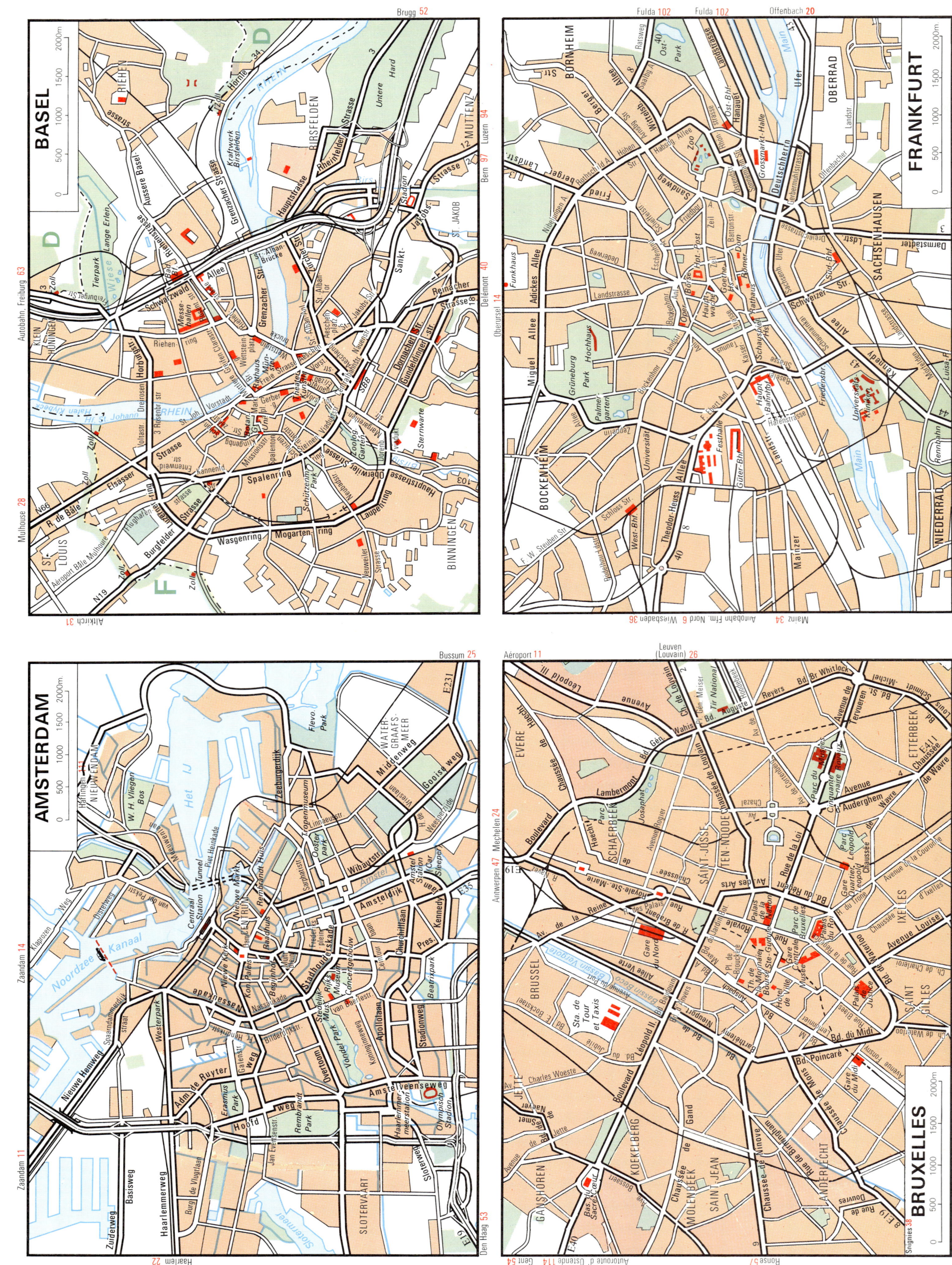

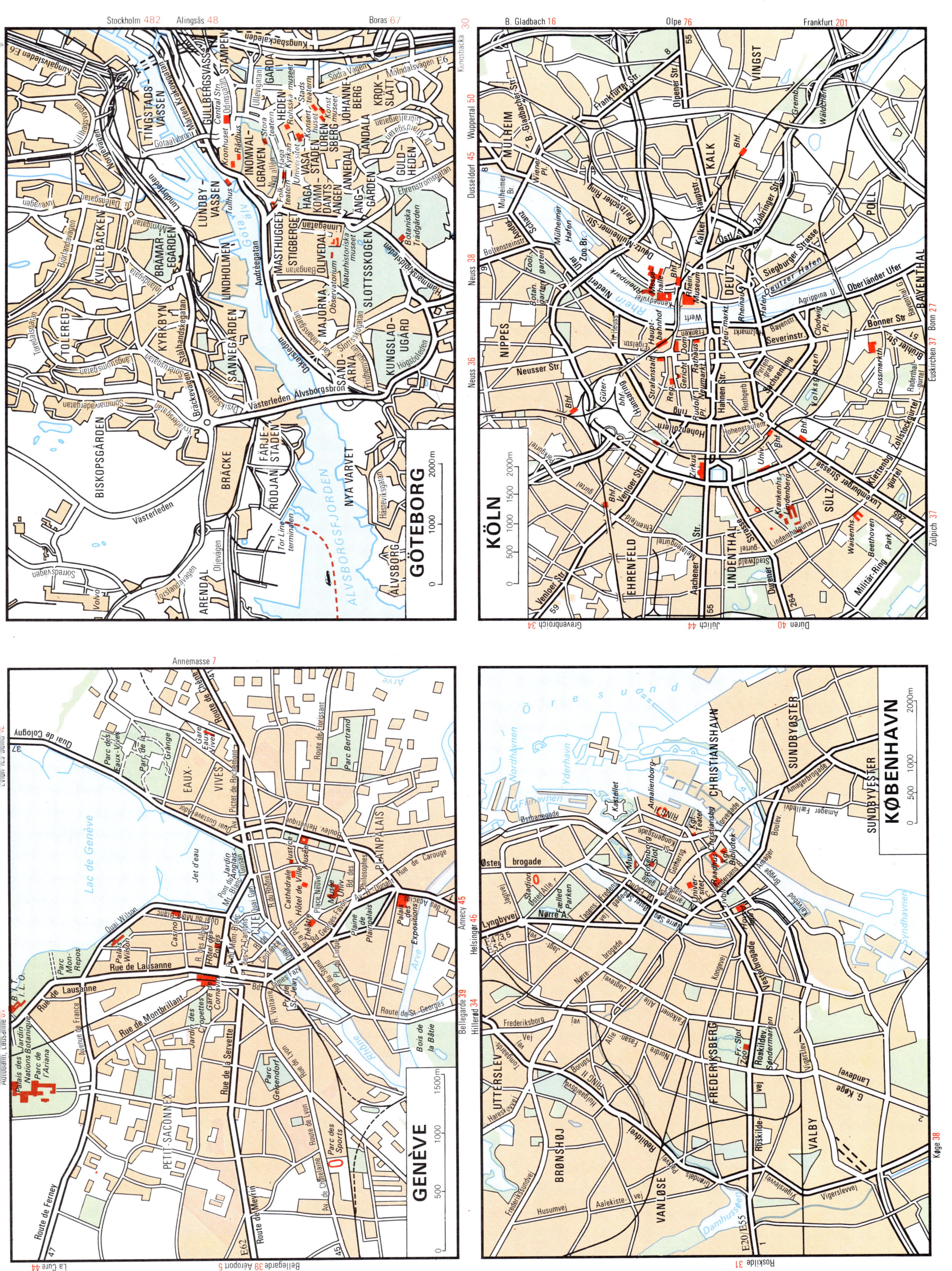

78 London

London 79

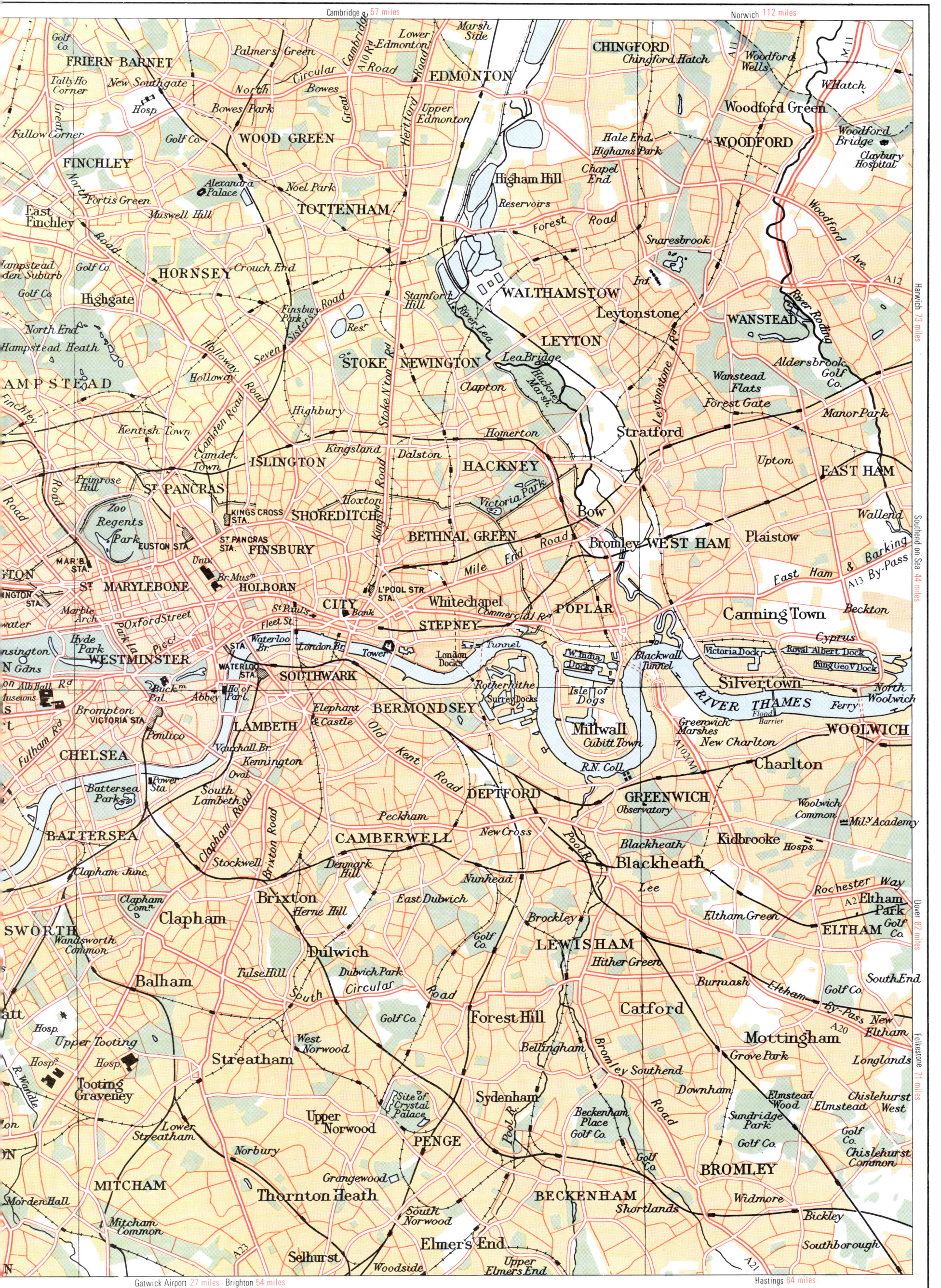

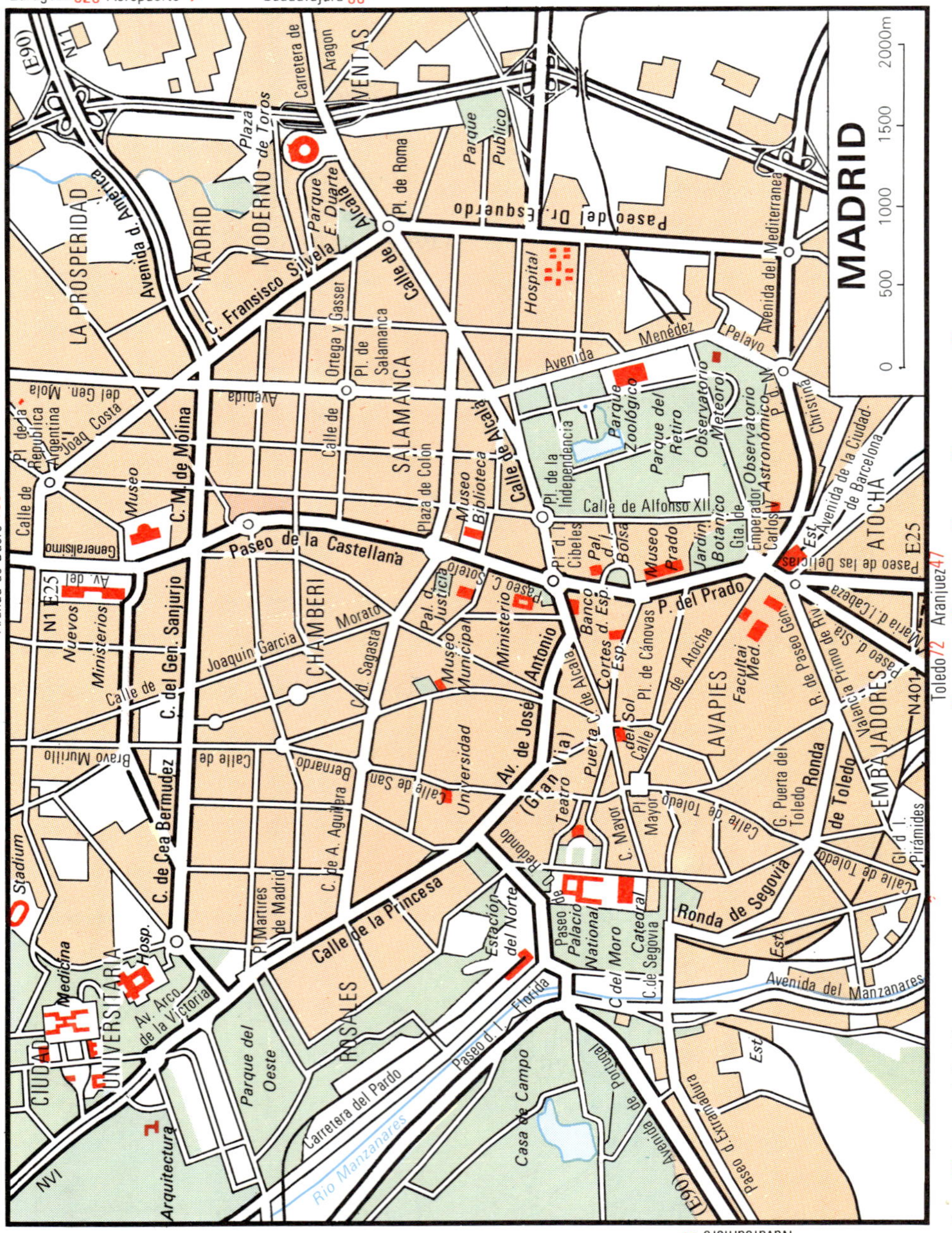

80 Lisboa : Madrid : Marseille : Milano

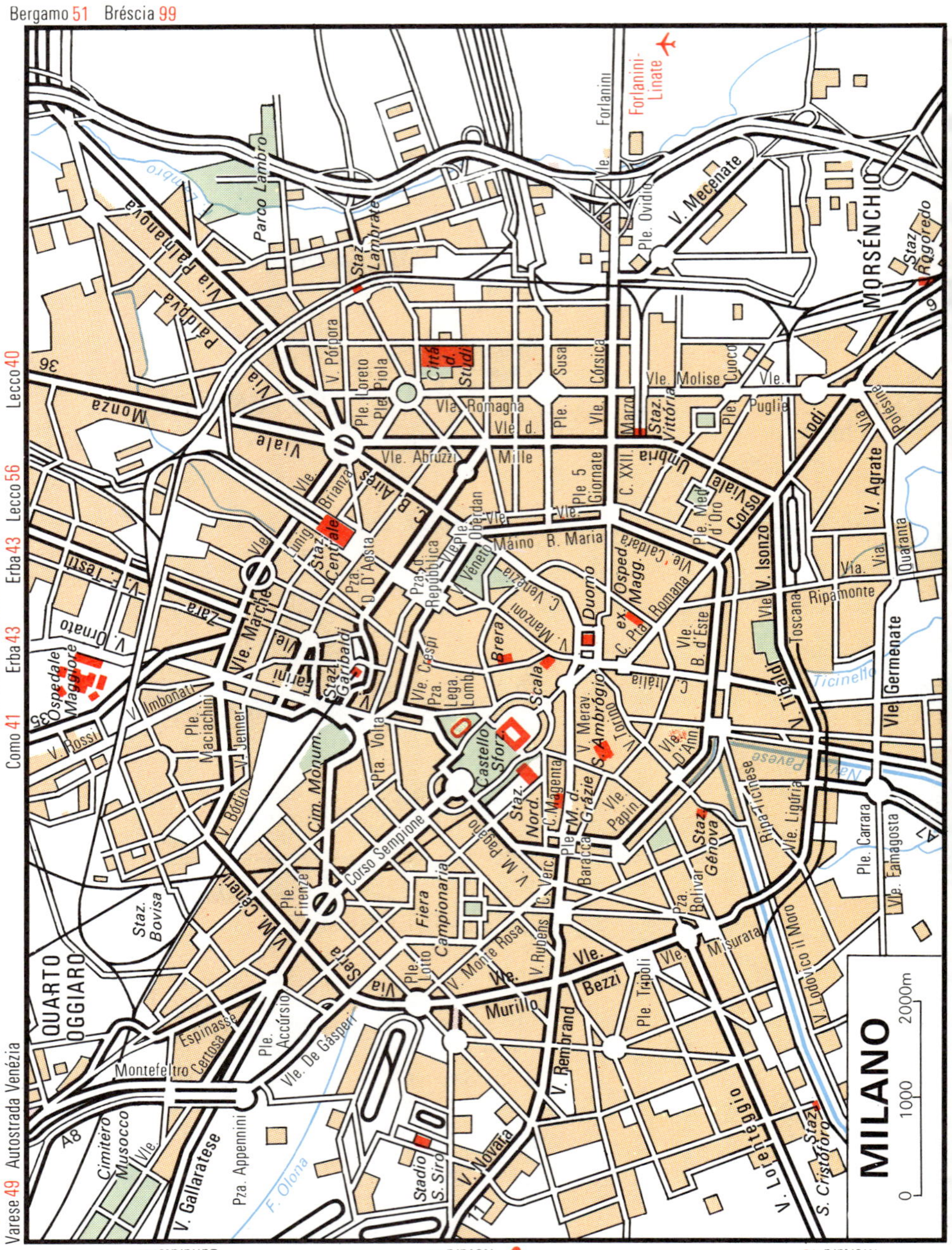

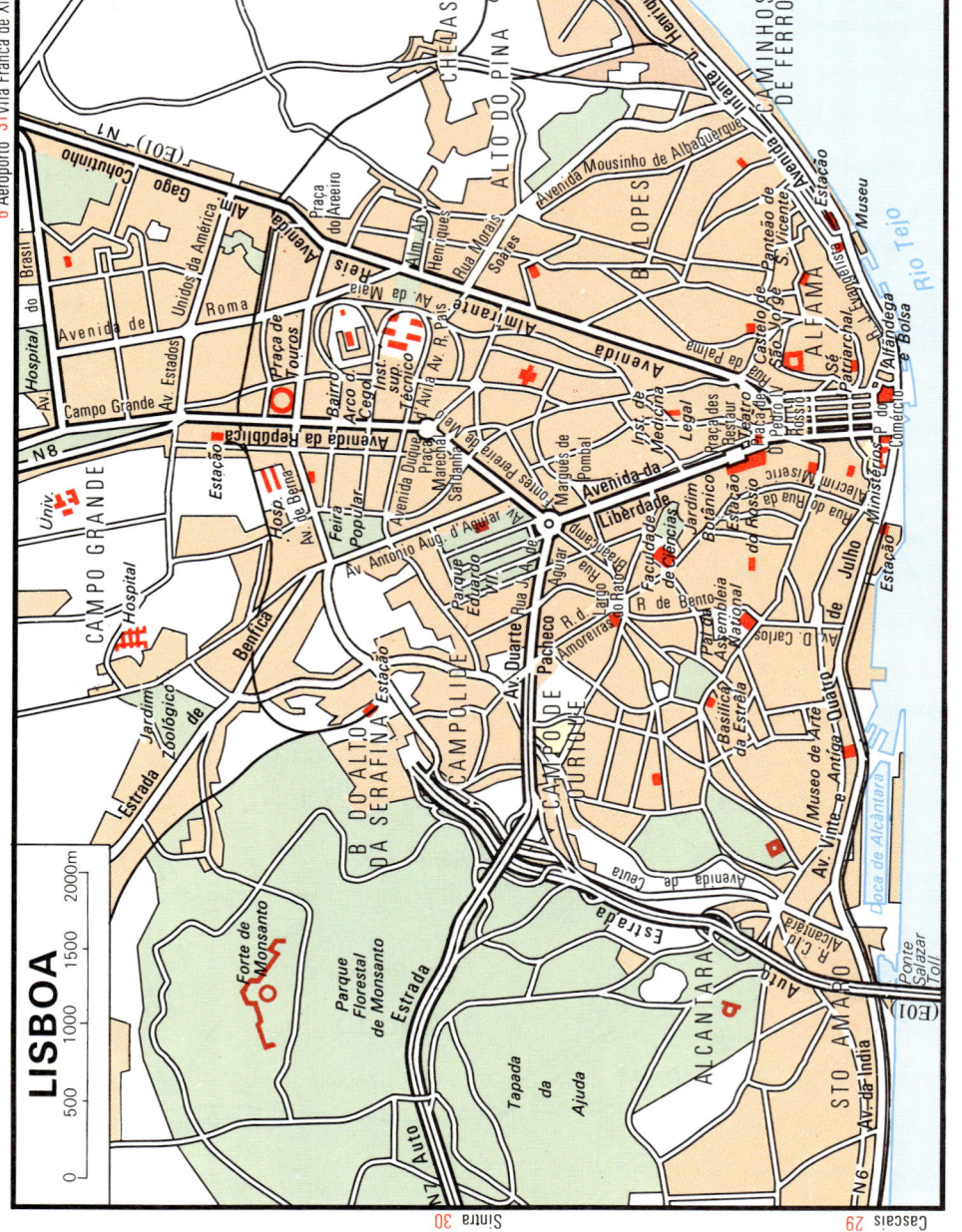

München : Roma : Stockholm : Wien 81

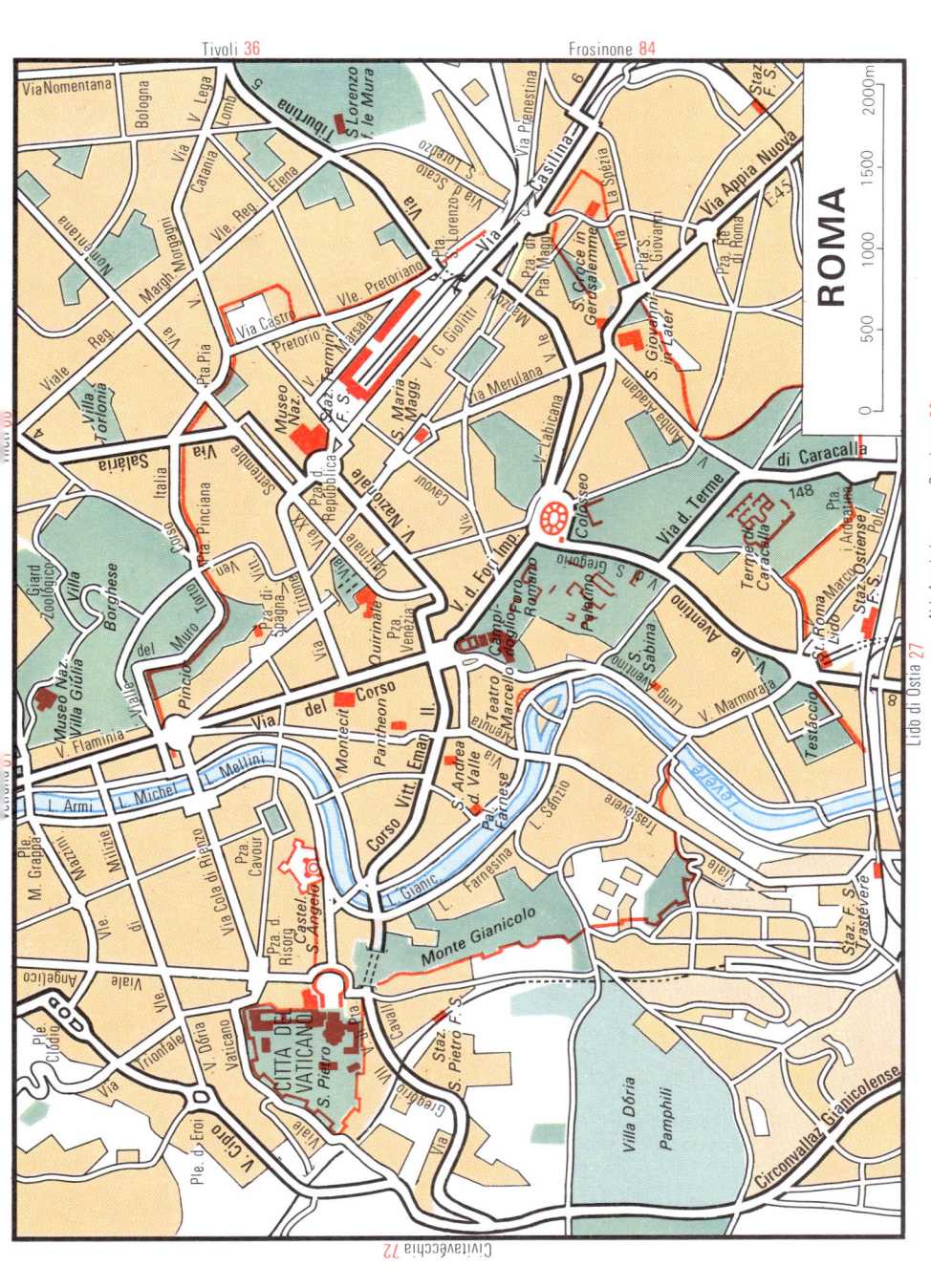
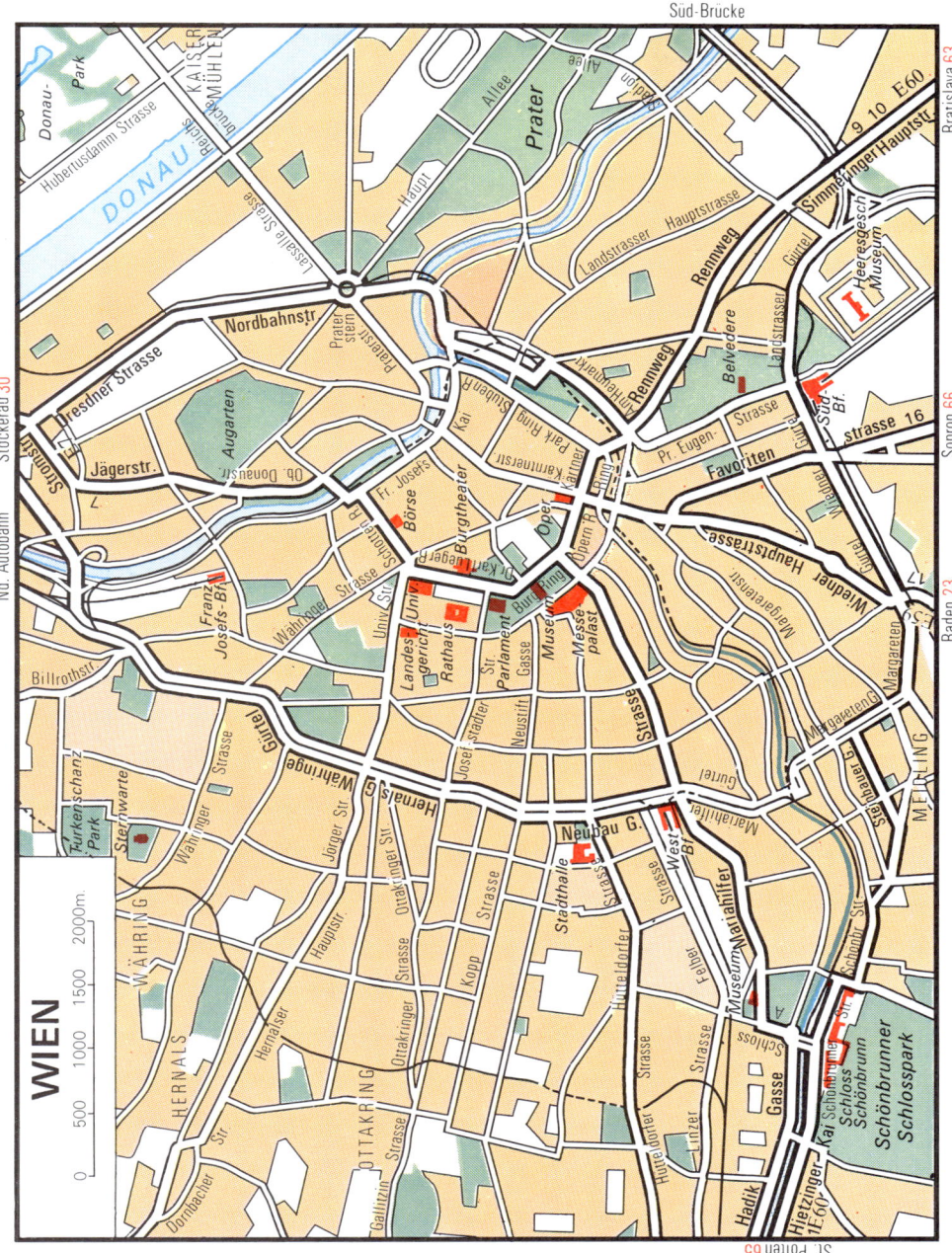
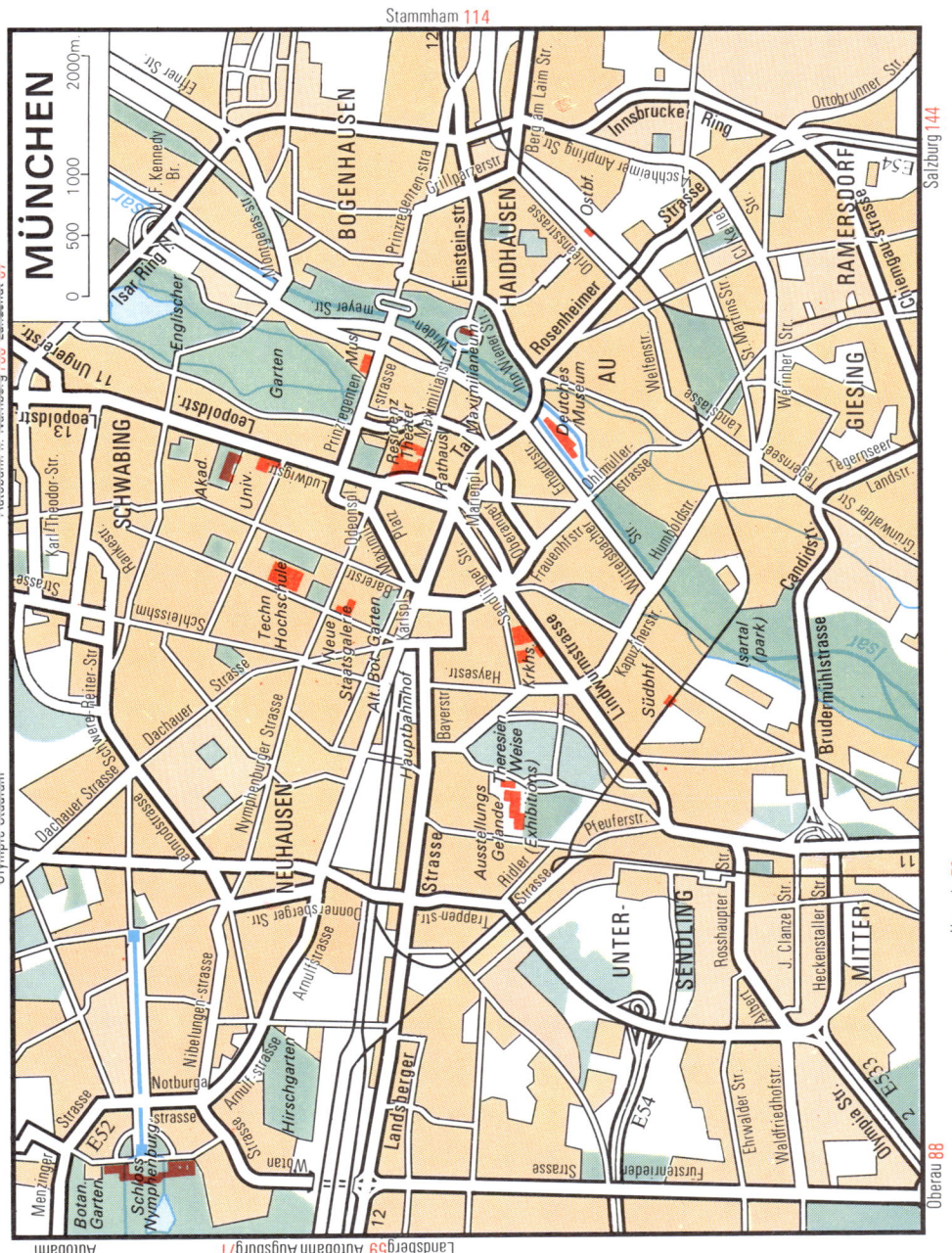
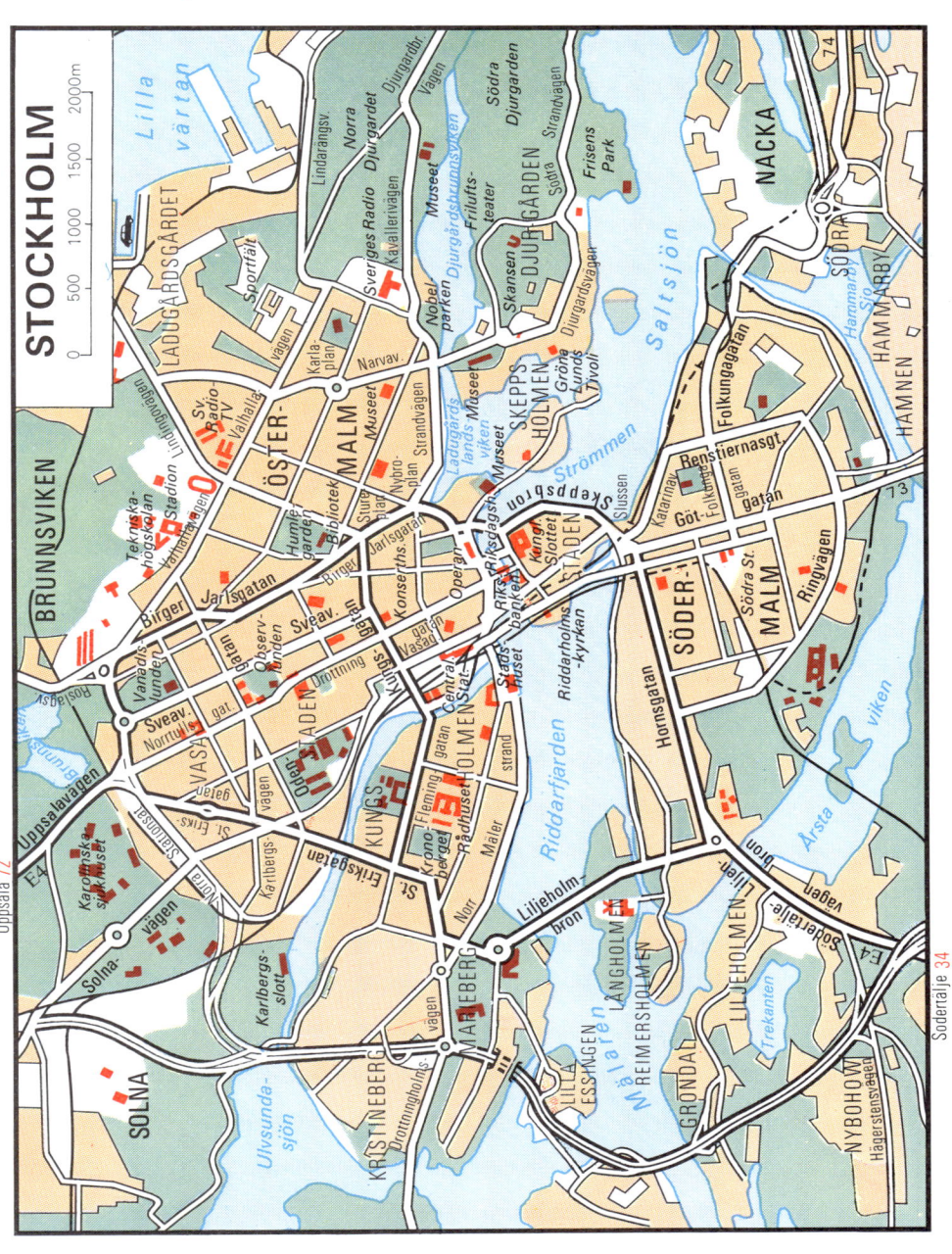

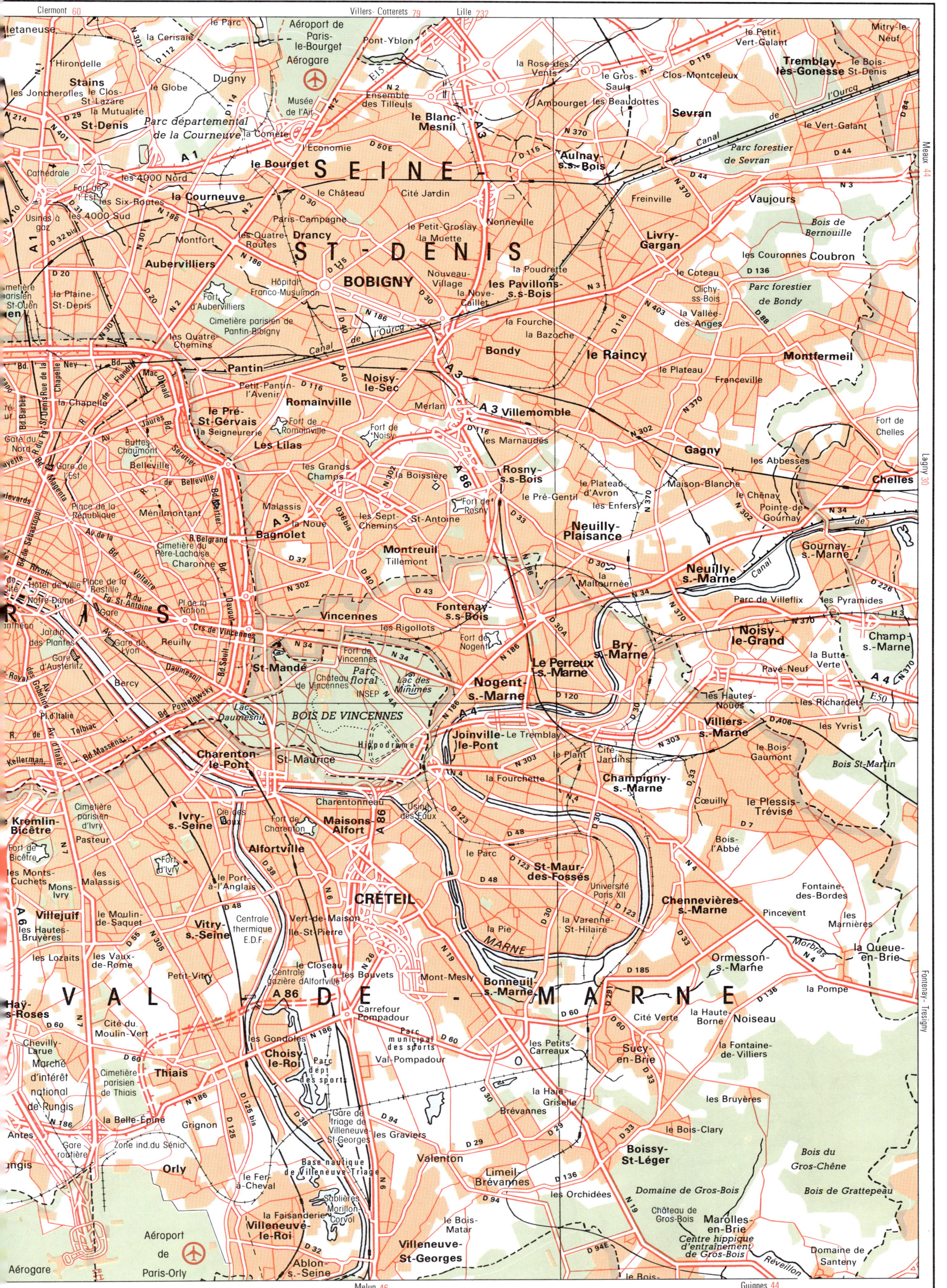

84 East Germany & Poland

East Germany & Poland 85

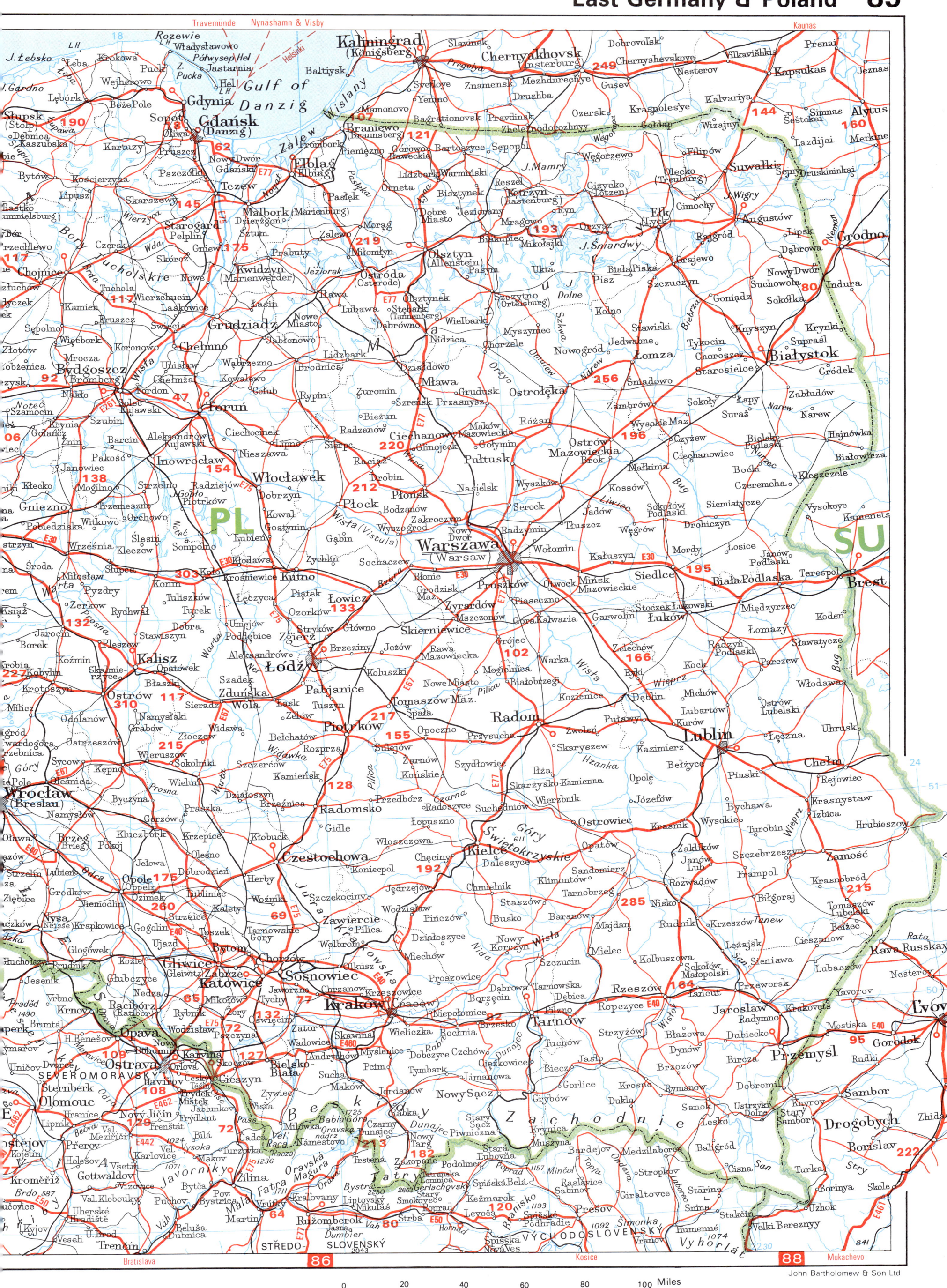

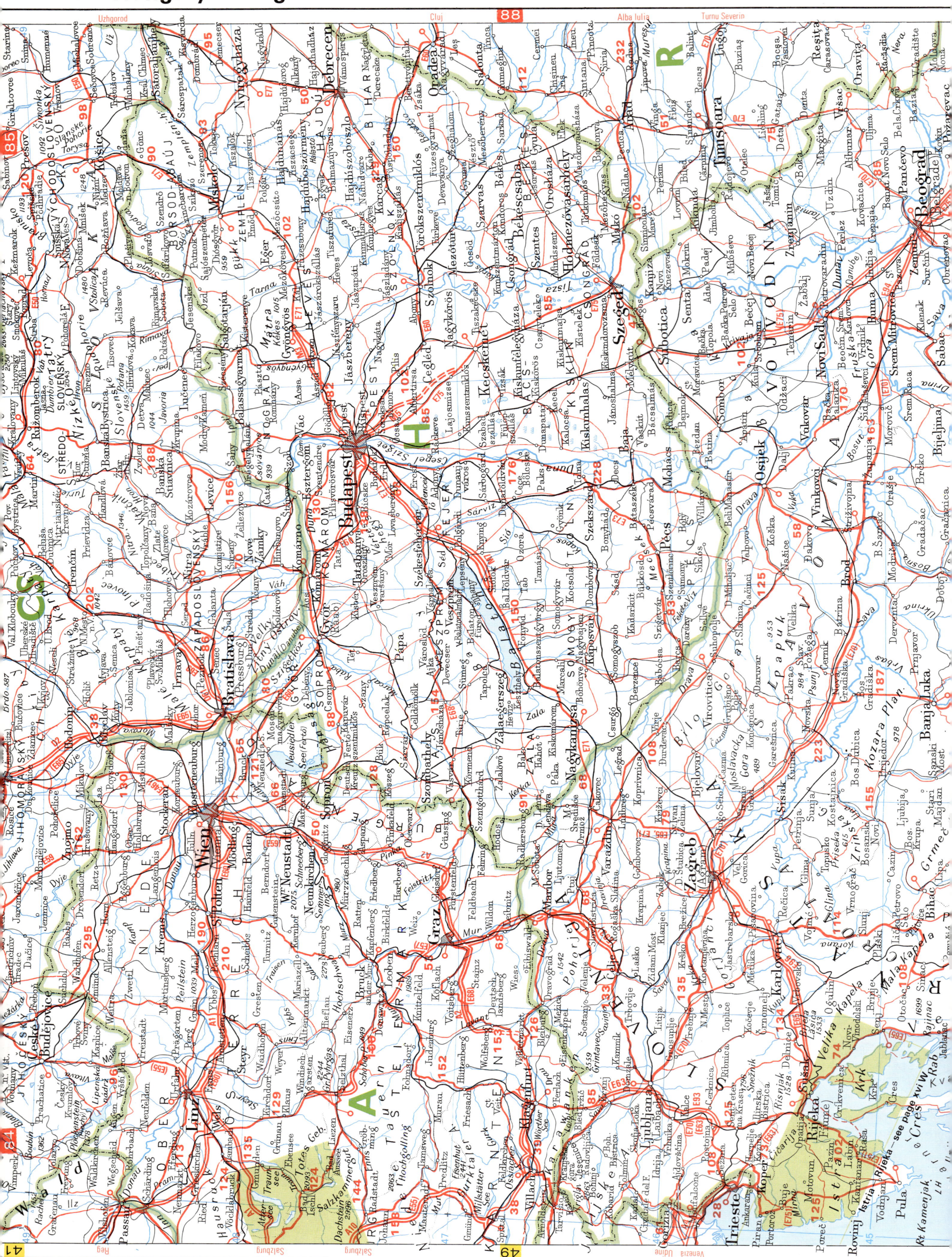

Hungary & Yugoslavia 87

88 Romania & Bulgaria

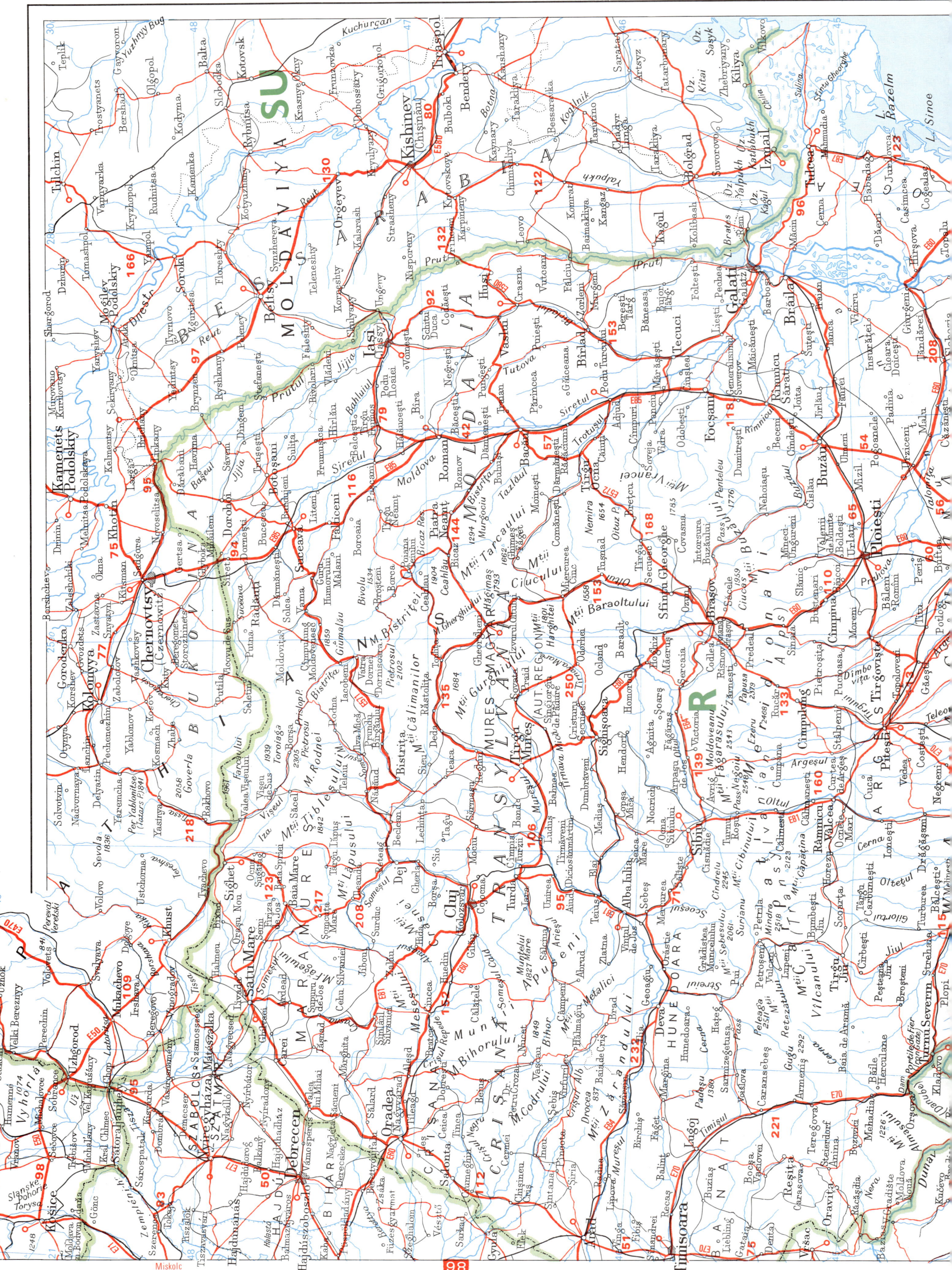

Romania & Bulgaria 89

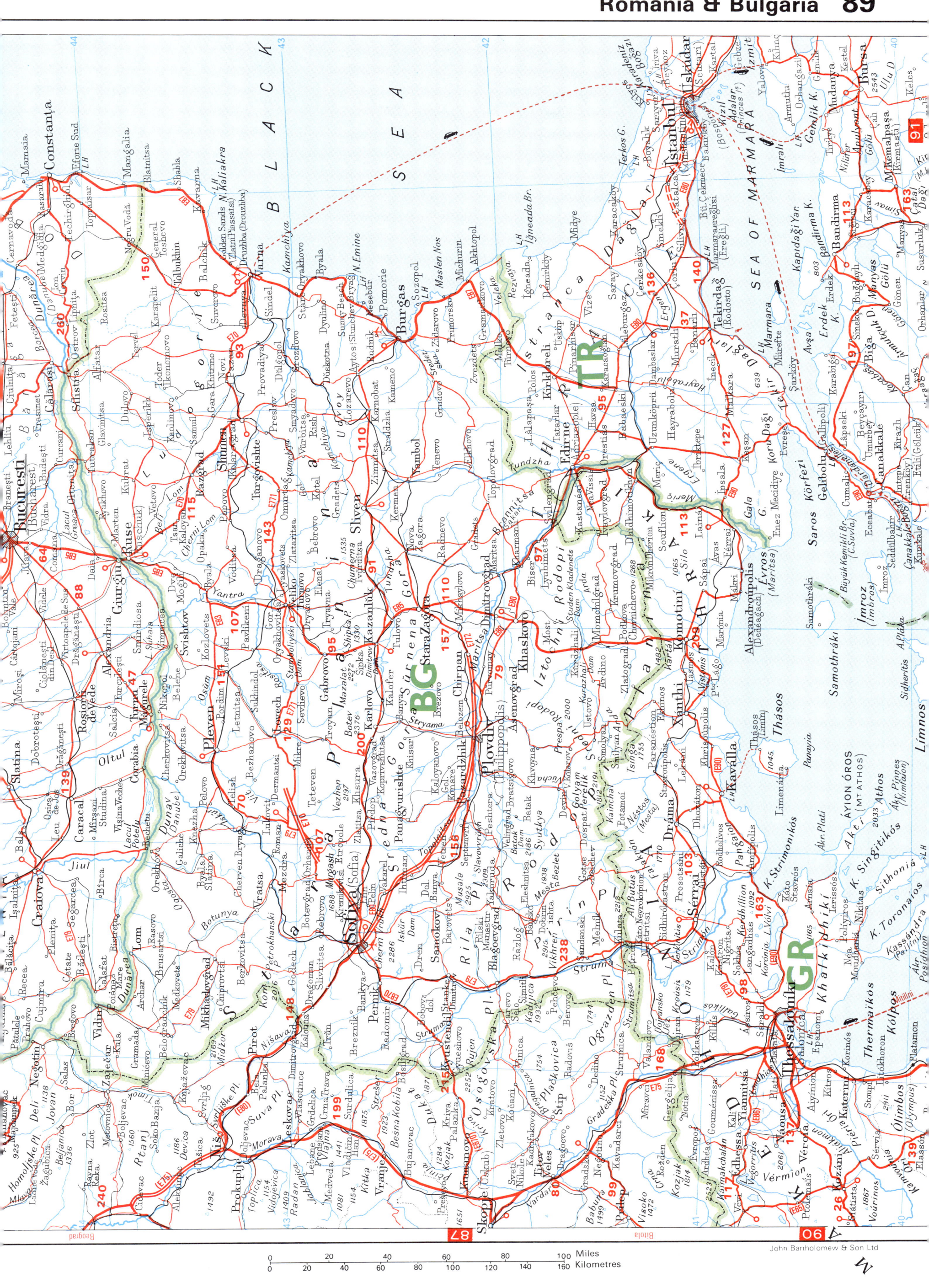

90 Greece & Turkey

Greece & Turkey 91

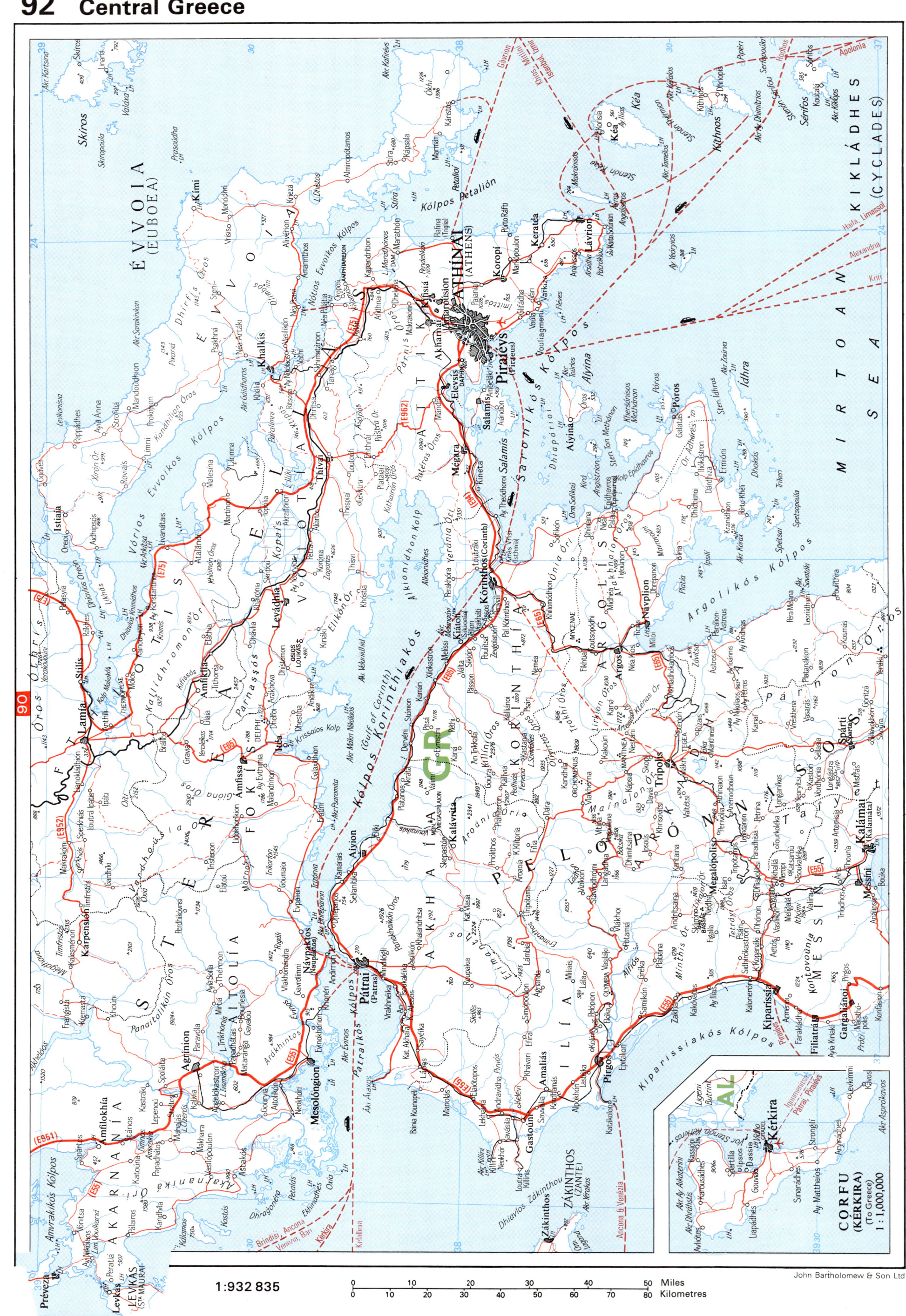

ROAD DISTANCES IN EUROPE

Towns in the distance table (pages 94-95)
villes au tableau de distances (pages 94-95)
Städte in den Entfernungstabellen (seiten 94-95)
le città alla tabella di distanze (pagine 94-95)

KILOMETRES / MILES distance chart

Scale bars:
- KILOMETRES: 0, 100, 200, 300, 400, 500, 600, 700, 800, 900, 1000, 1100, 1200, 1300, 1400, 1500
- MILES: 0, 100, 200, 300, 400, 500, 600, 700, 800, 900

	Amsterdam	Antwerpen	Athinai	Barcelona	Basel	Beograd	Biarritz	Bolzano	Bordeaux	Boulogne	Brindisi	Bruxelles	Calais	Cherbourg	Dieppe	Dunkerque	Esbjerg	Firenze	Frankfurt	Genève	Genova	Gibraltar	Hamburg	Hannover	Helsinki	Hoek van Holland
		156	3022	1538	780	1843	1241	1117	1056	394	2153	203	360	827	483	320	760	1439	462	920	1265	2459	476	447	1664	74
			2971	1365	629	1791	1085	1044	900	238	2018	47	204	671	325	164	916	1287	394	769	1114	2303	546	480	1820	12
				3313	2567	1180	3486	2211	3301	3188	219	2963	3175	3339	3165	3125	3260	1117	2576	2610	2388	4485	2977	2816	4165	303
					1056	2134	581	1334	650	1292	2102	1318	1326	1294	1199	1312	2201	1213	1403	803	925	1172	2018	1757	3106	149
	97					1405	1143	407	861	684	1389	550	705	838	665	682	1149	690	351	253	517	2227	866	705	2053	72
	1878	1846					2306	986	2121	2008	1696	1789	1992	2160	1955	1955	2081	1078	1397	1431	1209	3273	1798	1637	2985	185
	956	848	2059					1487	185	996	2218	1038	1030	817	846	1032	1962	1407	1350	890	1120	1218	1678	1518	2866	121
	485	391	1595	656					1302	1217	1096	998	1191	1341	1062	1080	1368	402	671	597	410	2507	1085	924	2272	112
	1145	1113	733	1326	873					811	2033	853	845	644	661	846	1777	1334	1165	705	1061	1403	1493	1332	2681	102
	771	674	2166	361	710	1433					2076	225	34	426	150	74	1154	1413	623	766	1204	2190	871	718	2087	36
	694	649	1374	829	253	613	924					1923	2061	2206	2033	2057	2446	885	1724	1326	1176	3273	2163	2002	3351	209
	656	559	2051	404	535	1318	115	809					204	583	299	169	875	1241	386	677	1067	2256	597	491	1867	17
	245	148	1981	803	425	1227	619	756	504					460	183	40	1085	1379	591	747	1184	2224	714	684	2024	33
	1338	1254	136	1306	863	1054	1378	681	1263	1290					303	471	1398	1529	927	853	1291	2047	1115	1096	2444	73
	126	29	1841	819	342	1112	645	620	530	140	1195					191	1241	1342	686	706	1144	2065	958	805	2145	47
	224	127	1973	824	428	1238	640	740	525	21	1281	127					1080	1387	549	731	1168	2211	669	650	1857	29
	514	417	2075	804	521	1342	508	833	400	265	1371	362	286					1770	798	1402	1646	3219	283	444	1167	83
	300	202	1967	745	413	1215	526	660	411	93	1263	186	114	188					1028	724	286	2483	1487	1326	2675	143
	199	102	1942	815	424	1215	641	671	526	46	1278	105	25	293	119					603	867	2575	515	354	1703	45
	472	569	2026	1368	714	1293	1219	850	1104	717	1520	544	674	869	771	671					470	1975	1118	958	2306	89
	894	800	694	754	429	670	874	250	829	878	550	771	857	950	834	862	1100					2097	1363	1202	2551	130
	287	245	1601	872	218	868	839	417	724	387	1071	240	367	576	426	341	496	639					2897	2736	4084	242
	572	478	1622	499	157	889	553	371	438	476	824	421	464	530	439	454	871	450	375					161	1188	55
	786	692	1484	575	321	751	696	255	659	748	731	663	736	802	711	726	1023	178	539	292					1349	46
	1528	1431	2787	728	1384	2034	757	1558	872	1361	2034	1402	1382	1272	1283	1374	2000	1481	1600	1227	1303					173
	296	339	1850	1192	538	1117	1043	674	928	541	1344	371	444	693	595	416	176	924	320	695	847	1800				
	278	298	1750	1092	438	1017	943	574	828	446	1244	305	425	681	500	404	276	824	220	595	747	1700	100			
	1034	1131	2588	1930	1276	1855	1781	1412	1666	1279	2082	1160	1258	1519	1333	1154	725	1662	1058	1433	1585	2538	738	838		
	46	78	1883	926	449	1150	752	696	637	226	1302	107	205	454	293	180	518	890	282	556	811	1509	342	287	1080	
	612	575	1368	828	238	635	882	74	767	648	748	546	639	759	651	647	776	324	314	329	323	1556	543	443	1281	625
	482	579	2036	1378	724	1303	1254	860	1139	662	1534	600	706	960	781	602	173	1110	506	881	1033	1986	186	286	552	528
	162	130	1716	931	330	983	773	532	658	268	1183	128	254	488	312	229	462	748	115	437	640	1514	286	186	1024	167
	369	261	1994	758	440	1261	535	687	420	162	1290	255	183	141	69	197	823	858	508	466	738	1292	647	547	1385	287
	264	167	1941	836	424	1208	600	671	485	19	1269	159	40	253	74	65	736	873	399	445	717	1357	524	473	1262	253
	1421	1324	2816	810	1360	2083	650	1578	765	1269	2028	1295	1275	1135	1176	1291	1869	1524	1507	1203	1345	420	1660	1593	2398	1417
	231	164	1710	722	207	977	680	485	565	252	1060	135	263	418	280	238	585	636	186	314	528	1437	409	309	1147	231
	555	458	1711	401	255	978	455	460	340	454	922	429	459	490	396	449	906	497	408	98	319	1129	720	620	1458	536
	1094	997	2454	395	1051	1702	323	1224	438	942	1648	968	963	837	849	964	1542	1149	1159	894	970	434	1366	1266	2104	1075
	754	657	1780	324	448	1068	445	507	410	653	989	628	658	684	595	648	1105	474	607	264	247	1052	919	819	1657	735
	671	604	1418	630	233	685	748	167	633	656	620	575	669	751	643	657	935	196	451	204	88	1358	769	669	1507	682
	524	492	1354	848	241	621	914	170	796	598	844	464	607	721	594	587	680	420	247	367	419	1594	500	400	1238	529
	1171	1104	399	1043	733	974	1164	554	1127	1190	263	1075	1169	1251	1143	1157	1404	304	951	754	462	1771	1224	1124	1962	1182
	833	736	1614	429	450	881	566	384	531	732	823	707	737	768	674	727	1164	308	668	293	130	1157	977	877	1715	814
	167	70	1911	828	412	1178	654	690	539	78	1290	70	57	325	151	32	585	841	310	473	733	1411	409	368	1147	148
	659	680	2213	1555	901	1480	1406	1037	1291	904	1707	731	861	1056	958	858	187	1287	683	1058	1210	2163	363	463	456	705
	303	206	1864	642	310	1131	468	556	353	161	1160	177	174	211	103	173	751	739	362	319	591	1225	545	475	1283	284
	1035	968	508	907	597	838	1028	418	991	1054	399	939	1033	1115	1007	1021	1268	168	815	618	332	1635	1088	988	1826	1046
	506	409	2104	723	550	1156	434	796	319	298	1365	393	319	121	220	326	924	927	602	533	762	1191	748	696	1486	487
	610	606	1268	928	327	535	982	174	867	684	848	550	693	807	680	673	766	423	333	429	423	1656	586	486	1324	615
	886	983	2440	1782	1128	1707	1658	1264	1518	1066	1938	1004	1110	1364	1085	1006	577	1514	910	1285	1437	2415	590	686	148	932
	370	303	1576	742	88	843	796	334	681	376	941	274	385	499	372	377	626	517	130	245	409	1470	450	350	1188	381
	706	639	1503	561	312	770	663	252	548	637	697	582	625	698	600	615	1020	281	482	161	111	1289	812	712	1550	717
	856	819	1138	905	482	405	1042	208	913	892	643	790	883	1003	895	893	1015	265	582	484	346	1633	835	735	1573	864
	820	782	1240	803	411	507	940	134	811	837	541	722	816	929	793	804	984	163	551	382	244	1531	804	704	1542	818
	754	712	1238	1120	507	505	1174	366	1059	864	921	730	858	987	860	853	894	543	467	633	615	1848	718	618	1456	749

MILES

DISTANCE TABLES

KILOMETRES

	985	689	261	594	425	2287	372	893	1761	1213	1080	843	1884	1341	269	1061	488	1666	814	982	1426	612	1136	1378	1320	1213
	925	932	209	420	269	2131	264	737	1604	1057	972	792	1777	1184	113	1094	331	1558	658	975	1582	488	1028	1318	1258	1146
	2201	3276	2762	3209	3124	4532	2752	2753	3949	2865	2282	2179	642	2597	3075	3561	3000	817	3386	2041	3927	2636	2419	1831	1995	1991
	1332	2218	1498	1220	1345	1304	1162	645	636	521	1014	1365	1678	690	1332	2502	1033	1460	1164	1493	2868	1194	903	1456	1292	1802
	383	1165	531	708	682	2189	333	410	1691	721	375	388	1180	724	663	1450	499	961	885	526	1815	142	502	776	661	816
	1022	2097	1582	2029	1944	3352	1572	1574	2739	1719	1102	999	1567	1418	1896	2381	1820	1349	1860	861	2747	1357	1239	652	816	813
	1419	2018	1244	861	966	1046	1094	732	520	716	1204	1471	1873	911	1052	2263	753	1654	698	1580	2668	1281	1067	1677	1513	1889
	119	1384	856	1106	1080	2539	780	740	1970	816	269	274	892	618	1110	1669	895	673	1281	280	2034	537	406	335	216	589
	1234	1833	1059	676	780	1231	909	547	705	660	1019	1281	1814	855	867	2078	568	1595	513	1395	2443	1096	882	1469	1305	1704
	1043	1065	431	261	31	2042	406	731	1516	1051	1056	962	1915	1178	125	1455	259	1696	480	1101	1715	605	1025	1435	1347	1391
	1204	2469	1904	2076	2042	3264	1706	1484	2652	1592	998	1358	423	1324	2076	2747	1867	642	2197	1365	3119	1514	1122	1035	871	1482
	879	966	206	410	256	2084	217	690	1558	1011	925	747	1730	1138	113	1176	285	1511	632	885	1616	441	937	1271	1162	1175
	1028	1136	409	294	64	2052	423	739	1550	1059	1077	977	1881	1186	92	1386	280	1662	513	1115	1786	620	1006	1421	1313	1381
	1221	1545	785	227	407	1827	673	789	1347	1101	1209	1160	2014	1236	523	1699	340	1794	195	1299	2196	803	1123	1615	1495	1588
	1048	1257	503	111	119	1892	451	637	1366	958	1035	956	1839	1085	243	1542	166	1621	354	1094	1746	599	966	1440	1276	1384
	1041	969	368	317	105	2078	383	723	1551	1043	1057	945	1862	1170	51	1381	278	1643	525	1083	1619	607	990	1437	1294	1373
	1249	278	743	1324	1184	3008	941	1458	2482	1778	1505	1094	2259	1873	941	301	1209	2041	1487	1233	929	1007	1641	1633	1584	1439
	521	1786	1204	1381	1405	2453	1023	800	1849	763	315	676	489	496	1353	2071	1189	270	1492	681	2436	832	452	426	262	874
	505	814	185	817	642	2425	299	657	1865	977	726	397	1530	1075	499	1099	583	1312	969	536	1464	209	776	937	887	752
	529	1418	703	750	716	1936	505	158	1439	425	328	591	1213	471	761	1703	513	995	858	690	2068	394	259	779	615	1019
	520	1662	1030	1188	1154	2161	850	513	1561	397	142	674	743	209	1180	1947	951	534	1226	681	2313	658	179	557	393	990
	2504	3196	2436	2042	2184	676	2313	1817	698	1693	2185	2565	2850	1862	2271	3481	1971	2631	1917	2665	3886	2366	2074	2628	2464	2974
	874	299	460	1041	843	2671	658	1159	2198	1479	1238	805	1970	1572	658	584	877	1751	1204	943	949	724	1307	1344	1294	1155
	713	460	299	880	761	2567	497	998	2037	1318	1077	644	1809	1411	592	745	764	1590	1120	782	1104	563	1146	1183	1133	995
	2061	886	1648	2229	2031	3859	1846	2346	3386	2667	2425	1992	3157	2760	1844	734	2065	2939	2391	2131	238	1912	2494	2531	2482	2143
	1006	850	269	462	407	2280	372	863	1730	1183	1098	851	1902	1310	238	1135	457	1683	784	990	1500	613	1154	1390	1316	1205
Innsbruck		1189	690	1048	1025	2465	661	687	1913	940	378	154	1011	727	991	1458	882	792	1268	161	1823	438	515	393	335	470
	København		760	1341	1143	2971	990	1458	2498	1778	1537	1104	2269	1872	958	628	1176	2050	1503	1242	650	1023	1606	1643	1593	1455
		Köln		581	462	2290	198	714	1764	1035	911	583	1715	1184	322	1044	465	1497	821	721	1403	372	954	1122	1072	937
429			**Le Havre**		230	1907	518	681	1381	1028	1051	1030	1888	1128	354	1514	209	1669	280	1168	1984	673	982	1320	1320	1458
739	472			**Le Touquet**		2012	406	700	1453	1020	1028	948	1833	1147	156	1485	228	1614	460	1086	1792	587	1001	1418	1294	1376
651	833	361			**Lisboa**		2140	1778	668	1762	2250	2507	2919	1957	3309	2098	1799	2700	1744	2626	3231	2327	2113	2723	2559	2935
637	710	287	143			**Luxembourg**		515	1614	835	708	528	1513	977	330	1242	341	1294	727	666	1608	224	764	1054	945	956
532	1846	1423	1185	1250			**Lyon**		1281	320	328	724	1157	447	753	1857	471	1048	713	848	2108	500	335	922	758	1157
411	615	123	322	252	1330			**Madrid**		1157	1724	2010	2316	1353	1572	2821	1273	2097	1218	2100	3188	1801	1538	2092	1928	2409
427	906	444	423	435	1105	320			**Marseille**		618	1109	1229	267	1091	2171	792	1011	1023	1054	2428	753	378	966	801	1363
189	1552	1096	858	903	415	1003	796			**Milano**		533	805	351	1038	1806	856	586	1184	539	2187	517	137	451	286	898
584	1105	643	639	634	1095	519	199	719			**München**		1165	882	903	1395	821	946	1207	138	1754	357	669	539	489	428
235	955	566	653	639	1398	440	204	1071	384			**Napoli**		962	1862	2589	1678	219	1979	1170	2926	1321	932	916	752	1363
96	686	362	640	589	1558	328	450	1249	689	331			**Nice**		1181	2156	919	743	1160	888	2424	866	212	766	602	1197
628	1410	1066	1173	1139	1814	940	787	1439	764	500	724			**Oostende**		1329	1510	1643	570	996	1609	554	1041	1384	1326	1250
452	1163	736	701	713	1216	607	278	841	166	218	548	598			**Oslo**		299	2342	1788	1547	568	1308	1891	1934	1884	1740
616	595	200	220	97	2056	205	468	977	678	645	561	1157	734			**Paris**		1476	386	959	1827	463	772	1258	1110	1249
906	390	649	941	923	1304	772	1154	1753	1349	1122	867	1609	1340	826			**Roma**		1761	951	2707	1102	713	697	533	1209
548	731	289	130	142	1118	212	293	791	492	532	510	1043	571	186	938			**St-Malo**		1345	2214	850	1048	1635	1471	1635
492	1274	930	1037	1003	1678	804	651	1303	628	364	588	136	462	1021	1455	917			**Salzburg**		1899	496	676	401	418	309
788	934	510	174	286	1084	452	443	757	636	736	750	1230	721	354	1111	240	1094			**Stockholm**		1674	2211	2190	2250	2105
100	772	448	726	675	1632	414	527	1305	655	335	86	727	552	619	961	596	591	836			**Strasbourg**		566	830	772	785
133	404	872	1233	1114	2308	999	1310	1981	1509	1359	1090	1818	1506	1000	353	1135	1682	1376	1180			**Torino**		587	423	985
272	636	231	418	365	1446	139	311	1119	468	321	222	821	538	344	813	288	685	528	308	1040			**Trieste**		164	512
320	998	593	610	622	1313	475	208	956	235	85	416	579	132	647	1175	480	443	651	420	1374	352			**Venezia**		612
244	1021	697	820	881	1692	655	573	1300	600	280	335	569	476	860	1202	782	433	1016	249	1361	516	365			**Wien**	
208	990	666	820	804	1590	587	471	1198	498	178	304	467	374	824	1171	690	331	914	260	1398	480	102	263			
292	904	582	906	855	1824	594	719	1497	847	558	266	847	744	777	1081	776	751	1016	192	1308	488	318	612	380		

© John Bartholomew & Son Ltd, Edinburgh

ALBANIA

The country is closed for motoring tourists. Individual tourists cannot obtain visas for Albania. Visas may be granted for businessmen and tourist groups of at least 16 persons.

ANDORRA

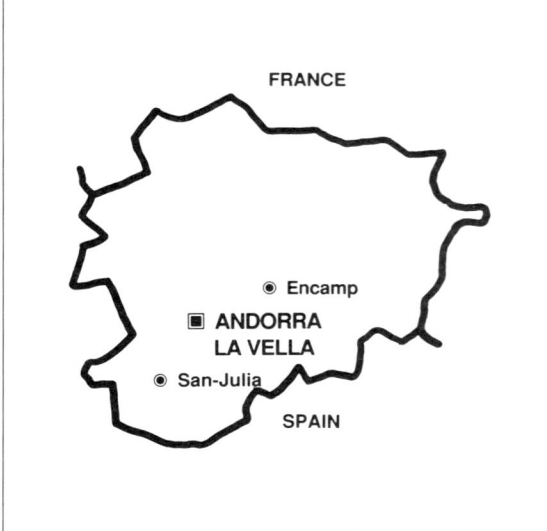

Size 468 km².
Population 38,000.
Capital Andorra la Vella.
Language Catalan. French and Spanish is also generally spoken.
Currency Both French and Spanish currencies are accepted.
Shopping There are no taxes in Andorra and the customs duties are very low. Almost everything is very inexpensive. (As a curiosity, postage within the country is free of charge.)
Traffic regulations See France, but it should be noted that speed limits are: Urban 40 km/h. Highways 70 km/h.
Fuel See France.
Tourist attractions Andorra is a very old state, and you will find many historical monuments and buildings in all parts of the country. Otherwise Andorra is best known for its winter sports - for example Soldeu-Tarter.

AUSTRIA

Size 83,855 km².
Population 7,600,000.
Capital Vienna (Pop. 1,500,000).
Language German.
Currency Austrian shilling. 1 shilling=100 groschen.
Banks: 8 a.m. - 12.30 p.m. and 1.30 p.m. - 3 p.m. Mon-Fri (Thursdays until 5.30 p.m.)
Shopping 8 a.m. - 6 p.m. Mon-Fri. (Often closed for lunch.) 8 a.m. - noon Sat.
Electricity 220 volts. (Other currents do occur.)
Holidays 1 Jan, 6 Jan, Easter Monday, 1 May, Ascension Day, Whit Monday, Fronleichnam, 15 Aug, 26 Oct (National Day), 1 Nov, 8 Dec, 25-26 Dec.
Traffic regulations Right-hand traffic. Safety belts to be used in both front and back seats. Children under 12 years of age must travel in the back seat or in a special children´s seat. Warning triangle and first-aid kit are compulsory. Studded tyres permitted 15/11-5/4. Give way to traffic climbing towards you on Alpine roads. Many roads are toll roads.
Speed limits Urban 50 km/h. Highways 100 km/h. Motorways 130 km/h.
Fuel Leaded 91 octane petrol. Lead-free 95 and 98 octane petrol. Diesel available.
Tourist attractions The Schönbrunn Palace in Vienna, the emporer's summer residence, built in the early 18th century. Magnificient rooms. The Vienna Zoo. Mozarts birthplace on Getreidegasse 9 in Salzburg. In Klagenfurt there is the Minimundus miniature town, terrarium, safari park and zoo Maierniggalpe. Pleasure park Pratern in Vienna.

BELGIUM

Size 30,519 km².
Population 9,850,000.
Capital Brussels (Pop. 1,100,000)
Language French, Dutch, German. Many people in Brussels speak both French and Dutch.
Currency Belgium francs. 1 franc=100 centimes.
Banks 9 a.m. to noon/1 p.m and 2 p.m to 3.30/4 p.m. Mon-Fri.
Shopping 9 a.m.-6 p.m. Mon-Sat.
Holidays 1Jan, Easter Sunday, Easter Monday, 1 May, Ascension Day, Whit Sunday, Whit Monday, 11 July, 21 July (National Day), 15 Aug, 1 Nov, 11 Nov, 15 Nov, 25-26 Dec.
Traffic regulations Right-hand traffic. Warning triangle compulsory. Studded tyres permitted from 1/11 until 31/3 (lower speed limit for cars fitted with studded tyres). The vehicle must have a 60 plate affixed to the rear. Children under12 years of age to travel in back seat. Exceptions made for special children's seats. Seat belt compulsory in front seats. Green insurance card recommended.
Speed limits Urban 60 km/h. Highways 90 km/h. Motorways/four-lane highways 120 km/h.
Fuel 90/93 and 98 octane leaded fuel. 92 and 95 lead-free fuel at some petrol stations. Methanol available. Diesel available.
Tourist attractions Capital Brussels is worth visiting, especially for the gastronomical experience it can offer. Brygge, one of northern Europe's best-kept mediaeval towns. Well-known for its lacework, for example. In Han sur Lesse, southeast of Dinant, there is an impressive cave system with huge caverns and underwater lakes. A trip takes three hours.

BULGARIA

Size 110,912 km².
Population 9,000,000.
Capital Sofia (Pop. 1,100,000).
Language Bulgarian.
Currency Leva. 1 Leva=100 stotinki. It is illegal to bring in or take out Bulgarian currency from Bulgaria.
Banks 9 a.m. - 5 p.m. Mon-Fri.
Shopping 9 a.m. to 1 p.m. - 3 p.m. to 7 p.m. Mon-Sat.
Holidays 1 Jan, 1-2 May, 24 May, 9-10 Sept (National Day), 7 Nov.
Traffic regulations Right-hand traffic, give way to traffic from the right. Warning triangle compulsory. Safety belts are compulsory. Studded tyres not permitted. First-aid kit, fire extinguisher and spare lamp bulbs are compulsory. Children under ten years of age are not permitted to travel in the front seat, not even in special children´s seats.
Speed limits Urban 60 km/h. Highways 80 km/h. Motorways 120 km/h.
Fuel 93 and 96 octane leaded petrol. Lead-free petrol and methanol not available. Diesel oil available. Fuel can only be purchased with coupons which can be obtained at the border.
Tourist attractions Sofia has one of the Balkan states largest cathedrals - Nevskilj cathedral. Archeological museum in the large Mosque with treasures from the 8th century B.C. Bathing resorts on the Black Sea, lovely sandy beaches. Sailing, water-

skiing and windsurfing. The Vitosa mountain 8 km south of Sofia is a national park. Major winter sport area. Many hotels and restaurants. Plovdiv, the old part is preserved as a museum. Plovdiv was founded by Alexander the Great's father. Treasures. Magura cave with cave paintings from 6th and 7th centuries B.C.

 **CYPRUS**

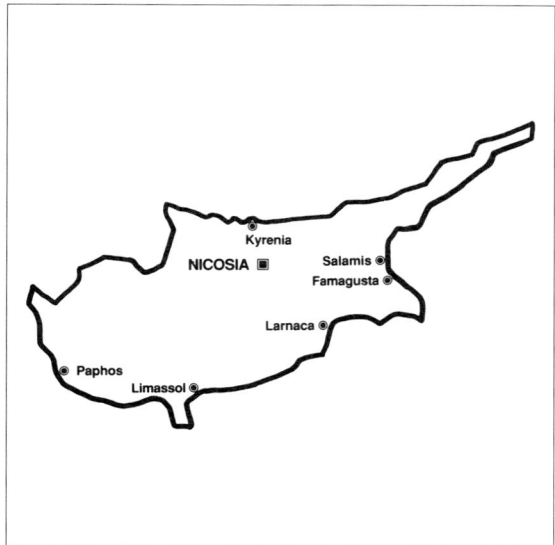

Size 9,251 km².
Population 670,000 (82% Greek Cypriots, 18% Turkish Cypriots).
Capital Nicosia (Pop. 120,000).
Language Greek and Turkish.
Currency Cyprus pound. 1 pound=100 cents. Import max 50 pounds.
Banks Mon-Sat 8.30 a.m.-noon. Tourist service 3.30 p.m.-5.30 p.m.
Shopping Mon-Sat 7.30 a.m.-1 p.m. Afternoon opening hours vary according to the time of the year.
Electricity 240 volts.
Traffic regulations Left-hand traffic. Seat belts compulsory in front seats. Children under 5 years of age may, under no circumstances, travel in the front seat. Children from 5-10 years may sit in the front seat provided a children´s safety belt has been fitted.
Speed limits 50-60 km/h. 100 km/h on the Nicosia-Limassol motorway.
Fuel Regular and super petrol. Diesel.
Tourist Attractions Curium -19 km from Limassol, an old monarchy with, for example, a Greek-Roman theatre from the 2nd century A.D. Musicals and theatre are played here. Apollos Temple west of Kourion. Mosaics in Paphos.

 **CZECHOSLOVAKIA**

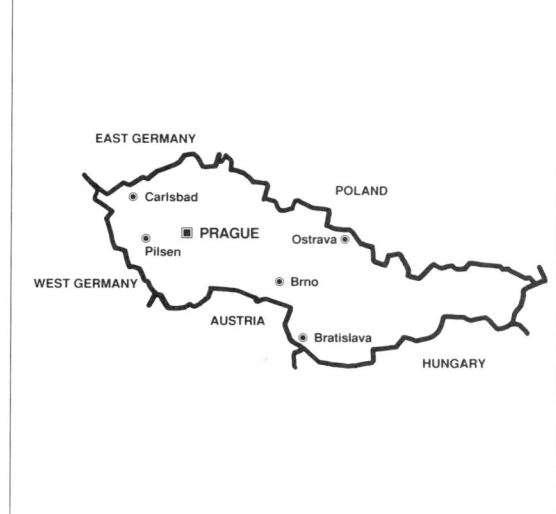

Size 127,877 km².
Population 15,500,000.
Capital Prague (Pop. 1,200,000).
Language Czech and Slovak.
Currency Krona. 1 Krona=100 heller. Import and export of Czechoslovakian currency is not permitted.
Banks Usually open from 9 a.m. to 4 p.m. Mon-Fri.
Shopping Most shops open from 9 a.m. - 6 p.m. Mon-Fri. Open 9 a.m. - noon Sat.
Holidays 1 Jan, Easter Monday, 1 May, 9 May, 25-26 Dec.
Traffic regulations Right-hand traffic, give way to traffic from right. Warning triangle, first-aid kit and spare lamp bulbs compulsory. Front seat belts to be used. Studded tyres not permitted. Children under12 years of age are not permitted to travel in the front seat unless seated in a special children's seat.
Speed limits Urban 60 km/h. Highways 90 km/h. Motorways 110 km/h.
Fuel Leaded 90 and 96 octane petrol. Lead-free 91 octane petrol available at some stations. Methanol is not available. Petrol is purchased with coupons (sold at the border) or with Czechoslovakian currency (more expensive). Diesel available at some stations, but can only be purchased with coupons.
Tourist attractions Prag is dominated by the castle and St. Vitus cathedral. There is also a university which was founded in 1348.
Bratislava, with its magnificient castle beautifully situated on the Danube. The Demänová caves - a 20 km cave system in Slovakia. The holiday resort Herlany near Kosice has a geyser which shoots up cold water 40 metres into the air. The castle in Zvíkov. There are priceless mural paintings in the castle chapel.

 **DENMARK**

Size 43,000 km². (Greenland 2,000,000 km², the Faeroes 1,400 km².)
Population 5,200,000 (Greenland 53,000, the Faeroes 45,600)
Capital Copenhagen (Pop. 1,400,000).
Language Danish.
Currency Danish Crowns. 1 Crown=100 ore.
Banks 9.30 a.m.-4 p.m. Mon-Fri. (To 6 p.m. on Thursdays).
Shopping 9 a.m.-5.30 p.m. Mon-Thurs. 9 a.m.-7 or 8 p.m. on Fridays. 9 a.m-noon/1 p.m. Sat.
Holidays 1 Jan, Maundy Thursday, Good Friday, Easter Sunday, Easter Monday, Intercession Day (4th Friday after Easter), Ascension Day, Whit Sunday, Whit Monday, 5 June after noon, 25-26 December.
Traffic regulations Right-hand traffic, give way to traffic from right. Seat belt compulsory in front seats. Warning triangle compulsory. Studded tyres are permitted 1/10 - 30/4.
Speed limits Urban 50 km/h. Highways 80 km/h. Motorways100 km/h.
Fuel Leaded 92, 96 and 98 octane petrol. Lead-free 92 and 95 octane petrol. Methanol and diesel available.
Tourist attractions The Skagen Museum contains paintings of P.S Krøyer, a well-known Danish painter. Legoland in Billund - miniture town with buildings made of lego pieces. Kronoborg Castle in Helsingør, the scene of Shakespeare's "Hamlet". The Tivoli in Copenhagen - a large pleasure park with many restaurants and fun rides. Louisiana in Humlebaek, modern art gallery with a large permanent art exhibition and various famous international exhibitions.

 **FINLAND**

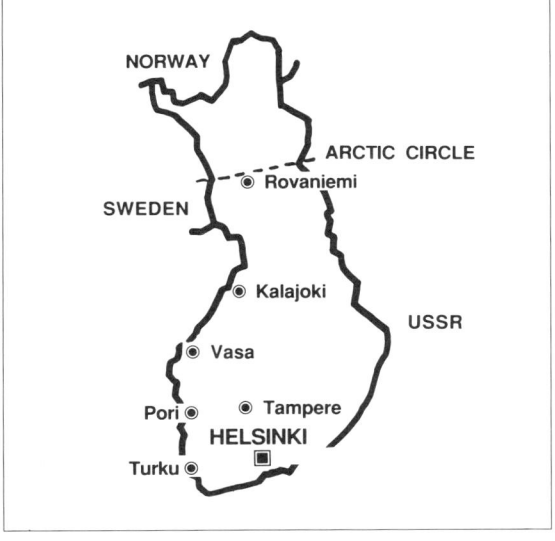

Size 338,000 km².
Population 4,926,200.
Capital Helsinki (Pop. 487,400).
Language Finnish and Swedish.
Currency Marks. 1 Mark=100 penni.
Banks 9.15 a.m. - 4.15 p.m. Mon-Fri.
Shopping 9 a.m. - 6 p.m. Mon-Fri. (Department stores in Helsinki are also open from 9 a.m. to 8 p.m. on Mondays and Fridays.) 9 a.m. - 4 p.m. Saturdays (9 a.m. - 2 p.m. during the summer).
Holidays 1988: 1 Jan, 9 Jan, 1 May, 7 May, 21 May, 5 Nov, 6 Dec (National Day), 25-26 Dec plus Good Friday, Easter Sunday, Easter Monday and Midsummers Day.
Traffic regulations Right-hand traffic. Dipped lights compulsory outside urban areas around the clock and should always be switched on when visibility is poor. Studded tyres permitted 1/10-30/4. Warning triangle is compulsory. Seat belts compulsory in front and back seats. Children not able to use a seat belt should remain in the back seat or sit in a special children's seat.
Speed limits Urban 50 km/h. Highways 80 km/h. Motorways 120 km/h.
Fuel Leaded 92, 96 and 99 octane petrol. Lead-free 95 octane petrol available at certain stations. Methanol unavailable. Diesel available at low prices to foreign tourists at 255 fuel stations.
Tourist attractions Särkeniemi pleasure park in Tammerfors (planetarium, delphinarium etc.) Valamo monestary, Heinävesi - the Nordic Area's only orthodox monastery. Retretti caves in Punkaharju - the country's largest art centre (8000 sq.m.) Precious stone gallery in Kemi. Finland is famous for its beautiful countryside with its 180,000 lakes and real wilderness in the north.

FRANCE

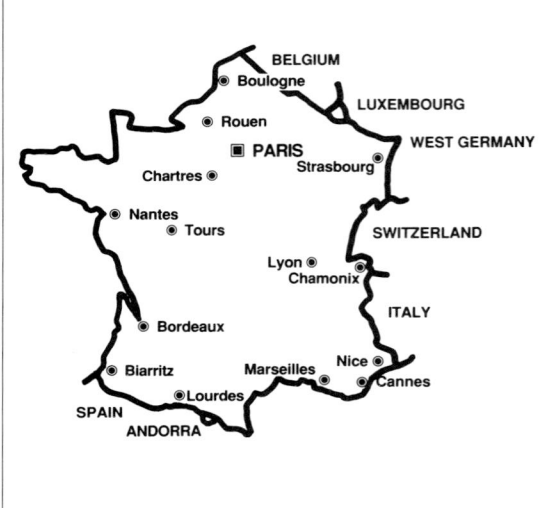

Size 551,602 km².
Population 55,500,000.
Capital Paris (Pop. 16,000,000).
Language French.
Currency French francs. 1 franc=100 centimes.
Banks: Open 9 a.m. to noon and 2 p.m. or 2.30 p.m. to 4 or 5 p.m. Mon-Fri.
Shopping Open Mon-Fri 9 or10 a.m to noon and 2 or 3 p.m. to 7 p.m.
Holidays 1 Jan., Easter Sunday, Easter Monday, 1 May, 8 May, Ascension Day, Whit Sunday, Whit Monday, 14 July (National Day), 15 Aug., 1 Nov., 11 Nov., 25 Dec..
Traffic regulations Right-hand traffic, give way to traffic from right. Compulsory use of seat belts in front seats. Children under ten years may only travel in the front seat in special children's seats. Warning triangles and spare lamp bulbs compulsory. Studded tyres permitted approx. 15/11-15/3. Note: Car to be fitted with 90 plate (sold at borders). Many motorways are toll roads.

Speed limits Urban 60 km/h. Highways 90 km/h (80 km/h in rain). Main road/4-lane highways 110 km/h (100 km/h in rain). Motorways 130 km/h (110 km/h in rain).
Fuel 90/92 and 96/98 octane leaded petrol. Lead-free 95 octane petrol available at some petrol stations, mainly in eastern France. Diesel oil available.
Tourist attractions Paris with the famous sights such as the Eifel Tower, Notre Dame, the Louvre etc. All the famous streets with shops, restaurants and cafés. The Loire valley with its castles - Amboise and Chenonceaux from the 15th and 16th centuries, for example. Bourgogne - vineyards, boat trips on the canals. Auvergne - vulcanic landscape and ancient French farming district. In southern France the beautiful Basque Province with its culture. The wine district in Bordeaux, Medoc, Mouton-Rotschild etc.

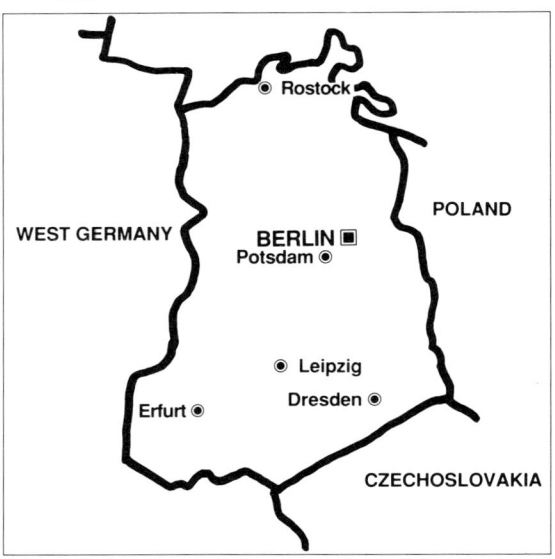

Size 108,333 km².
Population 17,000,000.
Capital Berlin (Pop. 1,100,000).
Language German.
Currency DDR Mark. 1 DDR mark=100 pfennig. Import and export of DDR currency is not permitted.
Banks Mon-Fri 8 a.m. - 11 a.m.
Shopping Mon-Fri 10 a.m. - 7 p.m. (Thursdays 8 p.m.). Outside Berlin 9 a.m. - 6 p.m. Larger shops and stores open on Saturdays before noon.
Holidays 1 jan, Good Friday, Easter Sunday, 1 May, Whit Sunday, Whit Monday, 7 Oct (National Day), 25-26 Dec.
Traffic regulations Right-hand traffic. Insurance card compulsory. Warning triangle compulsory, as are first-aid kits and spare sets of lamp bulbs. Studded tyres are not permitted. Seat belts to be used both front and rear. Children under seven years of age are not permitted to travel in the front seat, not even if the front seat is fitted with a special children's seat.
Speed limits Urban 50 km/h. Highways 80 km/h. Motorways 100 km/h.
Fuel Can be purchased for western currency at Intertank petrol stations. Fuel coupons are available. Leaded petrol in 88, 94 and 98 octanes and diesel available. Lead-free petrol obtainable from a few stations. Methanol not available.
Tourist attractions Berlin with its famous street Unter den Linden and the Brandenburg Gate. 14 theatres, of which the State Opera is the most famous. The castle Sanssouci in Potsdam. Dresden is an art and cultural centre. Eisenach, Bach's birthplace. Luther's house is also here. The porcelain factory in Meissen - exhibition.

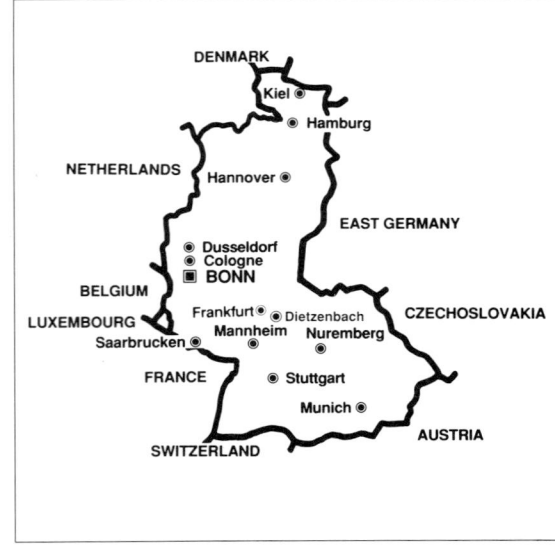

Size 248,700 km².
Population 61,000,000.
Capital Bonn (Pop. 290,000).
Language German.
Currency Mark - DM. 1 Mark = 100 Pfennig.
Banks Mon-Fri 9 a.m. - 12.30 p.m., 1.30 - 4 p.m.
Shopping Mon-Fri 9 a.m. - 6 p.m. Sat 9 a.m. - 2 p.m. (until 6 p.m. on the first Saturday of each month).
Holidays 1 Jan, Good Friday, Easter Sunday, Easter Monday, 1 May, Ascension Day, Whit Sunday, Whit Monday, 17 June (National Day), 21 Nov, 25-26 Dec.
Traffic regulations Right-hand traffic, give way to traffic from right. Warning triangle compulsory. Seat belts to be used in both front and rear seats. Children under12 years of age are not permitted to travel in the front seat unless seated in a special children's seat. Studded tyres are not permitted. The distance between you and the car in front of you should always be at least 1.5 secs driving distance. Yellow running lights should be disconnected before travelling in BRD, since they could be thought to be foglights (only to be used in fog). White running lights are permitted but not appreciated.
Speed limits Urban 50 km/h. Highways 100 km/h. Motorways recommended max 130 km/h (min 40 km/h).
Fuel Leaded 91/92 and 97/99 octane petrol, lead-free 91 and 95 octane. Methanol and diesel oil available. Petrol station chains do not accept credit cards.
Tourist attractions Rendsburg which has an attractive Old Town on an island in the river Eider. Here is the "Zum Landknecht" inn from the 16th century. Heidelberg with Germany's oldest university from 1386. Beautiful views reached by a cablecar. The Mosel valley with its beautiful castle ruins and vineyards. For shopping, the Kurfurstendamm in Berlin is worth visiting. Hamburg, the Hagenbeck zoo, harbour, town hall. The Cologne Cathedral, one of Europe's largest cathedrals. Munich Museum, theatres, October festival.

 **GIBRALTAR**

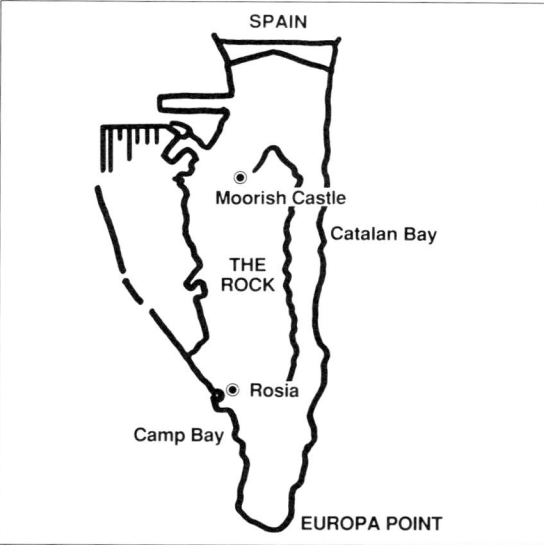

Gibraltar is a British colony.
Size 5.8 km2
Population approx. 30,000
Language English and Spanish
Currency Gibraltar belongs to the sterling area. I Gibraltar pound = 100 pence. British currency can also be used here.
Banks Mon-Thur 9 a.m. to 3.15 p.m., Fri 9 a.m. to 3.15 p.m. and 4.30 p.m. to 6 p.m.
Shopping Mon-Fri 10 a.m. to 7 p.m., Sat 10 a.m. to 1. p.m.
Electricity 240 V.
Holidays 1 Jan, 14 March, Good Friday, Easter Sunday, May Day last Monday in May, 13 June, last Monday in August, 25-26 Dec.
Traffic regulations Right-hand traffic. Helmet is compulsory for motor-cyclists over 50cc.
Speed limits 48 km/h.
Tourist attractions The most famous attraction is the Rock of Gibraltar (approx. 400 m about sea level) and its monkeys. As long as they stay, the Rock will remain British - according to tradition. There are ruins of a Moorish castle. Another attraction is the St Michael's cave - a stalactite cave.

 **GREAT BRITAIN**

(England, Scotland, Wales and Northern Ireland.)
Size 244,100 km².
Population 56,800,000.
Capital London (Pop. 6,775,000).
Language English (Wales has two official languages - English and Welsh. In Northern Ireland many people speak Gaelic).
Currency Pounds. 1 Pound=100 pence.
Banks 9.30 a.m. to 3.30 p.m. Mon-Fri.
Shopping 9 a.m. to 6 p.m. Mon-Sat. In some areas shops are closed on Wed or Thurs afternoons (halfday closing).
Electricity 240 volts.
Holidays 1 Jan, Good Friday, Easter Sunday, Easter Monday, first Monday in May, last Monday in May and August, 25-26 Dec. (Plus local variations.)
Traffic regulations Left-hand traffic. Front seat belts compulsory. Studded tyres permitted. Warning triangle recommended. Those driving cars fitted for driving on the right should cover the asymmetrical section of the headlamp glass to avoid dazzling oncoming drivers at night.
Speed limits Urban 30 mph (48 km/h). Highways 60 mph (97 km/h). Main roads and motorways 70 mph (113 km/h).
Fuel Great Britain employs a star system: 2 stars=90 octane, 3 stars=94 octane, 4 stars=97 octane (all leaded petrol). Lead-free 95 octane obtainable from some stations. Diesel available. (Note: 1 imperial gallon=4,5 litres).
Tourist attractions Animal park in Woburn Abbey is Europe's largest. Safari park. Stratford-upon-Avon, Shakespeare's town with attractive timbered houses and the Shakespeare museum. The National Park of Snowdonia with railway up to Mt. Snowdon's top. The Lake District is Great Britain's largest national park. Beautiful countryside. Brighton is one of the largest seaside resorts with many hotels and places of entertainment. Stonehenge, which is a prehistoric monument dating from about 2,500 B.C.

 **GREECE**

Size 191,944 km².
Population 9,000,000.
Capital Athens (Pop. incl. Pireus 3,800,000).
Language Modern Greek.
Currency Drachma. 1 Drachma=100 lepta. Import and export max. 3000 drachma per person.
Banks Mon-Thurs 8 a.m.-2 p.m. Fri 8 a.m.-1.30 p.m. Larger centres with tourist services open from 5 p.m.-8 p.m.
Shopping Mon-Wed-Sat 8.50 a.m.-2.30 p.m., Tues-Thurs-Fri 8.50 a.m.-1.30 a.m. Usually open each day 5.30 p.m.-8.30 p.m.
Holidays 1 Jan, 6 Jan, Kathara Deftera, 25 March (National Day), Good Friday, Easter Sunday, Easter Monday, 1 May, Whit Sunday, Whit Monday, Day of the Holy Ghost, 15 Aug, 28 Okt, 8 Nov, 25-26 Dec.
Traffic regulations Right-hand traffic. International driving licence and green insurance card compulsory. Warning triangle compulsory. Seat belts to be used in front seats. Children under 10 years of age to travel in back seat or in children´s seat fitted facing to the rear. Fire extinguisher and first-aid kit compulsory.
Speed limits Urban 60 km/h. Highways 90 km/h. Motorways 110 km/h. Some roads are toll roads.
Fuel Leaded 84/86 and 92/96 octane petrol and diesel oil. Lead-free 95 octane petrol available in some larger cities.

Tourist attractions There are many famous sights in Athens - for example Acropolis with Parthenon, the Olympia stadium. The monestry Dafni with its beautiful mosaics. Olympia 322 km from Athens, where the ancient Olympic Games were held. Boat trips from Pireus to one of the Greek islands. Thessaloniki, which was founded in 315 B.C. has many historical sights and museums. Delphi 165 km from Athens where the famous Oracle was found.

 **HOLLAND**

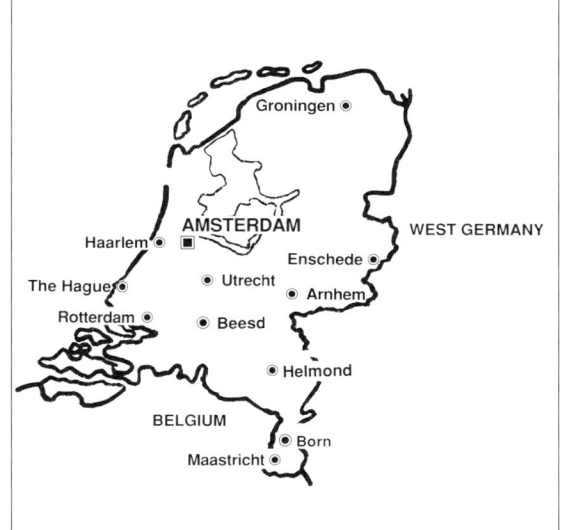

Size 42,000 km².
Population 14,000,000.
Capital Amsterdam (700,000 pop.)
Language Dutch.
Currency Florins/Guilders. 1 guilder=100 cents.
Banks 9 a.m.-5 p.m. Mon.-Fri.
Shopping 8.30/9 a.m.-5.30/6 p.m. Mon.-Fri. 8.30 a.m.-4/5 p.m. Sat. Often closed Mondays before noon.
Holidays 1 Jan., Good Friday, Easter Sunday, Easter Monday, 30 April, Ascension Day, Whit Sunday, Whit Monday, 25-26 Dec.
Traffic regulations Right-hand traffic, give way to traffic from right. Warning triangles compulsory. Foreign motorists are allowed to use studded tyres from 1/10 to 30/4. Seat belts must be used for front seats. Children under 12 years of age are not permitted to travel in the front seat. Exceptions: children from 0-4 years of age in children´s seats, from 5-12 years of age with hip level belts. Green insurance card recommended.
Speed limit Urban 50 km/hour. Highways 80 km/hour. Motorways 100 km/hour.
Fuel Leaded 98 octane petrol. Lead-free 95 octane at certain stations. Methanol and diesel available.
Tourist attractions Flower procession at the end of April and in August in Aalsmeer and Rijnsburg, for example. The contrasts of Rotterdam, the world's largest harbour and the historic Delf harbour with buildings from the 15th century. The seaside resort Scheveningen outside The Haag - with plenty of places of entertainment. Rembrandt's best self-portrait is also found here. Anne Frank's house in Amsterdam. The famous diamond cutters in Amsterdam. The little village of Giethoorn in Overijssel, which has canals instead of streets for transportation. Water sports in Hoorn and Enkhuizen.

 # HUNGARY

Size 93,030 km².
Population 10,700,000.
Capital Budapest (Pop. 2,100,000).
Language Hungarian.
Currency Forint. 1 Forint=100 filler. Limited export and import of Hungarian currency (max 100F in coins).
Banks 9.30 a.m. - 4 p.m. Mon-Fri.
Shopping Mon-Fri 10 a.m. - 6 p.m. (Tues 10 a.m. - 8 p.m.). 9 a.m. - 1 p.m. Sat.
Holidays 1 Jan, 4 April, Easter Monday, 1 May, 20 Aug, 7 Nov, 25-26 Dec.
Traffic regulations Right-hand traffic. Compulsory use of front seat belts. Children under 6 years of age are not permitted to travel in the front seat. Dipped lights in daytime. Extra brake lights, blinds or foil in rear window not permitted.
Speed limits Urban 60 km/h. Highways 80 km/h. Motorways 120 km/h.
Fuel Leaded 86, 92 and 98 octane petrol. Lead-free 91 octane petrol available at some stations. Methanol not available. Diesel can only be purchased with coupons. Coupons can be obtained at the border, among other places.
Tourist attractions Around the Balaton lake, which is middle Europe's largest lake, there are many attractive resorts. In the Capital, Budapest, there are many famous bathing resorts. On the island of Margitsziget in the Danube in Budapest there are ruins from the Roman era. In the Aggtelek caves (north-west of Miskolc) you can admire the fine stalacmites and stalactites. Concerts are held in the largest cave which is 22 km long. Debrecen, Hungary's third largest town, is a famous cultural and university town.

 # ICELAND

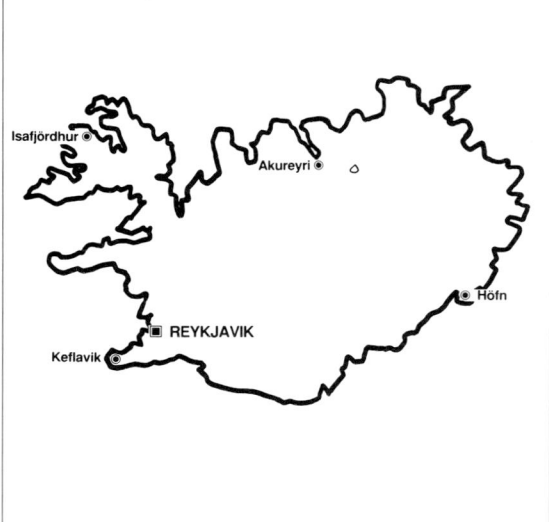

Size 103.000 km².
Population 247,000.
Capital Reykjavik (Pop. 93,000).
Language Icelandic.
Currency Crowns. 1 Crown=100 aurar. Import and export of Icelandic currency restricted to 2100 Crowns.
Banks 9.15 a.m. - 4 p.m. Mon-Fri. 5 p.m. - 6 p.m. on Thursdays.
Shopping 9 a.m. - 6 p.m. Mon-Fri. 9 or 10 a.m. - noon Sat. Many shops are closed on Saturday.
Holidays 1 Jan, Maundy Thursday, Good Friday, Easter Sunday, Easter Monday, 1 May, first Summer Day (a Thursday at the end of April), Whit Sunday, Whit Monday, 17 June, the first Monday in August, 25-26 Dec.
Traffic regulations Right-hand traffic. Give way to traffic on right. Seat belts compulsory in front seats. Warning triangle recommended. Studded tyres permitted 15/10 - 30/4.
Speed limits Urban 45 km/h. Highways 70 km/h.
Fuel Leaded 93 and 98 octane petrol and diesel. Lead-free petrol unavailable. Methanol unavailable.
Tourist attractions The best time to visit Iceland is between June and September. From the end of May to the beginning of August it is light twenty-four hours a day. Reykjavik with its open-air museum Arbaejarsafn. The big open-air swimming pool heated by the hot spring water, is open all year. Vatnajökull is Europe's larges glacier. The national park of Skaftafjell lies along the south-west coast. Skáhold in the south of Iceland, with the famous geyser and the 32 m waterfall Gullfoss. From here you can also see the volcano Hekla (1491 m). There are bus tours to the beautiful wilderness of Iceland's interior.

 # IRELAND

Size 70,282 km².
Population 3,500,000.
Capital Dublin (Pop. 502,337).
Language English and Irish.
Currency Irish pounds. 1 pound=100 pence.
Banks Mon-Fri 10 a.m. - 3 p.m. (Lunchtime closing in some places)
Shopping Mon-Sat 9/9.30 a.m. - 5.30/6 p.m. Sometimes closed Wed, Thur afternoons.
Holidays 1 Jan, 17 March, Good Friday, Easter Monday, the first Mondays in June and Aug, the last Monday in Oct, 25-26 Dec.
Traffic regulations Left-hand traffic. Give way to traffic from right if not otherwise indicated. Warning triangle recommended. Seat belts should be used in front seats. Children under12 years of age may only travel in the front seat if seated in special children's seat. Studded tyres not permitted. Cover the assymetrical part of your headlights so as not to dazzle oncoming drivers at night.
Speed limits Urban 30 mph (48 km/h). Highways 55 mph (88 km/h).
Fuel Leaded 90, 94/95, 98/99 octane petrol. Lead-free 95 octane petrol available in 5 places. Methanol and diesel available.
Tourist attractions There are many interesting places to see in Dublin - for instance, the large library at Trinity College, the world's oldest zoo - famous for its lions and the Guiness brewery. There are many attractive seaside resorts around the coast of Ireland with good fishing and sailing possibilities. There are 170 golf courses to choose from for all the golf enthusiasts. The ruins of the Blarney Castle dating from the 15th century. To kiss the famous Blarney Stone means you will be given the 'gift of the gab'. Many historical remains and prehistoric graves. Ireland is known as the luscious "Emerald Isle".

 # ITALY

Size 301,262 km².
Population 57,091,000.
Capital Rome (Pop. 3,735,000).
Language Italian.
Currency Lire. No limits for currency import. Export limited to 500,000 lire per person. Export of foreign currency limited to a value of 5,000,000 per person.
Banks 8.30 a.m.-1.30 p.m. and 2.45 p.m.-3.45 p.m. Mon-Fri.
Shopping 8.30 a.m.-1 p.m. and 3 p.m.-7 p.m. Mon-Sat (in southern Italy 4 p.m.-8 p.m.). Often closed on Mon. mornings during July and August.
Holidays 1 Jan, 6 Jan, Easter Sunday, Easter Monday, 25 April, 1 may, 15 Aug, 1 Nov, 8 Dec, 25-26 Dec, and local holidays.
Traffic regulations Right-hand traffic, give way to traffic from right. Headlights should be switched on in tunnels. Warning triangle compulsory. Studded tyres permitted 15/11-15/3. Most motorways are toll roads. Green insurance card compulsory. International driving licence recommended.
Speed limits Urban 50 km/h. Otherwise speed limit depends on engine size. E.g. for cars with 1300 cc engines and over, highways 110 km/h, motorways 140 km/h.
Fuel Leaded petrol 85/88 octane and 98/100 octane. Lead-free 95 octane. Methanol and diesel available. Discount coupons for petrol and toll roads available.
Tourist attractions The whole of Rome is worth seeing with all its famous monuments. Venice with its canals and gondolas. Florence is famous for its art treasures. The mosaics in Ravenna and the Etruscan art in Volterra are also worth visiting. Milan, as well as being a large industrial and business town, is also a cultural centre. The Italian Riviera and the Adriatic coast offer many fine seaside resorts. Summer skiing in Cervinia or on the glaciers in Bormio.

FL LIECHTENSTEIN

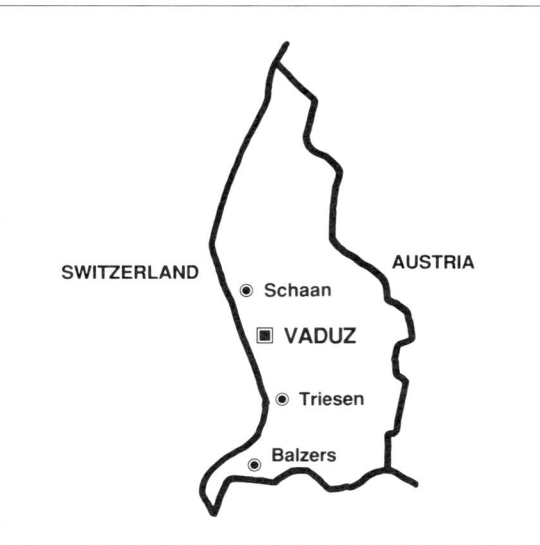

Size 158 km².
Population 26,500.
Capital: Vaduz (Pop. 4,900).
Language German.
Swiss currency is used and the same traffic regulations apply as in Switzerland.
Tourist attractions The capital city is dominated by a mediaeval castle, from where the prince rules over his principality. The castle cannot be visited.
In Vaduz there is an art museum in the tourist office building.
In St. Luzisteig there is an old fort on a Roman fortification site, and also a small monastery with Gothic church.

L LUXEMBURG

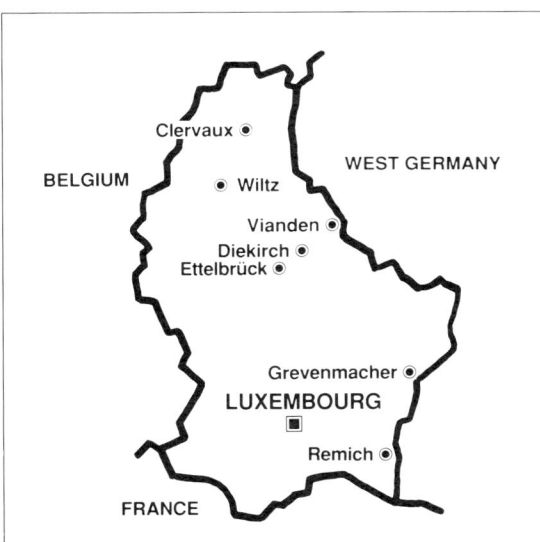

Size 2,587 km².
Population 364,000.
Capital Luxembourg (Pop. 100,000).
Language Luxemburgian, French, German.
Currency Luxembourg Francs. 1 francs=100 centimes.
Visa Is required for certain nationalities.
Banks Mon-Fri 9 a.m.-noon, 1.30 p.m.-4.30 p.m.
Shopping Mon-Sat 9 a.m. - 12 noon, 2 p.m. - 6 p.m.
Holidays 1 Jan, 10 Febr, 1 May, 23 June (National Day), 15 Aug, 1-2 Nov, 25-26 Dec.
Traffic regulations Right-hand traffic, give way to traffic from the right. Seat belt use compulsory in front seats. Warning triangle required. Studded tyres permitted 1/12 - 31/3. (Max speed highways 60 km/h and motorways 90 km/h.) Children under 10 years of age may only travel in front seat if seated in special children's chair.

Speed limits Urban 60 km/h. Highways 90 km/h. Motorways 120 km/h.
Fuel Leaded 90-93 and 98 octane fuel. Lead-free 91 and 95 octane. Methanol and diesel available.
Tourist attractions The large castle on the hill in Vianden which was begun in the 13th century. A cable car up to the castle.
Echternach beside the river Sauer with monuments from the Roman times.

M MALTA

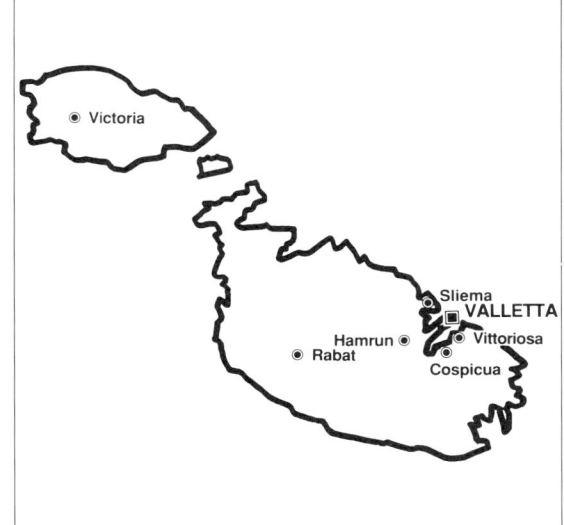

Size 316 km².
Population 330,000.
Capital Valletta (Pop. 26,000).
Language Maltese and English.
Currency Maltese pounds. Limited import of max LM 50, export max LM 25.
Banks 8.30 a.m. - noon. Mon-Fri. 8.30 a.m. - 11.30 a.m. Sat. Exchange offices (in summer) 4 p.m.-6 p.m.
Shopping 9 a.m. - 7 p.m. Mon-Fri. 9 a.m. - 8 p.m. Sat. Closed for 3-4 hours at lunch.
Electricity 240 volts.
Holidays 1 Jan, 10 Feb, Good Friday, 31 March, 1 May, 15 Aug, 13 Dec, 25 Dec.
Traffic regulations Left-hand traffic.
Speed limits Urban 40 km/h. Highways 64 km/h.
Fuel leaded 96/98 octane petrol.
Tourist attractions There are many interesting archeological findings on Malta. For example, Hypogeum - a system of caves and tunnels cut out of the mountains and dating from about 2400 B.C. The megalithic temples in Tarxien are unique. They are from the early Bronze Age (2000 B.C.).
Mdina used to be the capital city. The town itself is a monument and there are splendid views over the whole island from here. In the old fishing village Sliema there are many high-quality shops, restaurants, night-clubs and a casino. There are many attractive beaches with sailing, windsurfing, water-skiing or deep-sea diving.

MC MONACO

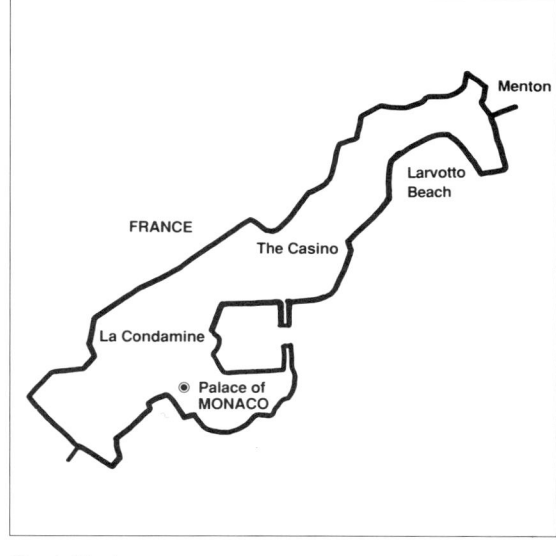

Size 1.5 km².
Population Approx 35,000, of which a minority are nationals. Most of the population consists of Frenchmen and Italians.
Capital Monaco-Ville (The city has now grown together with Monte Carlo and Condamine).
Language French.
Otherwise for currency and traffic regulations, see France.
Tourist attractions Castle from 16th and 17th centuries in Monaco-Ville. Monte Carlo is one of the Riviera's most famous and exclusive tourist resorts. The harbour with all its luxury yachts is worth visiting. The casino is also world-famous.

N NORWAY

Size 323,883 km².
Population 4,145,800.
Capital Oslo (Pop. 500,000).
Language Norwegian.
Currency Norwegian Crowns. 1 Krone=100 ore.
Banks 8.15 a.m. - 3.30 p.m. Mon-Fri (Thursdays to 5 p.m.).
Shopping 9 a.m. - 4 p.m. Mon-Fri. 9 a.m. - 1 p.m. Sat.
Holidays 1 Jan, Maundy Thursday, Good Friday, Easter Sunday, Easter Monday, 1 May, 17 may (National Day), Ascension Day, Whit Sunday, Whit Monday, 25-26 Dec.
Traffic regulations Right-hand traffic. Dipped headlights in daytime. Compulsory seat belt use front and back seats. Studded tyres permitted 16/10-30/4. Warning triangle and first-aid kit compulsory.
Speed limits Urban 30/50 km/h. Highways 80 km/h. Motorways 90 km/h.

Fuel Leaded 98 octane petrol, diesel. Lead-free 95 octane. Most of the petrol stations have a special green pump for catalytic converter vehicles.

Tourist attractions Oslo: the ski-jump Holmenkollen, Bygd island with the Kon Tiki museum, Vigelands sculptures in the Frogner Park. Bergen: an old Hansa town Lillehammer: a winter sport town. The North Cape: Norway's most northern mainland point. Kronsberg with the old silver mines.

 **POLAND**

Size 312,500 km².
Population 37,551,000.
Capital Warsaw (Pop. 1,652,600).
Language Polish.
Currency Zloty. 1 Zloty=100 groszy. Polish currency may not be imported or exported.
Banks 8 a.m. - 7 p.m. Mon-Sat.
Shopping 8 a.m. - 7 p.m. Mon-Fri.
Holidays 1 Jan, Easter Monday, 11 April, 1 May, Ascension Day, 22 July, 9 June, 1 Nov, 25-26 Dec.
Traffic regulations Right-hand traffic, give way to traffic from right. Warning triangle compulsory. Studded tyres not permitted. Children under ten years of age are not allowed to travel in front seat, not even with a special children's seat. Compulsory use of front seat belts. Green insurance card required.
Speed limits Urban 60 km/h. Highways 90 km/h.
Fuel Purchased with coupons only. Leaded 78 and 94 octane petrol, diesel. Lead-free and methanol unavailable.
Tourist attractions The old town in Warsaw, fine art treasures in the castle. Chopin monument. Paintings and historical buildings in Krakow. Copernicus birthplace Torun. The Masuric lakes - a lake system with 2,561 lakes. Good fishing, riding, and hunting possibilities. Hot-air balloon rides.

 **PORTUGAL**

Size 88,740 km².
Population 10,000,000.
Capital Lisbon (Pop. 2,000,000).
Language Portuguese.
Currency Escudos. 1 Escudo=100 centavos. Import and export limit 10,000 Esc.
Banks Mon-Fri 8.30 a.m.-11.45 a.m., 1 p.m.-2.45 p.m.
Shopping Mon-Fri 9 a.m.-1 p.m., 3 p.m.-7 p.m. Sat 9 a.m.-1 p.m.
Holidays 1 Jan, Good Friday, 25 April, 1 May, Corpus Christi, 10 June (National Day), 24 June, 15 Aug, 5 Oct, 1 Nov, 8 Dec, 25 Dec. Plus local holidays.
Traffic regulations Right-hand traffic, give way to traffic from the right. Warning triangle compulsory. Frequent use of horn (flash lights at night). Studded tyres are not permitted. Front seat belt compulsory.
Speed limits Urban 60 km/h. Highways 90 km/h. Motorways 120 km/h (min 40 km/h).
Fuel Leaded 90 and 98 octane petrol, diesel. Lead-free petrol and methanol not available.
Tourist attractions Lisbon is built like an amphitheatre. Many historical buildings, museums, planetarium. Bull-fighting. Europe's longest suspension bridge - 2200 m. Queluz, beautiful palace between Lisbon and Sintra. The unspoiled coast between Oporto and Viana do Castelo. Lovely beaches and views. Algarve coast with its beaches and caves. Most Arab influence in this part of Portugal.

 **RUMANIA**

Size 237,500 km².
Population 25,000,000.
Capital Bucharest (Pop. 2,000,000).
Language Rumanian.
Currency Lei. 1 leu=100 bani. Import and export of Rumanian currency is not permitted.
Banks Mon-Fri 8 a.m.-2 p.m., Sat 8 a.m.-12 noon.
Shopping Mon-Sat 8 a.m.-12 noon, 4 p.m.-8 p.m.
Holidays 1-2 Jan, 1-2 May, 23-24 Aug (National Day), Church festivals are celebrated but are not national holidays.
Traffic regulations Right-hand traffic. Studded tyres not permitted. You should carry two warning triangels. Seat belt is recommended. Children under 12 years of age may not travel in the front seat under any circumstances.
Speed limits Urban 60 km/h. Highways 90 km/h.
Fuel Can only be purchased for coupons sold at the border and at ACR offices throughout the country (for western currency). Leaded 87/89 and 95/97 octane petrol, diesel. Lead-free petrol and methanol are not available.
Tourist attractions The resorts on the Black Sea: Mamaia, Eforie etc.
The nature reserve at the Danube delta with unique flora and fauna.
Constanta with delphinarium, museums and sculpture collection. Count Dracula's old castle Bran in Transsylvania. The ski-resort Poiana Brasov. Lake Shiutghiol which offers good sailing, water-skiing and windsurfing possibilities.

 **SAN MARINO**

Size 60 km².
Population Approx. 20,000.
Capital San Marino (Pop. 4,300).
Language Italian
Currency Italian lire. Also San Marino lire which is mainly a collector's item.
Holidays 1 Jan, 6 Jan, 5 Feb, 19 March, Good Friday, Easter Sunday, Easter Monday, 25 March, 1 Apr, 1 May, Ascension Day, Corpus Domini, 29 June, 28 July, 14-16 Aug, 3 Sept, (National Day), 1 Oct, 1-2 Nov, 8 Dec, 24-26 Dec, 31 Dec.
Tourist attractions This is the world's oldest and smallest republic, founded in 301 A.D. San Marino's centre is a monument with well-preserved mediaeval markets etc. One of the most important trades is the issuing of stamps. On the National Day on September 3 the people wear their national costumes and colourful uniforms. Wonderful views from the three forts.
For further information, see Italy.

103

 **SU** **SOVIET UNION**

Size 22,400,000 km².
Population 268,000,000.
Capital Moscow (Pop. 8,000,000).
Language Russian.
Currency Rubel. 1 Rubel=100 kopek. Import and export of Soviet currency is not permitted.
Banks Mon-Sat 9 a.m. - 7 p.m.
Shopping Mon-Sat 11 a.m. - 8 p.m. (Department stores etc. 8 a.m. - 8 p.m.)
Electricity Hotels - 127 and 220 volts.
Holidays 1 Jan, 8 March, 1-2 May, 9 May, 7 Oct, 7-8 Nov.
Traffic regulations Right-hand traffic. You must travel according to a pre-planned route. One day's travelling should be max 500 km. Driving should take place during daylight hours. Your car must be equipped with safety belts, first-aid kit, fire extinguisher and warning triangle. It is obligatory to take out an insurance policy with the Soviet insurance company, Ingosstrakh.
Speed limits Urban 60 km/h. Highways 90 km/h.
Fuel Can only be purchased with coupons which are sold at Intourist offices, for example. Leaded petrol only. Seldom higher than 93 octane. Methanol is not available and diesel fuel can be difficult to get hold of.
Tourist attractions The Soviet Union is the largest country in the world. Most of the interesting sights, however, are to be found in the European part of the Soviet Union. There are many historical buildings in Moscow, over 30 theatres, 60 museums. Leningrad also has many theatres and concert halls. The Winter Palace with the art gallery Eremitaget with paintings of da Vinci, Rubens and Rembrandt, for example. There are many bathing resorts and health resorts around the Black Sea.

 **E** **SPAIN**

Size 504,782 km².
Population 37,000,000.
Capital Madrid (Pop. 3,500,000).
Language Spanish, Catalan, Basque and Gaelic.
Currency Pesetas. 1 Peseta=100 centimos.
Banks Mon-Fri 9 a.m. - 2 p.m. Sat 9 a.m. - 1 p.m.
Shopping Mon-Sat 9/10 a.m. - 8/9 p.m. Lunch hours (usually 1.30 p.m. - 4.30 p.m.).
Holidays 1 Jan, 6 Jan, 19 March, Maundy Thursday, Good Friday, Easter Sunday, Easter Monday, 1 May, 15 May (Madrid only), 25 July, 15 Aug, 12 Oct, 1 Nov, 8 Dec, 25 Dec.
Traffic regulations Right-hand traffic, give way to traffic from right. Studded tyres permitted. Forbidden to carry spare fuel in jerry can or something similar inside car. Warning triangle and set of extra lamp bulbs compulsory. Front seat seat belts must be used. International driving licence required.
Speed limits Urban 60 km/h. Highways 90 km/h. Motorways 100-120 km/h.
Fuel Leaded 92 and 97 octane petrol, diesel. Lead-free 95 octane obtainable at some stations. Methanol not obtainable.
Tourist attractions The old town in Barcelona with mediaeval buildings and ruins from the Roman times. El Greco's house in Toledo. Alhambra, the famous Palace of the Moors in Granada. Seville is a centre for art and archeology. The entire coast offers many lovely tourist resorts, for instance, Marbella, Malaga. Bull-fighting in Madrid and Barcelona, for example.

 **S** **SWEDEN**

Size 449,600 km².
Population 8,414,083
Capital Stockholm (Pop. 1,461,618).
Language Swedish.
Currency Swedish Crowns. 1 Crown=100 ore. No limits on import. Export of Swedish currency restricted to SEK 6,000 and foreign currency to a value of SEK 25,000, a total value of SEK 31,000.
Banks Mon-Fri 9.30 a.m. - 3 p.m. Thursdays until 5.30 p.m.
Shopping Mon-Fri 9 or10 a.m. - 6 p.m. Sat 9 a.m. - 1 or 2 p.m.
Holidays 1 Jan, 6 Jan, Good Friday, Easter Sunday, Easter Monday, 1 May, Ascension Day, Whit Sunday, Whit Monday, Midsummer Day (Saturday), All Saints Day (Saturday), 25-26 Dec.
Traffic regulations Right-hand traffic, give way to traffic from right. Seat belts to be used in all seats. Dipped lights or daytime running lights to be switched on during daylight hours. Studded tyres permitted 1/10 - 30/4.
Speed limits Speed limit signs. Urban 50 km/h. Highways 70 or 90 km/h. Motorways 110 km/h.
Fuel Leaded 96 and 98 octane petrol and diesel. Lead-free 95 octane petrol. Methanol available.
Tourist attractions Sweden has the unique privilege of the legal right of entering private land (with certain limitations) for hiking, picking berries and bathing on private land. Attractions such as the Northern Lights, the midnight sun in the far north. Skansen's open-air museum and zoological garden in Stockholm. Liseberg's pleasure park in Göteborg. Lovely seside resorts and excellent sailing possibilities on the west coast. Gotland, an island off the east coast, is one of the driest areas in Sweden and the nature differs greatly from the rest of the country.

 **CH** **SWITZERLAND**

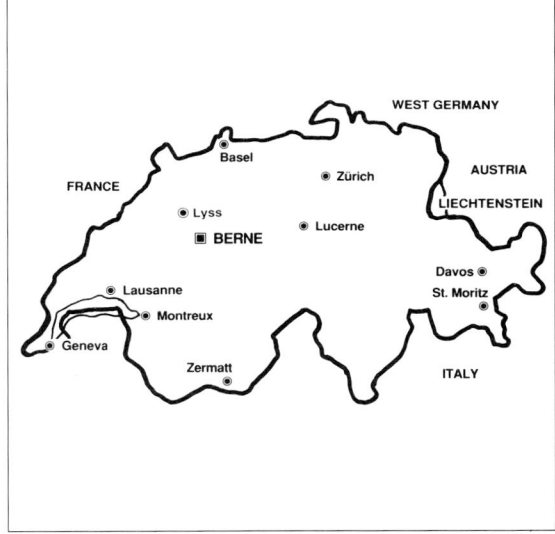

Size 41,293 km².
Population 6,400,000.
Capital Bern (Pop. 142,100).
Language Swiss-German, French, Italian, Rhaeto-Romanic.
Currency Swiss Franc (Ger. Franken) 1 Franc=100 centimes (Ger. Rappen).
Banks 8.30 a.m. - 4 p.m. or 4.30 p.m. Mon-Fri.
Shopping 8 a.m. - noon/12.30 and 1.30/2 p.m. - 6.30 p.m. Mon-Fri. 8 a.m. - 4 p.m. Sat.
Holidays 1-2 Jan, Good Friday, Easter Monday, 1 May, Ascension Day, Whit Monday, 1 Aug (National Day), 25-26 Dec. Plus local holidays.
Traffic regulations Right-hand traffic. Warning triangle compulsory. Front seat belts compulsory. Children under 12 years of age are not permitted to travel in the front seat, special children's seat notwithstanding. Studded tyres permitted 1/11-31/3, but not on motorways or mainroads. Max. speed 80 km/h. Motorway toll and fees for transport through certain tunnels. If your car does not have a motorway sticker on view you could be fined. The stickers can be purchased at post offices, customs and petrol stations, but not at motorway entrances. Dipped lights should be on in tunnels.

Speed limits Urban 50 km/h. Highways 80 km/h. Motorways 120 km/h.
Fuel Leaded 98 octane petrol. Lead-free 95 octane petrol. Methanol and diesel available.
Tourist attractions The district around the Vierwaldstättersee Lake is supposed to be the real Switzerland - the old Switzerland. Here there are many historical monuments. The mediaeval part of Bern is worth a visit. Tessin, in the Italian part of Switzerland, has a Mediterranean climate, with hot summers. Switzerland is also famous for its many winter sport resorts.

TR TURKEY

Size 780,000 km².
Population 52,000,000.
Capital Ankara (Pop. 3,500,000).
Language Turkish.
Currency Turkish lira. 1 lira=100 kuros. Import and export of turkish currency limited to a value of USD 1000.
Banks Mon-Fri 8.30 a.m. - 12 noon. 1.30 p.m. - 5 p.m.
Shopping Mon-Sat 9 a.m. - 1 p.m. 2 p.m. - 7 p.m.
Holidays 1 Jan, 23 April, 19 May, 30 Aug, 29 Oct. (1.5 day) plus Ramazan (3.5 days), "Seker bayrami" (3 days) and "Kurban bayrami" (4.5 days) and Sacrifice Holiday.
Traffic regulations Right-hand traffic. Safety belts compulsory in both back and front seats. Two warning triangles (one in front of and one to the rear of the vehicle in case of breakdown) plus first-aid kit are compulsory. Studded tyres may be used if it snows. The motorway from Izmir to Kirazliyali and the bridge over the Bosporos are toll roads. International driving licence and green insurance card are compulsory.
Speed limits Urban 50 km/h. Highways/motorways 90 km/h.
Fuel Leaded 81 and 94 octane petrol only, and this can sometimes be difficult to get hold of. Methanol available at some stations. Diesel available.
Tourist attractions Many interesting sights in Istambul - from the Greek and Roman period, for example. Most of the historical sights are found in the Izmir district, i.e. Ephesus and Pergamum. Ephesus was the capital city in the Roman province in Asia. Atatürk's house is also in Izmir. There are lovely seaside resorts along the southern Mediterranean coast - the Turkish Riveria - such as Antalya and Alanya.

V THE VATICAN STATE

Size 0.44 km².
Population 1,000.
Tourist attractions The Vatican caves. St. Peter's Church. The Sistine Chapel. You can apply for permission to participate at the Pope's public appearances or at the religious ceremonies. Applications: Prefettura della Casa Pontifica 001 20 Città del Vaticano (entrance at the right of St. Peter's Church).
For further information, see Italy.

YU YUGOSLAVIA

Size 255,804 km².
Population 23,500,000.
Capital Belgrade (Pop. 1,470,000)
Language Serbocroatian, Slovenian, Macedonian.
Currency Dinar. 1 Dinar=100 paras. Import and export of dinar limited to 50 000 per person.
Banks 7 a.m. - 7 p.m. Mon-Fri. 7 a.m. - 1 p.m. Sat.
Shopping 8 a.m. - noon and 4 p.m. - 8 p.m. Mon-Fri. 8 a.m. - 3 p.m. Sat.
Holidays 1-2 Jan, 1-2 May, 4 July, 29-30 Nov, plus local holidays.
Traffic regulations Right-hand traffic, give way to traffic from right. Warning triangle is compulsory. All seat belts in the car to be used. Children under 12 years of age are not permitted to travel in the front seat, even in a special children's seat. First-aid kit and extra lamp bulbs compulsory. Studded tyres are not permitted. Persons under the influence of alcohol are not permitted to travel in the front seat. Some motorways are toll roads. Green insurance card is compulsory.

Speed limits Urban 60 km/h. Highway 80 km/h. Other main roads 100 km/h. Motorways 120 km/h.
Fuel Leaded 86 and 98 octane petrol and diesel. Lead-free 95 octane. Methanol available. Discount coupons for fuel are sold at the border.
Tourist attractions Zagreb has a beautiful part of town in the baroque style inside the fortifications. The attractive town Ohrid with a modern and an old part of town. Many historical buildings and ruins. Postojna caves - the largest in Europe - through which there is a railway. Sarajevo, host of the Olympic Winter Games in 1984, is a major winter sport resort. There are many tourist resorts along the Yugoslavian coast, such as Dubrovnik which dates back to the 7th century.

References

Most names in the index are followed by a page number and letter. The letter refers to one of six squares, as shown in the diagram, in which the name will be found. Names followed by an equals sign (=) and a further name are cross references to correct entries.

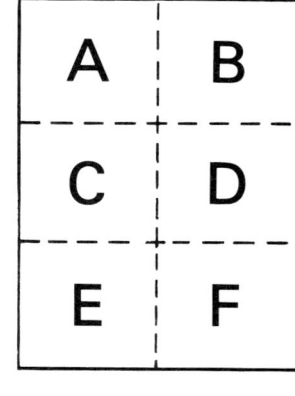

Abbreviations

Ákr. = Ákra, Akrotírion
Anc. = Ancient
Ay. = Ayía, Áyioi, Áyion, Áyios
B. = Bahía, Baia, Bay, Bjerge
Bgem. = Barragem
Bos. = Bosanski
Br. = Burnu, Burun
C. = Cabo, Cap, Cape
Chan. = Channel
D. = Dağ, Dağı, Dağlar, Dağları, Donja, Donji
Dist. = District
E. = East
Emb. = Embalse
F. = Firth
Fj. = Fjord
G. = Göl, Golfe, Golfo, Gölü
Geb. = Gebirge
Gr. = Grosse
Hd. = Head
I. = Île, Island, Isle, Isole
Is. = Islands
J. = Jezioro
K. = Kep
Kólp. = Kólpos
L. = Lac, Lago, Lake, Límni, Loch, Lough
L.H. = Light House
M. = Monte, Murska, Mursko
Mt. = Mont, Mount, Mountain
Mte. = Monte
Mtes. = Montes
Mti. = Monti, Munti
Mtii. = Muntii
Mts. = Monts, Mountains
N. = Noord, Nord, Nordre, Nörre, Nørre, North
N.D. = Notre Damè
Nat. = National
O. = Oost,. Ost, Ostrov, Ostrova, Ostrówa
Ö. = Öster, Östra, Östre
Ø. = Øster, Østre
Ór. = Óri, Óros
Oz. = Ozero
P. = Pass
Pen. = Peninsula, Penìsola
Pl. = Planina
Plat. = Plateau
Pnte. = Pointe
Prom. = Promontory
Prov. = Province
Pt. = Point
Pta. = Ponta, Punta
Pto. = Portillo, Puerto
R. = Río, River
Reg. = Region
Res. = Reservoir
S. = See, Sör, Sør, South, Syd
Sa. = Sierra
Sd. = Sound
Sr. = Sönder, Sønder, Søndre
St. = Saint, Stara
Sta. = Santa
Ste. = Sainte
Str. = Strait
Strs. = Straits
Sv. = Sveti
U.K. = United Kingdom
V. = Väster, Vatn, Vest, Vester, Vestre
Vel. = Velika, Velká, Velké
W. = West, Wester
Z. = Zalew, Zatoka

INDEX

Aachen 39A
Aalen 40F
Aalst 38B
Aalten 35D
Äänekoski 10B
Aapajarvi 15C
Aarau 47C
Aarburg 47C
Aardenburg 35E
Aareavaara 14B
Aarschot 39A
Abadin 63B
Abano Terme 54B
Abarán 74B
Abárzuza 65D
Abbekås 30F
Abbeville 38C
Abbey Town 4D
Abbeydorney 9E
Abbeyfeale 9E
Abbeyleix 9C
Abbiategrasso 53B
Abborrträsk 21D
Abbots' Bromley 6B
Abbotsbury 6F
Abejar 65D
Abelnes 27F
Abelvær 23A
Abenójar 69F
Åbenrå 33E
Aberaeron 6A
Aberarder 2D
Aberchirder 3C
Aberdare 6D
Aberdaron 6A
Aberdeen 3C
Aberdour 3E
Aberdovey 6A
Aberfeldy 2F
Aberford 5E
Aberfoyle 2F
Abergavenny 6D
Abergele 4F
Abergwili 6C
Aberlady 3E
Aberlour 3C
Abernethy 3E
Aberporth 6A
Abersoch 6A
Abertillery 6D
Abertridwr 6B
Aberystwyth 6A
Abetone 54C
Abingdon 7C

Abington 4B
Abisko 16E
Abla 74C
Ablis 45A
Ablitas 65D
Åbo = Turku
Abondance 46F
Abony 86A
Åbosjö 25B
Aboyne 3C
Abram 5E
Abrantes 68C
Abrets, les 52B
Abridge 7D
Abriès 53C
Abrunhosa Velha 68B
Abruzzo e Molise, prov. 57C
Absenberg 41E
Åby 29E
Åbybro 32C
Åbyn 21D
Acate 60B
Acceglio 53C
Accrington 5E
Acebo 68D
Acehuche 69C
Acerenza 58F
Acerra 57E
Aceuchal 69E
Acharacle 2F
Achenkirch 48C
Achensee 13D
Achern 40E
Achfary 2B
Achill 8F
Achiltibuie 2B
Achim 36B
Achnasheen 2D
Achnashellach 2D
Achterwehr 33D
Aci Castello 60B
Acipayam 91D
Acireale 60B
Acle 7B
Acquacadda 61E
Acquacalda 60A
Acquapendente 56B
Acquasanta Terme 57A
Acquasparta 56B
Acri 59C
Ács 86C
Acton Turville 6D

Ada 86B
Adakgruvan 21C
Ådal = Viker
Adala 91D
Ådalsliden 25A
Adamello, Mt. 47F
Adamsfjord 17A
Adamstown 9A
Adamuz 73B
Adanero 64F
Adare 9E
Adasevci 86B
Adderbury 7C
Addingham 5C
Adelboden 47E
Adelöv 30B
Ädelsfors 31A
Adelsheim 40F
Adelso 29D
Ademúz 71C
Adhámi 92D
Adjud 88B
Adlington 5E
Admont 49C
Adneram 27C
Adolfsberg 29C
Adolfsström 21A
Adony 86C
Adorf 41C
Adra 74E
Adradas 65F
Adrano 60D
Ádria 54D
Adrianople = Edirne
Adrigole 9F
Aduanas San Antonio 15F
Adwick le Street 5E
Adzaneta 71D
Æbeltoft 32D
Ærø, island 33C
Ærøskøbing 33C
Aesch 47C
Aeschi 12D
Aëtós, Greece 92E
Aëtós, Greece 92F
Åfarnes 22F
Afídhnai 92A
Aflenz 49C
Afráti 92A
Aga 26F
Agaliani 92F
Agay 53E
Agde 67B

Agen 50D
Ager 67C
Agger 32E
Aggius 61A
Aghaboe 9C
Agivey 8A
Aglish 9D
Ágnanda 92F
Agnandi 92C
Agnäs 25B
Agnone 57C
Agognate 53B
Agoncillo 65D
Agordo 48E
Agost 71E
Agramunt 67C
Agrapidhokhóri 92F
Agrate 53B
Agreda 65D
Agria 60B
Agrigento 60D
Agrínion 92E
Agrópoli 58F
Agrós 92F
Aguadulce 73C
Aguarón 66E
Aguaviva 66F
Agudo 69F
Agueda 68A
Aguero 65D
Aguilafuente 65E
Aguilar de Campoo 65A
Aguilar de la Frontera 73D
Aguilar del Rio Alhama 65D
Aguilas 74D
Agunnaryd 30D
Ahascragh 9C
Ahaus 36C
Aheim 26C
Ahillones 73A
Ahlainen 10C
Ahlen 36E
Ahmetli 91D
Ahoghill 8A
Ahrdor 39D
Ahrensburg 33D
Ähtäri 10B
Ahtiala 11C
Ahun 45E
Åhus 30F
Ahvenainen 13E
Aiándion 92B

Aibar 66C
Aich 40F
Aicha 41F
Aichach 48A
Aiddejavrre 16F
Aidhipsós 92C
Aigen 41F
Aigle 46F
Aigle, l' 43D
Aignan 50F
Aigre 44F
Aigueblava 67D
Aiguafreda 15A
Aiguebelle 52B
Aigueperse 45F
Aigues-Mortes 52D
Aiguillon 50D
Aigurande 45E
Ailefroide 52D
Aillant-sur-Tholon 45B
Aillevillers 46B
Ailly-sur-Noye 38C
Aime 52B
Ainali 12D
Aïnhoa 65B
Ainsa 66D
Aire, France 38A
Aire, France 50F
Airdrie 2F
Airth 2F
Airvault 44D
Aissey 46D
Aiterhofen 41F
Aith 3B
Aitolikón 92E
Aitoo 10D
Aiud 88B
Aix-d'Angillon, les 45C
Aix-en-Othe 45B
Aix-en-Provence 52F
Aix-les-Bains 52B
Aíyina 92B
Aiyínion 90B
Aíyion 92E
Áiyos Míron 91E
Aizenay 44C
Ajaccio 62C
Ajka 86C
Ajofrin 69D
Ajos 14C
Åkarp 30E
Akçay 91F
Aken 37F

Åker, Sweden 29C
Åker, Sweden 30B
Akernes 27D
Åkersberg 29D
Åkersjön 24B
Åkersstyckebruk 29C
Akersund 26F
Akharnai 92A
Akhílion 92C
Akhisar 91B
Akhladherí 92A
Akhladhiní 92F
Akhladhókambos 92D
Akhtopol 89B
Akincilar 91C
Åkirkeby 31E
Akköy 91C
Akksjöseter 26A
Akksojösetrene 26A
Akmangit 88B
Ákovos 92D
Akraífnion 92C
Akráta 92C
Åkrehamn 27E
Aksta 26E
Al 26D
Ala-Vuokki 13B
Alaçati 91C
Alaejos 64F
Alagna-Valsésia 47E
Alagón 66C
Alahärmä 12E
Alajar 72D
Alajärvi 12F
Alakurtti 15D
Alakylä 14D
Alameda 73D
Alamedilla 74C
Alamillo 69F
Alanäs 20F
Åland 29C
Åland, island 25F
Alandroal 68F
Ålandsbro 25D
Alanieni 15E
Alanis 73A
Alapitka 13E
Alar del Rey 65C
Alaraz 69A
Alarcón 70D
Alaró 75C
Alaşehir 91D
Alássio 53C
Alastaro 10C

Alatornie 14F
Alatri 57C
Alavus 10B
Alayor 75D
Alba 53C
Alba de Tormes 64F
Alba Iulia 88F
Albacete 70F
Albaida 71E
Albal 71C
Albaladejo 70F
Albalate del Arzobispo 66F
Alban 51F
Albánchez 74D
Albano Laziale 56D
Albares de la Ribera 64C
Albarracin 71A
Albatana 71E
Albatera 75A
Albenga 53D
Albens 52B
Albergaria-a-Velha 68A
Alberique 68A
Alberobello 58D
Albersdorf 33F
Albersloh 36C
Albert 38C
Albertville 52B
Albi 51E
Albires 64D
Albisola Marina 53D
Albocácer 71B
Albóke 31C
Albólote 73D
Albondón 74E
Alborea 71C
Ålborg 32C
Albox 74D
Albrighton 6B
Albufeira 72C
Albufereta 15E
Albuñol 74E
Albuñuelas 73F
Alburquerque 68F
Alby, Sweden 31C
Alby, Sweden 24D
Alcabideche 68E
Alcácer do Sal 68E
Alcáçovas 68E
Alcadozo 70F
Alcains 68D
Alcalá de Chivert 71B
Alcalá de Guadaira 73C
Alcalá de Henares 70A
Alcalá de Júcar 71E
Alcalá de la Selva 71A
Alcalá de los Gazules 73E
Alcala del Rio 73C
Alcalá dell Valle 73D
Alcalá la Real 73D
Alcamo 60E
Alcampet 68E
Alcanar 71B
Alcanede 68C
Alcanena 68C
Alcanhões 68C
Alcañices 64E
Alcañiz 66F
Alcántara 68D
Alcantarilla 74D
Alcantud 70B
Alcaracejos 69F
Alcaraz 70F
Alcaria Ruiva 72C
Alcarrás 66F
Alcaudete 73D
Alcaudete de la Jara 69D
Alcázar de San Juan 70D
Alceda 65A
Alcester 6B
Alcira 71E
Alcoba 69D
Alcobaca 68C
Alcobendas 70A
Alcócer 70B
Alcochete 68E
Alcolea 73D
Alcolea de Calatrava 69F
Alcolea de Cinca 66E
Alcolea de Pinar 65F
Alcolea del Rio 73C
Alconchel 68F
Alcora 71D
Alcorisa 66F
Alcoutim 72C
Alcover 67E
Alcoy 71E
Alcubierre 66D
Alcubillas 70F
Alcublas 71C
Alcudia 66C
Alcudia de Carlet 71E
Alcudia de Crespins 71E
Alcudia de Guadix 74C
Alcuéscar 69E

Aldbourne 7C
Aldbrough 5D
Aldea 66F
Aldea de Trujillo 69C
Aldea del Cano 69C
Aldea del Rey 69F
Aldea del Rey Nino 69B
Aldeacentenera 69C
Aldeadavila de la Ribera 64E
Aldealpozo 65D
Aldeamayor de San Martin 64F
Aldeanueva de Barbarroya 69D
Aldeanueva de Ebro 65D
Aldeanueva de la Vera 69C
Aldeaquemada 70E
Aldeavieja 69B
Aldeburgh 7B
Aldeia Nova de São Bento 72D
Alderley Edge 5E
Aldermaston 7C
Aldersbach 41F
Aldershot 7C
Aldridge 6B
Aldsworth 7C
Alegrete 68D
Aleksandrovac 87A
Aleksandrów Kujawski 85E
Aleksinac 87A
Ålem 31C
Alençon 44B
Alenquer 68E
Aleria 62C
Alès, France 52C
Ales, Sardinia 61C
Aleşd 88E
Alessandria 53D
Alessio = Lezhë
Ålestrup 32F
Ålesund 22E
Aletschhorn, Mt. 47E
Alexandria, Romania 89C
Alexandria, Scotland 2F
Alexandroúpolis 89D
Alf 39D
Alfajarin 66D
Alfambra 71A
Alfândega de Fe 63F
Alfara 66F
Alfarnate 73D
Alfaro 65D
Alfarras 66D
Alfatar 89A
Alfedena 57C
Alfeizerao 68C
Alfeld 36D
Alfioúsa 92F
Alfonsine 54D
Alford, England 5F
Alford, Scotland 3C
Alæfors 30A
Ålfoten 26E
Alfoz 63B
Alfreton 5E
Alfriston 7F
Alfta 25E
Algaida 75E
Algar, Spain 73E
Algar, Spain 75C
Ålgarås 28F
Ålgard 27F
Algarinejo 73D
Algeciras 73E
Algemesí 71E
Ålgered 25C
Algete 70A
Alghero 61A
Ålghult 31C
Alginet 71E
Algodonales 73E
Algora 65F
Algorta 65B
Algoz 72C
Alguazas 74B
Algueña 71E
Alhama de Almeria 74E
Alhama de Aragón 65F
Alhama de Granada 73D
Alhama de Murcia 74D
Alhambra 70F
Alhandra 68E
Alhaurin la Torre 73F
Alhaurin el Grande 73F
Alhendin 73D
Alhus 26E
Ali Terme 60A
Alia, Italy 60C
Alia, Spain 69D
Aliaga, Spain 66F

Aliağa, Turkey 91C
Alíartos 92C
Alibunar 86B
Alicante 71E
Alija de los Melones 64D
Alijo 63F
Alimena 60D
Alingsås 30A
Alise-Ste-Reine 46C
Aliseda 69C
Alistáti 89F
Alivérion 92A
Aljala 10F
Aljezur 72C
Aljucén 69E
Aljustrel 72C
Alkmaar 35A
Allanche 51B
Allariz 63D
Alleen 27D
Allèghe 48E
Allègre 51B
Allejaur 21A
Allendale Town 5A
Allendorf 40A
Allenstein = Olsztyn
Allentsteig 49A
Allepuz 71A
Allevard 52B
Allhallows 7D
Allingåbro 32D
Allinge 31B
Allo 65D
Alloa 2F
Allonby 4D
Allos 52D
Alloway 4B
Alloza 66F
Allstakan 28C
Allstedt 37E
Alltwalis 6C
Alm 13A
Almacellas 66D
Almada 68E
Almadén 69F
Almadén de la Plata 73C
Almadenejos 69F
Almagro 70E
Almajano 65D
Almansa 71E
Almanza 64D
Almaraz 69C
Almargen 73C
Almarza 65D
Almazán 65F
Almazora 71D
Almazul 65F
Älmeboda 31C
Almedinilla 73D
Almeida, Portugal 68B
Almeida, Spain 64E
Almeirim 68E
Almelo 35D
Almenar 66D
Almenar de Soria 65F
Almenara 71D
Almendral 69C
Almendralejo 69E
Almeria 74E
Älmhult 30D
Almiropótamos 92A
Almirós 90B
Almklov 26E
Almodôvar 72C
Almodóvar del Campo 69F
Almodóvar del Pinar 70D
Almodóvar del Rio 73C
Almogia 73F
Almohorin 69E
Almonaster la Real 72D
Almondsbury 6D
Almonte 72D
Almoradi 75A
Almorox 69B
Almoster 68C
Almudébar 66D
Almundsryd 30D
Almuñecar 73F
Almunge 29D
Almuradiel 70E
Almvik 31A
Alness 2D
Alnmouth 5A
Alnö 25D
Alnwick 5A
Alonístaina 92D
Alora 73F
Alos 67A
Alosno 72D
Alozaina 73E
Alp 67C
Alpalhão 68D
Alpbach 48C
Alpe-d'Huez, l' 52B

Alpen, Mts. 47D
Alpera 71E
Alpes, Mts. 52D
Alphen aan de Rijn 35C
Alpi, Mts. 47E
Alpiarça 68C
Alpirsbach 47A
Alpokhóri 92F
Alpua 12D
Alquézar 66D
Alrewas 7A
Als, island 33C
Alsace, Reg. 46B
Alsager 5E
Alsdorf 39B
Alsfeld 40B
Ålshult 30D
Alsleben 37E
Alstahaug 20A
Alster 28D
Alston 5C
Alt Landsberg 37D
Alt St Johann 12B
Alta 16D
Altamura 58F
Altarejos 70D
Altavilla 58E
Altdorf, Switzerland 47C
Altdorf, W. Germany 41E
Altea 71F
Atena 40B
Altenahr 39D
Altenberg 39B
Altenberge 36C
Altenburg 41A
Altenfelden 49A
Altenkirchen 39B
Altenmarkt 49C
Altenhunden 40A
Altenhagen 37B
Altenschlirf 40D
Altensteig 40E
Alter do Chão 68F
Altguish Inn 2D
Altheim 48B
Altinaş 91B
Altkirch 46D
Altnaharra 2B
Alto Adige = Trentino-Alto Adige
Alton 7C
Altrincham 5E
Altruppin 37B
Altshausen 47B
Altstätten 47D
Altuna 29C
Altunoluk 91A
Altura 71C
Alunda 29D
Ålundsby 21D
Alustante 66E
Alva 2F
Alvaiázere 68C
Alvalade 72C
Alvaneu 47F
Älvängen 30A
Alvares 68D
Alverca 68E
Alveston 6D
Älvho 24D
Alvignac 51C
Alvik, Sweden 25C
Alvik, Norway 26E
Alvik, Norway 26F
Alvito 68F
Alvor 72C
Alvöy 26F
Älvros, Sweden 24E
Älvros, Sweden 24D
Älvsbacka 28D
Alvsbyn 14E
Alvserad 30C
Alvsjökytan 28D
Alyth 3E
Alytus 85B
Alzano Lombardia 54A
Alzey 40C
Alzonne 67A
Amadora 68E
Amalfi 57F
Amaliás 92E
Amance 46B
Amándola 57A
Amantea 59C
Amarante 63E
Amareleja 72B
Amares 63E

Amárinthos 92A
Amaroúsion 92A
Amaseno 57C
Amatrice 57A
Ambazac 45E
Ambeláki 92B
Ambelókambos 92F
Amberg 41E
Ambergate 5E
Ambert 51B
Ambérieu-en-Bugey 46E
Ambjörby 28B
Amble 5A
Ambleside 4D
Ambleteuse 38A
Ambleve 39C
Amboise 44D
Ambrières 44B
Åmdal 27D
Amden 47B
Ameixial 72C
Åmelfot 26E
Amélia 56B
Amélie-les-Bains-Palada 67D
Amelinghausen 37A
Amendolara 58D
Amer 67D
Amerongen 35D
Amersfoort 35D
Amersham 7C
Amesbury 7C
Amfia 92F
Amfíklia 92C
Amfilokhia 92E
Amfípolis 89F
Ámfissa 92C
Amiens 38C
Amieva 64B
Amigdhaliá 92C
Amigdhaliés 92F
Åmli 27D
Amlwch 4F
Ammanford 6C
Ämmänsaari 13A
Ammarnäs 20B
Åmmeberg 28F
Ammerschwihr 46B
Ammerwald 13C
Amo 26B
Amorbach 40D
Amorebieta 65B
Amorgós 91E
Åmot, Norway 26B
Åmot, Norway 27A
Åmot, Norway 27C
Åmot, Sweden 29A
Amotfors 28C
Åmotsdal 27C
Ampezzo 48F
Amphiareion 92A
Amplepuis 46E
Amposta 66F
Ampthill 7C
Ampudia 64D
Ampuero 65B
Amriswil 47D
Amsele 21F
Amsterdam 35C
Amstetten 49A
Amulree 2F
Amurrio 65B
Amusco 65C
An Uaimh 8B
Ana Sira 27F
Anadia 68A
Anáfi 92D
Anagni 57C
Análipsis, Greece 92E
Análipsis, Greece 92F
Analpládhes 92F
Anascaul 9F
Anäset 21F
Anávissos 92B
Anavrití, Greece 92E
Anavrití, Greece 92D
Ança 68A
Ancaster 5F
Ancenis 44C
Anchuras 69D
Anciäo 68C
Ancona 55E
Ancora 63C
Ancy-le-Franc 46A
Andalsnes 22F
Andau 49D
Andebu 27A
Andeer 47F
Andelot 46A
Andelys, les 38E
Andenes 18B
Andenne 39C
Andermatt 47E
Andernach 39D
Andernos 50C

Anderslöv 30F
Anderstorp 30D
Andíkira 92C
Andírrion 92E
Ándissa 91A
Andoain 65B
Andora 10F
Andorra 66F
Andorra la Vella 67C
Andosilla 65D
Andover 7C
Andoversford 6D
Andraitx 75E
Andravídha 92F
Andria 58C
Andrijevica 87A
Andrítsaina 92F
Andróni 92F
Androniánoi 92A
Andrychów 85E
Andújar 73B
Aneby 30B
Anemodhoúri 92D
Anemokhór 92F
Anet 38E
Anga 31B
Ånge 25C
Angebo 25E
Angeja 68A
Ängelholm, Sweden 29E
Ängelholm, Sweden 30E
Angelniemi 10E
Angelókastron, Greece 92E
Angelókastron, Greece 92D
Ängelsberg 29C
Angelsfors 29A
Angelstad 30D
Angera 13E
Angermünde 84B
Angers 44D
Ängersjö 24F
Angerville 45A
Ängeså 85E
Ängesån 14C
Angístri 92D
Angle 6C
Anglesola 67C
Anglès 67D
Anglure 45B
Angoulême 50B
Angoumois, Reg. 50B
Angsnäs 29A
Ångsö 29C
Angüés 66B
Anguiano 65D
Aniche 38D
Anifi 92D
Ånimskog 28E
Anizy le-Château 38F
Anjala 11C
Anjalankoski 11C
Anjou, Reg. 44C
Ankaran 55A
Ankarede 20D
Ankarsrum 31A
Ankarsund 20D
Ankenes 19C
Anklam 84B
Anlaby 5F
Ånn 24A
Anna 71E
Annaberg-Buchholz 41B
Annabichl, airport 49E
Annaburg 37F
Annalong 8B
Annan 4B
Annecy 46F
Annemasse 46F
Annestown 9D
Annonay 52A
Annot 53E
Annslung 30B
Annweiler 40E
Ano-Akhaïa 92E
Ano-Alissós 92E
Ano Arkhánai 91E
Ano-Kerásovon 92E
Ano Klitoría 92E
Ano Korakiána 92F
Ano-Liósia 92A
Ano-Makrinou 92E
Ano-Palaioxári 92E
Áno-Próstovas 92E
Ano-Sélitsa 92D
Ano-Tríkkala 92D
Ano Váthia 92A
Ano Virón 92F
Añover de Tajo 70C
Anóyia 92D
Anröchte 36F
Ans 32F
Ansbach 40F
Ansó 66B

Anstruther 3E
Anten 30A
Antequera 73D
Anthíl 92C
Antibes 53E
Antigüedad 65C
Antoñana 65D
Antrain 43A
Antrim 8A
Antrodoco 56B
Anttola 11C
Antwerpen 39A
Anundsjö 25A
Anwick 5F
Anzánigo 66D
Anzio 56D
Aoiz 66A
Aosta 53A
Apames, anc. site 91D
Apatin 86D
Apeldoorn 35D
Apen 36A
Apolda 41A
Apollonía 90D
Appelbo 28B
Appelhülsen 36C
Appenino, Mts. 54C
Appenweier 40E
Appenzell 47E
Appingedam 35B
Appleby 5C
Applecross 2C
Appledore, England 6C
Appledore, England 7D
Apricena 58E
Aprilia 56D
Apt 52F
Apulia = Puglia
Aracena 72D
Araches 12F
Arad 86B
Aragoncillo 65F
Aráhova, Greece 92F
Arakhnánon 92D
Arákhova, Greece 92C
Arákhova, Greece 92E
Araksbo 27D
Aram 22E
Aranda de Duero 65E
Aranda de Moncayo 65F
Aranjuez 70C
Aránzazu, Convento de 65D
Arápis 92B
Aras de Alpuente 71C
Arbatax 61D
Arbeca 67E
Arbéost 66B
Arbesbach 49A
Arboga 29C
Arbois 46C
Arbon 47D
Arboréa 61C
Arbrå 25E
Arbroath 3E
Arbucias 67D
Arc-en-Barrois 46A
Arcachon 50C
Arce 57C
Arcen 35D
Arceniega 65A
Arcévia 55E
Archar 89E
Archena 74B
Archidona 73D
Archiestown 3C
Archivel 71B
Arcidosso 56A
Arcis 46A
Arco 54A
Arco de Baulhe 63F
Arcos de Jalón 65F
Arcos de la Frontera 73E
Arcos de las Salmas 71C
Arcos de Valdevez 63C
Ardagh 9E
Årdal, Norway 27E
Årdal, Norway 27D
Ardala 29E
Ardales 73E
Årdalstangen 26C
Ardara 8C
Ardavasar 2C
Ardbeg 2E
Ardead 88E
Ardee 8B
Arden 32C
Ardennes, Mts. 39C
Ardentes 45C
Ardentinny 2F
Ardeonaig 2F
Ardes 51B
Ardfert 9E
Ardfinnan 9C
Ardgay 2B

Ardglass 8B
Ardgour 2D
Ardhea 89F
Ardino 89D
Ardisa 66C
Ardleigh 7D
Ardlui 2F
Ardminish 4A
Ardmore 9D
Ardnagashel 9F
Ardres 38A
Ardrishaig 2F
Ardrossan 4B
Åre 24B
Aremark 28C
Aremarksjöen 28C
Arenas de San Juan 70C
Arenas de San Pedro 69D
Arenas del Rey 73F
Arendal 27D
Arendonk 39A
Arendsee 37C
Arénys de Mar 67F
Arénys de Munt 67D
Arenzano 53D
Arépolis 90F
Ares 63A
Arévalo 64F
Arezzo 54F
Arfará 92F
Argamasilla de Alba 70F
Argamasilla de Calatrava 69F
Arganda 70A
Arganil 68D
Argegno 13F
Argelès-Gazost 66B
Argelès-sur-Mer 67D
Argent 45C
Argenta 54D
Argentan 43C
Argentat 51A
Argente 66E
Argentera 53C
Argentiera 61A
Argentière 13F
Argentière, l' 52D
Argenton 45E
Argenton-Château 44D
Argentona 67F
Árgos 92D
Argos Orestikón 90A
Agostólian 90C
Arguedas 65D
Arguellite 70F
Arguis 66D
Argyrokastron = Gjirokastër
Arhult 31C
Århus 32D
Ariano Irpino 58E
Ariano nel Polès 54D
Arija 65A
Arild 30C
Arinagour 2E
Ariño 66F
Áris 92F
Arisaig 2C
Aristoménis 92F
Aritzo 61D
Arive 66A
Ariza 65F
Årjang 28C
Arjeplog 21A
Arjona 73D
Arjonilla 73D
Arkelstorp 30F
Arkhángelos 91F
Arkhánion 92C
Arklow 9A
Arkösund 29E
Årla 29C
Arlanc 51B
Arlanda 29D
Arlanzón 65C
Arles, France 52E
Arles, Spain 67D
Arlon 39C
Arlöv 30E
Arluno 53C
Arma di Tággia 10F
Armação de Pera 72C
Armadale 2F
Armagh 8B
Armamar 63F
Armeniş 88F
Arménoi 92F
Armentera 67D
Armentières 38B
Armilla 73D
Armot 26F
Armoy 8A
Arna 26F

Arnafjord 26F
Arnaía 90B
Árnäs 28F
Arnay-le-Duc 46C
Arnborg 32F
Arnedillo 65D
Arnedo 65D
Arnemark 14E
Årnes, Norway 23C
Årnes, Norway 28C
Arnhem 35D
Arnisdale 2D
Arnprior 2F
Arnsberg 40A
Arnside 5C
Arnstadt 41A
Arnswalde = Choszczno
Aroania 92F
Aroche 72D
Arolla 46F
Arolsen 40A
Arona 53B
Åros 27A
Arosa 47D
Arøsund 33C
Arouca 63E
Arpajon 38E
Arpaşu de Jos 88D
Arpela 14F
Arques 38A
Arques-la-Bataille 38C
Arquillos 73B
Arraiolos 68F
Arras 38D
Årre 33E
Årrenjarka 19E
Arrens 66B
Arrifana 68B
Arrigorriaga 65B
Arrild 33E
Arrington 7A
Arriondas 64B
Arroba 69F
Arrochar 2F
Arromanches 43A
Arronches 68F
Arróyabe 65B
Arroyo de la Luz 69C
Arroyo de San Serván 69E
Arroyomolinos 69E
Arroyomolinos de León 72B
Arruda dos Vinhos 68E
Ars, Belgium 39E
Års, Denmark 32E
Ars, France 44E
Arsídha 92B
Arsiè 54B
Arsiero 54B
Arsinói 92F
Arskogen 25C
Årstad 30C
Årsunda 29A
Arta, Greece 90A
Artá, Spain 75D
Artajona 65D
Artana 71D
Arteaga 65B
Arteijo 63A
Artemisía 92D
Arten 48E
Artenay 45A
Artern 37E
Artés 67C
Artesa de Segre 67C
Arth 47C
Arthurstown 33B
Artix 66B
Artjärve 11C
Artotína 92E
Arudy 66B
Arundel 7E
Årup, Denmark 32E
Årup, Denmark 33C
Arva 8D
Årvåg 22D
Arvån 21E
Arvidsjaur 21C
Arvika 28C
Arviksand 16C
Åryd, Sweden 30D
Åryd, Sweden 30F
Aryirá 92E
Aryirádhes 92F
Arzachena 61B
Arzacq-Arraziquet 66B
Arzberg 41C
Arzignano 54B
Arzúa 63A
As, Belgium 39A
Aš, Czechoslovakia 41C
Ås, Norway 27A
Ås, Norway 23F
Ås, Sweden 30D

Åså, Denmark 32C
Åsa, Sweden 30A
Åsa, Sweden 30D
Åsarna 24D
Åsarp 30B
Asarum 30F
Åsbro 28F
Asby 31A
Ascha 41F
Aschach 49A
Aschaffenburg 40D
Aschau 48D
Aschbach 49A
Ascheberg 36C
Aschendorf 36A
Aschersleben 37E
Ascó 66F
Ascoli Piceno 57A
Ascona 47E
Ascot 7C
Aseda 31C
Åsele 21E
Åsen, Sweden 24F
Åsen, Norway 23C
Åsenhöga 30B
Åsensbruk 28E
Åseral 27D
Asfeld 38F
Åsgårdstrand 27A
Åshammar 29A
Ashbourne, England 5E
Ashbourne, Rep. of Ireland 8B
Ashburton 6E
Ashbury 7C
Ashby de la Zouch 7A
Ashford 7D
Ashington 5A
Ashkirk 4B
Ashton under Lyne 5E
Asiago 54B
Asikkala 10D
Asin 66C
Ask, Norway 26F
Ask, Sweden 30F
Aska 15C
Askeaton 9E
Asker 27A
Askern 5E
Askersund 28F
Askilje 21C
Askim 30A
Åskloster 30C
Askola 10F
Askyoll 26E
Aslanapa 91B
Aslested 27C
Åsljunga 30D
Asmansbo 29A
Asmarka 26B
Ásola 54A
Åsolo 54B
Aspang 49D
Aspås 24B
Aspatria 4D
Aspe 71E
Aspeå 25A
Asperg 40E
Aspet 67A
Aspres-sur-Buëch 52D
Aspropirgos 92A
Assen, Netherlands 35B
Assen, Norway 84C
Assiros, Greece 90B
Assisi 56B
Assling 48A
Assos 92B
Assumar 68F
Assy 12F
Asta 28A
Astaffort 50F
Astakós 92E
Asten 35F
Asti 53C
Astillero 65A
Astipálaia 91E
Aston 25D
Aston Clinton 7C
Astorga 64C
Åstorp 30E
Åstros 92D
Astudillo 65C
Aszód 86A
Ataki 88A
Atalaia 68E
Atalho 68E
Ataquines 64F
Atea 65F
Ateca 65F
Atessa 57C
Ath 38B
Athboy 8B
Athenry 9C

Athens = Athínai
Atherstone 7A
Athfjord 26E
Athíkia 92D
Athínai 92B
Athínaion 92D
Athleague 8D
Athlone 8D
Athy 9A
Ascha 41F
Atina 57C
Atlingbo 31B
Atna 26A
Atnbrua 26A
Åtrå 27C
Åtran 30C
Åträsk 21F
Atri 57A
Attendorn 40A
Attigny 39E
Attleborough 7B
Attlébridge 7B
Attmar 25C
Attnang-Pucheim 48B
Atvidaberg 29E
Atzendorf 37C
Au 47D
Aua 40B
Aub 40D
Aubagne 52F
Aubenas 52C
Auberive 46A
Aubiet 51E
Aubin 51C
Aubigny-sur-Nère 45C
Aubrac 51D
Aubusson 45E
Auch 50F
Auchenblae 3C
Auchencairn 4D
Auchinleck 4B
Auchtermuchty 3E
Auchtertyre 2D
Audenge 50C
Audierne 42E
Audincourt 46D
Audlem 5E
Audnedal 27D
Audruicq 38A
Audun-le-Roman 39E
Aue 41B
Auerbach, E. Germany 41C
Auerbach, W. Germany 41C
Auffach 13D
Augher 8D
Aughnacloy 8B
Aughrim, Rep. of Ireland 9A
Aughrim, Rep. of Ireland 9C
Augsburg 47B
Augusta 60B
Augustenborg 33C
Augustów 85B
Aukan 22D
Auktsjaur 21B
Auldearn 2D
Aulla 54C
Aulléne 62C
Aulnat, airport 51B
Aulnay 44F
Ault-Onival 38C
Aultbea 2B
Aultnamain Inn 2B
Aulus-les-Bains 67A
Auma 41A
Aumale 38C
Aumont 51D
Aunay-sur-Odon 43C
Auneau 45A
Auneuil 38E
Auning 32D
Auñón 70B
Aups 52F
Aura 10C
Auray 42F
Aure 22D
Aurdal 26B
Aure 22D
Aurich 36A
Aurignac 67A
Aurillac 51D
Aurland 26D
Aurlandsvargen = Aurland
Auron 53C
Aurskog 28C
Ausejo 65D
Ausmetz 39E
Aust 6D
Austbö 27C

Austbygda 27C
Austefjord 26E
Austenå 27D
Austerlitz = Slavkov
Austmannli 27C
Austmarka 28C
Austrât 23C
Austre Moland 27D
Auterive 67A
Authon-du-Perche 44B
Autol 65D
Autreville 46B
Autti 15E
Autun 45D
Auvergne, Mts. 51B
Auxerre 45B
Auxi-le-Château 38E
Auxonne 46C
Auzances 45E
Auzon 51B
Avafors 14E
Avaheden 14E
Availles-Limouzine 44F
Avaldsnes 27E
Avallon 45D
Avants, les 46F
Avaträsk 20F
Avaudden 85F
Avaviken 21E
Avebury 6D
Aveiras de Cima 68E
Aveiro 63E
Avelgem 38B
Avellino 58F
Åvendal 27F
Aversa 57E
Avesnes 38D
Avesnes-le-Comte 38C
Avesta 29A
Avezzano 57C
Aviano 48F
Avigliana 53A
Avigliano 58F
Avignon 52E
Avila 69B
Avilés 64B
Avión 63C
Aviz 68F
Avize 38F
Avliótes 92F
Avlón, Greece 92A
Avlón, Greece 92F
Avlonárion 92A
Avlum 32F
Avoca 9A
Avoch 2D
Avola 60B
Avonmouth 6D
Avord 45C
Avoriaz 12F
Avramió 92F
Avranches 43C
Avratsberg 28B
Avrig 88D
Avtovac 87C
Ax-les-Thermes 67A
Axams 13C
Axat 67B
Axbridge 6D
Axel 35E
Axelfors 30B
Axmarsbruk 29A
Axminster 6F
Ayamonte 72D
Aydin 91D
Ayerbe 66D
Ayiá 90B
Ayía Ánna 92A
Ayía Kiriakí 92F
Ayía Sofía 92E
Ayiássos 91A
Áyios Adhrianós 92D
Áyios Andréas 92D
Áyios Dhimítrios 92A
Áyios Evstrátios 91A
Áyios Evthimía 92C
Áyios Ilías 92F
Áyios Ioánnis 92D
Áyios Kíríkos 91C
Áyios Konstandínos 92D
Áyios Loukás 92A
Áyios Marína 92C
Áyios Matthaíos 92F
Áyios Nikólaos, Greece 91E
Áyios Nikólaos, Greece 92A
Áyios Nikólaos, Greece 92E
Áyios Nikólaos, Greece 92D
Áyios Pétros, Greece 90C
Áyios Pétros, Greece 92D
Áyios Theódhoros 92C

Áyios Thomás 92A
Áyios Varvára 92D
Áyios Vasílios 92D
Áyios Vlásios 92C
Áyios Yeórios Ríou 92E
Áyios Yeóryios 92C
Aylesbury 7C
Ayllón 65E
Aylsham 7B
Ayna 70F
Aynho 7C
Ayora 71E
Ayr 4B
Aysgarth 5C
Ayton 3E
Aytona 66F
Aytos 89A
Ayvacık 91A
Ayvalık 91A
Aywaille 49C
Azaila 66F
Azambuja 68E
Azay-le-Rideau 44D
Azcoitia 65B
Aznalcazar 73C
Aznalcóllar 72D
Azpeitia 65B
Azuaga 69E
Azuara 66E

Baad 47D
Baamonde 63B
Baarle-Nassau 35E
Baarn 35D
Babadag 88B
Babaeski 89B
Babekuhl 37A
Babenhausen, W. Germany 40C
Babenhausen, W. Germany 47B
Babócsa 86D
Bacău 88B
Băceşti 88A
Bacharach 39D
Bačka Palanka 86B
Bačka Petrovo Selo 86B
Bačka Topola 86B
Backaland 3A
Backaryd 31C
Bäckebo 31C
Backefors 28E
Bäckhammar 28D
Backnang 40F
Bäckstrand 20D
Bácoli 57E
Bacqueville-en-Caux 43B
Bacton 7B
Bacup 5E
Bad Aibling 48C
Bad Aussee 48D
Bad Berka 41A
Bad Berneck 41C
Bad Bibra 41A
Bad Blankenburg 41A
Bad Brambach 41C
Bad Bremstedt 33D
Bad Doberan 33B
Bad Driburg 36F
Bad Dürkheim 40E
Bad Dürrenberg 37F
Bad Dürrheim 47A
Bad Ems 39D
Bad Frankenhausen 41A
Bad Freienwalde 84D
Bad Friedrichshall 40F
Bad Gandersheim 36F
Bad Gleichenberg 49F
Bad Godesberg 39B
Bad Goisern 48D
Bad Harzburg 37E
Bad Hersfeld 40B
Bad Hofgastein 48D
Bad Ischl 48D
Bad Kissingen 40D
Bad Kreuznach 39D
Bad Krozingen 47A
Bad Lauchstädt 37E
Bad Lausick 41C
Bad Lauterberg 37E
Bad Liebenwerda 37F
Bad Liebenzell 40E
Bad Lippspringe 36F
Bad Meinberg 36D
Bad Mergentheim 40F
Bad Münder 36D
Bad Nauheim 40C
Bad Nenndorf 36D
Bad Neuenahr 39D
Bad Neustadt 40D
Bad Oeynhausen 36D
Bad Oldesloe 33D

Bad Orb 40D
Bad Peterstal 47A
Bad Pyrmont 36D
Bad Ragaz 47D
Bad Reichenhall 48D
Bad Salzgitter 37C
Bad Salzuflen 36D
Bad Salzungen 40B
Bad Schandau 41B
Bad Schmiedeberg 37F
Bad Schwalbach 40B
Bad Schwartau 33D
Bad Segeberg 33D
Bad Selters 40C
Bad Sooden-Allendorf 40B
Bad Sulza 41A
Bad Tennstedt 40B
Bad Tölz 48C
Bad Vilbel 40C
Bad Vöslau 49B
Bad Waldsee 47B
Bad Wiessee 48C
Bad Wildungen 40B
Bad Wilsnack 37B
Bad Wimpfen 40E
Bad Wörishofen 47B
Bada 28D
Badajoz 68F
Badalona 67F
Badderen 16D
Baden, Austria 49B
Baden, Switzerland 47C
Baden-Baden 40E
Baden-Württemberg, Prov. 47A
Badenweiler 47C
Badgastein 48D
Badia Polesine 54B
Badolatosa 73D
Badonviller 46B
Baena 63D
Baeza 73B
Bagá 67C
Bågede 20F
Bagenkop 33C
Baggå 29C
Baggböle 25C
Bagheria 60C
Bagland 27D
Bagn 26B
Bagnara Cálabra 59F
Bagnasco 53C
Bagnères-de-Bigorre 66B
Bagnères-de-Luchon 66B
Bagni di Casciano 54E
Bagni di Másino 47F
Bagno di Romagna 54E
Bagnoles 43C
Bagnolo Mella 54A
Bagnols-les-Bains 51D
Bagnols-sur-Cèze 52C
Bagrationovsk 85A
Bagshot 7C
Báguena 66E
Bagur 67D
Báia 11E
Baia Mare 88E
Baia Spriei 88E
Baiade Criş 88F
Baião 63F
Băicoi 88D
Baierdorf 49C
Baile Átha Cliath = Dublin
Bailén 73B
Bailieborough 8B
Bailleul 38B
Bain-de-Bretagne 44A
Bains-les-Bains 46B
Bainton 5D
Baiso 54C
Baja 86D
Bajina Bašta 87A
Bajmok 86B
Bak 49E
Bakar 55B
Bakewell 5E
Bakkejord 16C
Bakko 27C
Baklan 91D
Baktsjaur 21D
Bäl 31B
Bal Földvár 86D
Balagúer 67C
Balallan 2A
Bălăciţa 89E
Balaruc 51F
Balassagyarmat 86A
Balaton, lake 86D
Balatonalmadi 86C
Balatonfüred 86D
Balatonszentgyörgy 86D
Balazote 70F
Balblair 2D
Balbriggan 8B

Balby 5E
Balchik 89A
Balcombe 7C
Baldock 7C
Baleal 68C
Baleira 63B
Baleizão 72A
Balerno 3E
Balersbrorn 47A
Balestrand 26E
Bålforsen 21E
Balfour 3A
Balfron 2F
Baligród 85F
Balıkesir 91B
Balingen 47A
Balintore 2B
Balkány 86B
Balkbrug 35B
Balla 8F
Ballachulish 2F
Ballaghaderreen 8D
Ballangen 18D
Ballantrae 4A
Ballater 3C
Ballaugh 4C
Ballenstedt 37E
Balleroy 43A
Ballerup 32B
Ballina, Rep. of Ireland 8F
Ballina, Rep. of Ireland 9C
Ballinafad 8D
Ballinagh 8D
Ballinamallard 8D
Ballinamore 8D
Ballinasloe 9C
Ballincollig 9D
Ballindalloch 3C
Ballineen 9F
Ballingeary 9F
Balling 32F
Ballinluig 3E
Ballinrobe 8F
Ballinskelligs 9F
Ballintoy 8A
Ballivor 8B
Ballo 31A
Ballobar 66D
Balloch 2F
Ballon 44B
Ballstad 18C
Ballybay 8B
Ballybofey 8C
Ballybrittas 9C
Ballybunion 9E
Ballycarry 8A
Ballycastle, N. Ireland 8A
Ballycastle, Rep. of Ireland 8F
Ballyclare, N. Ireland 8A
Ballyclare, Rep. of Ireland 8D
Ballyconneely 8F
Ballyconnell 8D
Ballycotton 9D
Ballycroy 8F
Ballydesmond 9F
Ballyfarnan 8D
Ballyfeard 9D
Ballyferriter 9F
Ballygar 8D
Ballygawley 3B
Ballygrant 2E
Ballyhaise 8D
Ballyhaunis 8F
Ballyheigue 9E
Ballyjamesduff 8D
Ballykelly 8A
Ballylanders 9C
Ballyliffen 8C
Ballylongford 9E
Ballymagorry 8C
Ballymahon 8D
Ballymena 8A
Ballymoe 8D
Ballymoney 8A
Ballymore 8D
Ballymote 8D
Ballynahinch, N. Ireland 8B
Ballynahinch, Rep. of Ireland 8F
Ballynure 8A
Ballyporeen 9D
Ballyragget 9C
Ballyronan 8A
Ballysadare 8D
Ballyshannon 8D
Ballyvaughan 9E
Ballyvourney 9F
Ballywalter 8A
Balmaclellan 4B
Balme 53A
Balmedie 3C
Balmoral 3C
Balocco 53B

Balquhidder 2F
Balş 89C
Balsareny 67C
Balsfjord 16C
Balsorano 57C
Bålsta 29D
Balstad 18C
Balsthal 47C
Balta 88A
Baltanás 65C
Baltar 63D
Baltasound 3B
Baltimore 9F
Baltinglass 9A
Balya 91A
Balzers 47D
Bamberg 40D
Bamburgh 5A
Bampton, England 6F
Bampton, England 7C
Banagher 9C
Bañalbufar 75C
Banat Novo Selo 86B
Banat, Reg. 88F
Banaz 91D
Banbridge 8B
Banbury 7C
Banchory 3C
Bandırma 91B
Bandholm 33A
Bandol 52F
Bandon 9F
Bande 63D
Bandon 9F
Banff 3C
Bångbro 29C
Bangor, N. Ireland 8A
Bangor, Wales 4F
Bangor Erris 8F
Bangsund 23A
Bánia Kounopéli 92E
Bánie 87A
Banja Koviljača 87A
Banja Luka 86D
Bankend 4B
Bankeryd 30B
Bankfoot 3E
Bannockburn 2F
Bañón 66E
Baños de la Encina 73B
Baños de Molgas 63D
Baños de Montemayor 69A
Baños de Valdearados 65C
Bânovce 86C
Banská Bystrica 86C
Bansko 89F
Banteer 9F
Bantry 9F
Bantzenheim 47A
Banya 89C
Banyuls-sur-Mer 67D
Bapaume 38D
Baquio 14A
Bar 89B
Bar-le-Duc 39E
Bar-sur-Aube 46A
Bar-sur-Seine 46A
Baracaldo 65A
Barahona 65F
Barajas 70A
Barajas de Melo 70D
Baranów 85F
Baraque de Fraiture 39C
Barbacena 68F
Barbadillo 64F
Barbadillo de Herreros 65C
Barban 55C
Barbastro 66D
Barbate de Franco 73E
Barberino di Mugello 54E
Barbezieux 50B
Barbizon 45A
Barboşi 88B
Barby 37A
Barca d'Alva 63F
Barcarrota 68F
Barcellona Pozzo di Gotto 60A
Barcelona 67F
Barcelonnette 53C
Barcelos 63E
Barchfeld 40B
Barcs 86F
Bardejov 85F
Bardi 53D
Bardney 5F
Bardolino 54A
Bardonécchia 53A
Bardu 16E
Bardufoss 16E

Barèges 66B
Barentin 43B
Bareyo 65A
Barfendal 28E
Barfleur 43A
Barford St Martin 6D
Bargas 69D
Bargrennan 4B
Bargteheide 33D
Barham 7D
Bari 58C
Baric Draga 55D
Barjac 52C
Barkåker 27A
Barkala 26A
Barlborough 5E
Barlby 5E
Barleben 37C
Barletta 58C
Barley 7C
Barlinek 84B
Barlohe 33F
Barmby Moor 5D
Barmstedt 33D
Barmouth 6A
Barmston 5D
Barnard Castle 5C
Bärnau 41C
Barnby Moor 5E
Barneberg 37C
Barnet 7C
Barneveld 35D
Barnoldswick 5C
Barnsley 5E
Barnstaple 6C
Barnton 5E
Baronville 39F
Barony, The 3A
Barr, France 46B
Barr, Scotland 4B
Barracas 71C
Barraco 69B
Barranco do Velho 72C
Barrancos 72B
Barrax 70F
Barre-en-Ouche, la 43D
Barreiro 68E
Barreiros 63B
Barrême 52E
Barrhead 2F
Barrhill 4B
Barrière de Champlon 39F
Barrow in Furness 4D
Barrow upon Humber 5F
Barruelo de Santullán 65A
Barry 6D
Bårse 33A
Bärsebäckshamn 30E
Barsinghausen 36D
Barsndale Bar 5E
Barth 33B
Barthe-de-Neste, la 66B
Barton Mills 7B
Barton upon Humber 5F
Bartoszyce 85B
Barumini 61C
Baruth 37D
Barva 29C
Barvas 2A
Barwies 13C
Bárzio 47F
Basarabi 89A
Basauri 65B
Baschi 56B
Basconcillos del Tozo 65C
Basdahl 36B
Basel 47C
Basella 67C
Båsheim 26B
Basildon 7D
Basilicata, Prov. 58F
Basingstoke 7C
Baska 55D
Baska Voda 87C
Baskemölla 30F
Bäsksjö 21C
Baslow 5E
Båsmoen 20B
Bassae, Anc. Site 92F
Bassano del Grappa 54B
Bassoues-d'Armagnac 66B
Bassum 36D
Båstad 30C
Båstäsen 28B
Bastélica 62C
Bastia 62A
Bastide-de-Sérou, la 67A
Bastie, la 52E
Bastogne 39C
Baston 7A
Bastuträsk 21D
Bátaszék 86D

Batea 66F
Bath 6D
Bathgate 3E
Batina 86D
Batley 5E
Batrina 86D
Båtsfjord 17B
Batten 40D
Battice 39A
Battle 7F
Battlesbridge 7D
Baud 42F
Baugé 44D
Baule, la 42F
Bauma 47C
Baumber 5F
Baume-les-Dames 46D
Baumholder 39D
Baunei 61D
Bautzen 84D
Baux, les 52E
Bavaria = Bayern
Bavay 38D
Baveno 13E
Bawdeswell 7B
Bawtry 5E
Baydon 7C
Bayern, Prov. 41E
Bayeux 43A
Bayındır 91C
Baynard's Green 7C
Bayo 63A
Bayon 46B
Bayonne 66A
Bayramiç 91A
Bayreuth 41C
Bayrischzell 48C
Baythorn End 7B
Baza 74C
Bazas 50D
Bazias 86B
Bazzano 54C
Beaconsfield 7C
Beaminster 6F
Bearn, Reg. 50E
Bearsden 2F
Beas 72D
Beas de Segura 70F
Beasain 65B
Beatenberg 47E
Beattock 4B
Beaucaire 52E
Beaufort-du-Jura 46E
Beaufort-en-Vallée 44D
Beaufort-sur-Doron 52B
Beaugency 45A
Beaujeu 46E
Beaujolais, Reg. 46E
Beaulieu, England 7E
Beaulieu, France 51C
Beaulieu-sur-Mer 53E
Beauly 2D
Beaumarches 50F
Beaumaris 4F
Beaumont, Belgium 38D
Beaumont, France 38E
Beaumont, France 44B
Beaumont-de-Lomagne 51E
Beaumont-du-Périgord 51C
Beaumont-le-Roger 43D
Beaune 46C
Beaune-la-Rolande 45A
Beaupréau 44C
Beauraing 39C
Beaurepaire-d'Isère 52B
Beauvais 38E
Beauvallon 10D
Beauvezer 52D
Beauvoir 44C
Bebenhausen 40E
Bebington 4F
Bebra 40B
Beccles 7B
Beceite 66F
Bečej 86B
Becerrea 63B
Becerril de Campos 64D
Bécherel 42D
Bechet 89E
Bechhofen 40F
Becilla de Valderaduey 64D
Beck Row 7B
Beckenried 47C
Beckhampton 6D
Beckington 6D
Beckum 36E
Beclean 88C
Bécon 44D
Bečov 41D
Bective 8B
Bedale 5C
Bédarieux 51F

Bedburg 39B
Beddgelert 4F
Beddinge strand 30F
Bederkesa 36B
Bedford 7A
Bedlington 5A
Bedmar 73D
Bedónia 53D
Bedous 66B
Bedworth 7A
Beeford 5D
Beelen 36C
Beelitz 37E
Beerfelden 40C
Beeskow 84D
Beeston 5E
Beetsterzwaag 35B
Bégard 42D
Begijar 73B
Begis 71C
Begndalen 26B
Begonte 63D
Bégude-Blanche, la 52F
Beiarn 18F
Beilen 35B
Beilngries 41E
Beith 2F
Beitostölen 26C
Beitstad 23A
Beius 88F
Beja 72A
Béjar 69A
Békés 86B
Békéscsaba 86B
Bekkarfjord 17A
Bela Crkva 86B
Bela Palanka 89E
Belabre 45C
Belalcázar 69F
Belas 68E
Belchatów 85C
Belchite 66F
Belcoo 8D
Belderrig 8F
Belecke 36F
Belfast 8A
Belford 5A
Belfort 46D
Belgern 37F
Belgirate 13E
Belgodere 62A
Belgrade = Beograd
Beli 55A
Beli Manastir 86D
Belin 50D
Belkinge 29B
Bellac 44F
Bellaghy 8A
Bellagio 47F
Bellano 47F
Bellária 54D
Bellariva 11B
Bellavary 8F
Bellcaire de Urgel 67C
Belle-Isle-en-Terre 42D
Belleek 8D
Bellegarde, France 52E
Bellegarde, France 46E
Bellegarde-du-Loiret 45A
Bellegarde-en-Marche 45E
Belleherbe 46D
Bellême 44B
Bellenares 45F
Bellevesvre 46C
Belleville 46E
Belley 52B
Bellingham 5A
Bellingmo 26A
Bellinzona 47E
Bello 65F
Bellochantuy 4A
Bellpuig 67C
Belltall 67E
Belluno 48E
Bellver 67C
Bellvis 67C
Belmez 69F
Bélmez de la Moraleda 74C
Belmont 3B
Belmonte, Portugal 68B
Belmonte, Spain 64A
Belmonte, Spain 70D
Belmullet 8F
Belogradchik 89E
Belorado 65C
Belp 46D
Belper 5E
Belsay 5A
Beltra 8F
Beltsy 88B
Belturbet 8D
Beluša 85E
Belvedere Marittimo 59E
Belver, Portugal 68D

Belver, Spain 66D
Belvès 51C
Belvis de la Jara 69D
Belz 42F
Belzig 37D
Bembibre 64C
Bemposta 68D
Ben Nevis, Mt.2D
Benabarre 66D
Benaguacil 71C
Benajarafe 14F
Benalauria 73E
Benalúa de Guadix 74C
Benalúa de las Villas 73D
Benalup de Sidonia 73E
Benamargosa 73F
Benamaurel 74C
Benameji 73B
Benaoján 73E
Benasal 71B
Benasque 66B
Benavente, Portugal 68E
Benavente, Spain 64D
Bendery 88A
Bendorf 39D
Benedikt 49F
Benediktbeuern 13D
Benejama 71E
Benejúzar 75A
Benešov 84F
Benešovna Černou 49A
Bénévent-l'Abbaye 45E
Benevento 58E
Benfica 14C
Benfield 47A
Benfleet 7D
Bengtsfors 28E
Beniarrés 71F
Benicarló 71B
Benicasim 71D
Benidorm 71F
Benifallin 71C
Benifayo 71C
Beniopa 71F
Benisa 71F
Benkovac 55F
Benlloch 71B
Bénodet 42E
Bensafrim 72C
Bensberg 39B
Bensheim 40C
Bentheim 36C
Benwick 7A
Beočin 86B
Beograd 86B
Beragh 8C
Beragomet 8C
Bere Regis 6F
Beregomet 8C
Beregovo 88E
Bereguardo 53B
Berettyóújfalu 86A
Berg, Norway 18B
Berg, Sweden 30D
Berg, Sweden 25D
Berg-Gladbach 39B
Berga, E. Germany 37E
Berga, Spain 67C
Berga, Sweden 31C
Bergama 91A
Bergamo 53B
Bergby 29A
Berge 27C
Bergeberget 28A
Bergedorf 37A
Bergeforsen 25C
Bergen, E. Germany 84B
Bergen, Netherlands 35A
Bergen, Norway 26F
Bergen, W. Germany 36D
Bergen, W. Germany 37C
Bergen op Zoom 35E
Berger 27A
Bergerac 50D
Bergfors 14A
Bergkarlås 28B
Bergkvara 31C
Bergland 20D
Bergnäs 21D
Bergnäset 14E
Bergö 12E
Bergsbyn 21D
Bergshamra 29D
Bergsjö, Norway 26D
Bergsjö, Sweden 25E
Bergstrom 28C

Bergsviken 21D
Bergues 38A
Bergün/Bravuogn 47F
Bergzabern 40E
Beringel 72A
Beringen 39A
Beringersmühle 41C
Berja 74E
Berkåk 23E
Berkeley 6D
Berkhamstead 7C
Berkovitsa 89E
Berlanga 69E
Berlanga de Duero 65F
Berleburg 40A
Berlevåg 17B
Berlin 37D
Bermeo 65B
Bermillo de Sayago 64E
Bern 46F
Bernau, E. Germany 84D
Bernau, W. Germany 48D
Bernay 43B
Bernburg 37E
Berndorf 49B
Bernisdale 2C
Bernkastel-Kues 39D
Bernsdorf 41B
Berolzheim 40F
Beroun 41D
Berriedale 3A
Bérriz 65B
Berrocal 72D
Berry, Reg. 45E
Bersenbrück 36C
Bertrix 39C
Berwang 47D
Berwick upon Tweed 3E
Besalú 67D
Besançon 46D
Besenfeld 40E
Besigheim 40E
Bessaker 23A
Bessan 67B
Bessèges 52C
Bessheim 26C
Bessines 45E
Bestul 27A
Beted 28C
Betelu 65B
Bétera 71C
Beteta 70B
Betanzos 63A
Bethesda 4F
Béthune 38D
Bettembourg 39E
Bettna 29E
Béttola 53D
Bettyhill 2B
Betws-y-coed 4F
Betzdorf 39B
Beuel 39B
Beuil 53C
Beulah 6B
Beuron 47A
Bevensen 37A
Beverley 5D
Beverstedt 36B
Beverungen 36F
Beverwijk 35C
Bewcastle 5A
Bewdley 6B
Bex 46F
Bexhill 7F
Beyçayırı 91A
Beyton 7B
Bézards, les 45A
Bezas 71A
Bezau 47D
Bezdan 86D
Bézieres 67B
Béznar 73F
Bezolles 43D
Biała Podlaska 85D
Białobrzegi 85D
Białogard 84B
Białowieża 85D
Biały Bór 84B
Białystok 85B
Biandrate 53B
Biar 71E
Biarritz 65B
Biasca 47E
Bibbiena 54F
Biberach, W. Germany 47A
Biberach, W. Germany 47B
Bibury 6D
Bicaj 87B
Bicaz 88C
Bicester 7C
Bichl 48C
Bickleigh 6F
Bicske 86C

Bidache 66A
Bidart 65B
Biddenden 7D
Biddulph 5E
Bideford 6E
Bidford 6B
Bie 29E
Biecz 85F
Biedenkopf 40A
Biel, Switzerland 46D
Biel, Spain 66C
Bielefeld 36D
Biella 53A
Bielsa 66B
Bielsk Podlaski 85D
Bielsko-Biala 85E
Bienenbüttel 37A
Bienservida 70F
Bienvenida 69E
Bière 46F
Bierwart 39C
Biescas 66B
Bietigheim 40E
Biga 91A
Bigadiç 91B
Bigastro 75A
Bigbury-on-Sea 6E
Biggar 4B
Biggeluobbal 16D
Biggleswade 7A
Bihac 86F
Bijeljina 86B
Bijelo Polje 87A
Bilbao 65A
Bileća 87C
Bilecik 91B
Biled 86B
Bílina 41B
Bilishit 87B
Billdal 30A
Billeberga 30E
Billefjord 17A
Billen 25C
Billericay 7D
Billesdon 7A
Billingham 5C
Billinge 30F
Billingen 26A
Billingham 5C
Billinghay 5F
Billingshurst 7E
Billom 51B
Billum 33E
Billund 33E
Bilston 6B
Biltris 32B
Bilto 16D
Bilton 5F
Bilzen 39A
Binaced 66D
Binasco 53B
Binche 38D
Bindal 20C
Binderup 32E
Binéfar 66D
Bingen 39D
Bingham 5F
Bingley 5C
Bingsjö 29A
Binic 42D
Binisalem 75C
Bioča 87A
Biograd 55F
Birchington 7D
Bircza 85F
Birdhill 9C
Birdlip 6D
Biri 26B
Birkeland 27D
Birkenfeld 39D
Birkenhead 4F
Birkerød 32B
Birkesdorf 39B
Birkfeld 49C
Bîrlad 88B
Birmingham 7A
Birnam 3E
Birr 9C
Birsemore 3C
Birstein 40D
Birtavarre 85B
Birtley 5A
Bisácia 58E
Bisacquino 60C
Bisbal del Panadés 67E
Bíscarrosse 50C
Biscéglie 58E
Bischofshofen 48D
Bischwiller 39F
Biser 89D
Bishop Auckland 5C
Bishop's Castle 6B
Bishop's Caundle 6F
Bishop's Cleeve 6D
Bishop's Lydeard 6D
Bishop's Stortford 7D

Bishop's Waltham 7E
Bisisthal 47C
Biskupiec 85B
Bisley 7C
Bismark 37C
Bispgården 25A
Bistreţu 89E
Bistriţa 88C
Bisztynek 85B
Bitburg 39D
Bitche 39F
Bitgoraj 85F
Bitola 87B
Bitonto 58C
Bitterfeld 37D
Bitti 61D
Bæivašgieddc 17E
Bivolari 88A
Bivona 60D
Bize 67B
Bjåen 27C
Bjärka Säby 29E
Bjärlöv 30F
Bjarnum 30F
Bjärred 30E
Bjarsjölagård 30F
Bjästa 25B
Bjelland 27D
Bjerghuse 32F
Bjerka 20A
Bjerkreim 27F
Bjerkvik 19C
Bjerringbro 32D
Bjelovar 86D
Bjöastrand 27E
Björberg 26D
Bjöllånes 20B
Bjölstad 26A
Björånes 26A
Björbo 28B
Björdal 26F
Björeidalshytta 26D
Börgan 23E
Björgo 26B
Björkasen 20D
Björkåsen 18D
Björke 26E
Björkedal 26E
Björkefors 28D
Björkelangen 28C
Björkfors, Sweden 31A
Björkfors, Sweden 14F
Björkliden 16E
Björkling 29B
Björknäs 19E
Björkö 30A
Björkö-Arholma 29D
Björköby 12E
Björkön 25C
Björksele 25A
Björn 20A
Björna 25B
Björneborg, Finland = Pori
Björneborg, Sweden 28D
Björnevasshytta 27C
Björnevatn 17D
Björnrunde 29E
Björnsberg 29E
Björnskinn 18B
Björsäter 29E
Björsvik 26F
Bjærangen 18E
Bjuråker 25E
Bjurholm 21F
Bjuron 21F
Bjursås 29A
Bjurtjärn 28D
Bjuv 30E
Bjæverskov 33A
Bække 33E
Bækmarksbro 32F
Black Bull 8B
Black Forest = Schwarzwald
Blackbrook 5E
Blackburn 5E
Blackford 2F
Blacklion 8D
Blackmoor Gate 6C
Blackpool 4F
Blackstad 31A
Blackwaterfoot 4A
Blaenau-Ffestiniog 4F
Blaenavon 6D
Blagnac, airport 51E
Blagoevgrad 89F
Blain 44C
Blair Atholl 2D
Blairgowrie 3E
Blakstad 27D
Blåfjellhytta 27E
Blamont 39F

Blanc, le 44F
Blanc, Mont, Mt. 53A
Blancas 66E
Blandford Forum 6F
Blanes 67D
Blangy 38C
Blankaholm 31A
Blankenberge 38B
Blankenburg 37E
Blankenfelde 37D
Blankenheim 39D
Blanquefort 50D
Blansko 84F
Blanzac 50B
Blanzy 46E
Blarney 9D
Blaszki 85C
Blatná 41F
Blatnitsa 89A
Blattnicksele 21C
Blaubeuren 47B
Blaufelden 40F
Blaye 50B
Bleadon 6D
Bleckede 37A
Bleiberg 49E
Bleicherode 37E
Bléneau 45D
Blentarp 30F
Blérancourt 38F
Bléré 44D
Bleskestad 27C
Blesle 51B
Blessington 9A
Bletchley 7C
Bletterans 46E
Bleymard, le 51D
Blieskastel 39F
Bligny 46C
Blisworth 7A
Bloefield 7B
Bloemendaal 35C
Blois 45C
Blomberg 36D
Blomskog 28C
Blomstermåla 31C
Blonie 85C
Blonville 43B
Bloska Polica 55B
Blovice 41D
Bloxham 7C
Bloxwich 6B
Blubberhouses 5C
Bludenz 47D
Blyth, England 5A
Blyth, England 5E
Blyth Bridge 4B
Blythburgh 7B
Bö, Norway 20C
Bo, Norway 27A
Bo, Norway 18B
Bo, Sweden 29E
Boal 63B
Boat of Garten 2D
Bóbbio 53D
Bóbbio Péllice 53C
Boberg 25A
Bobingen 47B
Böblingen 40E
Bobolice 84B
Bocairente 71E
Boceguillas 65E
Boći 85D
Bochnia 85E
Bocholt 36C
Bochum 39B
Bockara 31C
Bockenem 37C
Bockhorn 36A
Böckstein 48D
Bockum-Hovel 36E
Bocognano 62C
Bocşa Vasiovei 88F
Böda, Sweden 31C
Böda, Sweden 25C
Bodafors 30B
Bodbyn 21F
Boddam 3C
Bodegraven 35C
Boden 21F
Boden-See, Lake 47D
Bodenmais 41F
Bodenteich 37C
Bodenwerder 36D
Bodiam 7F
Bodilsker 31E
Bodin 18F
Bodmin 6E
Bodö 18E
Bodonal de la Sierra 72B
Bodrum 91C
Bodsjö 25D
Bodsjön 25E
Bodträskfors 14E
Bodum 25A
Bodzanów 85C

Boën 52A
Boffalora 53B
Bofors 28D
Boftsa 17B
Bogarra 70F
Bogen, Norway 18D
Bogen, Sweden 28C
Bogen, W. Germany 41F
Bogense 33C
Boggsjö 24B
Bognes 18D
Bognor Regis 7E
Bogø 33A
Bogöy 18D
Bogsta 29E
Boguszó 84F
Bohain 38D
Bohiniska Bistrica 49E
Bohinj 49E
Böhmer Wald, Mts. 41C
Bohmte 36D
Bohonal de Ibor 69C
Böhönye 86D
Bohus 30A
Boiano 57C
Boiro 63C
Boissy-St-Léger 38E
Boizenburg 37A
Bol 16D
Bolaños 70E
Bolbec 43B
Boldeşti 88D
Boldon 5A
Böle, Sweden 25A
Böle, Sweden 25E
Bolea 66D
Bolgrad 88B
Boliden 21D
Boljevac 89E
Bolkesjö 27A
Bölkow, East Germany 33B
Bolków, Poland 84D
Bollebygd 30A
Bollène 52C
Bollengo 53A
Bollnäs 25E
Bollstabruk 25B
Bollullos 73C
Bollullos par del Condado 72D
Bolmen 30D
Bolmsö 30D
Bolmstad 30D
Bologna 54D
Bolotana 61C
Bolsena 56B
Bolsover 5E
Bolstad 28E
Bolsward 35B
Boltaña 66D
Boltigen 46F
Bolton 5E
Bolton Bridge 5C
Bóly 86D
Bolzaneto 53D
Bolzano 48E
Bomarsund 25F
Bombarral 68C
Bömenzien 37A
Bömlafjorden 27E
Bömlo 27E
Boñar 64B
Bonar Bridge 2B
Bonares 72D
Bonäset 25B
Bonäshamn 24B
Bonassola 53C
Bonawe 2F
Bonboillon 46C
Bonchester Bridge 5A
Bondal 27C
Bondeno 54D
Bondstorp 30B
Bones 16E
Bo'ness 3E
Bonete 71E
Bonhomme, le 46B
Bonifacio 62E
Bonjedward 5A
Bonn 39B
Bonnåsjöen 18D
Bonnat 45E
Bonndorf 47A
Bonnétable 44B
Bonneval 45A
Bonneville 46F
Bonnières 45E
Bono 61C
Bonorva 61C
Bootle, England 4D
Bootle, England 4F
Bopfingen 40F
Boppard 39D
Bor, Czechoslovakia 41D

Bor, Sweden 30D
Bor Jur 49B
Borås 30A
Borba 68F
Borca 88C
Bordeaux 50D
Bordeira 72C
Bordesholm 33D
Bordighera 53E
Bordils 67D
Bore 27F
Borgå, Finland 11E
Borga, Sweden 20F
Borge 18C
Borgen 27C
Borgentreich 36F
Borger 35B
Borghamn 28F
Borghetto 56D
Borgholm 31C
Borghorst 36C
Borgloon 39A
Borgo 48E
Borgo-d'Ale 53A
Borgo Pace 54F
Borgo San Dalmazzo 53C
Borgo San Lorenzo 54F
Borgo Val di Taro 54C
Borgomanero 53B
Borgonovo Val Tidone 53B
Borgorose 57C
Borgosésia 53B
Borgsjö 25C
Borgstena 30B
Borgue 4D
Borgund 26D
Borgvattnet 25A
Borgvik 28C
Borhaug 27F
Borinya 85F
Boris Gleb 17D
Borislav 85F
Borja 25F
Borjas Blancas 67E
Börjelsbyn 14F
Börjelslandet 14E
Borkan 20D
Borken 36E
Borkenes 18B
Börkjeflåta 26D
Borkum 36A
Borlänge 29A
Borlaug 26D
Borlu 91D
Bormes 52F
Bórmio 47F
Borna 41A
Bornheim 39B
Bornholm, Island 31E
Bornhoved 33D
Börnicke 37D
Bornos 73C
Bornova 91C
Borobia 65F
Borodinskoye 11D
Boroughbridge 5C
Borovets 89E
Borovnica 49E
Borrby 30F
Borre, Denmark 33A
Borre, Denmark 27A
Borrentin 37B
Borriol 71D
Borris 9A
Borris-in-Ossory 9C
Borrisokane 9C
Borrisoleigh 9C
Börrum 29E
Borsa 88C
Börselv 17A
Borshchev 88C
Borstahusen 30E
Bort-les-Orgues 51B
Borth 6A
Börtnan 24D
Börtnes 26B
Borve 2A
Bosa 67F
Bosanska Dubica 86D
Bosanska Gradiška 86D
Bosanska Krupa 86F
Bosanska Petrovao 87B
Bosanski Novi 86D
Bosau 33D
Boscastle 6E
Bosco 56B
Bosco Chiesanuova 54A
Bosebo 30B
Bosham 7E
Bosiljgrad 89E
Bösingfeld 36D
Boskovice 84F

Bosna i Hercegovina, Prov. 87C
Bosost 67A
Bössbo 24F
Bossböen 27C
Bossbu 27C
Böste 30F
Boston 5F
Boston Spa 5C
Bostrak 27C
Botesdale 7B
Botevgrad 89E
Bothel 4D
Boticas 63F
Botley 7E
Botn 26E
Botorrita 66E
Botoşani 88C
Botricello 59C
Botsmark 21F
Bottesford 5F
Bottisham 7B
Bottnaryd 30B
Bottrop 36E
Boucoiran 52E
Bouille, la 43B
Bouillon 39C
Bouilly 45B
Boúka 92E
Boúkoura 92E
Boulay-Moselle 39F
Boulogne 38A
Boulogne-sur-Gesse 66B
Bouloire 44B
Boulou, le 67D
Boulouris 10D
Bourbon-Lancy 45F
Bourbon-l'Archambault 45F
Bourbonnais, Reg. 45F
Bourbon-les-Bains 46A
Bourboule, la 51B
Bourbourg 38A
Bourbriac 42D
Bourdeaux 52D
Bourg, France 46E
Bourg, France 50D
Bourg-Achard 43B
Bourg-Argental 52A
Bourg-de-Péage 52B
Bourg-d'Oisans, le 52B
Bourg-Lastic 51B
Bourg Madame 67C
Bourg-St-Andéol 52C
Bourg-St-Maurice 53A
Bourganeuf 45E
Bourget, le 52B
Bourgeuil 44D
Bourgneuf-en-Retz 44C
Bourgogne, Reg. 45D
Bourgoin 52B
Bourgtheroulde 43B
Bourlesia 92E
Bourmont 46A
Bourne 7A
Bournemouth 6F
Boúrnos 92A
Bousquet-d'Orb, le 51F
Boussac 45E
Boútia 92D
Bouvières 52D
Bouzonville 39F
Bova 59F
Bovalino 59D
Bovallstrand 28E
Bóveda 63D
Boves 38C
Bovey Tracey 6E
Bovino 58E
Bovolone 54A
Bow 6E
Bowes 6C
Bowmore 2E
Bowness, England 4D
Bowness, England 4B
Box, Finland 10F
Box, Norway 6D
Boxholm 30B
Boxmeer 35D
Boxtel 35D
Boyalik 89B
Boyle 8D
Bozburun 91F
Bozdoğan 91D
Boze Pole 85A
Bozel 7A
Bozel 53A
Bozen 48
Bozouls 51D
Bozovici 88F
Bozüyük 91B
Bra 53C

Braås 30D
Brabrand 32D
Bracadale 2C
Bracciano 56D
Bracieux 45C
Bräcke 25D
Brackley 7C
Bracknell 7C
Brackwede 36D
Braco 2F
Brad 88F
Braedownie 3C
Braemar 3C
Braemore Lodge 2B
Braga 63E
Bragança 63F
Brăila 88B
Brailsford 5E
Braine 38F
Braintree 7D
Brake 36B
Brakel 36F
Bräkne-Hoby 30F
Brålanda 28E
Brållos 92C
Bram 67A
Bramham 5E
Bramminge 33E
Brampton 5A
Bramsche 36C
Brancaleone Marina 59D
Brancaster 5F
Brand 47F
Brändbo 25C
Brande 32F
Brandenburg 37D
Branderup 33E
Brandis 37E
Brandizzo 53A
Brändö 25F
Brandoberndorf 40C
Brandon, England 5C
Brandon, England 7B
Brandstorp 30B
Brandval 28A
Brandvoll 16E
Brandys-nad-Laben 84F
Branes 28A
Braneşti 89C
Braniewo 85A
Brannaby 21E
Brännberg 14E
Branne 50D
Brännland 25B
Brantevik 30F
Brantôme 50B
Braskereidfoss 28A
Braşov 88D
Brassac 51F
Brasschaat 39A
Brassus, le 46F
Brastad 28E
Bratislava 49B
Bratsigovo 89D
Brattabo 26F
Brattelanden 27C
Bratten 21E
Bratteng 20C
Brattfors 28D
Brattvåg 22F
Braunau 48B
Braunlage 37E
Braunschweig 37C
Braunton 6C
Braunwald 47C
Bravais 63C
Bravuogn, Bergün/Bravuogn
Bray, Belgium 45B
Bray, Rep. of Ireland 9C
Brayford 6C
Brazatortas 69F
Brčko 87A
Brædstrup 32F
Breared 30C
Brechin 3C
Břeclav 49B
Brecon 6D
Bred 29C
Breda, Netherlands 35C
Breda, Spain 67D
Bredåker 14E
Bredaryd 30D
Bredbyn 25B
Bredel 33E
Bredelar 36F
Bredsel 14E
Bredstedt 33E
Bredsten 32F

Bredträsk 25B
Bredviken 20B
Bree 39A
Bregenz 47D
Bregovo 89E
Bréhal 43C
Breil 53E
Breim 26E
Breisach 47A
Breistolen 26D
Breitengüssbach 41C
Breitenhees 37C
Breitenworbis 37E
Breitvik 27C
Breive 27C
Brekke 26F
Brekken 23F
Brekstad 23C
Brela 87C
Breland 27D
Bremanger 26E
Bremen 36B
Bremerhaven 36B
Bremervorde 36B
Bremgarten 47C
Bremke 40A
Brenderup 33C
Brenes 73C
Brennåsen 27D
Breno 47F
Brentford 7C
Brentwood 7D
Brenzett 7F
Brescello 54C
Brescia 54A
Breskens 35E
Breslau = Wrocław
Bressanone 48E
Bresse, Reg. 46E
Bressuire 44D
Brest, France 42C
Brest, Poland 85D
Brest Litovsk = Brest
Bretagne, Reg. 42C
Bretcu 88D
Bretenoux 51C
Breteuil, France 38C
Breteuil, France 43D
Bretten 40F
Brettheim 40F
Breven 29E
Brevik, Norway 27A
Brevik, Sweden 29D
Breyell 39B
Brežice 49F
Březnice 41D
Brezno 86A
Briançon 53C
Briare 45C
Brichany 88A
Bricquebec 43B
Bride 4D
Brides-las-Bains 52B
Bridestowe 6E
Bridge 7D
Bridge of Alford 3C
Bridge of Allan 2F
Bridge of Balgie 2F
Bridge of Cally 3E
Bridge of Dye 3C
Bridge of Earn 3E
Bridge of Feugh 3C
Bridge of Orchy 2F
Bridgend, England 6D
Bridgend, Scotland 2E
Bridgetown 9B
Bridgnorth 6B
Bridgtown 6B
Bridgwater 6D
Bridlington 5D
Bridport 6F
Brie-Comte-Robert 38E
Brie, Reg. 45B
Brieg = Brzeg
Brienne-le-Château 46A
Brienon-sur-Armançon 45B
Brienz 47E
Briery 39F
Brig 47E
Brigg 5F
Brighouse 5E
Brighstone 7E
Brightlingsea 7D
Brighton 7E
Brignogan 42C
Brignoles 52F
Brihuega 70B
Briksdal 26C
Brillanne, la 52F
Brilon 36F
Brimnes 26D
Bríndisi 58B
Brinkum 36B
Brintbodarna 28B

Brinyan 3A
Brión 63A
Brionne 43B
Brioude 51B
Brioux 44F
Briouze 43C
Brisighella 54D
Brissac 44D
Brissago 47E
Bristol 6D
Brittas 9A
Brive 51A
Briviesca 65C
Brixen 48E
Brixham 6F
Brno 84F
Bro, Sweden 28D
Bro, Sweden 29D
Bro, Sweden 31B
Broad Clyst 6F
Broad Oak 7F
Broadford, Rep. of Ireland 9C
Broadford, Scotland 2C
Broadstairs 7D
Broadway 6D
Broadwindsor 6F
Broager 33C
Broaryd 30D
Broby 30F
Brocken, Mt. 37E
Brockenhurst 7E
Brocklesby 5F
Brod, Yugoslavia 86D
Brod, Yugoslavia 87B
Brod na Kupi 55B
Brodalen 28E
Brodarevo 87A
Broddbo 29C
Broddebo 31A
Brodica, Yugoslavia 87A
Brodica, Yugoslavia 88F
Brodick 4A
Brodnica 85A
Broglie 43D
Brok 85D
Brokind 31A
Bromary 10E
Bromberg = Bydgoszcz
Brome 37C
Bromfield 6B
Bromley 7C
Bromme 33A
Bromölla 30F
Brompton 5D
Brömsebro 31C
Bromsgrove 6B
Bromyard 6B
Bronchales 71A
Bronderslev 32C
Broni 53B
Bronllys 6D
Brönnöysund 20C
Bronte 60A
Brookeborough 8D
Brora 2B
Brørup 33E
Brosärp 30F
Broşteni, Romania 88C
Broşteni, Romania 88F
Bröstrud 26D
Brotas 68F
Brotherton 5E
Broto 66D
Bröttum 26B
Brou, France 45A
Brou, France 46E
Brough 5C
Broughshane 8A
Broughton, England 4D
Broughton, England 7A
Broughton, Scotland 4B
Broughty Ferry 3E
Brouwershaven 35C
Brovst 32E
Broxburn 3E
Brozas 68D
Brozzo 54A
Bruay, France 38C
Bruay, France 38D
Bruchhausen-Vilsen 36D
Bruchsal 40E
Bruck, Austria 49C
Bruck, Austria 48D
Brück, E. Germany 37D
Bruck, W. Germany 41E
Brückenau 40D
Bruel 33B
Bruff 9C
Bruflat 26B
Brugg 47C
Brugge 38B
Brulon 44B
Brumath 39F
Brummen 35D

Brumunddal 28A
Brunate 13F
Brunau 37C
Bruneck 48E
Brünen 36E
Brunete 69B
Brunflo 24D
Brunico 48E
Brunkeberg 27C
Brünn, *Czechoslovakia* = Brno
Brunn, *E. Germany* 49B
Brunnen 47C
Brunsberg 28D
Brunsbüttelkoog 33F
Bruntál 85E
Bruree 9C
Brusago 48E
Brusali 27F
Brusand 27F
Brusane 55D
Brusio 47F
Brusovaca 55B
Brussel = Bruxelles
Brusson 53A
Bruton 6D
Bruvik 26F
Bruxelles 38B
Bruyères 46B
Bruzaholm 31A
Bryggesåk 27D
Bryggja 26E
Bryn Mawr 6D
Brynamman 6C
Bryne 27F
Brynilen 16B
Brynzen 88A
Brza Palanka 88F
Brzeg 85C
Brzesko 85E
Brzeziny 85C
Brzeźnica 85C
Bü Çekmece 89B
Bua 30C
Buarcos 68C
Buavåg 27E
Bubwith 5F
Buccino 58F
Bucecea 88C
Bucelas 68E
Bucharest = București
Buchau 47B
Buchboden 47D
Büchen, *W. Germany* 37A
Büchen, *W. Germany* 40F
Buchholz 36B
Büchlberg 41F
Buchloe 47B
Buchs 47D
Buchy 38C
Buckden, *England* 5C
Buckden, *England* 7A
Bückeburg 36D
Buckfastleigh 6E
Buckhaven and Methil 3E
Buckie 3C
Buckingham 7C
Bucks Green 7C
Buck's Mills 6E
Bučovice 85B
București 89C
Bud 22F
Budafok 86C
Budapest 86C
Budduso 61B
Bude 6E
Büderich 36E
Budeşti 89C
Budia 70B
Büdingen 40C
Budleigh Salterton 6F
Búdrio 54D
Budva 87D
Budyne 41D
Bue 27F
Buenache de Alarcón 70D
Buenavista de Valdavia 64D
Buendía 70B
Bugarra 71C
Buğdaylı 91A
Bugeat 51A
Bugle 6E
Bugojno 87C
Bugöyfjord 17D
Bugöynes 17D
Bugue, le 51C
Bühl 40E
Buhuşi 88D
Builth Wells 6B
Buitenpost 35B
Buitrago del Lozoya 65E
Bujalance 73D
Bujan 63A
Bujanovac 89E

Bujaraloz 66F
Buje 55A
Bük 49D
Bülach 47C
Bulboki 88A
Buldan 91D
Bulken 26F
Bullange 39D
Bullas 74B
Bulle 46F
Bulltofta 30E
Bulwell 5E
Bumbeşti Jiu 88F
Bunbeg 8C
Bunclody 9A
Buncrana 8C
Bunde, *W. Germany* 36A
Bunde, *W. Germany* 36D
Bundoran 8D
Bunessan 2E
Bungay 7B
Bunic 55D
Bunnahabhainn 2E
Buñol 71C
Buñola 75C
Buntingford 7C
Buñuel 66C
Buonconvento 56A
Burbage 7C
Burdujeni 88C
Bureå 21F
Büren 36F
Burfjord 16D
Burford 7C
Burg, *E. Germany* 37C
Burg, *E. Germany* 33D
Burgas 89A
Burgau 47B
Burgdorf, *Switzerland* 47C
Burgdorf, *W. Germany* 36D
Burgebrach 40D
Bürgel 41A
Burgenland, Prov. 49D
Bürgenstock 47C
Burggrub 41C
Burgh, *Netherlands* 35C
Burgh, *Scotland* 4B
Burgh-le-Marsh 5F
Burgh-on-Bain 5F
Burghausen 48B
Burghead 3C
Burghjoss 40D
Burgkunstadt 41C
Burglengenfeld 41E
Burgo 73E
Burgos 65C
Burgsalach 41E
Burgsinn 40D
Burgstädt 41B
Burgsteinfurt 36C
Burguete 66A
Burgui 66A
Burguillos del Cerro 69E
Burgundy = Bourgogne
Burhaniye 91A
Burhave 36B
Burjasot 71C
Burkal 33E
Burkhardtsdorf 41B
Burkyrke 29D
Burnfoot 8C
Burnham Market 7B
Burnham-on-Crouch 7D
Burnham-on-Sea 6D
Burniston 5D
Burnley 5E
Burntisland 3E
Burón 64B
Burravoe 3B
Burrel 87B
Burriana 71D
Burry Port 6C
Bursa 91B
Burseryd 30D
Bürstadt 40C
Burton Agnes 5D
Burton upon Trent 7A
Burtonport 8C
Burträsk 21F
Burwash 7F
Burwell, *England* 5F
Burwell, *England* 7B
Burwick 3A
Bury 5E
Bury St Edmunds 7B
Busalla 53D
Busby Stoop 5C
Busca 53C
Bushat 87B
Bushey 7C
Bushmills 8A
Busko 85F
Busnesgrend 27F
Busquístar 74E

Bussang 46B
Busseto 54C
Bussoleno 53A
Bussum 35D
Busto Arsizio 53B
Butera 60D
Buttermere 4D
Buttevant 9D
Buttlar 40B
Buttle 31B
Buttstädt 41A
Butzbach 40C
Bützow 33B
Buvassbrenna 26D
Buvika 23F
Buxtehude 36B
Buxton 5E
Buxy 46E
Buzançais 45C
Buzancy 39E
Buzău 88D
Buzet 55A
Byala 89C
Byala Slatina 89B
Byczyna 85C
Bydgoszcz 85A
Byfield 7A
Bygdeå 21F
Bygdeträsk 21F
Bygdin 26C
Bygdsiljum 21F
Bygget 30D
Bygstad 26E
Bykle 27C
Bylandsfjord 27D
Bylchau 4F
Byremo 27D
Byringe 29C
Byrkjedal 27F
Byrkjelo 26E
Byrness 5A
Byske 27F
Bystrzyca Kłodzka 84F
Bytom 85C
Bytów 85A
Byvalla 29A
Byxelkrok 31A

Cabañaquinta 64B
Cabanes 71D
Cabar 55B
Cabeça Gorda 72C
Cabeceiras de Basto 63F
Cabeço de Vide 68F
Cabeza de Buey 69F
Cabeza la Vaca 72B
Cabezas del Villar 69B
Cabezas Rubias 72D
Cabezón de Liebana, *Spain* 64B
Cabezón de Liebana, *Spain* 65A
Cabezuela del Valle 69C
Cabourg 43A
Cabra 73D
Cabra del Santo Cristo 74C
Cabrach 3C
Cábras 61C
Cabrerets 51C
Cabrillas 69A
Cacabelos 63D
Čačak 87A
Cáccamo 60C
Cachopa 72C
Cačinci 86D
Cadalen 51E
Cadalso de los Vidrios 69B
Cadaqués 67D
Cadaval 68C
Cadca 85E
Cadelbosco 54C
Cadenábbia 13F
Cadenet 52F
Cádiar 74E
Cadillac 50D
Cadnam 7E
Caen 43A
Caenby Corner 5F
Caerleon 6D
Caernarvon 4F
Caerphilly 6D
Caersws 6B
Caerwent 6D
Cagaş 91B
Cagli 54F
Cágliari 61E
Cagnano Varano 58E
Cagnes-sur-Mer 53E
Caherdaniel 9F
Cahir 9C

Cahirciveen 9F
Cahors 51C
Caiazzo 57E
Cairndow 2F
Cairngorms, Mts. 2D
Cairnryan 4A
Cairnsmore of Carsphairn 4B
Cáiro Montenotte 53D
Caister 7B
Caistor 5F
Căiuţi 88D
Cajarc 51C
Čajetina 87A
Čajiniče 87A
Cakovec 90F
Cal 91D
Cala 72D
Cala Ratjada 75D
Calabria, Prov. 59C
Calacuccia 62C
Calaf 67C
Calafat 89E
Calafell 67C
Calahonda 14E
Calahorra 65D
Calais 38A
Calamocha 66E
Calamonte 69E
Calañas 72D
Calanda 66F
Calangiánus 61B
Calasetta 61E
Calasparra 74B
Calatafima 60B
Calatañazor 65E
Calatayud 65F
Călăraşi 89A
Călătele 88E
Calatorao 66E
Calbe 37C
Caldas da Rainha 68C
Caldas das Taipas 63E
Caldas de Bohi 67C
Caldas de Gerez 63E
Caldas de Malavella 67D
Caldas de Mombuy 67C
Caldas de Reyes 63C
Calderari 60D
Caldicot 6D
Caledon 8B
Calella, *Spain* 15A
Calella, *Spain* 15A
Calenzana 62C
Calenzano 54E
Calera de León 72B
Calera y Chozas 69D
Caleruega 65C
Caletta 67E
Calfavuturo 60C
Calgary 2E
Cali 91B
Cálig 71B
Călimăneşti 88D
Călineşti 88D
Calitri 58F
Callac 42C
Callan 9C
Callander 2F
Callanish 2A
Callington 6E
Callosa de Ensarria 71F
Callosa de Segura 75A
Calmbach 40E
Calne 6D
Calonge 67D
Calore 58E
Caloy, le 50F
Calpe 71F
Caltabellotta 60D
Caltagirone 60B
Caltanissetta 60D
Caltojar 65E
Calvarrasa de Abajo 64F
Calver 5E
Calvi 62A
Calvine 2D
Calvörde 37C
Calw 40E
Calzada de Valdunciel 64F
Calzadilla de los Barros 69E
Camaiore 54E
Camáldoli 54F
Camarasa 67C
Camarena 69D
Camargo 65A
Camarillas 71A
Camariñas 63A
Camaross 9A
Camarzana de Tera 64C
Camas 73C
Camasnacroise 2F

Cambados 63C
Camberg 40C
Camberley 7C
Cambil 73D
Cambo 66A
Camborne 6E
Cambrai 38D
Cambridge, *England* 6D
Cambridge, *England* 7B
Cambrils 67E
Camburg 41A
Cambuslang 2F
Camelford 6E
Camerino 56B
Camerota 58F
Camigliatello Silano 59C
Caminha 63C
Caminreal 66E
Cammarata 60D
Camogli 53D
Camp 9F
Campanario 69E
Campanet 75C
Campania 57E
Campaspero 65E
Câmpeni 88F
Campígiia Marittima 56A
Campiglia Soana 53A
Campile 9A
Campillo de Altobuey 71C
Campillo de Arenas 73D
Campillo de Llerena 69E
Campillos 73E
Campione d'Italia 13E
Campo, *Portugal* 68F
Campo, *Spain* 66D
Campo de Criptana 70D
Campo de San Pedro 65E
Campo Maior 68F
Campo Real 70A
Campo Tures 48C
Campobasso 58E
Campobello di Licata 60D
Campomarino 58B
Campomoro 62C
Camporeale 60E
Camporrobles 71C
Campos del Puerto 75E
Camposampiero 54B
Campotosto 57A
Camprodón 67D
Camuñas 70C
Can 91A
Can d'Ail 53E
Cañada del Hoyo 70D
Cañada Rosal 73C
Cañadajuncosa 70D
Canadel, le 52F
Çanakkale 91A
Canale 53C
Canåls 71E
Cañamares 70B
Cañamero 69C
Canaston Bridge 6C
Cañaveral 69C
Cañaveras 70B
Canazei 48E
Cancale 42D
Cancon 50D
Candarli 91A
Candas 64B
Candasnos 66F
Candé 44C
Candela 58E
Candeleda 69D
Candia = Iráklion
Cándia Lomellina 53B
Candin 63D
Canea = Khaniá
Canelli 53D
Canena 73B
Canes de Sanhorim 68B
Canet de Mar 67D
Canet le Roig 71B
Canet-Plage 67B
Cañete 71C
Cañete de las Torres 73D
Cañete la Real 73E
Canfranc 66B
Cangas 63C
Cangas de Nárcea 64A
Cangas de Onis 64B
Canha 68E
Canhestros 72A
Canicatti 60D
Caniles 74C
Canillo 67C
Canino 56B
Cañizal 64F
Cañjáyar 74C
Cánnero Riviera 13E

Cannes 53E
Cannet, le 10E
Canneto 54E
Canneto sull'Oglio 54A
Cannich 2D
Cannóbio 47E
Cannock 6B
Canonbie 4B
Canosa di Puglia 58C
Cantabrica, Cordillera, Mts. 64A
Cantalapiedra 64F
Cantalpino 64F
Cantanhede 68A
Cantavieja 71A
Canterbury 7D
Cantillana 73C
Cantlaejo 65E
Canto 53B
Cantoria 74D
Canvey 7D
Cany-Barville 43B
Cáorle 55A
Cap-Ferret 50C
Cap Martin 10E
Caparroso 65D
Capbreton 50E
Capdella 67C
Capdenac 51C
Capdepera 75D
Capel 7C
Capel Curig 4F
Capellades 67E
Capelle-en-Thierache, la 38D
Capendu 67B
Capestang 67B
Capistrello 57C
Capo Rizzuto 59C
Capoterra 61E
Cappamore 9C
Cappercleuch 4B
Cappoquin 9D
Capráia 62B
Caprarola 56D
Caprino Bergamasco 53B
Captieux 50D
Caputh 3E
Capvern 66B
Carabaña 70B
Carabanchel Bajo 70A
Caracal 89C
Caráglio 53C
Caralps 67C
Caraman 67A
Caransebeş 88F
Carantec 42C
Carasco 53D
Carasova 88F
Caravaca 74B
Caravággio 53B
Carbajales de Alba 64E
Carbajo 68D
Carballedo 63D
Carballino 63D
Carballo 63A
Carbonare 54B
Carboneras 74F
Carboneras de Guadazaón 71C
Carbonero 65E
Carbonia 61E
Carbonin 48F
Carbonne 67A
Carbost 2C
Carcabuey 73D
Carcagente 71E
Cárcare 51C
Carcassonne 67B
Carcastillo 66C
Carcelén 71E
Carcès 52F
Carchel 73D
Carcóforo 47E
Cardak 91D
Cardedeu 67D
Cardenete 71C
Cardiff 6D
Cardigan 6A
Cardona 67C
Carei 88E
Carenten 43A
Carevo Sélo 89F
Carezza al Lago 48E
Carfraemill 3E
Cargese 62C
Carhaix-Plouguer 42C
Caria 68B
Cariati 59C
Caridade 68F
Carignano 53C
Cariñena 66E
Carini 60C
Carinish 2C

Cariño 63B
Carinthia = Kärnten
Carisio 53A
Carlet 71C
Carlingford 8B
Carlisle 4B
Carloforte 61E
Carlops 3E
Carlow 9A
Carloway 2A
Carlton on Trent 5F
Carluke 2F
Carmagnola 53C
Carmarthen 6C
Carmaux 51C
Cármenes 64B
Carmona 73C
Carnac 42F
Carnan 2C
Carndonagh 8C
Carnedd Llewelyn 4F
Carnew 9A
Carnlough 8A
Carno 6B
Carnota 63A
Carnoustie 3E
Carnwath 4B
Carolinensiel 36A
Carolles 43C
Carpaneto Piacentino 53D
Carpathians, Mts. 85F
Carpati Meridionali, Mts. 88F
Carpentras 52D
Carpi 54C
Carpineto Romano 56D
Carpio 64F
Carquefou 44C
Carqueiran 52F
Carradale 4A
Carral 63A
Carran 9E
Carrara 54C
Carrauntoohil, Mt. 9F
Carrascalejo 69D
Carrascosa del Campo 70D
Carratraca 73F
Carrazeda d'Anciães 63F
Carrbridge 2D
Carregado 68E
Carregal do Sal 68B
Carrena de Cabrales 64B
Carrer 15E
Carrick 8C
Carrick on Shannon 8D
Carrick-on-Suir 9C
Carrickfergus 8A
Carrickmacross 8B
Carrigaholt 9E
Carrigaline 9D
Carrigart 8C
Carrión de Calatrava 70E
Carrion de los Céspedes 72D
Carrión de los Condes 64D
Carrizo 64D
Carrizosa 70F
Carronbridge 4B
Carrouges 43C
Carrowkeel 8C
Carroz, les 12F
Carryduff 8A
Carskiey 4A
Carsphairn 4B
Carstairs 4B
Cartagena 74D
Cártama 73F
Cartaxo 68E
Cartaya 72D
Carucedo 63D
Carúnchio 57C
Carvajal 74E
Carvin 38D
Casabermeja 73F
Casacalenda 57F
Casal Borsetti 11A
Casalabate 58B
Casalarreina 65D
Casalbordino 57C
Casalborgone 53A
Casalbuttano 54B
Casale Monferrato 53B
Casalécchio di Reno 54D
Casalejada 69C
Casalmaggiore 54C
Casalpusterlengo 53B
Casamássima 58D
Casamozza 62C
Casar de Cáceres 69C
Casarano 58B
Casares 73E
Casariche 73D

Casarrubios del Monte 69D
Casas de Benítez 70D
Casas de Don Pedro 69E
Casas de Juan Núñez 71E
Casas de Lázaro 70F
Casas de Millán 69C
Casas de Vés 71C
Casas Ibáñez 71C
Casasimarro 70D
Casavieja 69B
Cascais 68E
Cascante 65D
Case Perrone 58D
Caseda 66C
Casei 53B
Caselle, Airport 53A
Caserta 57E
Cashel, Rep. of Ireland 8F
Cashel, Rep. of Ireland 9C
Casinos 71C
Čáslav 84F
Caso 64B
Cásoli 57C
Caspe 66F
Caspod 49D
Cassá de la Selva 67D
Cassagnes-Bégonhès 51D
Cassamicciola Torme 11E
Cassano Ionio 59C
Cassas del Miravete 69C
Cassel 38A
Cassino 57C
Cassis 52F
Castalla 71E
Castañar de Ibor 69C
Castanet 67A
Castanheira de Pera 68C
Cástano-Primo 53B
Castéggio 53B
Castejón 65D
Castejón de Monegros 66D
Castejón de Sos 66D
Castejón de Valdejasa 66C
Castel di Sangro 57C
Castel San Giovanni 53B
Castel San Pietro 54D
Castelbuono 60C
Casteldelfino 53C
Castelfiorentino 54E
Castelfranco Emilia 54C
Castelfranco Veneta 54B
Casteljaloux 50D
Castell de Ferro 74E
Castellabate 58F
Castellammare del Golfo 60E
Castellammare di Stabia 57F
Castellamonte 53A
Castellane 52F
Castellar 67C
Castellar de Santiago 70F
Castellar de Santisteban 70F
Castell'Arquato 54C
Castelldáns 67E
Castelldeféls 67E
Castelleone 54B
Castellfulit de la Roca 67D
Castelló de Ampurias 67C
Castelló de Farfaña 67C
Castello Tesino 48E
Castellon de la Plana 71B
Castellote 66F
Castelltersol 67C
Castelmagno 53C
Castelmoron 50D
Castelnau-de-Médoc 50D
Castelnau-de-Montratier 51C
Castelnau-Magnoac 66B
Castelnaudary 67A
Castelnovo ne' Monti 54C
Castelnuovo di Garfagnana 54C
Castelnuovo di Porto 56D
Castelnuovo di Val di Cécina 54E
Castelo Branco 68D
Castelo de Vide 68D
Castelraimondo 55E
Castelsardo 61A
Castelsarrasin 51E
Castelserás 67E
Castelvetrano 60F
Castenédolo 54A
Castets 50E
Castiblanco 69D
Castiglion Fiorentino 54F
Castiglioncello 54E
Castiglione 53B

Castiglione dei Pépoli 54C
Castiglione del Lago 56B
Castiglione della Pescáia 56A
Castiglione delle Stiviere 54A
Castiglione messer Marino 57C
Castiliscar 66C
Castilléjar 74C
Castillo de Locubin 73D
Castillon 67A
Castillon-la-Bataille 50D
Castillonnès 50D
Castions di Strada 55A
Castle Cary 6D
Castle Donnington 7A
Castle Douglas 4B
Castlebar 8F
Castlebay 2C
Castlebellingham 8B
Castleblayney 8B
Castlebridge 9A
Castlecomer 9C
Castledawson 8A
Castlederg 8C
Castledermot 9A
Castlefin 8C
Castleford 5E
Castlegregory 9F
Castleisland 9F
Castlemaine 9F
Castlemartyr 9D
Castlepollard 8D
Castlerea 8D
Castlerock 8A
Castleside 5C
Castleton 5E
Castletown, I. of Man 4D
Castletown, Scotland 3A
Castletown Bere 9F
Castletownroche 9D
Castlewellan 8B
Castres 51E
Castril 74C
Castrillo de Villavega 64D
Castro Caldelas 63D
Castro Daire 63F
Castro de Rey 63B
Castro del Rio 73D
Castro Marim 72D
Castro Urdiales 65A
Castro Verde 72C
Castrocontrigo 64C
Castrogonzalo 64D
Castromonte 64D
Castronuevo 64D
Castronuño 64F
Castrop 36E
Castroreale 60A
Castrovillari 59C
Castuera 69E
Čata 86C
Catánia 60B
Catanzaro 59C
Catanzaro Lido 59C
Catarroja 71C
Cateau, le 38D
Catenham 7C
Catoira 63C
Catral 75A
Catterick 5C
Catterick Bridge 5C
Cattólica 54F
Cattolica Eraclea 60D
Catus 51C
Caudebec 43B
Caudete 71E
Caudry 38D
Caulnes 42D
Caumont l'Eventé 43C
Caunes 67B
Caurel 63C
Cauro 62C
Caussade 51C
Cauterets 66B
Cava 58F
Cavaglià 53A
Cavaillon 52E
Cavalaire 52F
Cavalerie, la 51F
Cavalese 48E
Cavalière 52F
Cavallermaggiore 53C
Cavan 8D
Cavárzere 54B
Cavtat 87C
Cawdor 2D
Cawston 7B
Caxton Gibbet 7A
Cayeux 38C
Caylar, le 51F

Caylus 51C
Cazalegas 69D
Cazalla de la Sierra 73C
Cazals 51C
Căzaneşti 88B
Cazaubon 50F
Cazères 67A
Cazorla 74C
Cea 64D
Ceahlau 88C
Ceanannus Mór 8B
Ceánuri 65B
Cebolla 69B
Cebreros 69B
Cebrones del Rio 64D
Cécina 54E
Ceclavin 68B
Cedeira 63B
Cedillo 68D
Cedrillas 71A
Cefalu 60C
Cefn-y-bedd 4F
Cegléd 86A
Céglie Messápico 58B
Cehegin 74B
Ceica 88E
Celadas 71A
Celano 57C
Celanova 63D
Celbridge 9A
Celerina 47F
Celje 49E
Cella 71A
Celldömölk 86C
Celle 37C
Celles-sur-Belle 44F
Celorico da Beira 68B
Celorico de Basto 63F
Cemmaes 6A
Cemmaes Road 6A
Cenarth 6A
Cenicero 65D
Cenicientos 69B
Cenlle 63D
Censeau 46D
Centallo 53C
Centellas 67C
Centenillo 70E
Cento 54D
Centuripe 60B
Cepagatti 57C
Cerbére 67D
Cercal, Portugal 68C
Cercal, Portugal 72C
Cerceda 63A
Cercedilla 69B
Cerdedo 63C
Cerdeira 68B
Cerdon 45C
Ceres 3E
Ceresole Reale 53A
Céret 67D
Cerezo de Riotirón 65C
Cerignole 58E
Cerilly 45F
Cerizay 44C
Čerkesköy 89B
Černa Hora 84F
Cernavodă 89A
Cernay 46B
Cerne Abbas 6F
Cérnegula 65C
Cernik 86B
Cernobbio 47E
Cerreto Sannita 57E
Cerrigydrudion 4F
Certaldo 54E
Certosa de Pésio 53C
Certosa di Pavia 53B
Cervatos de la Cueza 64D
Cervera 66C
Cervera de Pisuerga 64B
Cervera del Rio Alhama 65D
Cervéteri 56D
Cérvia 54D
Cervinia 47E
Cervione 62C
Cervo, France 10F
Cervo, Spain 63B
Cesana-Torinese 53C
Cesaro 60A
Cesena 54D
Cesenático 54D
Česká Lípa 84F
České Budějovice 49A
Český Brod 84F
Český Krumlov 49A
Český Těšín 85E
Çeşme 91C
Česnjica 49E
Cestona 65B
Cesuras 63A

Cetáte 89E
Cetina 65F
Cetinje 87C
Cevennes, Mts. 51D
Cevico de la Torre 65C
Cevins 52B
Cevio 47E
Ceyrat 51B
Cezlak 49E
Chabanais 44F
Chabeuil 52C
Chablis 45B
Chabrières 52D
Chabris 45C
Chaffois 46D
Chagford 6E
Chagny 46C
Chaillé 44E
Chaise Dieu, la 51B
Chalabre 67A
Chalais 50B
Chalamont 46E
Chale 7E
Chalfont 7C
Challans 44C
Chalon 46C
Châlons-sur-Marne 38F
Chálus 51A
Cham, Switzerland 47C
Cham, W. Germany 41F
Chamba, la 52A
Chambérv 52B
Chambon-Feugerolles, le 52A
Chambon-sur-Lignon, le 52A
Chambon-sur-Voueize 45E
Chambord 45C
Chamboulive 51A
Chamonix 46F
Champagne-Mouton 44F
Champagne, Reg. 45B
Champagney 46B
Champagnole 46F
Champdeniers 44F
Champeix 51B
Champenoux 39F
Champény 46F
Champex 46F
Champier 52B
Champlitte 46C
Champoluc 47E
Chamusca 68C
Chandler's Ford 7E
Chandreja de Queija 63D
Chantada 63D
Chantelle 45F
Chantilly 38E
Chantonnay 44E
Chao 63B
Chaource 46A
Chapel en le Frith 5E
Chapel St Leonards 5F
Chapelle-d'Angillon, la 45C
Chapelle-en-Valgaudemar, la 52D
Chapelle-en-Vercors, la 52D
Chapeltown 5E
Chapus, le 44E
Chard 6F
Charenton-du-Cher 45C
Charing 7D
Charité, la 45D
Charlbury 7C
Charleroi 39C
Charlestown 8F
Charleville = Rath Luirc
Charleville-Mézières 39C
Charlieu 45F
Charlottenberg 28C
Charly 38F
Charmeil, Airport 45F
Charmes 46B
Charmey 46F
Charmouth 6F
Charny 45B
Charolles 46E
Charost 45C
Charroux 44F
Chartre, la 44D
Chartres 45A
Chasseneuil 44F
Châtaigneraie, la 44E
Château-Arnoux 52D
Château-Chinon 45D
Château-d'Oex 46F
Château-du-Loir 44D
Château-Gontier 44A
Château la Vallière 44D
Château-Landon 45A
Château, le 44E
Château-Queyras 53C
Château-Regnault 39C
Château-Renault 44D

Château-Salins 39F
Château-Thierry 38F
Châteaubriant 44A
Châteaudren 42D
Châteaudun 45A
Châteaulin 42C
Châteaumeillant 45E
Châteauneuf, France 42D
Châteauneuf, France 50B
Châteauneuf, France 52C
Châteauneuf-de-Faou 42C
Châteauneuf-de-Randon 52C
Châteauneuf-en-Thymerais 43D
Châteauneuf-la-Forêt 51A
Châteauneuf-les-Bains 45F
Châteauneuf-sur-Cher 45C
Châteauneuf-sur-Loire 45A
Châteauneuf-sur-Sarthe 44D
Châteauponsac 45E
Châteaurenard, France 45B
Châteaurenard, France 52E
Châteauroux 45C
Châteauvillain 46A
Châtel 46F
Châtel-Guyon 45F
Châtel-St-Denis 46F
Châtel-sur-Moselle 46B
Châtelaillon 44E
Châteldon 45F
Châtelet 39C
Châtelet, le 45E
Châtellerault 44D
Châtelus-Malvaleix 45E
Châtenois 45E
Chatham 7D
Châtillon, France 46A
Châtillon, Italy 53A
Châtillon-Coligny 45B
Châtillon-de-Michaille 46E
Châtillon-en-Bazois 45D
Châtillon-sur-Chalaronne 46E
Châtillon-sur-Indre 45C
Châtillon-sur-Loire 45C
Châtre, la 45E
Chatteris 7B
Chatton 5A
Chaudes-Aigues 51D
Chaudrey 46A
Chauffailles 46E
Chaulnes 38D
Chaumont, France 45C
Chaumont, France 46A
Chaumont-en-Vexin 38E
Chauny 38D
Chauvigny 44F
Chaux-de-Fonds, la 46D
Cheadle 5E
Cheb 41C
Checiny 85E
Cheddar 6D
Cheekpoint 9A
Chef-Boutonne 44F
Cheles 68D
Chelford 5E
Chelles 38E
Chelm 85D
Chelmno 85A
Chelmsford 7D
Chełmża 85A
Cheltenham 6D
Chelva 71C
Chemillé 44D
Chemnitz = Karl-Marx-Stadt
Chenérailles 45E
Chenonceaux 45C
Chepstow 6D
Chera 71C
Cherbourg 43A
Cherkovitsa 89C
Chernovtsy 88C
Chernyakhovsk 85B
Chernyshevskoye 85B
Cherta 67E
Chertsey 7C
Cherven Bryag 89C
Chesham 7C
Cheshunt 7C
Chesne, le 39E
Cheste 71C
Chester 4F
Chester-le-Street 5C
Chesterfield 5E
Cheval-Blanc 39F
Chevreuse 38E
Chexbres 46F
Cheylard, le 52C

Chianciano Terme 56B
Chiaramonte Gulfi 60B
Chiaravalle Centrale 59D
Chiari 54A
Chiasso 47E
Chiàvari 53D
Chiavenna 47F
Chichester 7E
Chiclana 70F
Chiclana de la Frontera 73E
Chieri 53A
Chiesa 47F
Chieti 57C
Chilham 7D
Chillón 69F
Chimay 38D
Chimeneas 73D
Chimishliya 88B
Chinale 53C
Chinchilla de Monte Aragón 71E
Chinchón 70C
Chinon 44D
Chióggia 54E
Chipiona 72F
Chippenham 6D
Chipping Campden 7C
Chipping Norton 7C
Chipping Sodbury 6D
Chiprana 66F
Chirivel 74D
Chirk 4F
Chirnside 3E
Chirpan 89D
Chişinău = Kishinev
Chişineu Criş 86B
Chiusa 48E
Chiusa de Pésio 53C
Chiusi 56B
Chiva 71C
Chivasso 53A
Chlumec nad Cidlinou 84F
Chmielnik 85F
Chodzież 84B
Chojna 84B
Chojnice 85B
Chojnów 84D
Cholderton 7C
Cholet 44C
Chollerford 5A
Chomérac 52C
Chomutov 41D
Chop 86A
Chop Gate 5C
Chorges 52D
Chorley 5E
Choroszcz 85B
Chorzele 85B
Chorzów 85E
Choszczno 84B
Christchurch 7E
Christiansfeld 33E
Chrudim 85E
Chrzanow 85E
Chudleigh 6E
Chulilla 71C
Chulmleigh 6E
Chur 47D
Church Stoke 6B
Church Stretton 6B
Churchill 6D
Cianciana 60D
Cićevac 87C
Cidones 65D
Ciéchanow 85A
Ciechocinek 85C
Ciężkowice 85F
Ciempozuelos 70C
Cieszanow 85E
Cieszyn 85E
Cieza 71E
Cifuentes 65F
Cigales 64D
Cigliano 53A
Cilipi 16E
Cillas 65F
Cilleros 68D
Cîmpia Turzii 88F
Cimpina 88D
Cimpulung 88D
Cimpulung Moldovenesc 88C
Cinctorres 71B
Cinderford 6D
Cine 91D
Ciney 39C
Cingoli 55E
Cinquefrondi 59D
Cintegabelle 67A
Cintruénigo 65D
Cioara Doiceşti 88B
Ciotat, la 52F
Ciperez 64E
Cirat 71C

Cirauqui 65D
Cîrbeşti 88F
Cirencester 6D
Cirey-sur-Vezouz 39F
Ciria 65F
Ciriè 53A
Ciro 59C
Cislău 88D
Cistá 41D
Cisterna di Latina 56D
Cistierna 64B
Cita della Pieve 56B
Citta del Vaticano 56D
Città di Castello 54F
Cittadella 54B
Cittaducale 56B
Cittanova 59D
Ciucea 88E
Ciudad Encantada 70D
Ciudad Real 69F
Ciudad Rodrigo 69A
Ciudadela 75D
Ciulniţa 89A
Ciumeghiu 86B
Cividale 48F
Civita Castellana 56D
Civitanova Marche 55E
Civitavécchia 56D
Civitella del Tronto 57A
Civitella Paganico 56A
Civray 44F
Civril 91D
Clachan, Scotland 2C
Clachan, Scotland 2F
Clackmannan 2F
Clacton on Sea 7D
Cladich 2F
Clady 8C
Clairvaux-les-Lacs 46E
Clamecy 45D
Clane 9A
Clapham 5C
Clara 9C
Clare 7B
Clarecastle 9E
Claregalway 9E
Claremorris 8F
Clarholz 36C
Clarinbridge 9E
Clashmore 9D
Claudy 8C
Claughton 5C
Clausthal Zellerfeld 37E
Claviere 53C
Clawton 6E
Clay Cross 5E
Claydon 7B
Claye-Souilly 38F
Clayette, la 46E
Cleethorpes 5F
Cleggan 8F
Cleobury Mortimer 6B
Cleobury North 6B
Clères 38C
Clermont 38E
Clermont-en-Argonne 39E
Clermont-Ferrand 51F
Clermont-l'Hérault 51F
Clervaux 39C
Cléry 45A
Cles 48E
Clevedon 6D
Cleveland Tontine 5C
Cleveleys 4D
Cley 7B
Clifden 8F
Cliffony 8D
Clifton 5C
Clisson 44C
Clitheroe 5C
Clogh 8A
Clogh Mills 8A
Cloghan 9C
Clogheen 9C
Clogher 8D
Clonakilty 9F
Clonaslea 9C
Clonbur 8F
Clonco Bridge 9C
Clondalkin 9A
Clonea 9D
Clonee 8B
Clones 8D
Clonfert 9C
Clonmacnois 9C
Clonmel 9C
Clonroche 9A
Clontibret 8B
Cloonfad 8F
Clophill 7C
Cloppenburg 36C
Clough 8B
Clova 3C

Clovelly 6E
Clovenfords 4B
Clowne 5E
Clows Top 6B
Cloyes 45A
Cloyne 9D
Cluanie 2D
Cluj 88E
Clun 6B
Clunes 2D
Cluny 46E
Clusaz, le 12E
Cluse, la 46F
Cluses 46F
Clusone 47F
Clutton 6D
Clydebank 2F
Clyro 6B
Cnossos, Anc. Site 91E
Coachford 9F
Coagh 8A
Coalisland 8A
Coalville 7A
Coatbridge 2F
Cobanisa 91D
Cobh 9D
Coburg 41C
Coca 64F
Cocentaina 71E
Cochem 39D
Cochstedt 37C
Cock Bridge 3C
Cockburnspath 3E
Cockerham 4D
Cockermouth 4D
Codigoro 54D
Codlea 88D
Codogno 53B
Codróipo 54A
Coesfeld 36C
Coevorden 35B
Cofrentes 71C
Cogealac 88B
Cogeces del Monte 65E
Coggeshall 7D
Cognac 50B
Cogne 53A
Cognin 52B
Cogolin 52F
Cogollos 65C
Cogolludo 65E
Cogollus Vega 73D
Coimbra 68C
Coin 73F
Cointrin, Airport 46F
Colares 68E
Colbitz 37C
Colchester 7D
Cold Ashton 6D
Coldingham 3E
Colditz 41B
Coldrano 47F
Coldstream 5A
Coleford 6D
Coleraine 8A
Coleshill 7A
Coligny 46E
Colindres 65A
Colintraive 2F
Collado-Villalba 69B
Collagna 54C
Colle di Vale d'elsa 54E
Colle Isarco 48C
Colle Salvetti 54E
Colleferro 56D
Collesano 60C
Collin 4E
Collingbourne Ducis 7C
Collingham, England 5E
Collingham, England 5F
Cóllio 47F
Collioure 15B
Collobrières 52F
Collon 8B
Collooney 8D
Colmar 46D
Colmenar 73F
Colmenar de Oreja 70C
Colmenar Viejo 70A
Colmonell 2F
Colne 5C
Cologna Veneta 54B
Cologne 51E
Colombey-les-Belles 46B
Colombier 46D
Colomera 73D
Colonna, la 54E
Colsterworth 7A
Coltishall 7B
Colunga 64B
Colwell 5A
Colyton 6F
Comácchio 54D
Comăneşti 88D
Comarruga 15C

Combe Martin 6C
Comber 8A
Combourg 43A
Combronde 45F
Comeglians 48F
Comillas 65C
Comiso 60B
Commercy 39E
Como 47E
Cómpeta 73F
Compiègne 38F
Comporta 68E
Comps 52F
Comrie 2F
Concarneau 42E
Conches 43D
Condat-en-Féniers 51B
Condé 38D
Condé-sur-Noireau 43C
Condeixa-a-Nova 68D
Condom 50F
Condrieu 52A
Conegliano 54B
Conflans 38E
Conflans-en-Jarnisy 39E
Confolens 44E
Cong 8F
Congesbury 6D
Congleton 5E
Conil 73E
Coningsby 5F
Conisbrough 5E
Coniston 4D
Coniston Water 4D
Connel 2F
Connerre 44B
Conon Bridge 2D
Conques, France 51D
Conques, France 67B
Conques, Spain 67C
Conquet, le 42C
Conquista 69F
Conselve 54B
Consenvoye 39E
Consett 5C
Constance, Lake = Boden-See
Constância 68C
Constanta 89A
Constanti 67E
Constantina 73C
Contamines, les 46F
Contantinople = Istanbul
Contin 2D
Contis-Plage 50C
Contres 45C
Contrexéville 46B
Conty 38C
Convento de la Rábida 72B
Conversano 58C
Conway 4F
Coolham 7E
Coombe Bissett 6F
Cookstown 8A
Cootehill 8D
Copenhagen = København
Copertino 58B
Copparo 54D
Copplestone 6E
Copşa Mică 88D
Corabia 89C
Corato 58C
Corbeil 38E
Corbie 38C
Corbigny 45D
Corbridge 5A
Corby 7A
Corby Glen 7A
Corconte 65A
Corcubión 63A
Cordes 51D
Córdoba 73D
Cordovilla de Lácara 69E
Corella 65D
Coreses 64F
Corfe Castle 6F
Corfu = Kérkira
Corgo 63B
Coria 69C
Coria del Rio 73C
Corigliano 59C
Corinth = Kórinthos
Coripe 73E
Coristanco 63A
Cork 9D
Corleone 60C
Corleto Perticara 58D
Corlu 89B
Cormano 53B
Cormeilles 43B
Corna 47F
Cornago 65D
Cornellana 64A

Cornhill 3C
Cornhill-on-Tweed 5A
Corniglio 54C
Cornimont 46B
Corniolo 54F
Cornudella 67E
Corofin 9E
Corovodë 87B
Corpach 2D
Corps 52D
Corral de Almaguer 70D
Corral de Calatrava 69F
Corrales 64F
Corre 46B
Corredoiras 63B
Corréggio 54C
Corrèze 51A
Corrie 4A
Corse, I. 62C
Corsica = Corse
Corsico 53B
Corte 62C
Cortegada 63C
Cortegana 72D
Cortemilia 53D
Cortés 66C
Cortes de Aragón 66E
Cortes de Baza 74C
Cortes de la Frontera 73E
Cortes de Pallas 71C
Cortina d'Ampezzo 48E
Corton 7B
Cortona 54F
Coruche 68E
Corunna = La Coruña
Corvara in Badia 48E
Corwen 4F
Coryton 7D
Coshieville 2F
Cosham 7E
Cosne 45D
Cosne-d'Allier 45F
Cossonay 46F
Costa da Caparica 68E
Costa Nova 68A
Costelloe 9E
Costeşti 88D
Costigliole Saluzzo 53C
Costock 7A
Coswig, E. Germany 37D
Coswig, E. Germany 41B
Côte d'Azur, Airport 53E
Côte-St-André, la 52B
Cottanello 56B
Cottbus 84D
Couches 46C
Coucheval 52B
Couço 68E
Coucy-le-Château-Auffrique 38F
Couhé-Vérac 44F
Couiza 67B
Coulange-la-Vineuse 45D
Coulanges-sur-Yonne 45D
Coulommiers 38F
Coulonges 44E
Coulport 2F
Coupar Angus 3E
Cour-Cheverny 45C
Courcelles-Chaussy 39F
Courmayeur 53A
Courpière 51B
Cours 46E
Coursan 67B
Courseulles 43A
Courson 45D
Courtacon 38F
Courtenay 45B
Courtine, la 51A
Courtisols 39E
Courtmacsherry 9D
Courtown Harbour 9A
Courville 45A
Coutainville 43C
Coutances 43C
Coutras 50D
Couvet 46D
Couvin 39C
Covadonga 64B
Covarrubias 65C
Cove 2F
Coventry 7A
Covilha 68B
Cowbit 7A
Cowbridge 6D
Cowdenbeath 3E
Cowes 7E
Cowfold 7E
Coylton 4B
Coylumbridge 2D
Cózar 70F
Cozes 50B

Cracow = Kraków
Craigellachie 3C
Craighouse 2E
Craignure 2E
Crail 3E
Crailsheim 40F
Craiova 89E
Cranagh 8C
Cranborne 6F
Cranbrook 7D
Cranleigh 7C
Crans 46E
Cranshaws 3E
Craon 44A
Craonne 38F
Craponne-sur-Arzon 52A
Crarae 2F
Crasna 88B
Crathie 3C
Crato 68E
Craughwell 9C
Crawford 4B
Crawfordjohn 4B
Crawley 7C
Creagorry 2C
Crécy-en-Brie 38F
Crécy-en-Ponthieu 38C
Crécy-sur-Serre 38D
Crediton 6E
Creeslough 8C
Creetown 4B
Cregg 9C
Creggan 8A
Creglingen 40F
Creidlitz 41C
Creil 38E
Crema 53B
Crémieu 52B
Cremona 54A
Créon 50D
Crépy-en-Valois 38F
Cres 55D
Crescentino 53A
Cressage 6B
Crest 52D
Cretas 66F
Crete = Kríti
Creusot, le 46C
Creussen 41C
Creuzburg 40B
Crevalcore 54C
Crèvecœur-le-Grand 38C
Crevillente 71E
Crewe 5E
Crewkerne 6F
Crianlarich 2F
Criccieth 4F
Crick 7A
Crickhowell 6D
Cricklade 6D
Crieff 2F
Criel 38C
Crikvenica 55B
Crimmitschau 41A
Crimond 3C
Crinan 2F
Criquetot l'Esneval 43B
Crissolo 53C
Cristóbal 69A
Cristuru Secuiesc 88D
Crivitz 37A
Črna 49E
Crna Gora, Prov. 87A
Crnomelj 55B
Croatia = Hrvatska
Crocketford 4B
Crocq 51B
Crodo 47E
Croisière, la 45E
Croix-de-Vie 44C
Croix-Valmer 52F
Cromarty 2D
Cromdale 3C
Cromer 7B
Crook 5C
Crookhaven 9F
Crooklands 5C
Crookstown 9F
Croom 9C
Crosby, England 4F
Crosby, I. of Man 4D
Cross Fell 5C
Cross Gates 6B
Cross Hands 6C
Cross in Hand 7F
Crossgar 8B
Crosshaven 9D
Crosshill 4B
Crossmaglen 8B
Crossmichael 4B
Crossmolina 8F
Crotone 59C
Crotoy, le 38C
Crowborough 7D
Crowcombe 6D

Crowland 7A	Dabie 84B	Dasswang 41E	Derwent Water 4D	Dippoldiswalde 41B	Dooagh 8F
Crowle 5F	Dabo 39F	Datça 91F	Desborough 7A	Dirdal 27F	Doonbeg 9E
Croy 2D	Dąbrowa 85B	Datteln 36E	Desenzano del Garda 54A	Disena 28A	Doorn 35D
Croyde 6C	Dachau 48A	Daun 39D	Desért, le 52D	Disentis/Mustèr 47C	Dorålseter 26A
Croydon 7C	Dädesjö 30D	Dauphiné, Reg. 52B	Desertmartin 8A	Dishforth 5C	Dorat, le 44F
Crozon 42C	Dådran 29A	Dava 3C	Désio 53B	Diss 7B	Dorchester, England 6F
Cruden Bay 3C	Dagali 26D	Daventry 7A	Dessau 37F	Dissen 36C	Dorchester, England 7C
Crudgington 6B	Dagebüll 33E	Daviá 92D	Desvres 38A	Distington 4D	Dordal 27A
Crudwell 6D	Daglösen 28D	Davidstow 6E	Deta 86B	Ditchling 7E	Dordrecht 35C
Crumlin, N. Ireland 8A	Dagmersellen 47C	Davik 26E	Detmold 36D	Divača 55A	Dores 2D
Crumlin, Wales 6D	Dahlen 37F	Daviot 2D	Dettelbach 40D	Dívri 92C	Dorfen 48A
Crummock Water 4D	Dahlenburg 37A	Davos 47C	Detva 86A	Djelekovec 49F	Dorfmark 36B
Cruseilles 46F	Dahlewitz 37D	Dawley 6B	Deurne, Netherlands 35F	Djorvik 29E	Dorgali 61D
Crusheen 9E	Dahme 37D	Dawlish 6F	Deurne, airport, Belgium 39A	Djumarala 30D	Dorgefoss 27F
Cruzy 67F	Dahn 39F	Dax 50E	Deutsch-Wagram 49B	Djup 26D	Dorking 7C
Crymmych Arms 6C	Daia 89C	Dazkiri 91D	Deutschlansberg 49E	Djupdal 27A	Dormagen 39B
Csongrád 86B	Dailly 4B	De Cocksdorp 35A	Deux Alpes, les 52D	Djupvasshyta 26C	Dormans 38F
Csorna 86C	Daimiel 70E	De Kooi 35A	Deva, Romania 88F	Djuras 29A	Dornbin 47D
Csorvas 86B	Daingean 9C	De Wijk 35B	Deva, Spain 65B	Djurberget 28A	Dornești 88C
Cuacos 69C	Dairsie 3E	Deal 7D	Devecser 86C	Djurö 29D	Dornie 2D
Cuba 72A	Dakovica 87A	Deauville 43B	Deventer 35D	Djursholm 29D	Dornoch 2B
Cubo de Bureba 65C	Dakovo 86D	Debar 87B	Devil's Beef Tub 4B	Djursland 32D	Dornstetten 47A
Cuckfield 7E	Dal 28A	Debenham 7B	Devil's Bridge 6A	Dobbiaco 48F	Dornum 36A
Cuckney 5E	Dala Jarna 28B	Dębica 85F	Devin 89D	Döbeln 41B	Dorohoi 88C
Cudillero 64A	Dalarö 29D	Dęblin 85D	Devizes 6D	Dobersberg 49A	Dorotea 20F
Cuéllar 65E	Dalavich 2F	Dębno 84D	Devnya 89A	Dobiegniew 84B	Dorsten 36E
Cuenca 70D	Dalbeattie 4B	Debolo Brdo 55D	Devonport 6E	Doboj 86D	Dortan 46E
Cuers 52F	Dalby, Sweden 28B	Debrc 86B	Dewsbury 5E	Dobřany 41D	Dortmund 36E
Cuerva 69D	Dalby, Sweden 30F	Debrecen 86A	Deyá 75C	Dobre Miasto 85A	Dorum 36B
Cuevas de San Clemente 65C	Dalbyn 29A	Dečani 87A	Deza 65F	Dobrinishta 89F	Dörzbach 40F
Cuevas de San Marcos 73D	Dale, Norway 26E	Decazeville 51C	Dháfni 92C	Dobříš 41D	Dos Hermanas 73C
Cuevas de Santimamiñe Basondo 14A	Dale, Norway 27C	Decimomannu 61E	Dhavlia 92C	Dobrodzień 85E	Dos Torres 69F
Cuevas de Vinromá 17B	Dale, Norway 27D	Decin 41B	Dhekélia 92A	Dobromil 85F	Dosbarrios 70C
Cuevas del Almanzora 74D	Dale, Norway 27F	Děčín 84F	Dhelfoi 92C	Dobrotești 89C	Dospat 89D
Cuevas del Becerro 73E	Dale, Wales 6C	Decize 45D	Dhérmi 90A	Dobšina 86A	Douai 38D
Cuevas del Campo 74C	Dalelia 2D	Deda 88C	Dheskáti 90A	Dobwalls 6E	Douarnenez 42E
Cuglieri 61C	Dalen 27C	Deddington 7C	Dhestina 92C	Docking 7B	Doudeville 43B
Cuijk 35D	Dalfors 24F	Dedéagach = Alexandroúpolis	Dhiakoptón 92C	Dockmyr 25C	Doué 44D
Cuillin Sound 2C	Dalhem 31B	Degaña 64A	Dhiavolítsi 92F	Doddington, England 5A	Douglas, I. of Man 4D
Cuiseaux 46E	Dalholen 26A	Degeberga 30F	Dhídhimoi 92D	Doddington, England 7B	Douglas, Scotland 4B
Cuisery 46E	Dalías 75C	Degerfors 28D	Dhidhimotikhon 89D	Doesburg 35D	Doulevant-le-Château 46A
Cujmiru 89E	Daliburgh 2C	Degerhamn 31C	Dhímaina 92D	Doetinchem 35D	Doullens 38C
Culan 45E	Dalj 86B	Degerndorf 13D	Dhímitra 92D	Döger 91B	Dounbay 3A
Culbin Forest 2D	Dalkeith 3E	Degernes 28C	Dhimitsána 92F	Dogliani 53C	Doune 2F
Culdaff 8C	Dalkey 9C	Deggendorf 41F	Dhirfios 92A	Dojran 89F	Dounreay 2B
Culla 71B	Dallas 3C	Dehesa de Montejo 64B	Dhístomon 92C	Dokka 26B	Doupov 41D
Cúllar de Baza 74C	Dalmally 2F	Deinze 38B	Dhokímion 92E	Dokkas 14C	Dourdan 45A
Cullen 3C	Dalmatia, Reg. 87E	Dej 88E	Dhokós 92A	Dokkum 35B	Dourgne 67A
Cullera 71F	Dalmellington 4B	Deje 30D	Dholiana 90A	Dol-de-Bretagne 43A	Douro, River 63F
Culleredo 63A	Dalmine 53B	Delary 30D	Dhomnítsa 92E	Dôle 46C	Douvaine 46F
Cullivoe 3B	Dalmose 33A	Deleitosa 69C	Dhomokós 90B	Dólemo 27D	Douzy 39C
Culloden 2D	Dalnaspidal 2D	Delémont 46D	Dhórion 92E	Dolgellau 6A	Dover 7D
Cullompton 6F	Dalry 4B	Delft 35C	Dhoxáton 89D	Dolgoye 88E	Doverstorp 29E
Cullybackey 8A	Dalrymple 4B	Delfzijl 36A	Dhrépanon 92D	Dolianova 61F	Dovre 26A
Culross 3E	Dals-Ed 28E	Delianuova 59F	Dhrépanos 92E	Doljevac 89E	Dowlais 6D
Cults 3C	Dals Långed 28E	Delitzsch 37F	Dhrimaía 92C	Dollar 2F	Downham Market 7B
Cumali 91A	Dals Rostock 28E	Delle 46D	Dhriopís 92B	Döllbach 40D	Downpatrick 8B
Cumaovası 91C	Dalsbruk 10E	Delligsen 36D	Dhrítsa 92D	Dolle 37C	Dowra 8D
Cumbernauld 2F	Dalsetter 3B	Delmenhorst 36B	Diablerets, les 46F	Dolna Banya 89E	Drachten 35B
Cumbres Mayores 72B	Dalshögen 28E	Delnice 55B	Diamante 59E	Dolneni 87B	Drag 18D
Cuminestown 3C	Dalsjöfors 30B	Delphi, anc. site 92C	Diano Marina 53E	Dolní Královice 84F	Drăgănești 89C
Cummertrees 4B	Dalsöyra 26E	Delsbo 25E	Diavata 89F	Dolo 54B	Drăgășani 88D
Cumnock 4B	Dalstuga 29A	Delvin 8D	Dicomano 54F	Dolomiti, Mts. 48E	Dragnes 18B
Cúneo 53C	Dalton 4D	Delvinákion 90A	Didcot 7C	Dolores 75A	Dragø 33A
Cunlhat 51B	Dalwhinnie 2D	Delvinë 90A	Die 52D	Dolsk 85C	Dragoman 89E
Cunningsburgh 3B	Damazan 50D	Delyatin 8EC	Dieburg 40C	Dom, Mt. 47E	Dragozetici 55A
Cuntis 63C	Damgarten = Ribnitz-Damgarten	Demirci 91B	Diekirch 39D	Domanic 91B	Dragsfjärd 10E
Cuorgnè 53A	Dammartin-en-Goële 38F	Demirköy 89B	Dienten 13A	Domart 38C	Dragsvik 26E
Cupar 3E	Damme 36C	Demmin 33B	Dieppe 38C	Domaso 13F	Draguignan 52F
Cuprija 87A	Dampierre, France 38E	Demonte 53C	Dieren 35D	Domažlice 41F	Dráma 89D
Curcani 89C	Dampierre, France 46C	Den Haag 35C	Diest 39A	Dombås 26A	Drammen 27A
Cure, la 46F	Damsholte 33A	Den Ham 35D	Dieulefit 52D	Dombóvár 86D	Drangedal 27A
Curia 68A	Damüls 47D	Den Helder 35A	Dieulouard 39E	Domfront 43C	Drange 27F
Curracloe 9A	Damville 43D	Den Hoorn 35A	Dieuze 39F	Dömitz 37A	Drangedal 27A
Curtea de Arges 88D	Danbury 7D	Denain 38D	Diezma 74C	Domme 51C	Dransfeld 36F
Curtis 63B	Danderyd 29D	Denbigh 4F	Digne 52D	Dommitzsch 37F	Draperstown 8A
Cuse 46D	Danilov Grad 87C	Dendermonde 38B	Digoin 45F	Domodossola 47E	Dravograd 49E
Cushendall 8A	Dannäs 30D	Denekamp 36C	Dikanäs 20D	Dompierre-sur-Besbre 45F	Drawsko 84B
Cushendun 8A	Dannemora 29B	Denia 71F	Dikili 19A	Domremy-la-Pucelle 46A	Drazenov 41F
Cusset 45F	Dannenberg 37A	Denizli 91B	Diksmuide 38B	Domsjö 25B	Dregelypalánk 86C
Cutro 59C	Danube = Donau, etc.	Dennevitz 14C	Dilingen 40F	Domvraína 92C	Dreghorn 4B
Cuxhaven 36B	Danzig = Gdańsk	Dennington 7B	Dillenburg 40A	Domžale 49E	Drem 3E
Cuzzago 47E	Daphni 92D	Denny 2F	Dilwyn 6B	Don Benito 69E	Drensteinfurt 36E
Cwmbran 6D	Dára 92D	Dennyloanhead 2F	Dimitrovgrad, Bulgaria 89D	Doña Mencia 73D	Dresden 41B
Cybinka 84D	Darány 86D	Densborn 39D	Dimitrovgrad, Yugoslavia 89E	Donaghadee 8A	Dreux 38E
Cyeushovo 89E	Darba 27A	Denston 7B	Dimmelsvik 27E	Donaghmore 8A	Drevsjö 24E
Cymmer 6C	Dardesheim 37C	Denta 86B	Dinan 42D	Donau, River 49A	Dreznik Grad 55D
Cysoing 38D	Dárdhiza 92D	Deptford 6D	Dinant 39C	Donaueschingen 47A	Dries 38B
Cyzicus, Anc. Site 91B	Dargun 33B	Derby 5E	Dinar 91D	Donauwörth 40F	Drigmington 5E
Czaplinek 84B	Darlington 5C	Derecske 86A	Dinard 42D	Doncaster 5E	Drimnin 2E
Czarnków 84B	Dărmănești, Romania 88C	Derendingen 47C	Dingelstädt 40B	Donegal 8D	Drimoleague 9F
Czchów 85F	Dărmănești, Romania 88D	Dermbach 40B	Dingle, Rep. of Ireland 9F	Doneraile 9D	Drinin 88C
Czempin 84D	Darney 46B	Derry = Londonderry	Dingle, Sweden 28E	Donington 5F	Drivstua 23E
Czernowitz = Chernovtsy	Darnius 67D	Derrygonnelly 8D	Dinglingen 47A	Donji Miholjac 86D	Drnholec 49B
Czersk 85B	Daroca 66E	Derrylin 8D	Dingolfing 41E	Donji Pazariste 55D	Drniš 87E
Czestochowa 85C	Darque 63A	Derschlag 40A	Dingwall 2D	Donji Vakuf 87C	Dröbak 27A
Człopa 84B	Dartford 7D	Dersingham 5F	Dinkelsbühl 40F	Donnemarie-en-Montois 45B	Drobin 85C
Człuchów 85A	Dartmouth 6E	Dervaig 2E	Dinklage 36D	Dönnes 20F	Drogheda 8B
Czyzew 85D	Daruvar 86D	Derval 44C	Dinslaken 36E	Donorático Mare 54E	Drogobych 85F
	Darvel 4B	Dervéni 92C	Diö 30D	Donjon, le 45F	Drohiczyn 85D
	Darwen 5E	Derventa 86D	Diopholz 36D	Donzenac 51A	Droichead Nua 9A
	Dasburg 39D	Dervock 8A	Diósgyőr 86A	Donzère 52C	Droitwich 6B
	Dassel 36F			Donzy 45D	Dromahair 8D
					Dromcolliher 9E
					Dromod 8D
					Dromore, N. Ireland 8B

Dromore, N. Ireland 8D
Dromore West 8F
Dronero 53C
Dronfield 5E
Droué 45A
Druid 4F
Drumbeg 2B
Drumcard 8D
Drumcliff 8D
Drumkeerin 8D
Drumlish 8D
Drummore 4C
Drumnadrochit 2D
Drumquin 8C
Drumshanbo 8D
Drumsna 8D
Druten 35D
Druzhba 85B
Drvar 87B
Drvenik 16D
Dryanovo 89C
Drymen 2F
Duas Igrejas 64E
Düben 37F
Dublin 9A
Dubnica 85E
Dubossary 88A
Dubraja 55D
Dubrovnik 87C
Duchcov 41B
Duddington 7A
Dudelange 39E
Duderstadt 37E
Dudley 6B
Dueñas 64D
Dueodde 31E
Dufftown 3C
Duga Resa 55B
Dugo Selo 86D
Dugort 8F
Duingt 46E
Duisburg 39B
Dukla 85F
Duleek 8B
Dŭlgopol 89A
Dülken 39B
Dülmen 36E
Dulnain Bridge 3C
Dulovo 89A
Dulpetorpet 28A
Dulverton 6F
Dumbarton 2F
Dumbrăveni 88D
Dumbria 63C
Dumfries 4B
Dümpelfeld 39D
Dun, France 39E
Dun, France 45C
Dún Laoghaire 9A
Dun-le-Palestel 45E
Dun Streda 86C
Duna, River 86C
Dunaj, River 86C
Dunapataj 86C
Dunărea, River 89E
Dunaújváros 86C
Dunav, River 89C
Dunbar 3E
Dunbeath 3A
Dunblane 2F
Duncannon 9B
Dunchurch 7A
Duncton 7E
Dundalk 8B
Dundee 3E
Dundonald 8A
Dundonnell 2B
Dundrennan 4D
Dundrum 8B
Dunecht 3C
Dunfanaghy 8C
Dungannon 8B
Dungarvan 9D
Dungiven 8A
Dungloe 8C
Dunkeld 3E
Dunkerque 38A
Dunkineely 8C
Dunlavin 9A
Dunleer 8B
Dunlop 2F
Dunmanway 9F
Dunmore 8D
Dunmore East 9B
Dunmurry 8A
Dunnamanagh 8C
Dunnet 3A
Dunning 3E
Dunnington 6B
Dunoon 2F
Dunquin 9F
Duns 3E
Dunscore 4B
Dunshaughlin 8B

Dunstable 7C
Dunster 6D
Dunston 6B
Duntulm 2A
Dunvegan 2C
Durak 91B
Durango 65B
Duras 50D
Durazzo = Durrës
Durban 67B
Durbuy 39C
Dúrcal 73D
Durdevac 86D
Düren 39B
Durham 5C
Durmanec 49F
Durness 2B
Dürnkrut 49B
Duror 2F
Durrës 87B
Durrow 9C
Durston 6F
Dursley 6D
Dursunbey 91B
Durtal 44D
Düskotna 89A
Düsseldorf 39B
Duved 24A
Dvno 87C
Dverberg 18B
Dvorce 85E
Dvoriste 49A
Dvůr Králove 84F
Dyce 3C
Dyffryn Castell 6A
Dygowo 84B
Dykehead 3C
Dymchurch 7D
Dymock 6D
Dyranut 26D
Dyrkollbotn 26F
Dyrnesvågen 22D
Dyröy 19A
Dyulino 89F
Dzhurin 88A
Działdowo 85A
Działoszyn 85C
Dzierżoniów 85F
Dziwnów 84B

Ea 14A
Eågelsjö 84B
Eaglesham 2F
Ealing 7C
Earith 7B
Earl Shilton 7A
Earl's Colne 7D
Earlston 5A
Easdale 2F
Easebourne 7E
Easington 5C
Easingwold 5C
Easky 8F
East Brent 6D
East Cowes 7E
East Dereham 7B
East Grinstead 7C
East Hoathly 7F
East Ilsley 7C
East Kilbride 2F
East Knoyle 6D
East Linton 3E
East Portlemouth 6E
East Retford 5E
East Tisted 7C
Eastbourne 7F
Eastham 4F
Eastleigh 7E
Easton 6F
Eastry 7D
Eastwood 5E
Eaton Socon 7A
Eaux-Bonnes, les 66B
Eaux-Chaudes, les 66B
Eauze 50F
Ebbw Vale 6D
Ebchester 5A
Ebeleben 40B
Ebene-Reichenau 49E
Ebensee 48B
Eberbach 40E
Ebermannstadt 41C
Ebern 40D
Eberndorf 49E
Ebersberg 48A
Ebersdorf 36B
Eberswalde 84D
Ebingen 47A
Eboli 58F
Ebrach 40D
Ebreichsdorf 49B
Ébreuil 45F
Ebro, River 66F
Ebstorf 37A
Ecclefechan 4B

Eccles, England 5A
Eccles, England 5E
Eccleshall 5E
Eceabat 91A
Echallens 46F
Echalor 65D
Écharmeaux, les' 46E
Echarri-Aranaz 65B
Echelles, les 52B
Echt 3C
Echterdingen, airport 40F
Echternach 39D
Écija 73C
Eckartsberga 41A
Eckenhagen 40A
Eckernförde 33D
Eckerö 25F
Éclaron 46A
Écommoy 44B
Écouché 43C
Écouen 38E
Écouviez 39E
Écueillé 45C
Ed 28E
Eda 28C
Edaglasbruk 28C
Edam 35C
Edane 28C
Edderton 2B
Eddleston 4B
Ede 35D
Edebäck 28D
Edebo 29D
Edefors, Sweden 25A
Edefors, Sweden 14E
Edenfield 5E
Edenville 10B
Ederny 8D
Edevik 20E
Edewecht 36A
Edgeworthstown = Mostrim
Edgware 7C
Édhessa 89F
Edinburgh 3E
Edingen 38B
Edirne 89F
Edmondbyers 5C
Edmonton 7C
Édolo 47F
Edøy 22D
Edremit 91A
Edsbro 27A
Edsbruk 31A
Edsbyn 25E
Edsele 25A
Edslaskog 28E
Edsvalla 28D
Edzell 3C
Eekloo 38B
Éérrai 89D
Efíra 92F
Eforie Sud 89A
Eftelot 27A
Egby 31C
Egeln 37C
Egense 32C
Eger 86A
Egersand 27F
Egg 47D
Eggedal 26B
Eggenburg 49B
Eggenfelden 48B
Eggenstein 40E
Egglestone 5C
Eggmühl 41E
Eghezee 39C
Egilsay 3A
Égletons 51A
Eglingham 5A
Eglinton 8C
Egmond aan Zee 35A
Egremont 4D
Egret 91B
Egton 5D
Egtved 33E
Egüés 65B
Eguzon 45E
Ehingen 47B
Ehra 37C
Ehrang 39D
Ehrenfriedersdorf 41B
Ehrwald 48C
Eibar 65B
Eibelshausen 39A
Eibenstock 41C
Eibsee 13C
Eichstätt 41E
Eichtersheim 40E
Eickelborn 36E
Eidanger 27A
Eide 26C
Eidet 23B

Eidfjord 26D
Eidfoss 27A
Eidså 26E
Eidsberg 28C
Eidsbugarden 26C
Eidsdal 26C
Eidsfjord 18B
Eidskog 28C
Eidsta 27C
Eidsvoll 28A
Eigeac 51C
Eigline Valdarno 54F
Eikefjord 26E
Eikelandsosen 26F
Eikenes 26E
Eiksund 26E
Eilenburg 37F
Eilsleben 37C
Eina 26B
Einavoli 26B
Einbeck 36F
Einsiedeln 47C
Einville 39F
Eisenach 40B
Eisenberg 41A
Eisenerz 49C
Eisenhüttenstadt 84D
Eisenstadt 49D
Eisenstein 41F
Eisfeld 41C
Eisleben 37E
Eitorf 39B
Eitrheim 26F
Ejby 33C
Eje 27D
Ejea de los Caballeros 66C
Ejstrup 32F
Ejulve 66F
Ekåli 92A
Ekeberga 31C
Ekeby 29D
Ekedalen 30B
Ekenäs, Finland 10F
Ekenäs, Norway 28F
Ekenässjön 30B
Ekero 29D
Eket 30F
Ekfors 14F
Ekhinos 89D
Ekklisoúla 92D
Ekshärad 28B
Eksingedal 26F
Eksjö 30B
Ekträsk 21D
El Alamo 69B
El Arahal 73C
El Arenal 75E
El Ballestero 70F
El Barco de Avila 69A
El Barco de Valdeorras 63D
El Berrón 64B
El Bodon 69A
El Bollo 63D
El Bonillo 70F
El Burgo de Osma 65E
El Cabaco 69A
El Cabo de Gata 74F
El Campillo de la Jara 69D
El Carpio 73D
El Carpio de Tajo 69D
El Castillo de las Guardas 72D
El Cerro de Andévalo 72D
El Coronil 73C
El Cubo de Don Sancho 64E
El Cubo de Tierra del Vino 64F
El Escorial 69B
El Espinar 69B
El Ferrol del Caudillo 63A
El Garrobo' 73C
El Gastor 73E
El Grado 66D
El Grao 71F
El Hoyo de Pinares 69B
El Molar 70A
El Moral 74D
El Pardo 69B
El Payo 68B
El Pedroso 73C
El Picazo 70D
El Pobo 71A
El Pobo de Dueñas 65F
El Provencio 70D
El Puente del Arzobispo 69D
El Puerto 71D
El Real de la Jara 73C
El Real de San Vicente 69D
El Rocio 72D
El Ronquillo 73C

El Royo 65D
El Rubio 73C
El Saucejo 73C
El Tiemblo 69B
El Toboso 70D
El Villar 65D
El Viso 69F
El Viso del Alcor 73C
Elaiófiton 92E
Elaión, Greece 92C
Elaión, Greece 92F
Elaiótopos 92F
Elan 6B
Eláthia 92C
Elatoú 92E
Elba, Isola d', island 62
Elbe, River 37C
Elbeuf 43B
Elbing = Elblag
Elbingerode 37E
Elblag 85A
Elche 71E
Elche de la Sierra 70F
Elda 71E
Eldalsosen 26E
Eldåseter 26A
Eldena 37A
Eldevika 26E
Eldforsen 28B
Elena 89C
Elevsís 92B
Elfgen 39B
Elgå 23F
Elgin 3C
Elgoibar 65B
Elgol 2C
Elham 7D
Elie 3E
Elíki 92C
Elimäki 11C
Elisenvaara 11D
Elizondo 65B
Eljaröd 30F
Elk 85B
Elkhovo 89D
Elland 5E
Ellenö 28E
Ellesmere 4F
Ellesmere Port 4F
Ellingen 41E
Ellingham 7B
Elliniká 92C
Ellinikó 92B
Ellmau 13A
Ellon 3C
Ellos 28E
Ellrich 38E
Ellwangen 40F
Elmali 91F
Elmshorn 33F
Elmsta 29D
Elmstead Market 7D
Elne 67B
Elorrio 65B
Elphin, Rep. of Ireland 8D
Elphin, Scotland 2B
Elsdorf 39B
Elsfjord 20A
Elsfleth 36B
Elspe 40A
Elsrud 26B
Elst 35D
Elster 37F
Elsterwerda 41B
Eltmann 40D
Elton 7A
Eltville 40C
Elvas 68F
Elvdal 24E
Elvebakken 16D
Elverhöy 22F
Elverum 28A
Elworthy 6D
Ely 7B
Elze 36D
Emådalen 24F
Embesós 92E
Embleton 5A
Embo 2B
Embóna 91F
Embrun 52D
Emden 36A
Emet 91B
Emlichheim 36C
Emmaboda 31C
Emmaljunga 30D
Emmeloord 35B
Emmen 36C
Emmenbrücke 12A
Emmendingen 47A
Emöd 86A
Empoli 54E

Emsdetten 36C
Emsfors 31C
Emsteck 36C
Emsworth 7E
Emyvale 8B
Enånger 25E
Encausse 67A
Encinas de Esqueva 65C
Encinas Reales 73D
Enciso 65D
Endorf 48D
Enebakk 28C
Enfesta 63A
Enez 91A
Enfield, England 7C
Enfield, Rep. of Ireland 8B
Eng 48C
Engelberg 47C
Engelia 26B
Engelsdorf 37F
Engelskirchen 39B
Engelsvika 27A
Engen 47A
Enger 36D
Engerdal 24E
Engerneset 24E
Engerodden 26B
Enghien 38E
Engter 36C
Enguera 71E
Enguidanos 71C
Enkenbach 39F
Enkhuizen 35B
Enköping 29C
Enna 60D
Ennepetal 40A
Ennezat 45F
Ennigerloh 36E
Enningdal 28E
Ennis 9E
Enniscorthy 9A
Enniskerry 9A
Enniskillen 8D
Ennistymon 9E
Enns 49A
Eno 13F
Enonkoski 11B
Enontekiö 16F
Ens 35B
Enschede 36C
Ensisheim 46B
Enskär 29B
Enstone 7C
Entercommon 5C
Entlebuch 47C
Entradas 72C
Entraunes 53C
Entraygues 51D
Entrena 65D
Entrevaux 53E
Entrèves 46F
Entroncamento 68C
Entzheim, airport 40E
Enveija 67E
Envermeu 38C
Enzingerboden 48D
Eoça 91C
Epanomi 90B
Épernay 38F
Epernon 38E
Ephesus, anc. site 91C
Epidauros 92D
Epierre 52D
Epila 66C
Epinal 46B
Epitalion 92F
Epping 7D
Eppingen 40E
Epsom 7C
Eptálofon 92C
Epworth 5F
Eräjärvi 10D
Eratini 92C
Erba 47F
Erbach, W. Germany 40C
Erbach, W. Germany 47B
Erbendorf 41C
Erbisdorf 41B
Ercsi 86C
Erd 86C
Erdal, Norway 26C
Erdal, Norway 26E
Erdek 89B
Erding 48A
Ereğli = Marmaraereğlisi
Erenköy = Intepe
Eresfjord 22F
Eressós 91A
Erezée 39C
Erfde 33F
Erfjord 27E
Erfurt 41A
Ergoldsbach 41E

Eriboll 2B
Érice 60E
Ericeira 68E
Eriksberg, Sweden 21C
Eriksberg, Sweden 30B
Eriksmåla 31C
Erikstad 28E
Eringsboda 31C
Erisbach 48D
Erith 7D
Erithraí 92C
Erize-la-Petite 39E
Erkelenz 39B
Erkheim 47B
Erla 66C
Erlangen 41C
Ermelo 35D
Ermenonville 38F
Ermenrod 40B
Ermidas 72A
Ermióni 92D
Ermsleben 37E
Erndtebrück 40A
Ernée 44A
Ernstbrunn 49B
Erquy 10A
Errazu 65B
Erro 65B
Errogie 2D
Errol 3E
Erseke 90A
Ersnäs 14E
Erstein 47A
Erstfeld 47C
Ervalla 29C
Ervěnice 41B
Ervidel 72C
Ervik 26E
Ervy 45B
Erwitte 36F
Erxleben 37C
Erz Gebirge, Mts. 41C
Es Codolar, airport 74F
Esbjerg 33E
Escairón 63D
Escalada 65A
Escalante 65A
Escalaplano 61D
Escaló 67C
Escalona 69D
Escalonilla 69D
Escároz 66A
Escatrón 66F
Esch 40C
Esch-sur-Alzette 39E
Esch-sur-Sûre 39C
Eschede 37C
Eschenau 41C
Eschenbach 41C
Eschershausen 36D
Eschwege 40B
Eschweiler 39B
Escombreras 75C
Escorihuela 71A
Escrick 5C
Escucha 66E
Escurial 69E
Esens 36A
Esgos 63D
Esha Ness 3B
Esher 7C
Esino Lario 13F, (4 km E of Varenna)
Eskbank 3E
Eskdalemuir 4B
Eskilsäter 28F
Eskilstuna 29C
Eslöv 30F
Espa 28A
Espadañedo 64C
Espalion 51D
Esparragosa del Caudillo 69E
Esparraguera 67E
Espe 26F
Espedaten 26A
Espejo 73D
Espera 73E
Espéraza 67A
Espéria 57C
Espiel 73A
Espinama 64B
Espinho 63E
Espinilla 65A
Espinosa de Cerrato 65C
Espinosa de Heneres 65E
Espinosa de los Monteros 65A
Espinoso del Rey 69D
Espirito Santo 72D
Espluga de Francoli 67E
Espoo 10F
Esposende 63E
Espot 67C

Essarts, les 44C
Essen, Belgium 39A
Essen, W. Germany 36C
Essen, W. Germany 39B
Essenbach 41E
Essertenne 46C
Esslingen 40F
Essoyes 46A
Estadilla 66D
Estagel 67B
Estallenchs 75C
Estarreja 68A
Estartit 67D
Estavayer-le-Lac 46D
Este 54E
Esteban 64A
Estella 65F
Estepa 73C
Estepar 65C
Estepona 73E
Esteras de Medina 65F
Estercuel 66F
Esternay 38F
Esterri de Aneu 67A
Estissac 45B
Estivella 71D
Estoril 68E
Estrées-St-Denis 38E
Estremoz 68F
Estuna 29D
Esztergom 86C
Etables-sur-Mer 10A
Étain 39E
Étampes 45A
Étang 45D
Étaples 38C
Etelheim 31B
Etili 91A
Etna, Mt. 60A
Etne 27E
Etnedal 26B
Eton 7C
Étrépagny 38E
Étretat 43B
Etropole 89E
Ettal 13C
Ettelbrück 39C
Ettenheim 47A
Etterzhausen 41E
Ettington 7A
Ettlingen 40E
Ettrick Water 4B
Eu 38C
Eupen 39A
Eura 10C
Eurajoki 10C
Eurcuiești 89C
Europoort 35C
Eursinge 35B
Euskirchen 39B
Eutin 33D
Eutzsch 37F
Éva 92F
Evanger 26F
Evanton 2D
Évaux 45C
Evenes 18D
Everöd 30F
Evertsberg 28B
Evesham 6B
Evian-les-Bains 46F
Evijärvi, Sweden 12D
Evijärvi, Sweden 12E
Evinokhórion 92E
Evisa 62C
Evolène 47E
Évora 68F
Evpálion 92E
Evreșe 91A
Évreux 38E
Evron 44B
Evropos 89F
Evrostíni 92C
Ewell 7C
Examillia 92D
Éxarkhos 92C
Exbridge 6F
Excideuil 51A
Exeter 6F
Exford 6C
Exminster 6F
Exmouth 6F
Éxo Nimfi 90F
Exton 6D

Eyzies, les 51C
Ezaro 63A
Ezcaray 65C
Eze 53E
Ezinne 91A

Fåberg, Norway 26C
Fåberg, Norway 26B
Fåbergstølen 26C
Faborg 33C
Fabriano 55E
Făcăeni 88B
Facinas 73E
Facture 50C
Fades, les 45F
Fafe 63E
Fågåras 88D
Fågelfors 31C
Fågelsundet 29B
Fagerheim 26D
Fagerhög 26A
Fagerhult, Sweden 30D
Fagerhult, Sweden 31C
Fagernes 26B
Fagersanna 28F
Fagersta 29C
Fäget 88F
Faido 27C
Fairford 7C
Fairlie 2F
Fakenham 7B
Fakse 33A
Falaise 43C
Falcade 48E
Falcarragh 8C
Falces 65D
Fălciu 88B
Falconara Marittima 55E
Faldingworth 5F
Falerum 31A
Faliron 92B
Falkenberg, E. Germany 37F
Falkenberg, Sweden 30C
Falkensee 37D
Falkenstein, E. Germany 41C
Falkenstein, W. Germany 41E
Falkirk 2F
Falkland 3E
Falköping 30B
Fall 28A
Fallersleben 37C
Fällfors 21D
Fallingbostel 36D
Fållnäs 29F
Falmouth 6E
Falset 67E
Falster, island 33A
Falsterbo 30E
Falstone 5A
Falun 29A
Fanárion 90A
Fangerås 28D
Fannrem 23C
Fano 55E
Fanore 9E
Faou, le 42C
Faouet, le 42E
Farakládha 92F
Fårbo 31A
Fareham 7E
Farevejle 32D
Färgelanda 28E
Färila 25E
Faringdon 7C
Färingtotta 30F
Färjestaden 31C
Färnäs 28B
Farnborough 7C
Farnell 3E
Farnham 7C
Farningham 7D
Farnworth 5E
Faro 72C
Farr 2B
Farrai 92E
Farranfore 9F
Farrington Gurney 6D
Fársala 90B
Farsø 32E
Farstorp 31A
Farsund 27F
Fasano 58B
Fastnäs 28B
Fátima 68C
Făurei 88B
Fauske 18F
Fauville 43B
Favang 26A
Favara 60D

Faverney 46D
Faversham 7D
Favignana 60E
Favone 62C
Fawley 7E
Fayence 53E
Fayet 51F
Fayl-Billot 46C
Fayón 66F
Fazeley 7A
Feakle 9C
Fearnan 2F
Fécamp 43B
Feda 27F
Feeny 8A
Fegen 30C
Fehrbellin 37D
Feiring 28A
Feldbach 49D
Feldberg 37B
Feldkirch 47D
Feldkirchen 49E
Felgueiras 63E
Felixdorf 49D
Felixstowe 7D
Felizzano 56D
Felletin 51A
Fellingsbro 29C
Felton 5A
Femsjö 30D
Fenagh 8D
Fene 63A
Fenestrelle 53A
Fenit 9E
Fenny Stratford 7C
Fenstanton 7A
Fenwick 4B
Feolin Ferry 2E
Ferbane 9C
Fère-Champenoise 38F
Fère-en-Tardenois 38F
Fère, la 38D
Ferentino 57C
Feria 69E
Ferkingstad 27E
Ferlach 49E
Fermo 57A
Fermoselle 64E
Fermoy 9D
Fernán-Núñez 73D
Fernancaballero 70E
Ferness 2D
Fernhurst 7E
Ferns 9A
Ferrandina 58C
Ferrara 54D
Ferreira do Alentejo 72A
Ferreiro do Zêzere 68C
Ferreras de Albajo 64C
Ferreras 75D
Ferret 46C
Ferriere 53D
Ferrières 45B
Ferrybridge 5E
Ferryhill 5C
Ferté-Alais, la 45A
Ferté Bernard, la 44B
Ferté-Gaucher, la 38F
Ferte-Macé, la 43C
Ferté-Milon, la 38F
Ferté-sous Jouarre, la 38F
Ferté-St-Aubin, la 45C
Fertöszentmiklos 49D
Festøy 22E
Fetești 89A
Fethard 9C
Fethiye 91F
Fetsund 28C
Fettercairn 3C
Feucht 41E
Feuchten 48C
Feuchtwangen 40F
Fevik 27D
Ffestiniog 4F
Ffostrasol 6A
Fiane 27D
Ficarolo 54D
Fidenza 54C
Fidgeland 27E
Fieberbrunn 13A
Fier 90A
Fiera di Primiero 48E
Fiésole 54F
Fife Keith 3C
Figalia 92F
Figeholm 31A
Figgio 27F
Figueira da Foz 68C
Figueira de Castelo Rodrigo 63F
Figueiró dos Vinhos 68C
Figueras 67D
Figueruela Arriba 64C

Fikhtia 92D
Filadélfia 59C
Filakovo 86A
Fili 92A
Fili 88F
Filia 92D
Filiași 88F
Filiátes 90A
Filiatrá 92F
Filipów 85B
Filipstad 28D
Fillongley 7A
Filottrano 55E
Finale Emilia 54D
Finale Ligure 53D
Finchingfield 7D
Findel, airport 39D
Finderup 32F
Findhorn 3C
Findochty 3C
Finea 8D
Finedon 7A
Finisterre 63C
Fiñana 74C
Finnart 2F
Finneid 18F
Finnerödja 28F
Finnforsfallet 21D
Finnmyren 21D
Finnskog 28A
Finnsnes 16C
Finnstuga 25E
Finstad 26A
Finspång 29E
Finsteraarhorn, Mt. 47E
Finsterwalde 84D
Finsto 29D
Fintona 8D
Fintown 8C
Fintry 2F
Fionnay 46F
Fionnphort 2E
Fiorenzuola d'Arda 54C
Firenze 54F
Firenzuola 54D
Firminy 52A
Fisby 30B
Fischamend 49B
Fischbachau 13D
Fischen 47D
Fishbourne 7E
Fishguard 6C
Fiskå, Norway 26E
Fiskå, Norway 27E
Fiskárdho 90C
Fiskarheden 28B
Fiskebäckskil 28E
Fismes 38F
Fitero 65D
Fitjar 27E
Fiumefreddo 59C
Fiumefreddo di Sicília 60A
Fivemiletown 8D
Fivizzano 54C
Fjaerland 26E
Fjalkinge 30F
Fjällåsen 14A
Fjällbacka 28E
Fjällnäs 7F
Fjällsjö 9A
Fjärås 30A
Fjelheim 26B
Fjell 57E
Fjellbu 19C
Fjellerup 32D
Fjellstirud 28C
Fjelltun 18D
Fjerritslev 32E
Fjöle 28C
Fjone 27C
Fjugesta 28D
Flå, Norway 26B
Flå, Norway 7C
Fladungen 40D
Flagavik 30B
Flaikhórion 92D
Flaine 47E
Flakk 23C
Flakstad 2C
Flåm 26D
Flammersfeld 39B
Flanders = Flandre
Flandre, Reg. 38A
Flärke 28B
Flassón 90B
Flatabo 26F
Flåtåker 26D
Flateland 27C
Flatford Mill 7D
Flatöydegarden 26B

Flatråker 27E
Flått 23B
Flattnitz 49C
Flatval 22D
Flawil 47D
Flèche, la 44D
Fleda 29E
Fleet 7C
Fleetmark 37C
Fleetwood 4D
Flekke 26E
Flekkefjord 27F
Flen 29E
Flensburg 33E
Flers 43C
Flesburg 27A
Flesland 26F
Fleurance 50F
Fleurier 46D
Fleury 43A
Fleury-sur-Andelle 38E
Flieden 40D
Flikka 27F
Flims 47D
Flimwell 7D
Flinsberg 40B
Flint 4F
Fliseryd 31C
Flix 66F
Flixecourt 38C
Flize 39C
Floby 30B
Flockton 5E
Floda, Sweden 28B
Floda, Sweden 30A
Flodden Field 5A
Flöha 41B
Flóka 92F
Flora 26E
Florac 51D
Florenville 39C
Floreshty 88A
Florídia 60B
Flórina 90A
Florvag 26F
Flotte, la 44E
Flottsund 29D
Flouch 5E
Fluberg 26B
Flumet 46F
Fluminimaggiore 61E
Flums 47D
Foča 87C
Fochabers 3C
Focșani 88B
Fogdö 29C
Foggia 58E
Föglö 25F
Fohnsdorf 49C
Foiano di Chiana 54F
Foix 67A
Foix, Reg. 67A
Fokstua 26A
Foldereid 23B
Folelli 62C
Foligno 56B
Folie, la 46C
Folkestone 7D
Folkingham 5F
Follandsvangen 26A
Follingbo 31B
Föllinge 24B
Foltești 88B
Fon 27A
Fond de France 52B
Fondi 57E
Fondo 48E
Fonelas 74C
Fonfria 64E
Fonn 26E
Fonnes 26F
Fonni 61D
Fons 52E
Fonsagrada 63B
Font-Romeu 67C
Fontaine 45A
Fontainebleau 45A
Fontane 53C
Fontanélice 54D
Fonte Blanda 56A
Fontenay-le-Compte 44E
Fontenay-Trésigny 38F
Fontevrault-l'Abbaye 44D
Fontfroid 67B
Fontiveros 64F
Fonyód 86D
Fonz 66D
Fonzaso 48E
Fóppolo 47F
Föra 31C
Forbach, France 39F
Forbach, W. Germany 40E
Förby 10E
Forcall 66F

Forcalquier 52F
Forcarey 63C
Forchheim 41C
Ford 2F
Förde, Norway 26E
Förde, Norway 27E
Fördesfjord 27E
Fordham 7B
Fordingbridge 6F
Fordon 85A
Fordoun 3C
Fore 18E
Forfar 3E
Forges-les-Eaux 38C
Forio 57E
Forli 54D
Formby 4F
Formentera, island 74F
Formerie 38C
Formia 57E
Formígine 54C
Formofoss 23B
Fornåsa 29E
Fornebu 27A
Fornelli 61A
Fornélls 75D
Fornes, Norway 18B
Fornes, Norway 19A
Forno Alpi Gráie 53A
Forno d'Allione 47F
Forno di Zoldo 48E
Fornos 63F
Fornos de Algodres 68B
Fornovo di Taro 54C
Förre 27E
Forres 3C
Fors, Sweden 29A
Fors, Sweden 9A
Forsa, Norway 18D
Forsa, Sweden 25E
Forsand 27F
Forsba 29A
Forsbacka 29A
Forsby 11E
Forseng 20B
Forserum 30B
Forshaga 28D
Forsheda 30D
Forshem 28F
Forsinard 2E
Förslövsholm 30C
Forsmark, Sweden 20D
Forsmark, Sweden 29B
Forsmo 25A
Forsnaken 20D
Forsnäs 21A
Forssa 10D
Forst 84D
Forsvik 28F
Fort Augustus 2D
Fort George 2D
Fort l'Ecluse 46F
Fort-Mahon 38C
Fort William 2D
Fortanete 71A
Forte dei Marmi 54E
Forth 2F
Forth, River 2F
Fortingall 2F
Fortrose 2D
Fortun 84F
Fortuna 74B
Fortuneswell 6F
Foruby 30D
Fos 67A
Fosnavåg 22E
Fosnes 23A
Fossano 53C
Fossbakken 19A
Fossheim 26B
Fossli 26D
Fossombrone 54F
Fougères 44A
Four Crosses 4F
Fourchambault 45D
Fourmies 38D
Fournels 51D
Fours 45D
Fousseret, le 67A
Fowey 6E
Foxen 28C
Foxford 8F
Foyers 2D
Foynes 9E
Foz 63B
Foz do Arelho 68C
Foz do Giraldo 68D
Frabosa Soprana 53C
Fraddon 6E
Frafjord 27F
Fraga 66F
Frailes 73D
Fraize 46B
Frälingshem 29A

Framlingham 7B
Frammersbach 40D
Frampol 85E
França 63D
Francardo 62C
Francavilla 58B
Francavilla al Mare 57A
Frändefors 28E
Franeker 35B
Frangista 92E
Frangy 46F
Frankenberg, E. Germany 41B
Frankenberg, W. Germany 40A
Frankenthal 40C
Frankfurt 40C
Frankfurt an der Oder 84D
Fråno 25C
Fransta 25C
Frant 7D
Frantiskovy Lazne 84E
Fraserburgh 3C
Frashër 90A
Frasne 46D
Frastanz 47F
Frauenfeld 47C
Frauenkirchen 49D
Frechen 39B
Frechilla 64D
Freckenhorst 36C
Fredensborg 32B
Fredericia 33C
Frederikshavn 32C
Frederiksoord 35B
Frederikssund 32B
Frederiksværk 32B
Fredrika 21E
Fredriksberg 28D
Fredrikshamn = Hamina
Fredrikstad 28C
Fredros 28C
Fredvang 18C
Fregenal de la Sierra 72B
Fregene 56D
Frei 22D
Freiberg 41B
Freiburg, W. Germany 36B
Freiburg, W. Germany 47A
Freila 74C
Freilassing 48D
Freilingen 39D
Freising 48A
Freistadt 49A
Freital 41B
Freixianda 68C
Freixo de Espada á Cinta 63F
Fréjus 53E
Frekhaug 26F
Fremdingen 40F
Frenchpark 8D
Freren 36C
Freshford 9C
Freshwater 7E
Fresnay 44B
Fresne-St-Mamès 46D
Fresnes-en-Woëvre 39E
Fresno Alhándiga 69A
Fresvik 26D
Frétigney 46D
Frettes 46C
Freudenstadt 47A
Frévent 38C
Freyburg 41A
Freyenstein 37B
Freystadt 41E
Freyung 41F
Fribourg 46D
Fridafors 30B
Fridaythorpe 5D
Fridingen 47A
Friedberg, Austria 49D
Friedberg, W. Germany 40C
Friedberg, W. Germany 48A
Friedland, E. Germany 37B
Friedland, W. Germany 36F
Friedrichroda 40B
Friedrichshafen 47D
Friedrichskoog 33F
Friedrichstedt 33F
Friedrichsthal 39F
Friesach 49C
Friesack 37D
Friesoythe 36A
Friggesund 25E
Frigiliana 73F
Friisbua, Norway 26A
Friisbua, Norway 26C
Fritala 10C
Frillesås 30A
Frinton 7D

Friockheim 3E
Friol 63B
Fristad 30B
Frithville 5F
Fritsla 30A
Fritton 7B
Fritzlar 40B
Froan 23C
Frodsham 5E
Frogel 31B
Frogn 27A
Frohburg 41A
Froland 27C
Frombork 85A
Frome 6D
Fronteira 68F
Frontenay 44F
Frontenhausen 41E
Frontignan 51F
Fronton 51E
Frösaråsen 28B
Fröseke 31C
Frosinone 57C
Froslida 30C
Frosolone 57C
Frosta 23C
Frostberget 21C
Frösthuit 29C
Frøstrup 32E
Frostviken 20F
Frosunda 29D
Frovi 25C
Fröystul 27C
Fruges 38C
Frumușica 88B
Frutigen 47E
Frydek Mistek 85E
Frydenlund 26B
Fryvollen 26A
Fucécchio 54E
Fucine 48E
Fuencaliente 69F
Fuencarra 70A
Fuendejalón 65D
Fuendetodos 66E
Fuengirola 73F
Fuenlabrada de los Montes 69F
Fuenmayor 65D
Fuensanta de Martos 73D
Fuente Alamo 71E
Fuente-Alamo de Murcia 74D
Fuente de Cantos 72B
Fuente de Pedro Naharro 70D
Fuente de Piedra 73D
Fuente del Arco 73A
Fuente del Maestre 69E
Fuente el Fresno 70C
Fuente Encarroz 71E
Fuente la Higuera 71E
Fuente-Obejuna 69E
Fuente Palmera 73C
Fuentealbilla 71C
Fuentecén 65E
Fuenteguinaldo 69A
Fuentelapeña 64F
Fuentepinilla 65F
Fuenterrabia 65B
Fuentes Claras 66E
Fuentes de Andalucia 73C
Fuentes de Ayódar 71C
Fuentes de Ebro 66F
Fuentes de León 72B
Fuentes de Nava 64D
Fuentes de Oñoro 68B
Fuentes de Valdepero 64D
Fuentesaúco 64F
Fuerte del Rey 73D
Fügen 13D
Fuglebjerg 33A
Fuhrberg 36D
Fulda 40D
Fülöpszállás 86B
Fulpmes 48C
Fulunäs 24E
Fumay 39C
Fumel 51C
Funäsdalen 23F
Funbo 29D
Fundao 68D
Fundulea 89C
Funen = Fyn
Funusund 29D
Funzie 3B
Furadouro 63E
Furnace 2F
Fürnitz 48F
Fürstenau 36C
Fürstenberg 37B
Fürstenfeld 49D

Fürstenfeldbruck 48A
Fürstenwalde 84D
Furstenwerder 37B
Fürth, W. Germany 40C
Fürth, W. Germany 41E
Furth im Wald 41F
Furtwangen 47A
Furulund 30E
Fusa 26F
Fusch 48D
Füssen 47D
Füstenberg 40A
Fustiñana 66C
Füzesabony 86A
Fuzeta 72C
Fyn, island 33C
Fyresdal 27C
Fyvie 3C

Gaal 49C
Gabarret 50F
Gabia la Grande 73D
Gabicce Mare 11B
Gabrovo 89C
Gacé 43D
Gacilly, la 42F
Gacko 87C
Gadebusch 33D
Gadmen 47E
Gádor 74E
Găești 88D
Gaeta 57E
Gaggenau 40E
Gagnef 28B
Gaildorf 40F
Gailey 6B
Gaillac 51E
Gaillon 38E
Gainford 5C
Gainsborough 5F
Gairloch 2B
Gairlochy 2D
Gajary 49B
Gålå 26A
Galanito 85B
Galanta 86C
Galapagar 69B
Galar 65B
Galaroza 72D
Galashiels 5A
Galatás, Greece 92B
Galatás, Greece 92D
Galați 88B
Galatina 58B
Galátone 58B
Galatz = Galați
Galaxídhion 92C
Galbally 9C
Galdhøppigen, Mt. 26C
Galera 74C
Galeria 62C
Galisteo 69C
Gallarate 53B
Gallardon 45A
Gällared 30C
Gállego 66D
Galleno 54E
Gallinge 30A
Gallipoli = Gelibolu
Gallípoli 58B
Gällivare 14C
Gällö 24D
Gällstad 30B
Gallur 66C
Galson 2A
Galston 4B
Galten 85B
Galterud 28A
Galtström 25C
Galtür 47D
Galve de Sorbe 65E
Gálvez 69D
Galvsbo 25E
Galway 9E
Gamaches 38C
Gámbara 54A
Gambárie 59F
Gamla Uppsala 29D
Gamleby 31A
Gamlingay 7A
Gammelstad 14E
Gammertingen 47B
Gamvik 17B
Gan 66B
Ganacker 41F
Ganddal 27F
Ganderkesee 36B
Gandesa 67E
Gandia 71F
Gandvik 17D
Ganges 51F

Gangi 60C
Gangkofen 48B
Ganllwyd 6A
Gannat 45F
Gänserndorf 49B
Gap 52D
Gara Khitrino 89A
Garboldisham 7B
Garclaz 69C
Garda 54A
Garda, Lago di, lake 54A
Gårdby 31C
Gardelegen 37C
Gardenstown 3C
Gardermoen 28A
Gardhíki 92E
Garding 33F
Gardone Riviera 54A
Gardsjö 29A
Gårdsjönas 20D
Gärdslösa 31C
Gårdstånga 30F
Garelochhead 2F
Garéssio 53C
Gargaliánoi 92F
Gargazo 62E
Gargellen 47D
Gargia 16D
Gargilesse 45E
Gargnano 54A
Gargnäs 21C
Garlasco 53B
Garlieston 4D
Garlin 66F
Garmisch-Partenkirchen 48C
Garmo 26C
Garmouth 3C
Garnlakarleby = Kokkola
Garonne, River 50D
Garpenberg 29A
Garphyttan 28D
Garpnytan 28D
Garraf 67E
Garrafe de Torio 64D
Garray 64D
Garrel 36A
Garrison 8D
Garrovillas 69C
Garrucha 74D
Garsås 28B
Gärsnäs 30F
Garstang 5C
Garstedt 33D
Garsten 49A
Garth 6B
Garthmyl 6B
Garthus 26B
Gartocharn 2F
Gartow 37A
Gartz 84D
Garvagh 8A
Garve 2D
Garvagh 8A
Garynahine 2A
Gåsborn 28D
Gascogne, Reg. 50F
Gascueña 70B
Gasny 38E
Gassin 10C
Gastoúni 92F
Gastoúr 92F
Gastropol 63B
Gata 69K
Gata de Gorgas 71F
Gatehouse-of-Fleet 4B
Gateshead 5A
Gatten 32E
Gatteo a Mare 11B
Gattinara 53B
Gatwick, airport 7C
Gau-Algesheim 40C
Gaucin 73E
Gaukheihytta 27D
Gaupen 26B
Gaupne 26C
Gausdal 26A
Gautefall 27C
Gauting 48A
Gautsjö 22F
Gavá 67E
Gavaloú 92E
Gavardo 54A
Gavarnie 66B
Gavi 53D
Gavião 68D
Gavirate 47E
Gavray 43C
Gavrion 90D
Gavsele 21E
Gavunda 28B
Gåxsjö 24B

Gayton 7B
Gbely 49B
Gdańsk 85A
Gdynia 85A
Gea de Albarracin 71A
Geashill 9C
Geaune 50F
Gedern 40D
Gediz 91F
Gedser 33A
Geel 39A
Geertruidenberg 35C
Geesthact 37A
Gefrees 41C
Gehren 41A
Geijersholm 28D
Geilenkirchen 39A
Geilo 26D
Geiranger 26C
Geiselhöring 41E
Geisenfeld 41E
Geisingen 47A
Geisling 41E
Geislingen 40F
Geiteryggen 26D
Geithain 41B
Geithus 27A
Gela 60D
Geldermalsen 35D
Geldern 39B
Geldrop 35F
Gelibolu 91A
Gelnhausen 40D
Gelsa 66F
Gelsdorf 39D
Gelsenkirchen 36E
Gelves 73C
Gembloux 39C
Gémenos 52F
Gemert 35D
Gemlik 91B
Gemona 48F
Gémozac 50B
Gemünd 39D
Gemünden, W. Germany 39D
Gemünden, W. Germany 40D
Genarp 30F
Genazzano 56D
Gencay 44F
General Toshevo 89A
Generalisimul Suverov 88B
Generalski Stol 55B
Geneva = Genève
Geneva, Lake of = Léman, Lac
Genevad 30C
Genève 46F
Gengenbach 47A
Gennep 35D
Gennes 44D
Génova 53D
Gent 38B
Genthin 37D
Georgsheil 36A
Gera 41A
Geraardsbergen 38B
Gérardmer 46B
Geras 49B
Gerbéviller 46B
Gerbini 60B
Gerbstedt 37E
Gerena 73C
Gérgal 74C
Germade 63B
Germain-du-Bois 46E
Germay 46A
Germencik 91C
Germersheim 40E
Gernrode 37E
Gernsbach 40E
Gernsheim 40C
Gerola Alta 47F
Gerolstein 39D
Gerolzhofen 40D
Gerona 67D
Gerovo 55D
Gerri 67C
Gersau 47C
Gersfeld 40D
Gerstetten 40F
Gertsa 88C
Gerusshamn 26F
Gesäter 28E
Geseke 36F
Gessertshausen 47B
Gesunda 28B
Geta 25F
Getafe 70A
Getinge 30C
Gets, les 46F
Gettorf 33D
Gevelsberg 40A

Gevgelija 89F
Gex 46F
Geyíklı 91A
Geyve 91B
Gföhl 49A
Ghedi 54A
Gheorgheni 88D
Gherla 88E
Ghilarza 61C
Ghisonaccia 62C
Ghisoni 62C
Giarre 60A
Giat 51B
Gibellina 60E
Gibostad 16C
Gibraleón 72D
Gibraltar 73E
Gideå 25B
Giebelstadt 40D
Gieboldehausen 37E
Gielas 20D
Gien 45C
Giengen 40F
Giens 52F
Giermundshamn 26F
Giessen 40A
Gieten 35B
Giffnock 2F
Gifford 3E
Gifhorn 37C
Gigaro 10C
Gíglio Porto 56A
Gignac 51F
Gijón 64B
Giláu 88E
Gildeskal 18E
Gilhov 24D
Gilleleje 32B
Gillingham, England 6F
Gillingham, England 7D
Gillstad 28E
Gilserberg 40A
Gilsland 5A
Gilwern 6D
Gimo 29B
Gimont 51E
Gimsöy 18C
Ginzling 48C
Ginzo de Limia 63D
Gioia del Colle 58D
Gióia Táuro 59F
Giornico 47E
Giraltovce 85F
Girecourt-sur-Durbion 46B
Girifalco 59C
Giromagny 46D
Gironella 67C
Gironville-sous-les-Côtes 39E
Girstad 29E
Girvan 4B
Gisburn 5C
Gislaved 30D
Gislinge 32B
Gisors 38E
Gissi 57C
Giubasco 13F
Giulianova 57A
Giurgeni 88B
Giurgiu 89C
Gíve 32F
Givet 39C
Givors 52A
Givry 46C
Givry-en-Argonne 39E
Gizeux 44D
Gizycko 85B
Gjelten 26A
Gjendesheim 26C
Gjengedal 26E
Gjerde 26C
Gjerstad 27B
Gjersvik 23B
Gjesvær 17A
Gjirokastër 90A
Gjövdal 27D
Gjovik 26B
Gjuvvasshytta 26C
Gladbeck 36E
Gladenbach 40A
Glamis 3E
Glamoc 87C
Glamsbjerg 33C
Glandore 9F
Glandorf 36C
Glanshammar 29C
Glanworth 9D
Glarus 47C
Glasbury 6D
Glasgow 2F
Glashiltte 41B
Glaslough 8B
Glastonbury 6D
Glatz = Kłodzko

Glauchau 41A
Glava 28C
Glavaglasbruck 28C
Gleidorf 40A
Gleisdorf 49D
Gleiwitz = Gliwice
Glemmen 28C
Glen 8C
Glenamoy 8F
Glenarm 8A
Glenavy 8A
Glenbarr 4A
Glenbeigh 9F
Glenbervie 3C
Glenbrittle 2C
Glencaple 4B
Glencar 9F
Glencarse 3E
Glencoe 2F
Glencolumbkille 8C
Glendalough 9A
Glenelg 2D
Glenfarg 3E
Glenfarne 8D
Glenfinnan 2D
Glengarriff 9F
Glenisla 3C
Glenluce 4A
Glenmaye 4D
Glenrothes 3E
Glenties 8C
Gletness 8C
Gletsch 47E
Glifádha 92B
Glimåkra 30D
Glin 9E
Glina 86F
Glinojeck 85C
Glinton 7A
Glissjöberg 24D
Glitterheim 26C
Glittertind, Mt. 26C
Gliwice 85E
Glogau = Głogów
Gloggnitz 49D
Głogów 84D
Głogówek 85E
Glomfjord 18E
Glomma, River 84D
Glommen 30C
Glommerstrask 21D
Gloppen 26E
Glössbo 25E
Glossop 5E
Glostrup 33E
Gloucester 6D
Główno 85C
Głubczyce 85E
Glücksburg 33E
Glückstadt 33F
Glumslóv 30D
Glyboka 88C
Glyfada 92B
Glyn-Ceiriog 4F
Glyn Neath 6C
Glyncorrwg 6C
Gmünd, Austria 48F
Gmund, Austria 49A
Gmund, W. Germany 48C
Gmunden 48B
Gnarp 25C
Gnesta 29F
Gniew 85A
Gniezno 85C
Gnissau 33D
Gnjilane 87A
Gnoien 33B
Gnosjö 30B
Goathland 5D
Gobowen 4F
Goch 35D
Godalming 7C
Godby 25F
Godegard 28F
Godelheim 36C
Goderville 43B
Godmanchester 7A
Gödöllö 86A
Godovič 49E
Godstone 7C
Goes 35E
Goirle 35F
Góis 68D
Góito 54A
Goizueta 65B
Gokels 33F
Gökhem 30B
Göktepe 91D
Gol 26B
Golada 63D
Gölcük = Etili
Goldap 85B
Goldberg 37B
Goldegg 13D

Goldelund 33E
Golden Sands 89A
Goldenstedt 36D
Goldrein 48E
Goleen 9F
Golegã 68C
Goleniów 84B
Golfe-Juan 53E
Golfo Aranci 61B
Gollin 37B
Golling 48D
Gölmarmara 91D
Gölpazari 91B
Golpejas 64F
Gols 49B
Golspie 2B
Gotuli 85A
Golzow 37D
Gómara 65F
Gömeç 91A
Gomecello 64F
Gomes Aires 72C
Gommern 37C
Gondomar, Portugal 63E
Gondomar, Spain 63C
Gönen 91A
Goniądz 85B
Gónnos 90B
Goodwick 6C
Goole 5F
Göppingen 40F
Goppollen 26A
Gor 74C
Góra 84D
Góra Kalwaria 85D
Goražde 87C
Gordes, France 52F
Gördes, Turkey 91B
Gordola 47E
Gordon 5A
Gordoncillo 64D
Gordonstown 3C
Gorey 9A
Gorgonzola 53B
Gorice 87B
Gorinchem 35C
Gorey 9A
Goring 7C
Gorizia 92D
Gorlesten 7B
Gørløv 33C
Gorlice 85F
Görlitz 84D
Gornje Jelenje 55B
Gornji Milanovac 87A
Gornji Vakuf 87C
Gorodenka 88D
Gorodok 85F
Górowo Iławeckie 85A
Gorran Haven 6E
Gorron 44A
Gorssel 35D
Gort 9E
Gortahork 8C
Gorteen 8D
Gortin 8C
Gorzów Wielkopolski 84D
Gosberton 5F
Gosforth 4D
Goslar 37C
Gospic 55D
Gosport 7E
Gossensass 48E
Gössnitz 41A
Gostivar 87B
Gostyn 85C
Gostynin 85C
Göta 30A
Göteborg 30A
Götene 28F
Gotha 40B
Gothem 31B
Gotland, island 31B
Götlunda 29C
Gotse Delchev 89F
Göttingen, W. Germany 40A
Göttingen, W. Germany 36F
Gottne 24F
Gottskär 30A
Götzendorf 49B
Götzis 47C
Gouda 35C
Goudhurst 7D
Gouffre-de-Padirac 51C
Goumaíoi 92E

Gournay-en-Bray 38E
Gourock 2F
Gouriyä 92E
Gouveia 68B
Gouves 92C
Gouviá 92F
Gouzon 45E
Gowran 9A
Graal-Muritz 33B
Grabow 37A
Gračac 87E
Gračanica 86D
Gradac 87C
Graddis 18F
Gradefes 64D
Gradets, Bulgaria 89C
Gradets, Bulgaria 89D
Grado, Italy 55A
Grado, Spain 64A
Gradsko 89F
Grafenau 41F
Gräfenhainichen 37F
Gräfentonna 40B
Gräfinau 41A
Grafsnas 30A
Gragnano 57E
Grahovo 87C
Graiguenamanagh 9A
Grain 7D
Grajewo 85B
Gram 33E
Gramatikovo 89B
Gramisdale 2C
Grammichele 60B
Grampians, Mts.2D
Grampound 6E
Gramsh 87B
Gran 7D
Gran Paradiso, Mt. 53A
Granåbron 28B
Granada 73B
Granadella 66F
Granadilla 69A
Granard 8D
Granátula 70E
Grand Bornand, le 12F
Grand Bourg, le 45E
Grand-Champ 42F
Grand' Combe, la 52C
Grand Couronne 38E
Grand-Fougeray, le 44A
Grandas de Salime 63B
Grandcamp 43A
Grândola 72A
Grandpré 39E
Grandrieu 51D
Grandvillars 46D
Grane 20C
Granén 66D
Grangärde 28A
Grange 8D
Grange over Sands 4D
Grangemouth 2F
Grangesberge 28D
Granheim, Norway 26D
Granheim, Norway 27D
Graninge 25A
Granja, Portugal 63E
Granja, Portugal 68F
Granja de Moreruela 64D
Granja de Torrehermosa 69E
Grankulla 10F
Grankullavik 31A
Granli 28A
Granna 30B
Granollers 67D
Granön 21F
Gransee 37B
Gransherad 27A
Grantham 5F
Grantown-on-Spey 3C
Granträtz 21E
Grantshouse 3E
Granville 43C
Granvin 26F
Gråsala 29F
Gräsberg 29A
Grasdorf 37C
Gräsmark 28D
Grasmere 4D
Gräsö 29B
Grassau 48D
Grasse 53E
Grassington 5C
Gråsten 33E
Grästorp 28E
Gråträsk 14E
Grau-du-Roi, le 52E
Graubünden, Prov. 47F
Graulhet 51E
Graulinster 39D

Graus 66D
Grava 28E
Gravabotn 26D
Grávalos 65D
Gravarne 28E
Gravberget 28A
Grave 35D
Grave, la, 52B
Gravedona 47F
Gravelines 38A
Gravellona 47E
Gravendal 28D
Gravenhage, 's = Den Haag
Gravesend 7D
Graviá 92C
Gravina 58D
Gravvik 23B
Gray 46C
Grazalema 73E
Graz 49C
Grdelica 89E
Greaker 28E
Great Ayton 5C
Great Baddow 7D
Great Bernera 2A
Great Casterton 7A
Great Chesterford 7B
Great Cumbrae 2F
Great Dalby 7A
Great Driffield 5D
Great Dunmow 7D
Great Hockham 7B
Great Limber 5F
Great Malvern 6B
Great Missenden 7C
Great Oakley 7D
Great Ponton 5F
Great Shefford 7C
Great Shelford 7B
Great Torrington 6E
Great Waltham 7D
Great Witley 6B
Great Yarmouth 7B
Grebbestad 28E
Grebenstein 36F
Grebo 29E
Green Hammerton 5C
Greenhead 5A
Greenlaw 5A
Greenloaning 2F
Greenock 2F
Greenodd 4D
Greenore 8B
Greenwich 7C
Grefrath 39B
Gréggio 53B
Greifenau 48A
Greifenburg 48F
Greifswald 84B
Grein 49A
Greiz 41A
Grenade, France 51E
Grenade, France 50F
Grenchen 46D
Grenoble 52B
Grense-Jakobselv 17D
Gréoux-les-Bains 52F
Gressenich 39B
Gressoney la Trinité 47E
Greta Bridge 5C
Gretna 4B
Gretna Green 4B
Gretz 38F
Greve 54F
Greven 36C
Grevená 90A
Grevenbroich 39B
Grevenmacher 39D
Grevesmühlen 33D
Grevback 28F
Greyabbey 8A
Greystoke 4D
Greystones 9A
Gries 48C
Gries im Sellrain 48C
Griesbach 48B
Griesheim 40C
Grieskirchen 48B
Grignan 52C
Grignols 50D
Grigoriopol 88A
Grijpskerk 35B
Grimaldi 53E
Grimma 41B
Grimmen 33B
Grimmenstein 49D
Grimo 26F
Grimsby 5F
Grimsdalshytta 26A
Grimstad 27D
Grindaheim 26D

Grinde 27E
Grindelwald 47E
Grinneröd 28E
Griñón 69D
Grinstad 28E
Grinsted 32F
Gripport 46B
Gripsholm 29C
Grisignano 54B
Grisolles 51E
Grisslehamn 29D
Grizebeck 4D
Gröbers 37F
Gröbzig 37F
Gródek 85B
Grodków 85E
Grodno 85B
Grodzisk 84D
Groenlo 35D
Grogport 4A
Groitzsch 41A
Grójec 85D
Gronau, W. Germany 36C
Gronau, W. Germany 36D
Grönbua 26C
Gröndalselv bru 23B
Grong 23B
Gronheim 36C
Grönhögen 31E
Gröningen, E. Germany 37C
Groningen, Netherlands 35B
Grono 47F
Grönöy 18E
Grönskåra 31C
Groothusen 36A
Gropello 53B
Grorud 28C
Gross Beeren 37D
Gross Gerau 40C
Gross Glockner, Mt. 48B
Gross Oesingen 37C
Gross Reken 36E
Gross Schönebeck 84B
Gross Siegharts 49A
Gross Sittensen 36B
Gross Umstadt 40C
Gross-Warasdorf 49C
Grossalmerode 40B
Grossau 49A
Grossbodungen 37E
Grossen Buseck 40A
Grossenbrode 33D
Grossengstingen 47B
Grossenhain 41B
Grossenlüder 40B
Grosseto 56A
Grossgerungs 49A
Grosshabersdorf 40F
Grosshöchstetten 47C
Grossmugl 49B
Grosspetersdorf 49D
Grostol 27D
Grotli 26C
Grötöy 85C
Grottáglie 18D
Grottaminarda 58E
Grottammare 57A
Grotteland 27F
Grotteria 59D
Grov 18D
Grova 27C
Grove 63C
Grövelsjön 23F
Grua 26B
Grubenwald 12C
Gruda 87C
Grudovo 89A
Grudusk 85A
Grudziadz 85A
Gruinard 2B
Gruissan 67B
Gruline 2E
Grumello 54A
Grums 28D
Grünbach 49D
Grünberg = Zielona Góra
Grünberg, W. Germany 40A
Grundsund 28E
Grundsunda 25B
Grundtjärn 25A
Grungedal 27C
Grünstadt 40A
Gruvberget 29A
Gruyères 46F
Grybów 85F
Grycksbo 29A
Gryfice 84B
Gryfino 84B
Gryllefjord 18B
Gryon 46F
Gryt 31A
Grythyttan 28D

Grytten 22F
Gryttjam 29B
Grzmiąca 84B
Gschnitz 48C
Gschwend 40F
Gstaad 46F
Gstadt 49A
Gsteig 46F
Guadahortuna 74C
Guadalajara 70B
Guadalaviar 71A
Guadalcanal 73A
Guadalcazar 73C
Guadalquivir, River 73C
Guadalupe 69C
Guadamur 69D
Guadarrama 69B
Guadarrama, Sierra de, Mts. 70A
Guadasuar 71E
Guadiana, River 69E
Guadix 74C
Gualdo Tadino 54F
Guarda 68B
Guardamar de Segura 75A
Guardiagrele 57C
Guardiola 67C
Guardo 64B
Guareña 69E
Guarromán 73B
Guastalla 54C
Gúbbio 54F
Guben 84D
Gubin = Guben
Guddal 26E
Gudensberg 40B
Gudhem 30B
Gudhjem 31E
Gudvangen 26D
Guebwiller 46B
Guecho 6F
Güejar Sierra 74C
Guémené Penfao 44A
Guémené-sur-Scorff 42F
Güeñes 65A
Guer 42F
Guerche, la 44A
Guerche-sur-l'Aubois, la 45D
Guéret 45E
Guernica y Luno 65B
Guetaria 14B
Guéthary 65B
Gueugnon 45F
Gühlen Glienicke 37B
Guichen 42F
Guido de Granadilla 69C
Guignes-Rabutin 38F
Guijuelo 69C
Guildford 7C
Guillaumes 53C
Guillena 73C
Guimarães 63E
Guincho 14C
Guines 38A
Guingamp 42D
Guisborough 5C
Guiscard 38D
Guise 38B
Guist 7B
Guitiriz 63B
Guîtres 50D
Gujan 50C
Gulbrå 26F
Guldborg 33A
Gulen 26F
Gulgofjorden 17B
Gulhollmen 28C
Gulin 55F
Gullabo 31C
Gullane 3E
Gullesfjorden 18D
Gullön 21C
Gullspång 28F
Gullträsk 14E
Güllük 91C
Gülpinar 91A
Gulsele 25A
Gulsvik 26B
Gumboda 21F
Gumiel de Hizán 65C
Gummersbach 40A
Gundelfingen 40F
Gunderup 32C
Gunnarn 21C
Gunnarsbyn 14E
Gunnarskog 28C
Gunnebo 31A
Gunnilbo 29C
Guntin 63B
Guntramsdorf 49B
Günzburg 40F
Gunzenhausen 40F
Güre 91D
Guru Humorului 88C

Gusev 85B
Gusmar 90A
Guspini 61C
Gustafs 29A
Gustav Adolf, Sweden 28D
Gustav Adolf, Sweden 30B
Gustavsberg 29D
Gustavsfors 28C
Güsten 37E
Gustrow 33B
Gusum 29E
Gutau 49A
Gutcher 3B
Gütersloh 36D
Guyenne, Reg. 51A
Guyhirne 7B
Gvarv 27A
Gvozdets 88C
Gwbert-on-Sea 6A
Gweedore 8C
Gweek 6E
Gwyddelwern 4F
Gy 46C
Gya 27F
Gyland 27F
Gyljen 14F
Gyoma 86A
Gyöngyös 86A
Gyönk 86D
Győr 86C
Gypsera 12C
Gysinge 29A
Gyttorp 28D
Gyula 86B

Haag 48A
Haaksbergen 36C
Haan 39B
Haapajärvi 12D
Haapamäki 10B
Haapavesi 12D
Haar 48A
Haarlem 35C
Habay-la-Neuve 39C
Hablingbo 31D
Habo 30B
Haby 28E
Hachenburg 39B
Hackas 24D
Hacketstown 9A
Hadamar 40C
Haddington 3E
Hade 29A
Haderslev 33E
Hadleigh 7B
Hadlow 7D
Hadsel 18B
Hadsten 32D
Hadsund 32D
Haga 29D
Hagby 31C
Hagenow 37A
Hagetmau 50F
Hagfors 28D
Häggenås 24B
Häggsjön 24B
Haglebu 26B
Hagley 6B
Haguenau 39F
Hagyfalu 49D
Hahellerhytta 27C
Hahot 49F
Haiger 40A
Haigerloch 47A
Hailsham 7F
Hailuoto 12B
Hainburg 49B
Hainchen 40A
Hainfeld 49B
Hajdúböszörmény 86A
Hajduhadház 88E
Hajdúszoboszlo 86A
Hají 92F
Hajnówka 85D
Hakadal 26E
Håkafot 20F
Håkånes 27C
Håkantorp 28E
Hakkas 14C
Håksberg 29A
Halahult 30F
Håland 27E
Hălăuceşti 88C
Halberstadt 37C
Halberton 6F
Halden 28C
Haldensleben 37C
Hale Street 7D
Halesowen 6B
Halesworth 7B
Halfway House 9D
Halhjem 26F
Hália 28B

Halicarnassus, anc. site 91C
Halifax 5E
Halikko 10E
Halkirk 3A
Hälla 25A
Hålland 24B
Halle, W. Germany 36D
Halle, Belgium 38B
Halle, E. Germany 37F
Hällefors, Sweden 28D
Hällefors, Sweden 29C
Hallein 48D
Hallen 24B
Hallencourt 38C
Halles, les 52A
Hällesjö 25C
Hällestad 29E
Hällevadsholm 28E
Hällevik 30F
Halleviksstrand 28E
Hallingsjö 30A
Hallingskeid 26D
Hallinpenkki 10B
Hållnäs, Sweden 29B
Hällnäs, Sweden 21D
Hallom 24D
Hallsberg 29E
Hållsta 29C
Hallstahammar 29C
Hallstatt 13B
Hallstavik 29D
Halluin 38B
Hallviken 25A
Hällybrunn 29C
Halma 39C
Halmagiu 88F
Halmeu 88E
Halne 26D
Hals 32C
Halsa 22C
Hälsingborg 30E
Halstead 7D
Halstenbek 33D
Halsua 12F
Haltdalen 23E
Haltern 36E
Haltwhistle 5A
Halver 40A
Halwell 6E
Ham, Scotland 3B
Ham, France 38D
Hamar 28A
Hamaröy 18D
Hamburg 37A
Hamburgsund 28E
Hamdorf 33F
Hämeenkyrö 10C
Hämeenlinna 10D
Hameln 36D
Hamilton 2F
Hamina 11E
Hamm 36E
Hammar 28F
Hammarland 25F
Hammaro 28D
Hammel 32D
Hammenhög 30F
Hammerdal 24D
Hammerfest 16B
Hammersåk 27E
Hammershøj 32D
Hamnavoe 3B
Hamnbukt 17C
Hamneda 30D
Hamneidet 16C
Hamnes 20A
Hamningberg 17B
Hamoir 39C
Hamojåkk 14C
Hamra, Sweden 31D
Hamra, Sweden 24F
Hamrånge 29A
Hamragefjorden 29A
Hamremoen 26B
Hamstreet 7D
Hån, Sweden 28C
Han-sur-Nied 39F
Hanau 40D
Handcross 7C
Handen 29D
Handest 32D
Handlová 86C
Handsel 18D
Hanestad 26A
Hangö 10E
Hånick 25E
Hankasalmi 11A
Hanko, Finland = Hangö
Hankö, Norway 27A
Hanley 5E
Hannover 36D
Hannut 39A

Hansted 32C
Haparanda 14F
Happisburgh 7B
Harads 14E
Haram 25F
Harbo 29C
Harburg, W. Germany 36B
Harburg, W. Germany 40F
Hårby 33C
Hardangerfjorden 27E
Hardegsen 36F
Hardelot 38A
Hardenborg 35B
Harderwijk 35D
Hardheim 40D
Hardwicke 6D
Hareid 22F
Haren 35B
Harestad 30A
Harestua 26B
Harewood 5C
Harfleur 43B
Harg 29B
Härjåbron 24F
Harjavalta 10C
Harkmark 27D
Harlech 4F
Harleston 7B
Harlingen 35B
Harlosa 30F
Harlow 7D
Härlunda 30D
Harmancik 91B
Harmånger 25E
Härnösand 25D
Haro 65D
Haroldswick 3B
Harpefoss 26A
Harpenden 7C
Harpley 7B
Harplinge 30C
Harrachov 84F
Harrachsthal 49A
Harran 23B
Harre 32F
Harrogate 5C
Harrow 7C
Harrsjön 20F
Härryda 30A
Harsefeld 36B
Harsewinkel 36C
Harsleben 37E
Harsprånget 14C
Harstad 18B
Hartberg 49D
Hartfield 7D
Harthill 7D
Hartland 6E
Hartland Quay 6E
Hartlepool 5C
Hartley Wintney 7C
Hartmannsdorf 41B
Hartmannshain 40D
Hartola 11C
Harwell 7C
Harwich 7D
Harz, Mts. 37E
Harzgerode 37E
Haseby 30D
Häselgehr 47D
Haselünne 36C
Håsjö 9A
Haskvarna 30B
Haslach 47A
Hasle 31E
Haslemere 7C
Haslev 33A
Haslingden 5E
Hasparren 66A
Hassel 30A
Hassela 25C
Hässelby 29D
Hasselfelde 37E
Hasselfors 28F
Hasselt 39A
Hassfurt 40D
Hasslach 41C
Hassle 28F
Hässleholm 30F
Håstbo 29A
Hästholmen 28F
Hastière-Lavaux 39C
Hastings 7F
Hästveda 30D
Hasvik 16B
Hațeg 88F
Hatfield, England 5E
Hatfield, England 7C
Hatherleigh 6E
Hathersage 5E
Hattem 35D
Hattfjelldal 20D
Hattingen 39B
Hatton, England 5E
Hatton, Scotland 3C

Hattula 10D
Hattuvaara 13B
Hatvan 86A
Haubourdin 38B
Haugastol 26D
Hauge 27F
Haughom 27F
Haugsdorf 49B
Haugesund 27E
Haugseter 26A
Hauho 10D
Haukedal 26E
Haukeland 26F
Haukeligrend 27C
Haukeliseter 27C
Haukipudas 12B
Haukivuori 11A
Haunersdorf 41F
Haurida 30B
Hausach 47A
Häusern 47C
Hausmening 49A
Hautajärvi 15D
Haute Thorame 52D
Hauteville-Lompnès 46E
Hauzenberg 41F
Havant 7E
Håvedalen 28E
Havelberg 37D
Haverfordwest 6C
Haverhill 7B
Havero 24D
Håvilsrud 28C
Havixbeck 36C
Hävla 29E
Havlíčkův Brod 84F
Havnsø 32D
Havøysund 17A
Havran 91A
Havre, le 43B
Havsnäs 21F
Havstenssund 28E
Hawarden 4F
Hawes 5E
Hawes Water 5C
Hawick 5A
Hawkhurst 7D
Hawkshead 4D
Haworth 5E
Hay-on-Wye 6B
Hayange 39E
Haydon Bridge 5A
Haye-Descartes, la 44D
Haye-du-Puits, la 43A
Hayfield 5E
Hayle 6F
Hayrabolu 89B
Haywards Heath 7E
Hazebrouch 38A
Hazel Grove 5E
Heacham 5F
Headcorn 7D
Headford 8F
Headless Cross 6B
Heanor 5E
Héas 66B
Heath End 7C
Heathrow, airport 7C
Hebburn 5A
Hebden Bridge 5E
Heberg 30C
Heby 29C
Hechingen 47A
Hechtel 39A
Hechthausen 36B
Heckington 5F
Hedal 26B
Hedared 30A
Hedås 28D
Hedberg 21C
Heddal 27E
Hedderen 27D
Heddon-on-the-Wall 5A
Hédé, France 43A
Hede, Sweden 23F
Hedehusene 32B
Hedemora 29A
Heden, Sweden 28D
Heden, Sweden 85F
Hedenäset 14F
Hedensted 32D
Hedersleben 37E
Hedesunda 29A
Hedeviken 23F
Hedon 5F
Hee 32F
Heerde 35D
Heerenveen 35B
Heessen 36E
Heeze 35F
Hegge 26A
Heggenes 26B
Heggheim 26E

Heide 33F
Heidelberg 40E
Heiden 47D
Heidenau 41B
Heidenheim 40F
Heidenreichstein 49A
Heiderscheid 39C
Heikendorf 33D
Heiland 27C
Heiligenberg 47B
Heiligenblut 48D
Heiligenhafen 33D
Heiligenkreuz 49D
Heiligenstadt 40B
Heilsbronn 40F
Heimdal, Norway 26F
Heimdal, Norway 23C
Heinävesi 11B
Heinola 11C
Heinola mlk. 11C
Heinsberg 39A
Heist 38D
Hejde 31B
Hejlsminde 33E
Hela 16E
Helbra 37E
Heldrungen 41A
Helechal 69E
Helensburgh 2F
Helgeroa 27A
Helgøy 16C
Helgum 25A
Helin 71E
Héliopolis 10C
Hell 23C
Hella 26E
Hellandsbygda 27E
Hellehalsen 26D
Helleland 27F
Hellemobotn 8D
Hellesylt 26C
Hellevik 26E
Hellevoetsluis 35C
Hellifield 5C
Helligskogen 16E
Helmbrechts 41C
Helmond 35F
Helmsdale 3A
Helmsley 5C
Helmstedt 37C
Helsinge 32B
Helsingfors = Helsinki
Helsingør 32B
Helsinki 10F
Helstad 26E
Helston 6F
Hem 27A
Hemel Hempstead 7C
Hemer 36E
Heming 39F
Hemmendorf 36D
Hemnesberget 20A
Hempstead 7D
Hemse 31D
Hemsedal 26D
Hemslingen 36B
Hemsö 25D
Hemsworth 5E
Hen 26B
Henan 28E
Hendaye 65B
Hendon 7C
Henfield 7E
Hengelo 36C
Hénin-Liétard 38D
Henley in Arden 7A
Henley on Thames 7C
Henlow 7C
Hennan 25E
Henndorf 48D
Hennebont 42F
Hennef 39B
Hennigsdorf 37D
Henningsvær 18C
Hennøy 26E
Hennstedt 33D
Henri-Chapelle 39A
Henrichemont 45C
Henstridge 6F
Heppenheim 40C
Herad 27F
Heradsbygd 28A
Herand 26F
Herbault 45C
Herbern 36E
Herbertingen 47B
Herbiers, les 44C
Herborn 40A
Herby 85E
Herceg Novi 87C
Hercegovina = Bosna i Hercegovina
Herchen 39B
Herdal 26C

Herdecke 36E
Hereford 6D
Herefoss 27D
Herentals 39A
Hérépian 51F
Herfølge 33A
Herford 36D
Herforst 39D
Héricourt 46D
Heriot 3E
Herisau 47D
Hérisson 45E
Herk-de-Stad 39A
Hermagor 48F
Hermannsburg 37C
Hermansverk 26C
Herment 51B
Hermeskeil 39D
Hernani 65E
Herne 36E
Hernes 28A
Hernesmaa 12F
Herning 32F
Heroy 22E
Herräng 29B
Herrenalb 40E
Herrenberg 40E
Herrera 73C
Herrera de Alcántara 68D
Herrera de los Navarros 66E
Herrera de Pisuerga 65C
Herrera del Duque 69F
Herreruela 68D
Herrhamra 29F
Herritslev 33A
Herrljunga 30B
Herrschíng 48A
Hersbruck 41E
Herscheid 40A
Herselt 39B
Herstal 39A
Herten 36E
Hertford 7C
Hertogenbosch, 's 35D
Hervas 69A
Herzberg, E. Germany 37B
Herzberg, E. Germany 37F
Herzberg, W. Germany 37E
Herzlake 36C
Herzogenaurath 40D
Herzogenbuchsee 47C
Herzogenburg 49B
Hesdin 38C
Hesel 36A
Heskestad 27F
Hesselager 33C
Hessen 37C
Hessen, land 40A
Hessen, Prov 40A
Hessisch Lichtenau 40B
Hessisch Oldendorf 36D
Hessle 5F
Hestra 30B
Heswall 4F
Hetton-le-Hole 5C
Hettstedt 37E
Heusweiler 39F
Heves 86A
Heviz 86D
Hexham 5A
Heyrieux 52B
Heysham 4D
Heytesbury 6D
Heywood 5E
Hægebostad 27D
Hægeland 27D
Hibaldstow 5F
Hida 88E
Hieflau 49C
Hiendelaencina 65E
High Hesket 4D
High Wycombe 7C
Higham Ferrers 7A
Highbridge 6D
Highclere 7C
Highworth 7C
Higuera de Arjona 73D
Higuera de la Serena 69E
Higuera de la Sierra 72D
Higuera de Vargas 68F
Higuera la Real 72B
Higueruela 71E
Hijar 66F
Hilburghausen 40D
Hilden 39B
Hilders 40B
Hildesheim 36D
Hille 36D
Hillegom 35C
Hillerstorp 30B
Hillesheim 39D
Hillesøy 16C

Hillestad 27A
Hillington 7B
Hillsborough 8B
Hillswick 3B
Hilltown 8B
Hilpoltstein 41E
Hilton 6B
Hilversum 35D
Himanka 12D
Himarë 90A
Himley 6B
Hinckley 7A
Hindas 30A
Hindelang 47D
Hinderwell 5D
Hindhead 7C
Hindley 5E
Hindon 6D
Hindseter 26A
Hingham 7B
Hinnerjoki 10A
Hinneryd 30D
Hinojales 73C
Hinojos 72D
Hinojosa del Duque 69F
Hinojosas 72B
Hinstock 6B
Hinterglemm 13A
Hintermoos 13A
Hinterrhein 47F
Hinterthal 48B
Hintertux 48C
Hîrlău 88B
Hirmoen 26A
Hirsau 40E
Hirschaid 41C
Hirschbach 49A
Hirschberg = Jelenia Góra
Hirschburg 41C
Hirschhorn 40C
Hirson 38D
Hirşova 88B
Hirtenberg 49B
Hirtshals 32C
Hirvensalmi 11A
Hirwaun 6C
Hishult 30D
Hisingen 30A
Hita 65E
Hitchin 7C
Hitra 22D
Hittarp 30E
Hitzacker 37A
Hjallerup 32C
Hjarnarp 30C
Hjartdal 27C
Hjelle 26C
Hjelmelandsvagen 27E
Hjerkinn 7E
Hjerting 33E
Hjo 28F
Hjøllund 32F
Hjørring 32C
Hjorted 31A
Hjortkvarn 29E
Hjörundfjord 26E
Hjuksebo 27A
Hjulsjö 28D
Hjulsta 29C
Hlohovec 86C
Hobro 32D
Höchberg 40D
Hochdorf 47C
Hochfelden 39F
Hochfilzen 48B
Hochheim 40C
Höchst 40C
Höchstadt 40D
Hochstätten 37B
Hockenheim 40E
Hockley Heath 6B
Hockliffe 7C
Hoddesdon 7D
Hodenhagen 36D
Hódmezővásárhely 86B
Hodnaberg 26F
Hodnet 6B
Hodošan 49F
Hoe 26D
Hoek van Holland 35C
Hof, Norway 27A
Hof, Norway 28A
Hof, W. Germany 41C
Hofgeismar 36F
Hofheim, W. Germany 40C
Hofheim, W. Germany 40D
Hofors 29A
Hogänäs 30E
Högbo 29A
Högboda 28D
Högbult 31A
Högby 31C

Hogdal 28E
Högerud 28C
Hogfors 28D
Hoghiz 88D
Högsäter, Sweden 28C
Högsäter, Sweden 28E
Högsby 31C
Högsjö 25D
Hogstorp 28E
Hohenaschau 48D
Hohenau 49B
Hohenbucka 37F
Hohenburg 41E
Hoheneggelsen 37C
Hohenems 47D
Hohenkammer 48A
Hohenlimburg 40A
Hohenmölsen 41A
Hohenseeden 37D
Hohenwesdet 33F
Hohenzethan 37A
Hohultslatt 31C
Højby 33C
Højer 33E
Højreby 33C
Hok 30B
Hokhuvud 29B
Hoksund 27A
Hokön 30D
Hola 26F
Holandsvika 20A
Holbæk 32B
Holbeach 7A
Holbøl 33E
Holič 86C
Hollabrunn 49B
Höllen 27B
Hollfeld 41C
Hollingsted 33F
Hollola 10D
Höllviksnäs 30E
Hollywood 9A
Holm 25C
Holmbe 24E
Holme 5D
Holmedal 28C
Holmegil 28C
Holmenkollen 27A
Holmestrand 27A
Holmfirth 5E
Holmfors 21C
Holmfoss 21F
Holmön 5F
Holmöyane 26E
Holmsbu 27A
Holmsjö, Sweden 31C
Holmsjö, Sweden 25A
Holmsund 21F
Holmsveden 29A
Holmträsk 14E
Hölö 29F
Holöydal 23F
Holsbybrunn 31A
Holsen 26E
Holstebro 32F
Holsted 33E
Holtzweissig 37F
Holum 27D
Holwerd 35B
Holycross 9C
Holyhead 4F
Holywell, England 6F
Holywell, Wales 4F
Holywood 8A
Holzgau 47D
Holzhausen 39D
Holzkirchen 48C
Holzminden 36F
Homberg, W. Germany 39B
Homberg, W. Germany 40A
Homberg, W. Germany 40B
Homborsund 27D
Homburg 39F
Homelfjord 27B
Hommelstö 20C
Hommelvik 23C
Hondón de las Nieves 71E
Hondschoote 38A
Hönefoss = Fingerike
Honfleur 43B
Høng 33C

Honingham 7B
Honiton 6F
Honkajoki 10A
Honkilahti 10C
Honley 5E
Honnef 39B
Hönningen 39B
Honningsvåg, Norway 26E
Honningsvåg, Norway 17A
Höno 30A
Honrubia 70D
Hontalbilla 65E
Hontoria del Pinar 65C
Hoofddorp 35C
Hoogeveen 35B
Hoogezand 35B
Hoogstraten 39A
Hook 7C
Hoorn 35A
Hope 2B
Hope under Dinmore 6B
Hopeman 3A
Hopen 22C
Hopfgarten 48C
Hopland 26E
Hoppestad 27C
Hopseidet 17A
Hopton 7B
Hoptrup 33E
Hor Stubňa 86C
Horažďovice 41F
Horb 47A
Hörby 30F
Horcajo de los Montes 69D
Horcajo de Santiago 70D
Horcajo Medianero 69A
Horda, Norway 27E
Horda, Sweden 30D
Horeb 6A
Horezu 88F
Horgen 47C
Horgos 86B
Hörice 84F
Horken 28D
Horle 26D
Horley 7C
Hormakumpu 14B
Horn, Sweden 31A
Horn, W. Germany 36F
Horn 49B
Hornachos 69E
Hornachuelos 73C
Hornberg 47A
Hornbæk 32B
Horncastle 5F
Hornchurch 7D
Horndal 29D
Horndean 7E
Hörnefors 25B
Horní Benešov 85E
Hornindal 26E
Horningsholm 29F
Hornness 27D
Hornos 74A
Hornsea 5D
Hörnsjö, Norway 26A
Hörnsjö, Sweden 25B
Hornslet 32D
Hornstein 49B
Hornu 38D
Hörnum 33E
Horovice 41D
Horreby 33A
Horred 30A
Horsching, airport 49A
Horsebridge 7F
Horseleap Cross Road 8D
Horsens 32D
Horsford 7B
Horsforth 5C
Horsham 7C
Horsham St Faith 7B
Horslunde 33C
Horsovski Tyn 41D
Horst, Netherland 35F
Horst, W. Germany 33F
Horstmar 35F
Horta de San Juan 66F
Horten 27A
Hortézuela 65F
Hortigüela 65C
Hortlax 12A
Hörvik 30F
Horwich 5E
Hoslemo 27C
Hospital 9C
Hospital de la Nieves 71E
Hospital de Orbigo 64D
Hospitalét 67E
Hossa 15F
Hossegor 65B

Hostalrich 67D
Hosteland 26F
Hostoun 41D
Hotagen 20F
Hotavlje 49E
Hoting 20F
Houches, les 46F
Houdan 38E
Houdelaincourt 46A
Houeillès 50D
Houffalize 39C
Houghton-le-Spring 5C
Houlbjerg 32D
Houlgate 43A
Hova 28F
Hovås 30A
Hovborg 33E
Hovda 26B
Hovdehytta 27C
Hove 7E
Hövelhof 36F
Hoven 32F
Hovenaset 28E
Hovet 26D
Hoviksnas 30A
Hovin 27A
Hovingham 5C
Hovmantorp 31C
Hövringen 26A
Hôpital-du-Gros-Bois, l' 46D
Hôpitaux, les 46F
Hovsta 29C
Howden 5F
Höxter 36F
Hoya 36D
Hoyanger 26E
Høyjord 27A
Höylandet 23B
Hoym 37E
Hoyo de Manzanares 69B
Hoyos 68D
Hradec Králové 84F
Hrádek 49B
Hranice 85E
Hrubieszów 85D
Hrvatska, Prov.86F
Huaröd 30F
Huben 48D
Hückeswagen 40A
Hucknall Torkard 5E
Huddersfield 5E
Huddinge 29D
Huddunge 29C
Hude 36B
Hudiksvall 25E
Huedin 88E
Huélamo 71A
Huelgoat 42C
Huelma 73D
Huelva 72D
Huéneja 74C
Huercal de Almeria 74E
Huércal-Overa 74D
Huerta de Rey 65C
Huerta de Valdecarábanos 70C
Huerto 66D
Huesa 74C
Huéscar 74C
Huesca 66D
Huete 70D
Huétor Tájar 73D
Hüfingen 47A
Hugh Town 6F
Hugnerud 28C
Hugulia 26B
Huittinen 10C
Huizen 35D
Hulabäck 30A
Hull = Kingston upon Hull
Hullaryd 30B
Hulltorp 30D
Hüls 39B
Hulsig 32C
Hulst 35E
Hultanäs 31C
Hultsfred 31A
Hultsjö 30B
Humanes 65E
Humble 33C
Humenné 86A
Hummelo 35D
Hummelvik 22D
Humpi 72F
Humppila 10D
Hunder 26A
Hundestad 32B
Hundorp 26A
Hundsjö 14E
Hundvik 26B
Hünfeld 40B
Hunge 24D
Hungen 40C

Hungerford 7C
Hunmanby 5D
Hunnebostrand 28E
Hunnedalen 27F
Huntingdon 7A
Huntley 6D
Huntly 3C
Huopana 12F
Hurbanovo 86C
Hurdal 28A
Hurlers Cross 9E
Hurlford 4B
Hurst Green 7F
Hurum 27A
Hurup 32C
Husb-Långhundra 29D
Husbands Bosworth 7A
Husbondliden 21C
Husby 29A
Husby-Oppunda 29E
Huşi 88B
Husnes 27E
Husum 25B
Husum 33F
Huttwil 47C
Huy 39C
Hvåle 26B
Hvalstad 27A
Hvarnes 27A
Hvidbjerg 32F
Hvide Sande 32F
Hvitsen 27A
Hvittingfoss 27A
Hvož d'any 41D
Hycklinge 31A
Hyde 5E
Hyen 26E
Hyères 52F
Hylestad 27C
Hylleråser 24E
Hyllestad 26E
Hyltebrük 30D
Hyndford Bridge 4B
Hynish 2E
Hynnekliev 27D
Hyrynsalmi 13A
Hyssna 30A
Hythe, England 7E
Hythe, England 7D
Hyvinkää 10F

Ianca 88B
Iaşi 88A
Ibahernando 69C
Ibbenbüren 36C
Ibestad 85C
Ibi 71E
Ibiza 74F
Ibiza, island 74F
Ibstock 7A
Ichenhausen 47B
Ichtershausen 41A
Iciar 14B
Idala 30A
Idanha-a-Nova 68B
Idar Oberstein 39D
Idd 28E
Idhra 92B
Idkerberget 29A
Idre 84D
Idrija 49E
Idstein 40C
Ielč 84F
Ieper 38B
Ierápetra 91E
Iesi 55E
Ifach 15F
Igea Marina 11B
Igelbäcken 28F
Igelfors 29E
Iggesund 84B
Ightham 7D
Igleb 27E
Igomenitsa 90A
Igrejinha 68F
Igualada 67E
Igüeña 64A
Ihtiman 89E
Iisalmi 13E
Iisvesi 13E
IJmuiden 35C
IJsselmeer, sea 35B
IJzendijke 35E
Ikaalinen 10C
Ikast 32F
Ilanz 47D
Ilawa 85A
Ilchester 6F
Île de France, Reg 38E
Ileanda 88E
Iles d'Hyères 52F
Ilfjord 17A
Ilford 7D
Ilfracombe 6C
Ilhavo 68A

Ilidza 87C
Iliókastron 92D
Ilirska Bistrica 55A
Ilkeston 5E
Ilkley 5C
Illana 70D
Illano 63B
Illas 64B
I'lle Rousse 62A
Ille-sur-la-Tet 67B
Illertissen 47B
Illescas 69D
Illfeld 37E
Illiers 45A
Illingen 40E
Illkirch-Graffenstaden 40E
Illora 73D
Illueca 65F
Ilmajoki 10A
Ilmenau 41A
Ilminster 6F
Ilomantsi 13F
Ilsenburg 37E
Ilva Mică 88C
Ilz 49D
Iłza 85D
Imatra 11D
Imdalen 26A
Immenstadt 47D
Imola 54D
Imotski 87C
Impéria 53E
Ímroz 91A
Imsa 26A
Imsenden 26A
Imst 47D
Inari 17E
Inca 75C
Inch 9F
Inchigeelagh 9F
Inchnadamph 2B
Incio 63D
Incisa 54F
Indal 25C
Inderöy 23C
Indija 86B
Indura 85D
Inecik 89B
Inegöl 91B
Ineu 88F
Infantes 70F
Infiesto 64B
Inga 10F
Ingatestone 7D
Ingatorp 31A
Ingedal 28C
Ingelheim 40C
Ingelmunster 38B
Ingelstadt 30D
Ingierstrand 27A
Inglésias 61E
Ingleton 5C
Ingls 13C
Ingolstadt 41E
Ingwiller 39F
Iniesta 71C
Iniö 10E
Inkberrow 6B
Innbygda 24E
Innellan 2F
Inner Sound 2C
Inner Villgraten 48F
Inneralpbach 13D
Innerleithen 2B
Innertkirchen 47E
Innichen 48F
Inning 48A
Innsbruck 48C
Innset, Norway 23E
Innset, Norway 16E
Innvik 26E
Inönü 91B
Inowrocław 85C
Insch 3C
Insh 2D
Insjön 28B
Instefjord 26F
Insterburg = Chernyakhovsk
Instow 6C
Insurăței 88B
Întepe 91E
Interlaken 47E
Intorsura Buzăului 88D
Intra-Verbania 47E
Intróbio 47F
Inver 8C
Inverallochy 3C
Inveraray 2F
Inverbervie 3C
Inverey 3C
Invergarry 2D
Invergordon 2D
Inverie 2D
Inverinate 2D

Inverkeilor 3E
Inverkeithing 3E
Inverkip 2F
Inverkirkaig 2B
Inverlael 2B
Inverlochlarig 2F
Inverlussa 2E
Invermoriston 2D
Inverness 2D
Inversanda 2F
Invershin 2F
Inversnaid 2F
Inverurie 3C
Ioánnina 90A
Ion Corvin 89A
Ionești 88D
Ipáti 92C
Ipsala 89D
Ipsoús 92F
Ipswich 7B
Iráklion 91E
Iria 92D
Irijo 63C
Iron Acton 6D
Ironbridge 6B
Irsina 58D
Irun 65B
Irúrzun 65B
Irvine 4B
Irvinestown 8D
Is-sur-Tille 46C
Isaba 66A
Isari 92F
Isbister 3E
Iscar 64F
Ischgl 47D
Ischia 57E
Iselle 47E
Iseo 54A
Iserlohn 40A
Isérnia 57C
Isfjorden 22F
Isigny 43A
Isla Cristina 72D
Islam 55D
Isle-de-Noé 50F
Isle-en-Dodon, l' 67A
Isle-Jourdain, l' 51E
Isle-sur-la-Sorgue, l' 52E
Isleornsay 2C
Islip 7C
Ismaning 48A
Isnäs 11E
Isny 47D
Isojoki 10A
Isokylä 15C
Isokyrö 12E
Isola, France 53C
Isola, Italy 53D
Isola del Gran Sasso 57A
Isola della Scala 54A
Isola di Capo Rizzoto 59C
Isperikh 89C
Ispica 60B
Issambres, les 10D
Issigeac 50D
Isselburg 36E
Issoire 51B
Issoudun 45C
Issum 35D
Istán 73E
İstanbul 89B
Istha 40B
Isthmia = Kirás Vrisi
Istiaía 92C
Istres 52E
Istunmäki 13E
Itéa 92C
Ittiri 61A
Itzehoe 33F
Iungsdalen 26D
Ivalo 17F
Ivan 49D
Ivanec 49F
Ivangrad 87A
Ivanić Grad 86D
Ivaylovgrad 89D
Iveland 27D
Ivinghoe 7C
Iviza = Ibiza
Ivrea 53A
Ivybridge 6E
Ixworth 7B
Izbica 85D
Izeda 63F
Izmail 88B
İzmir 91C
Iznalloz 73D
Iznatoraf 74A
Iznik 91B
Izola 55A
Izsák 86B
Izvorul Oltului 88D

Jaala 11C
Jääskö 14D
Jaatila 15E
Jabalquinto 73B
Jablanac 55D
Jablonec 41F
Jablonec-nad-Nisou 84F
Jabłonowo 85A
Jabłunkov 85E
Jabugo 72D
Jaca 66D
Jáchymov 41D
Jackvik 21A
Jacobstad 12E
Jadów 85D
Jadraque 65F
Jaén 73D
Jagel 33F
Jajce 87C
Ják 49B
Jakkula 12E
Jalance 71E
Jalasjärvi 10A
Jaligny 45F
Jamestown 8D
Jämijärvi 10A
Jämjö 31E
Jämsä 10B
Jämsänkoski 10B
Jämshög 30F
Jämtön 14F
Janakkala 10D
Jánosháza 86C
Janów Lub 85F
Janville 45A
Janzé 44A
Jaraba 65F
Jarafuel 71E
Jaraicejo 69C
Jaraiz 69C
Jarandilla 69C
Järbo, Sweden 28E
Järbo, Sweden 29A
Jaren 26B
Jargeau 45A
Järle 29C
Järna 29F
Jarnac 50B
Jarnages 45E
Järnäsklubb 25B
Järnboås 28D
Järnforsen 31A
Jarny 39E
Jarocin 85C
Jaroměř 84F
Jaroslavice 49B
Jaroslaw 85E
Järpås 28E
Järpen 24B
Jarrow 5A
Järsnäs 30B
Järvelä 10D
Järvenpää 17D
Järvenpää 10F
Järvsö 25E
Jaša Tomić 86B
Jasenak 55B
Jasenica 55D
Jasło 85F
Jasna 86A
Jastarnia 85A
Jastrowie 84B
Jászapáti 86A
Jászberény 86A
Jät 30D
Jativa 71E
Jauge 50D
Jaun 46F
Jávea 71F
Jävenitz 37C
Javie, la 52D
Javier 66C
Jävre 21D
Javron 44B
Jawor 84D
Jaworzno 85E
Jedburgh 5A
Jędrzejów 85E
Jeesio 15A
Jektevik 27E
Jelenia Góra 84D
Jelling 32F
Jelsa 16D
Jemnice 49A
Jena 41A
Jenbach 48C
Jennersdorf 49D
Jenny 31A
Jeppo 12E
Jeres del Marquesado 74C
Jerez de la Frontera 73E

Jerez de los Caballeros 68F
Jérica 71C
Jerichow 37D
Jerzu 61D
Jesenice, Czechoslovakia 41D
Jesenice, Yugoslavia 49E
Jessefors 28C
Jessen 37F
Jessheim 28A
Jessnitz 37F
Jestetten 47C
Jeumont 38D
Jevenstedt 33F
Jever 36A
Jevnaker 26B
Jezerane 55D
Jezero 87C
Jeznas 85B
Jeżów 85C
Jhrhove 36A
Jijona 71E
Jilava 89C
Jimbolia 86B
Jimena 73D
Jimena de la Frontera 73E
Jindřichův Hradec 84F
Jirkov 41D
Jochberg 13A
Jock 14D
Jódar 74C
Joensuu 13F
Joeström 20B
Johanngeorgenstadt 41B
Johannisholm 28B
John o'Groats 3A
Johnston 6C
Johnstone 2F
Johnstown 9C
Joigny 46B
Joinville 46A
Jokela 10F
Jokikylä 12D
Jokioinen 10D
Jokkmokk 14C
Jölster 26F
Jönäker 29E
Jondal, Norway 27A
Jondal, Norway 26F
Jonköping 30B
Jonsered 30A
Jonstorp 30E
Jonzac 50B
Jordet 24E
Jorgastak 17E
Jörland 30A
Jörn 21D
Josenfjorden 27E
Josipdol 55B
Jossa 40D
Josselin 42F
Jössund, Norway 23C
Jössund, Norway 23A
Jostedal 26C
Josvafö 86A
Jotkajavrre 16D
Joué-les-Tours 44D
Jougne 46F
Joukokylä 13A
Joutsa 11A
Joutseno 11F
Joutsijärvi 15C
Jouy 45A
Jove 63B
Joyeuse 52C
Juan-les-Pins 53E
Juankoski 13E
Juchhöh Töppen 41C
Judenberg 49C
Juelsminde 32D
Jugon 42D
Juillac 51A
Jukkasjärvi 14A
Jularbo 29A
Jülich 39B
Julita 29C
Jullouville 10B
Jumeaux 51B
Jumièges 43B
Jumilhac-le-Grand 51A
Jumilla 71D
Jumkil 29D
Juncosa 67E
Juneda 67E
Jung 28F
Jungfrau, mt. 47E
Junglinster 39D
Juniville 38F

Jerez de los Caballeros 68F
Junkerdal 18F
Junosuando 14A
Junquera de Ambia 63D
Junsele 25A
Juntustranta 13B
Juojärvi 13F
Juoksenki 14D
Juorkuna 13A
Juornaa 11E
Jura, Mts. 46F
Jurby 4D
Jurjevo 55D
Jurva 10A
Jutas 12E
Jüterbog 37D
Jutis 21A
Jutland = Jylland
Juuka 13F
Juva 11A
Juvisy 38E
Jyderup 32D
Jylland, Reg. 32F
Jyllinge 32B
Jyväskylä 10B

Kaamanen 17E
Kaarina 10E
Kaarssen 37A
Kaavi 13E
Kaba 86F
Kåbdalis 14E
Kabelvåg 18D
Kačanik 87B
Kadaň 41D
Kadarkút 86D
Kadhenoi 92A
Kadrifakovo 89F
Käfalla 29C
Kagádhi 92E
Kagul 88B
Kahl 40C
Kaibing 49D
Kaindorf 49D
Kainoúryion 92C
Kainulasjärvi 14D
Kaipola 10B
Kairala 15C
Kaisersberg 49C
Kaisersesch 39D
Kaiserslautern 39F
Kajaani 13C
Kakóvatos 92F
Kakóvatos 92F
Kål 86A
Kalabáka 90A
Kalajoki 12D
Kalámai 92D
Kalamará 92F
Kalamáta = Kalámai
Kálamos, Greece 92A
Kalamos, Greece 92E
Kalanistra 92E
Kalanti 10C
Kalarash 88A
Kälarne 25C
Kalávrita 92D
Kalbe 37C
Kalce 55D
Kaldenkirchen 39B
Kaldhusseter 26C
Kaldvatn 26E
Kale, Turkey 91D
Kale, Turkey 91F
Kalesménon 92E
Kalhovd 26D
Kali 90B
Kalimerianoí 92A
Kaliningrad 85A
Kalinovik 87C
Kalisz, Poland 84B
Kalisz, Poland 85C
Kalivia, Greece 92B
Kalivia, Greece 92D
Kalivia, Greece 92E
Kalivia-Thorikoú 92B
Kalix 14F
Kalixfors 14A
Kalkan 91F
Källa 31C
Källan 29F
Källbacken 28B
Källby 28F
Kalliánoi 92E
Kalliola 10D
Kallinge 31E
Kallithéa 92C
Kallithiés 91F
Kallo 14B
Kalloní 91A
Källsjo 30C

Kallunge 31B
Kallunki 15D
Kalmar 31C
Kalocsa 86D
Kalofer 89C
Kalón Kástron 89F
Kalonerón 92F
Kalotina 89E
Kalousi 92F
Kaloyerési 92F
Kals 48D
Kaltenkirchen 33D
Kalundborg 32D
Kałuszyn 85D
Kalvåg 26E
Kalvariya 85B
Kälviä 12C
Kalvitsa 11A
Kalvola 10D
Kamárais 92F
Kamári 92C
Kamária 92C
Kamárizos 92B
Kamen 36E
Kamenets Podolskiy 88C
Kamenicë 87B
Kamenz 41B
Kames 2F
Kamień, Poland 84F
Kamień, Poland 85A
Kamienna Góra 84F
Kamnik 49E
Kamoyvaer 17A
Kamp-Lintfort 39B
Kampe 36A
Kampen 35B
Kampersik 28E
Kampeseter 26A*
Kanália 90B
Kándanos 90F
Kandel 40E
Kandersteg 47E
Kandhila, Greece 92E
Kandhila, Greece 92D
Kangas 12D
Kangasala 10D
Kangaslampi 11A
Kangasniemi 11A
Kangaz 88B
Kangos 14B
Kaniulasjärvi 14D
Kanjiza 86B
Kankaanpää 10A
Kankonen 14D
Kånna 30D
Kannonkoski 14F
Kannus 12D
Kanstad 18D
Kantala 11A
Kanturk 9F
Kapandrítion 92A
Kaparéli 92C
Kapellen 39A
Kapfenberg 49C
Kapitan Andreevo 89D
Kaplice 49A
Kaposvár 86D
Kapp 26B
Kappeln 33C
Kappelsnamn 31B
Kaprun 48B
Kápsala 92A
Kápsia 92D
Kapsukas 85B
Kapuvár 86C
Karabiga 91A
Karaburun 91C
Karacabey 91B
Karacaköy 89B
Karacaoğlan 89B
Karamanli 91D
Karammanóli 92F
Karamürsel 91B
Karaova 91C
Karapelit 89A
Karasjok 17C
Karátoula 92F
Karbenning 29C
Kårböle 24F
Karcag 86A
Kardhamás 92F
Kardhámila, Greece 91C
Kardhamíli, Greece 90D
Kardhítsa 90A
Kardis 17B
Kareholm 29B
Karesuando 16F
Kargowa 84D
Karhukangas 12D
Karhula 11E
Kariá 92D
Kariaí 92D
Karigasniemi 17C
Karijoki 10A
Käringön 30A

Kariofóra 92F
Karis 10F
Karistos 92B
Karitaina 92F
Karja = Karis
Karjala 10E
Karkkila 10F
Karkku 10C
Kärkölä 10D
Karl-Marx-Stadt 41B
Karlebotn 17D
Karlino 84B
Karlobag 55D
Karlovac 55B
Karlovice 85E
Karlovo 89C
Karlovy Vary 41D
Karlsbäck 25B
Karlsborg 14F
Karlsby 29E
Karlsdorf 49C
Karlshafen 36F
Karlshamn 30F
Karlskroga 28D
Karlskrona 31E
Karlsöy 15C
Karlsruhe 40E
Karlstad 28D
Karlstadt, E. Germany 37A
Karlstadt, W. Germany 40D
Karlsten 21C
Karlstift 49A
Karlstop 31A
Karmansbo 29C
Karnobot 89A
Kärnten, prov. 48F
Karousádhes 92F
Karow 37B
Karpensión 92E
Karrgravan 29A
Kärsämäki 12D
Kårstö 27E
Karstula 12F
Karsvall 24F
Karteróli 92F
Karttula 13E
Kartuzy 85A
Karuna 10E
Karungi 14F
Karunki 14F
Karvala 12F
Karvia 10A
Karviná 85E
Kas 91F
Kasendorf 41C
Kasker 21A
Kaskinen = Kasko
Kaskö 10A
Kassel 40B
Kassiópi 92F
Kastanéai 89D
Kastaniá 92D
Kastellaun 39D
Kastélli, Greece 90F
Kastélli, Greece 92D
Kastéllion 91E
Kastenalpe 48C
Kasterlee 39A
Kastl 41E
Kastlösa 31C
Kastór 92D
Kastorf 33D
Kastoría 90A
Kastráki 92E
Kastrítsi 92F
Kástron 91A
Kastrosikiá 90A
Kastrup, Airport 33A
Katákolon 92F
Katastari 90C
Katemin 37A
Kateríni 90B
Katesbridge 8B
Kato Agali 92F
Kato-Akhaïa 92E
Kato-Alissós 92E
Káto Figalia 92F
Kato-Klitoría 92D
Kato-Kopanáki 92F
Kato-Loukávitsa 92F
Kato-Makrinou 92E
Kato-Mélpia 92F
Káto Nevrokópion 89F
Kato-Rétsina 92E
Kato-Sélitsa 92D
Káto Soúnion 92B
Káto-Stavrós 90B
Káto-Vlasia 92E
Katokhí 92E
Katoúna 92E
Katoúnia 92A
Katowice 85E
Katrineberg 29A

Katrineholm 29E
Katsaróni 92A
Katsaroú 92F
Kattarp 30E
Kattavía 91F
Katthammarsvik 31B
Kattilstad 31A
Kattisavan 21C
Katulsbyn 28C
Katwijk 35C
Katzweiler 39F
Kaub 39D
Kaufbeuren 47B
Kauhajoki 10A
Kauhava 12E
Kauklahti 10F
Kauliranta 14D
Kauniainen = Grankulla
Kaunisvaara 14D
Kaupanger 26C
Kausala 11C
Kaushany 88B
Kaustinen 12E
Kauttua 10C
Kautzen 49A
Kauvatsa 10C
Kavajë 87D
Kavála 89D
Kavarna 89A
Kavásila 92F
Kavlinge 30E
Kávos 92F
Kavoúsi 91E
Kayışlar 91C
Kazanlük 89C
Kcynia 85A
Kdyně 41F
Kéa 92B
Keady 8D
Kebnekaise 19C
Kecel 86B
Kecskemet 86A
Kédange 39F
Keel 8F
Keenagh 8D
Kegworth 7A
Kehl 40E
Keighley 5C
Keillbeg 2F
Keiss 3A
Keitele 13E
Keith 3C
Kelberg 39D
Kelbra 37E
Keleví 92F
Kelham 5F
Kelheim 41E
Keljonkangas 10B
Kellinghusen 33D
Kellokoski 10F
Kelloselkä 15D
Kells = Ceanannus Mór
Kelmentsy 88C
Kelso 5A
Kelsterbach 40C
Kemalpasa 91C
Kematen 13C
Kemberg 37F
Kembs 46D
Kemer 91D
Kemi 14F
Kemijärvi 15C
Kemnath 41C
Kemnay 3C
Kempele 12B
Kempen 39B
Kempenich 39D
Kempten 47D
Ken Bridge 4B
Kendal 5C
Kendoikón 92F
Kengis 14D
Kenilworth 7A
Kenmare 9F
Kenmore 2F
Kentford 7B
Kenzingen 47A
Kêpno 85C
Kepsut 91B
Keratéa 92B
Kerava 10F
Kerí 90C
Kerimäki 11B
Kérkira 92F
Kérkira, Island 92F
Kerma 11B
Kerns 47C
Kerpen 39B
Kerry 6B
Kersilö 15A
Kerstinbo 29A
Kerteminde 33C
Kérteza 92F

Kerzers 46D
Kesälahti 11B
Keşan 89D
Kesh 8D
Kessingland 7B
Kestel 91B
Kestep 91F
Kestilä 12D
Keswick 4D
Keszthely 86D
Kętrzyn 85B
Kettering 7A
Kettlewell 5C
Kettwig 39B
Ketzin 37D
Keula 40B
Keuruu 10B
Kevelaer 35D
Key Street 7D
Keynsham 6D
Kežmarck 85F
Khairónia 92C
Khalandrítsa 92E
Khalasméni 92B
Khalia 92A
Khálki 90B
Khalkís 92A
Khalvátsou 92F
Khaniá 90F
Kharmanli 89D
Kháskovo 89D
Khávari 92F
Khiliomódhon 92D
Khimadhiór 92F
Khionáta 90C
Khíos 91C
Khlembotsárion 92A
Khómeri 92E
Khóra 92F
Khóra Sfakíon 90F
Khorémi 92F
Khóstia 92C
Khotin 88C
Khoúni 92E
Khránoi 92F
Khrísafa 92D
Khrisoúpolis 89D
Khrisoveryi 92E
Khrojna 89D
Khust 88E
Khyrov 85F
Kiáton 92D
Kiberg 17B
Kibworth 7A
Kičevo 87B
Kidderminster 6B
Kidlington 7C
Kidwelly 6C
Kiel 33D
Kielder 5A
Kienthal 47E
Kifisiá 92A
Kifisokhóri 92C
Kihlanki 14E
Kihniö 10A
Kiikala 10F
Kiikka 10C
Kiikoinen 10C
Kiiminki 12B
Kiiskilä 12D
Kiistala 15A
Kikinda 86B
Kil 28D
Kilafors 25E
Kilan 23A
Kilbeggan 9C
Kilberry, Rep of Ireland 8B
Kilberry, Scotland 2F
Kilbirnie 2F
Kilbride 2C
Kilchattan 2F
Kilchenzie 4A
Kilchrenan 2F
Kilcock 8B
Kilcolgan 9E
Kilconnell 9C
Kilcoole 9A
Kilcormac 9C
Kilcreggan 2F
Kilcrohane 9F
Kilcullen 9A
Kildare 9A
Kildonan 2B
Kildorrery 9D
Kilebygd 27C
Kilfenora 9E
Kilfinan 2F
Kilfinnane 9C
Kilgarvan 9F
Kilgetty 6C
Kiliney 9C

Kilkee 9E
Kilkeel 8B
Kilkelly 8F
Kilkenny 9C
Kilkhampton 6E
Kilkís 89F
Killadysert 9E
Killala 8F
Killaloe 9C
Killarney 9F
Killashandra 8D
Killearn 2F
Killeigh 9C
Killenaule 9C
Killeter 8C
Killichonan 2D
Killimor 9C
Killin 2F
Killinaboy 9E
Killingdal 23D
Killíni 92F
Killinkoski 10B
Killorglin 9F
Killucan 9D
Killybegs 8C
Killylea 8B
Killyleagh 8B
Kilmacanogue 9A
Kilmacolm 2F
Kilmacrenan 8C
Kilmacthomas 9D
Kilmaganny 9C
Kilmaine 8F
Kilmaluig 2C
Kilmallock 9C
Kilmanagh 9C
Kilmarnock 4B
Kilmartin 2F
Kilmaurs 4B
Kilmelford 2F
Kilmore Quay 9B
Kilnhill 4D
Kilninver 2F
Kilnsea 5E
Kilpisjarvi 16E
Kilpua 12D
Kilrea 8A
Kilrenny 3E
Kilrush 9E
Kilsby 7A
Kilsheelan 9C
Kilsmo 29E
Kilsyth 2F
Kiltealy 9A
Kiltimagh 8F
Kilvo 14C
Kilwinning 4B
Kilyos 89B
Kimbolton 7A
Kimi 92A
Kimito 10E
Kimovaara 13D
Kimstad 29E
Kinbrace 2B
Kincardine, Scotland 2B
Kincardine, Scotland 2F
Kincraig 2D
Kindberg 49C
Kineton 7A
Kinghorn 3E
Kingkerswell 6E
King's Bromley 6B
King's Lynn 7B
Kings Worthy 7C
Kingsbridge 6E
Kingsclere 7C
Kingscourt 8B
Kingsteignton 6E
Kingston Bagpuize 7C
Kingston upon Hull 5F
Kingston upon Thames 7C
Kingswear 6F
Kington 6B
Kingussie 2D
Kınık 91A
Kinloch Hourn 2D
Kinloch Rannoch 2D
Kinlochbervie 2B
Kinlochell 2F
Kinlochewe 2D
Kinlochleven 2D
Kinlochmoidart 2C
Kinloss 3C
Kinlough 8D
Kinna 30C
Kinnared 30C
Kinnback 21D
Kinnegad 8D
Kinnitty 9C
Kinnula 12F
Kinross 3E
Kinsale 9D
Kinsarvik 26F
Kintore 3C
Kinvara 9E

Kiparissía 92F
Kippel 47E
Kippen 2F
Kirás Vrísi 92D
Kirazlı 91A
Kirch 36B
Kirchardt 40E
Kirchberg, Austria 47C
Kirchberg, Austria 48D
Kirchberg, W. Germany 39D
Kirchberg, W. Germany 41A
Kirchdorf, Austria 49C
Kirchdorf, Austria 13A
Kirchdorf, W. Germany 48C
Kircheimbolanden 40C
Kirchenthumbach 41C
Kirchhain 40A
Kirchheim 40F
Kirchhellen 36F
Kirchhunden 40A
Kirchschlag 49D
Kircubbin 8B
Kiriáki 92C
Kirillovskoye 11F
Kirk Michael, Scotland 4D
Kirkağaç 91A
Kirkbean 4B
Kirkbridge 4B
Kirkby 4F
Kirkby Lonsdale 5C
Kirkby Stephen 5C
Kirkcaldy 3E
Kirkcolm 4A
Kirkconnel 4B
Kirkcowan 4B
Kirkcudbright 4D
Kirkener 28A
Kirkenes 17D
Kirkesjord 16E
Kirkham 5E
Kirkinner 4D
Kirkintilloch 2F
Kirklareli 89B
Kirkliston 3E
Kirkmichael, Scotland 3C
Kirkmichael, Scotland 4B
Kirkmuirhill 4B
Kirkoswald, Scotland 4B
Kirkoswald, Scotland 5C
Kirkwall 3A
Kirmasti = Mustafa Kemalpaşa
Kirn 39D
Kirriemuir 3E
Kirschentheuer 49E
Kiruna 14A
Kirunavarra 14A
Kisbér 86C
Kishinev 88A
Kishorn 2D
Kisko 10F
Kiskomárom 86D
Kiskörös 86B
Kiskündorozsma 86B
Kiskunfélegyháza 86B
Kiskunhalas 86B
Kiskunmajsa 86B
Kispest 86C
Kistanj 55F
Kistelek 86B
Kisterenye 86A
Kistrand 17A
Kisújszállás 86A
Kisvárda 88D
Kitajaur 14E
Kitee 11B
Kithira 90F
Kithnos 92B
Kítros 90B
Kitsman 88C
Kittilä 14B
Kittilbu 26A
Kitzbühel 48D
Kitzingen 40D
Kiukainen 10C
Kiuruvesi 13C
Kivéri 92D
Kivijärvi 12F
Kivotós 90A
Kızılhişar 91D
Kjellerup 32F
Kjellstadli 26E
Kjelvik 17A
Kjenndal 26C
Kjerret 28C
Kjerringöy 18D
Kjetsa 27E
Kjevik 27D
Kjækan 16D
Kjöde 26E
Kjölabu 26A

Kjölan 28C
Kjöllefjord 17A
Kjolsdalen 26E
Kjopmannskjær 27A
Kjöpsvik 18D
Kjula 29C
Kladanj 87C
Kladesholmen 30A
Kladno 41D
Kladovc 88F
Klafeld 40A
Klagegg 26E
Klagenfurt 49E
Klagshamn 30E
Klanxbüll 33E
Kläppe 24B
Klarabro 28B
Klatovy 41F
Klaukkala 10F
Klausen 48E
Klein Glodnitz 49E
Klein Linden 40A
Kleivegrend 27C
Klemensker 31E
Klenak 86B
Klenči pod Čerchovem 41F
Kleppe 27F
Klette 18F
Kleve 35D
Klietz 37D
Klimpfjäll 20D
Klinca Sela 55B
Klingenthal 41C
Klintehamn 31B
Klio 91A
Klippan 30E
Klisura 89C
Ključ 87C
Kłobuck 85C
Kłodawa 85C
Kłodzko 84F
Klöfta 28C
Klos 87B
Klösterle 47D
Klosterneuberg 49B
Klosters-Platz 47D
Kloten, Sweden 29C
Kloten, Switzerland 47C
Klötze 37C
Klövsjö 24D
Kluczbork 85C
Klutmark 21D
Klütz 33D
Knabengruver 27D
Knaften 21E
Knäred 30D
Knaresborough 5C
Narvick 26F
Knebworth 7C
Knelston 6C
Knezha 89C
Knighton 6B
Knin 87E
Knittelfeld 49C
Knittlingen 40E
Knivsta 29D
Knjaževac 89E
Knock 8F
Knockalough 9E
Knockandhu 3C
Knockando 3C
Knocktopher 9C
Knokke 38B
Knossos = Cnossos
Knottingley 5E
Knudstrup 32F
Knutby 29D
Knutsford 5E
Knyszyn 85B
Kobbfoss 17D
København 32B
Koblenz, Switzerland 47C
Koblenz, W. Germany 39D
Kobylin 85C
Kočani 89F
Koceljevo 87A
Kocevje 55B
Kochel 48C
Kock 85D
Kode 30A
Kodisjoki 10C
Köflach 49C
Kohmoinen 10D
Koilás 92D
Koinge 30C
Koivu 14F
Kojetín 85E
Kökar 25F
Kokemäki 10C
Kökerum 30B
Kokkinomiliá 92C
Kokkola 12C
Kokorá 92F
Kokra 49E

Koksijde Bad 38B
Kolari 14D
Kolarovgrad = Shumen
Kolárovo 86C
Kolåsen 24A
Kolašin 87A
Kolbäck 29C
Kolberg = Kołobrzeg
Kolbotn, Norway 28C
Kolbotn, Norway 23E
Kolbuszowa 85F
Kolby Kås 32D
Koldby 32E
Kolding 33E
Koler 14E
Koli 13F
Kolín 84F
Kolingared 30B
Kölleda 41A
Kollínai 92D
Kolm Saigurn 48D
Köln 39B
Kolno 85B
Koło 85C
Kołobrzeg 84B
Kolomyya 88C
Kolozsvar = Cluj
Kolsätter 24D
Kolsva 29C
Kolvereid 23B
Kolvik 17A
Kølvrå 32F
Komagfjord 16B
Komagvaer 17B
Komárno 86C
Komárom 86C
Kombóti 90A
Komen 55A
Koméno 92E
Komiza 57B
Komló 86D
Kómnina 92C
Komotiní 89D
Komrat 88B
Končanica 86D
Kondoros 88B
Kondóstavlos 92D
Kondovázaina 92F
Køng 33A
Konga 30D
Konginkangas 12F
Kongsfjord 17B
Kongshavn 27B
Kongsmoen 23B
Kongsvinger 28A
Königs Wusterhausen 84D
Konigsberg, Norway = 27A
Königsberg, U.S.S.R. = Kaliningrad
Königsbrück 41B
Königsbrunn 48A
Königsee 13A
Königshofen 40D
Königslutter 37C
Königstein, W. Germany 40C
Königstein, W. Germany 41B
Königswartha 41B
Königswinter 39B
Konin 85C
Konispol 90A
Konístrais 92A
Kónitsa 90A
Konjic 87C
Konken 39F
Könnern 37E
Konnevesi 10B
Końskie 85C
Konsmo 27D
Konstandínoi 92F
Konstanínos 92C
Konstantinovy Lázně 41D
Konstanz 47D
Kontiolahti 13F
Kontiomäki 13C
Konz 39D
Koparnes 26E
Köpenick 84D
Koper 55A
Kopervik 27E
Köping 29C
Köpingebro 30F
Köpingsvik 31C
Koplikisipërm 87B
Köpmanholmen 25B
Köpmannebro 28E
Koppang 24E
Kopparberg 28D
Koppom 28C
Kópraina 92E
Koprivnica 49F
Korbach 40A

Korçë 87B
Korčula 87C
Korgen 20A
Koria 11C
Korifásion 92F
Korinós 90B
Kórinthos 92D
Korisía 92B
Koritsa = Korçë
Korkeakoski 10B
Körmend 49D
Kornelimünster 39B
Korneshty 88A
Korneuburg 49B
Kornsjo 28E
Kornwestheim 40F
Koromačno 55C
Koróni 90C
Korónia 92C
Koropí 92B
Korpilahti 10B
Korpilombolo 14D
Korpo 10E
Korsberga 28F
Korshamn 28C
Korshev 88C
Korsholm 12E
Korsnäs, Finland 12E
Korsnäs, Sweden 29A
Korsnes 18D
Korso 10F
Korsträsk 14E
Kørsør 33C
Kortesjärvi 12E
Kortfors 28D
Kortgene 35C
Kortrijk 38B
Korzybie 84B
Koś 91C
Kościan 84D
Koscierzyna 85A
Koška 86D
Koskenby 12E
Koskenkorva 10A
Koskenpää 10D
Koski 10D
Koski 10E
Koskinon 92A
Koskivaara 14C
Koskullskulle 14C
Köslin = Koszalin
Kosmás 92D
Kosov 88C
Kosovo i Metohija, prov. 87A
Kosovska Mitrovica 87A
Kosta 31C
Kostajnica 86D
Kostanjevica 49E
Kostelec-nad-Orlice 84F
Köstritz 41A
Kostrzyn 84D
Kosula 13F
Koszalin 84B
Köszeg 49D
Kotala, Finland 10B
Kotala, Finland 15D
Kotel 89C
Köthen 37F
Kotka 11E
Kotly 11F
Kotor 87C
Kotor Varoš 87C
Kotovsk 88A
Kotovskoye 88A
Kötschach 48F
Kottes 49A
Köttsjön 25C
Kotyuzhany 88A
Kouloúra 92E
Koutalá 92B
Koutsokhera 92F
Koutsopódhi 92D
Kouvola 11C
Kovdor 15B
Kovero 13F
Kovin 86B
Kovjoki 12E
Kowal 85C
Kowalewo 85A
Koyceğiz 91D
Köyliö 10C
Kozáni 90C
Kozarovce 86C
Kozienice 85D
Kozina 55A
Koźle 85E
Koźmin 85C
Kozuchów 84D
Kragerö 27C
Kragujevac 87A
Kraiburg 48B
Kråkberget 18B
Krakhella 26F

Kräklingbo 31B
Krakovets 85F
Kraków 85E
Kråksmala 31C
Krakstad 28C
Kråkviken 28C
Kraliky 84F
Kraljevica 55B
Kraljevo 87A
Kral'ovany 85E
Králové 84F
Kralovice 41D
Král'ovský Chlmec 86A
Kralupy 41D
Kramfors 25D
Krampenes 17D
Kråmvik 27C
Kranenburg 35D
Krångede 25A
Kraniá 90A
Kranichfeld 41A
Kranídhion 92D
Kranj 49E
Kranjskagora 48F
Krapkowice 85E
Krasic 86D
Kraslice 41C
Krásna 41C
Krasnik 85D
Krásno, Czechoslovakia 41D
Krasno, Yugoslavia 55D
Krasnye Okny 88A
Krasnystaw 85D
Krefeld 39B
Kreiensen 36F
Kremastá 92E
Kremmen 37D
Krempe 33E
Krems 49B
Kremsmünster 49A
Kressbronn 47D
Kreuzau 39B
Kreuzlingen 47C
Kreuzstetten 49B
Kriens 12A
Kriezá 92A
Krimml 48C
Krimpen am der Lek 35C
Kringen 84F
Krionéri 92E
Kristdala 31A
Kristianopel 31E
Kristiansand 27D
Kristianstad 30F
Kristiansund 22D
Kristineham 28D
Kristinestad = Kristiinankaupunki
Kríti, Island 91E
Kriva Palanka 89E
Křivoklát 41D
Križevci 49F
Krk 55D
Krnov 85E
Krobia 85C
Kroderen 26B
Krödsherad 26B
Kröhstorf 41F
Krokedal 28C
Kroken, Norway 26C
Kroken, Norway 20D
Krokom 24B
Krokowa 85A
Kroksjö 21E
Krokstad 28E
Krokstrand 28E
Kroksund 28C
Kroktorp 28B
Kroměříž 86C
Kronoby 12C
Kronshtadt 11F
Kropelin 33B
Kroppenstedt 37C
Krośniewice 85C
Krosno, Poland 84D
Krosno, Poland 85F
Krossbu 26C
Krotoszyn 85C
Kršan 55A
Kruå 33E
Kruishoutem 38B
Krujë 87B
Kruk 26B
Krumbach 47B
Krumovgrad 89D
Krun 48C
Krupina 86C
Krusă 33E
Kruscica 55D
Kruševac 87B
Krutafjellstue 20B
Krylbo 29C
Krynica 85E
Kryulyany 88A
Krzepice 85C

Krzeszów 85F
Krzeszowice 85E
Kubbe 25B
Küblis 47D
Kubrat 89C
Kučevo 87A
Kucove = Qyteti Stalin
Kuddby 29E
Kufstøin 48C
Kuggeboda 31E
Kuhmalahti 10D
Kuhmo 13D
Kühtai 13C
Kuivakangas 14D
Kuivaniemi 14F
Kuivasjärvi 12B
Kukës 87B
Kukkola 14F
Kukljica 55F
Kula, Bulgaria 89E
Kula, Turkey 91D
Kula, Yugoslavia 86B
Kulata 89F
Kulju 10D
Kullaa 10C
Kulmbach 41C
Kultala 17E
Kultsjöluspen 84A
Kumanovo 87B
Kumkalē 91A
Kumlinge 25F
Kummavuopio 16E
Kummelby 29E
Kumrovec 49F
Kungsängen 29D
Kungsåra 29C
Kungsäter 30A
Kungsbacka 30A
Kungsfors 29A
Kungsör 29C
Kunhegyes 86A
Kunmadáras 86A
Kunnälv 30A
Kunszentmárton 86B
Künzelsau 40F
Kuolajärvi 15D
Kuopio 13E
Kuorevesi 10B
Kuortane 12F
Kuortti 11C
Kuosku 15D
Kuouka 14C
Kupjak 55B
Kürdzhali 89D
Kurenalve 13A
Kurgolovo 11F
Kurikka 10A
Kurów 85D
Kurravaara 14A
Kurşumlija 87C
Kursu 15D
Kurtakko 14B
Kurten 39B
Kuru 10B
Kuşadasi 91C
Kusel 39F
Kusfors 21D
Kusinje 87A
Küsnacht 47C
Kustavi 10E
Küstrin = Kostrzyn
Kütahya 91B
Kutina 86D
Kutná Hora 84F
Kutno 85C
Kuttainen 16F
Kuty 88C
Kuusaa 10B
Kuusamo 15F
Kuusankoski 11C
Kuusjärvi 13F
Kvæfjord 18B
Kvænangen 16D
Kvænangsbotn 16D
Kvalsund 16B
Kvam 26A
Kvamskogen 26F
Kvamsøy 26F
Kvanndal 26F
Kvanløse 32B
Kvarnbacken 25B
Kvarnsveden 29A
Kvarsebo 29E
Kvås 27D
Kveide 25E
Kvernes 22F
Kvesmenes 16C
Kvevlax 12E
Kvibille 30C
Kvicksund 29C
Kvikkjock 18E
Kvikne, Norway 26A

Kvikne, Norway 23E
Kvillsfors 31A
Kvina 27D
Kvinesdal 27D
Kvinlog 27D
Kvislange 30F
Kvislåseter 26A
Kvissleby 25C
Kvisvik 22F
Kvitesseid 27C
Kvittingen 27F
Kwidzyn 85A
Kwik 30F
Kycklingvattnet 20F
Kylänpää 12E
Kyläsaari 10C
Kyle of Lochalsh 2D
Kyleakin 2D
Kylemore 8F
Kylerhea 2D
Kylesku 2B
Kylestrome 2B
Kylmäkoski 10D
Kymbo 30B
Kynmen 28C
Kynšperk 41C
Kyritz 37B
Kyrkesund 30A
Kyrkslätt 10F
Kyrö 10E
Kyröskoski 10C
Kyrping 27E
Kyskmoen 18F
Kyústendil 89E
Kyyjärvi 12F

La Aberca 69A
La Alberca de Záncara 70D
La Albuera 68F
La Aldehuela 69A
La Almarcha 70D
La Almolda 66F
La Almunia de Doña Godina 66E
La Ametlla de Mar 67E
La Baña 63A
La Bañeza 64D
La Bisbal 67D
La Bóveda de Toro 64F
La Cadoñera 66F
La Calobra 75C
La Calzada de Calatrava 70E
La Calzada de Oropesa 69C
La Campana 73C
La Cañada 74F
La Cañiza 63C
La Carlota 73C
La Carolina 70E
La Cava 67F
La Cenia 66F
La Cerca 65A
La Codosera 68F
La Coronada 69E
La Coruña 63A
La Coveta Fuma 15E
La Cumbre 69C
La Encina 71E
La Escala 67D
La Espina 64A
La Estrada 63C
La Estrella 69D
La Felguera 64B
La Fregeneda 63F
La Fresneda 66F
La Fuente de San Esteban 64E
La Gallega 65C
La Garriga 67D
La Garrovilla 69E
La Gineta 70F
La Granja 65E
La Guardia, Spain 70C
La Guardia, Spain 63C
La Gudiña 63D
La Haba 69E
La Hermida 64B
La Herradura 14F
La Horcajada 69A
La Horra 65E
La Iglesuela 69B
La Iglesuela del Cid 71B
La Iruela 74C
La Jana 71B
La Junquera 67D
La Lantejuela 73C
La Linea de la Concepción 73E
La Luisiana 73C
La Maddalena 61B
La Magdalena 64B
La Merca 63D
La Molina 67C

La Muela 66E
La Nava de Ricomalillo 69D
La Nava de Santiago 69E
La Nucia 71F
La Paca 74D
La Palma del Condado 72D
La Panadella 67C
La Peraleja 70B
La Plaza 64A
La Pobla de Lillet 67C
La Pola de Gordon 64B
La Puebla 75C
La Puebla de Almoradier 70D
La Puebla de Cazalla 73C
La Puebla de los Infantes 73C
La Puebla de Montalbán 69D
La Puebla de Valdavia 64D
La Puebla de Valverde 71C
La Puebla del Rio 73C
La Puebla Nueva 69D
La Puerta de Segura 70F
La Punt 47F
La Rambla 73D
La Rinconada 73C
La Robla 64B
La Roca de la Sierra 69E
La Roche 12C, (12 km S of Fribourg)
La Roda, Spain 70D
La Roda, Spain 73D
La Romana 71E
La Rua 63D
La Salceda 65E
La Seca 64F
La Selva 67E
La Solana 70F
La Spézia 54C
La Toja 63C
La Toledana 69D
La Tour-de-Peilz 12C
La Unión 75C
La Vecilla 64B
La Vega 63D
La Vellés 64F
La Ventosa 70D
La Victoria 73C
La Vid 65E
La Villa de Don Fadrique 70D
La Yesa 71C
Laa 49B
Laaben 49B
Laage 33B
Laanila 17E
Laapshe 40A
Labajos 64F
Labastide 67B
Labastide-Murat 51C
Labbnäs 25F
Labenne 50E
Labin 55C
Labouheyre 50C
Labrède 50D
Labrit 50D
Labruguière 67B
Läby 29D
Lać 87B
Lac-Chambon 51B
Lacanau-Océan 50C
Lacapelle-Marival 51C
Lacaune 51F
Lacco Ameno 11E
Laceby 5F
Lachen 47C
Lachendorf 37C
Lack 8C
Läckö 28F
Lacobeni 88C
Láconi 61C
Lacq 66B
Ladelund 33E
Ladhá 92D
Ladispoli 56D
Ladne Vode 87A
Ladoeiro 68D
Lafnitz 49D
Lafosen 25E
Lafrançaise 51C
Lagan 30D
Lagartera 69D
Lage, Spain 63A
Lage, W. Germany 36D
Lågeros 26D
Laget 27B
Lagg 2E
Lagga 29D
Laggan 2D
Laghey 8C
Laghtgeorge 9E

Lagny 38F
Lago 54B
Lagoa 72C
Lagoaça 63F
Lagonegro 58F
Lagos 72C
Lagovoúni 92F
Laguardia 65D
Laguarres 66D
Laguarta 66D
Laguiole 51D
Lagunilla 69A
Laharie 50E
Lahinch 9E
Laholm 30C
Lahr 47A
Lahti 10D
Laichingen 47B
Laignes 46A
Laiguéglia 53E
Laihia 12E
Lainijaur 21C
Lainio 14B
Lair 3C
Lairg 2B
Laisbäck 21C
Laissac 51D
Laisvall 21A
Laitila 10C
Lajeosa 68B
Lajkovac 87A
Lajosmizse 86A
Lakasjö 25B
Lakaträsk 14E
Lakhdenpokh'ya 11B
Lákka 92F
Lakkópetra 92E
Lakselv 17D
Laksfors 20C
Lála 92F
Lalin 63D
Lalinde 51C
Lalley 52D
Lalling 41F
Lalm 26A
Lálouka 92D
Lam 41F
Lama Mocogno 54C
Lamalou 51F
Lamarche 46A
Lámari 92A
Lamastre 52C
Lambach 48B
Lámbaina 92F
Lamballe 42D
Lamberhurst 7D
Lambéti 92F
Lámbia 92F
Lamborn 29A
Lambourn 7C
Lamego 63F
Lamía 92C
Lamlash 4A
Lammhult 30D
Lammi 10D
Lamminkylä 13F
Lamotte-Beuvron 45C
Lampertheim 40C
Lampeter 6A
Lampinoú 90B
Lampinsaari 12D
Lämpsä 15F
Lanaja 66D
Lanark 4A
Lancaster 5C
Lanchester 5C
Lanchin 88C
Lanciano 57C
Lancieux 10A
Lancin 52B
Łańcut 85F
Landau, W. Germany 40E
Landau, W. Germany 41F
Landeck 47D
Landedo 63D
Landerneau 42C
Landeryd 30D
Landeskogen 27D
Landete 71C
Landivisiau 42C
Landön 24B
Landquart 47D
Landrecies 38D
Landså 85E
Landsberg, Poland = Garzów Wielkopolski
Landsberg, W. Germany 48A
Landsbro 30B
Landskrona 30E
Landstuhl 39F
Landvik 27D
Lane 28E
Lanes 16C
Lanesborough 8D

Langa de Duero 65E
Langadhás 89F
Langádhia 92F
Langangen 27A
Långban 28D
Langeac 51B
Langeland, Island 33C
Längelmäki 10D
Langelsheim 37C
Langen 40C
Langenau 47B
Langenberg, E. Germany 41A
Langenberg, W. Germany 39B
Langenbrücken 40E
Langenburg 40F
Langenes 18B
Längenfeld, Austria 48C
Langenfeld, W. Germany 39B
Langenlois 49B
Langennagen 36D
Langensalza 40B
Langensenbold 40C
Langensteinbach 40E
Langenthal 47C
Langenzenn 40F
Langenzersdorf 49B
Langeoog 36A
Långersud 28C
Langeskov 33C
Langesund 27A
Langevåg 22E
Langfjord 16E
Langfjordbotno 16D
Långflon 28A
Långnäs 25F
Langnau 47C
Langogne 52C
Langon 50D
Langquaid 41E
Långradna 31A
Langres 46A
Langrune 43A
Langsele 25A
Langset, Norway 28A
Langset, Norway 18F
Langshyttan 29A
Långstrand 20D
Langtoft 5D
Långträsk 14E
Languedoc, reg. 51F
Långviken, Sweden 21A
Långviken, Sweden 21D
Langwathby 5C
Langworth 5F
Lanjarón 73F
Länkipdhja 10B
Lanklaar 39A
Länna, Sweden 29C
Länna, Sweden 29D
Lannavaara 14A
Lannemezan 66B
Lannilis 42C
Lannion 42C
Lanouaille 51A
Lansån 14D
Lanškroun 84F
Lanslebourg 53A
Lantadilla 65C
Lantzói 92F
Lanusei 61D
Lanžhot 49B
Lanzo d'Intelvi 13F
Lanzo 6E
Lanzo-Torinese 53A
Laodicea, anc. Site 91D
Laon 38F
Lápa 92E
Lapad 16E
Lapalisse 45F
Lapford 6E
Lapinjärvi 11E
Lapinlahti 13E
Lappajärvi 12E
Lappe 29E
Lappeenranta 11D
Lappfjärd 10A
Lappfors 12E
Lappi 10C
Lappträsk 14F
Lappvik 10E
Låpseki 91A
Lapua 12E
L'Aquila 57C
Laracha 63A
Laragh 9A
Laragne 52D
Larbert 2F
Lärbro 31B
Larceveau 66A
Lårdal 27A
Lardero 65D

Laredo 65A
Largentière 52C
Largo 3E
Largs 2F
Larimna 92C
Larino 58E
Lárisa 90E
Larkhall 2F
Larkollen 27A
Larne 8A
Laroche 45B
Laroque d'Olmès 67A
Laroquebrou 51C
Lárraga 65D
Larrau 66A
Larsmo 12C
Larsnes 26E
Laruns 66B
Larv 30B
Larvik 27A
Las Caldas de Besaya 65A
Las Cebezas 73E
Las Mesas 70D
Las Navas de la Concepción 73C
Las Navas del Marqués 69B
Las Negras 74F
Las Pedroñeras 70D
Las Rotas 15F
Las Rozas 69B
Las Ventas con Peña Aquilera 69D
Las Vertientes 74C
Lasarte 65B
Låsby 32D
Łask 85C
Lasmos 89D
Lassay 44B
Lassbyn 85F
Lassfolk 12E
Lassigny 38D
Lastéika 92F
Lastra a Signa 54E
Lästringe 29F
Lastrup 36C
Laśva 87C
Latchingdor 7D
Laterza 58D
Lathen 36C
Latheron 3A
Latikberg 21E
Latina 56D
Latour-d'Auvergne 51B
Latour-de-France 67B
Latronico 58D
Latronquière 51C
Latterbach Spiez 47E
Laubach 40A
Lauchheim 40F
Lauda 40D
Laudal 27D
Lauder 3E
Lauenburg 37A
Lauf 41E
Laufach 40D
Laufen, Switzerland 46D
Laufen, W. Germany 48B
Lauffen 40E
Laugharne 6C
Lauingen 40F
Laujar de Andarax 74E
Lauka 10B
Laukvik 18D
Laumes, les 46C
Launceston 6E
Laupheim 47B
Lauragh 9F
Laureana di Borrello 59E
Laurencekirk 3C
Laurenzana 58D
Lauria 58F
Laurière 45F
Laurieston 4B
Laurila 14F
Laurito 58F
Lauritsala 11D
Lausanne 47F
Lauterbach 40B
Lauterbrunnen 47E
Lauterecken 39D
Lauvås 27D
Lauvsnes 23A
Lauvstad 22E
Lauvvik 27F
Lauzerte 51C
Lauzet, le 52D
Lauzun 50D
Laval 44A
Lavamund 49E
Lavandou, le 52F
Lavangen 19A
Lavardac 50D
Lavaur 51E

Lavelanet 67A
Lavello 58E
Lavelsloh 36D
Lavenham 7B
Laveno 47E
Lavia 10C
Lavington 6D
Lavinio Lido di Enea 56B
Lavik 26F
Lavit 51E
Lavong 20A
Lavoûte-Chilhac 51B
Lavre 68E
Lávrion 92B
Lavsjö 21E
Lavvajok 17C
Lawrencetown 8B
Laxa 28F
Laxbäcken 20F
Laxey 4D
Laxford Bridge 2B
Laxne 29C
Laxo 3B
Laxvik 30C
Läyliäinen 10F
Layna 65F
Laza 63C
Lazarevac 87A
Lazdijai 85B
Lazonby 5C
Le Bourget, airport 38E
Le Grand-Lucé 44B
Le Mans 44B
Le Poiré-sur-Vie 44C
Le Val-André 42D
Le Ville 54F
Lea 6D
Leadburn 3E
Leaden Roding 7D
Leadenham 5F
Leadhills 4B
Leamington Spa = Royal Leamington Spa
Leap 9F
Leatherhead 7C
Łeba 85A
Lebach 39F
Lebenstedt 37C
Lebesby 17A
Łebórk 85A
Lebrija 73E
Leça da Palmeira 63E
Lecce 58B
Lecco 47F
Lécera 66F
Lech 47D
Lechena 92F
Lechena 39B
Lechlade 7C
Lechovice 49B
Leciñena 66D
Leck 33E
Lectoure 50F
Lecumberri 65B
Łęczyca 85C
Ledaña 71C
Ledanca 65E
Ledbury 6D
Ledenice 55B
Ledesma 64E
Łédignan 52E
Ledmare 2B
Lędyczek 85A
Lee-on-the-Solent 7E
Leeds 5E
Leek 5E
Leenane 8F
Leer 36A
Leeuwarden 35B
Leganés 69B
Legé 44C
Leggäkoski 10D
Legnano, Italy 53B
Legnano, Italy 54B
Legnica 84D
Lepsény 86C
Legrad 49F
Léguevin 67A
Lehnin 37D
Lehrte 36D
Lehtimäki 12F
Lehtovaara 13B
Leibnitz 49F
Leicester 7A
Leiden 35C
Leigh 5E
Leigh-on-Sea 7D
Leighlinbridge 9A
Leighton Buzzard 7C
Leikanger 22E
Leikong 26E
Leimbach 37D
Leinefelde 37E
Leintwardine 6B
Leipojärvi 14C
Leipzig 37F
Leira 26B
Leiranger 18D

Leirbotn 16D
Leirgulen 26E
Leiria 68C
Leiro 63C
Leirosen 20A
Leirpollen 17B
Leirvassbu 26C
Leirvik, Norway 26F
Leirvik, Norway 27E
Leisnig 41B
Leiston 7B
Leith 3E
Leitrim 8D
Leivonmäki 11A
Leiza 65B
Lekeryd 30B
Lekhaina 92F
Lekhovon 90A
Lekhyttan 28D
Leknes 22E
Lekvattnet 28A
Lelystad 35D
Léman, Lac, lake 46F
Lemberg = L'vov
Lembèye 66B
Lembruch 36D
Lemgo 36D
Lemho 13F
Lemmer 35B
Lempäälä 10D
Lempdes 51B
Lemreway 2A
Lemu 10E
Lemvig 32F
Lena, Norway 26B
Lena, Sweden 30A
Lencroître 44D
Lend 48D
Lendava 49F
Lendery 13D
Lengau 48D
Lengenes 19C
Lengenfeld 41A
Lengerich 36C
Lenggries 48C
Lenham 7D
Lenhovda 31C
Lenk 46F
Lennartsfort 28C
Lenningden 26B
Lenno 13F
Lennoxtown 2F
Leno 54A
Lens 38B
Lensahn 33D
Lensvik 23C
Lentiira 13B
Lentini 60B
Lenvik 16B
Lenzburg 47C
Lenzen 37A
Lenzerheide-Lai 47F
Leoben 49C
Leominster 6B
Léon, France 50E
León, Spain 64D
Leonberg 40E
Leondári 90B
Leondárion 92D
Leonessa 56B
Leonfelden 49A
Leonforte 60D
Leonídhion 92D
Leopoldsburg 39A
Leovo 88B
Lepe 72C
Lepenoú 92E
Leppäkoski 10D
Leppävirta 11A
Lerbäck 28F
Lercara Friddi 60C
Lérici 54C
Lérida 66D
Lerin 65D
Lerissós 90B
Lerma 65C
Lermoos 48C
Lerum 30A
Lerwick 3B
Lés 67A
Les Fins 46D
Les Haudères 47E
Lesa 13E
Lesaca 65B
Lescar 66B
Lesce 55B
Lesconil 42E
Lesično 49F
Lesja 26C
Lesjaskog 22F

Lesjaverk 22F
Lesjöfors 28D
Leskelä 12D
Lesko 85F
Leskovac 89F
Leskovik 90A
Leslie 3E
Lesmahagow 4B
Lesna 49B
Lesnica 86B
Lesparre 50D
Lespérau 51D
Lessay 43A
Lessebo 31C
Lestelle-Bétharram 66B
Lestijärvi 12F
Leswalt 4A
Leszno 84B
Letafors 28A
Letchworth 7C
Letino 57F
Letmathe 36E
Letnitsa 89C
Letsbo 25E
Letsi 14C
Letterkenny 8C
Letterston 6C
Leu 89E
Léuca 59A
Leuglay 46A
Leuk 47E
Leukerbad 47E
Leupoldstein 41C
Leutkirch 47B
Leuven 39A
Leuze 38B
Levádhia 92F
Levan 87B
Levanger 23C
Lévanto 53D
Lévanzo 60E
Levede 31B
Levek 19E
Leveld 26D
Leven, England 5D
Leven, Scotland 3E
Levene 28B
Levens Bridge 5C
Levens l'Escarène 53E
Leverburgh 2A
Leverkusen 39B
Levice 86C
Levico 48E
Levídhi 92D
Lévie 62C
Levier 46D
Levkás 92E
Lévki 92F
Levkimmi 92F
Lévktra 92C
Levoča 85E
Levroux 45C
Levski 89C
Lewes 7F
Leyburn 5C
Leyland 5E
Leysdown 7D
Leysin 46F
Ležajsk 85F
Lezat 67A
Lezay 44F
Lezhë 87B
Lézignan 67B
Lezoux 45F
Lezuza 70F
Li 12B
Lianokládhion 92C
Liapádhes 92F
Liatorp 30D
Liberec 84F
Libochovice 41D
Libohovë 90A
Libourne 50D
Librilla 74D
Libros 71C
Licata 60D
Lich 40C
Lichfield 7A
Lichtenau 40E
Lichtenfels 41C
Lichtenstein 41A
Licki Osik 55D
Licko Jesenica 55D
Liddel 5A
Liden 25C
Lidhult 30D
Lidgate 7B
Lidingö 29D
Lido 54B
Lido degli Estensi 54D
Lido degli Scachi 11A
Lido del Savio 11A
Lido delle Nazioni 11A
Lido di Camaiore 54E

Lido di Classe 11A
Lido di Iésolo 54B
Lido di Mortelle 60A
Lido di Òstia 56D
Lidsjöberg 20F
Lidzbark 85A
Liebenau, *Austria* 49A
Liebenau, *W. Germany* 36D
Liebenstein 40B
Liebenwalde 37B
Liège 39A
Liegnitz = Legnica
Lieksa 13F
Lienz 48F
Lieokhoríkion 92C
Lier 27A
Lierfoss 28C
Liérganes 65A
Liestal 47C
Lieşti 88B
Lieto 10E
Liétor 70F
Lievestuore 11A
Liezen 49C
Liffol-le-Grand 46A
Lifton 6E
Ligga 14C
Lignano Sabbiadoro 55A
Lignières 45C
Ligny-en-Barrois 39E
Ligny-le-Châtel 45B
Ligoúrion 92D
Ligueil 44D
Liguria, prov. 53D
Liijendal 11E
Likenäs 28B
Liknes = Kvinesdal 27D
Likókhia 92D
Likoúri 92D
Lilaía 92C
Lilla Edet 30A
Lille 38B
Lillebonne 43B
Lillehammer 26B
Lilleholmsjö 24B
Lilleng 18B
Lillerod 32B
Lillers 38C
Lillesand 27D
Lillestrom 28C
Lillhärdal 24F
Lillholmträsk 21C
Lillo 70C
Lillsele 21F
Lillsved, *Sweden* 24D
Lillsved, *Sweden* 29D
Lillviken, *Sweden* 20B
Lillviken, *Sweden* 20F
Lima 28B
Limanowa 85F
Limavady 8A
Limbach 41B
Limburg 40C
Limedsforsen 28B
Limén Vathéos 91C
Limenária 90B
Limerick 9C
Limín = Thásos
Liminka 12B
Limmared 28B
Limmen 35A
Limnes 92D
Límni 92C
Limogárdhi 92C
Limoges 51A
Limogne 51C
Limone Piemonte 53C
Limousin, reg. 51A
Limoux 67A
Limpsfield 7D
Linaälv 14C
Linares 73B
Linares de Mora 71A
Linares de Riofrío 69A
Linariá 92A
Linate, airport 53B
Lincoln 5F
Lindale 6B
Lindås, *Norway* 26F
Lindås, *Sweden* 31C
Lindau 47C
Linderas 30B
Linderhof 13C
Linderöd 30F
Lindesnas 28B
Lindfors 28D
Lindlar 40A
Lindone 30A
Líndos 91F
Lindoso 68A
Lindsberg 29C
Lindved 32F
Lingbo 25E
Linge 22F

Lingen 36C
Lingfield 7C
Linghed 29A
Linguaglossa 60A
Linhamn 30E
Linjeviken 20F
Linköping 29E
Linlithgow 3E
Linneryd 30D
Linsell 24D
Linthal 47C
Linton 7B
Lintzel 37A
Linyola 67C
Linz, *Austria* 49A
Linz, *W. Germany* 39D
Liomseter 26A
Lion 43A
Lion d'Angers, le 44C
Lioran, le 51B
Lipa 86F
Liperi 13F
Liphook 7C
Lipiany 84B
Lipkany 88C
Lipljan 87A
Lipník 85E
Lipniţa 89A
Lipno 85C
Lippborg 36E
Lippstadt 36F
Lipsk 85B
Liptovský Mikuláš 85E
Lipusz 85A
Liria 71C
Lirkía 92D
Lisboa 68E
Lisbon = Lisboa
Lisburn 8A
Liscarney 8F
Liscarrol 9F
Lisdoonvarna 9E
Liseux 43B
Liskeard 6E
Lisle 51E
L'Isle-sur-Serein 45D
Lismore 9D
Lisnaskea 8D
Liss 7E
Lissaréa 92F
Lisskogsåsen 28B
List 33E
Lista 29C
Listerby 31E
Listowel 9E
Lit 24B
Litcham 7B
Litchfield 7C
Lithakiá 90C
Litija 49E
Litlos 26D
Litókhoron 90B
Litoměřice 41B
Litomyšl 84F
Litschau 49A
Litslena 29C
Littala 10D
Little Fakenham 7B
Little Ouseburn 5C
Little Walsingham 7B
Littleborough 5E
Littlehampton 7E
Littleport 7B
Littlestone-on-Sea 7F
Littleton 9C
Littoinen 10E
Litvínov 41B
Livada 88E
Livádhi 92B
Livanátais 92C
Livárji 92F
Livarot 43D
Liverpool 4F
Livigno 47C
Livingston 3E
Livno 87C
Livorno 54E
Livorno-Ferraris 53A
Livron 52D
Lixnaw 9E
Lixoúrion 90C
Lizard 6F
Lizumer Hütte 48C
Lizy 38F
Ljosland 27D
Ljubinje 87C
Ljubljana 49E
Ljubuški 87C
Ljugarn 31B
Ljung 30A
Ljunga 25C
Ljungaverk 25C
Ljungby 30D
Ljungbyhed 30F
Ljungbyholm 31C

Ljungdalen 24C
Ljunghusen 30E
Ljungsbro 29E
Ljungskile 28E
Ljusdal 25E
Ljusne 25E
Ljusterö 29D
Ljutomer 49F
Llafranch 15A
Llagostera 67D
Llanaelhaiarn 4F
Llanarth 6A
Llanaves 64B
Llanbadarnfynydd 6B
Llanbedr 6A
Llanbedrog 4F
Llanberis 4F
Llanbister 6B
Llanboidy 6C
Llanbryde 3C
Llandaff 6D
Llanddarog 6C
Llandegla 4F
Llandeilo 6C
Llandissilio 6C
Llandovery 6C
Llandrillo 4F
Llandrindod Wells 6B
Llandudno 4F
Llandyssul 6A
Llanelli 6C
Llanelltyd 6A
Llanerchymedd 4F
Llanes 64B
Llanfair Caereinion 6B
Llanfair Talhaiarn 4F
Llanfairfechan 4F
Llanfarian 6A
Llanfyllin 6B
Llangadfan 6B
Llangadog 6C
Llangefni 4F
Llangeler 6C
Llangelynin 6A
Llangollen 4F
Llangurig 6B
Llangynog 6B
Llanidloes 6B
Llanilar 6A
Llanrhidian 6C
Llanrhystyd 6A
Llanrwst 4F
Llansá 67D
Llansantffraid-ym-Mechain 6B
Llanstephan 6C
Llanthony 6D
Llantrisant 6D
Llantwit Major 6D
Llanwrda 6C
Llanwrtyd Wells 6A
Llanybydder 6A
Llanymynech 6B
Llavorsí 67C
Llera 69E
Llés 67C
Llivia 67C
L'Ile-Bouchard 44D
Llodio 65A
Llombay 71C
Lloret de Mar 67D
Llosa de Ranes 71E
Lluchmayor 75E
Llwyngwril 6A
Llyswen 6D
Loanhead 3E
Loano 53D
Loans 4B
Löbau 84D
Löbejün 37F
Lobenstein 41C
Löberöd 30F
Łobez 84B
Löbnitz 33B
Lobón 69E
Lobonäs 24F
Loburg 37D
Locarno 47E
Lochailort 2D
Lochaline 2E
Lochboisdale 2C
Lochbuie 2E
Lochcarron 2D
Lochearnhead 2F
Lochem 35D
Loches 44D
Lochgair 2F
Lochgelly 3E
Lochgilphead 2F
Lochgoilhead 2F
Lochinver 2B
Lochlee 3C
Lochmaben 4B
Lochmaddy 2C
Lochmariaquer 42F

Lochranza 4A
Lochwinnoch 2F
Lochy Bridge 2D
Lockerbie 4B
Locknevi 31A
Locle, le 46D
Locminé 42F
Locri 59D
Löddeköpinge 30E
Loddon 7B
Lodé 61B
Lodève 51F
Lodi 53B
Löding 18F
Lödingen 18D
Lodosa 65D
Lödöse 30A
Łódź 85C
Loeches 70A
Loen 26C
Löfallstrand 27E
Lofer 48D
Lofsdalen 23F
Loftahammar 31A
Lofthus 26F
Loftus 5D
Loga 36A
Loggerheads 5E
Logis du Pin, le 53E
Logroño 65D
Logrosán 69C
Logstør 32E
Løgumkloster 33E
Lohals 33C
Lohausen, airport 39B
Lohijärvi 14D
Lohinva 14D
Lohja 10F
Lohjan as 10F
Lohmen 33B
Lohne 36D
Lohnsfeld 39D
Lohr 40D
Lohtaja 12C
Loimaa 10C
Loimaa Mlk. 10C
Loire, river 45C
Loja 73D
Loka 28D
Lokalahti 10E
Loket 41D
Lokka 15A
Lokeren 38B
Løkken, *Denmark* 32C
Løkken, *Norway* 23C
Løkken, *Denmark* 32C
Lolland, island 33C
Lollar 40A
Lom, *Bulgaria* 89E
Lom, *Norway* 26C
Łomazy 85D
Łomianki 85C
Lombardia, prov. 53B
Lombez 67A
Lomello 53B
Lomma 30E
Lommatzsch 41B
Lommel 39A
Lomond, Loch, lake 2F
Lomonosov 11F
Łomsjö 21E
Łomza 85B
Londinières 38C
London 7C
Londonderry 8C
Lone 27E
Long Ashton 6D
Loano 53D
Long Bennington 5F
Long Compton 7C
Long Eaton 5E
Long Marston 5C
Long Melford 7B
Long Preston 5C
Long Stratton 7B
Long Sutton 7B
Longá 90C
Longaníkos 92D
Longarone 48F
Longástra 92D
Longbridge Deverill 6D
Longeau 46C
Longega 48E
Longemer 46B
Longford 8D
Longhorsley 5A
Longhoughton 5A
Longjumeau 38F
Longny 44B
Longobucco 59C
Longridge 5E
Longside 3C
Longton 5E
Longtown 4B
Longué 44D
Longuyon 39E

Longwy 39E
Lonigo 54B
Löningen 36C
Lons-le-Saunier 46E
Lonsboda 30D
Lönsdal 18F
Lönset 23E
Loo Bridge 9F
Loon op Zand 35D
Lopar 55D
Lopcombe Corner 7C
Lopera 73D
Lopovo 87A
Loppa 16B
Loppi 10F
Lopud 16E
Lora 26C
Lora del Río 73C
Lorca 74D
Lorch, *W. Germany* 39D
Lorch, *W. Germany* 40F
Lörenskog 28C
Lorentzen 39F
Lorenzana 63B
Loreo 54D
Loreto 55E
Loriga 68B
Lorient 42E
Loriol 52C
Lormes 45D
Lörrach 47C
Lorraine, reg. 39E
Lorrha 9C
Lorris 45A
Lorsch 40C
Los 24F
Los Alcázares 75C
Los Arcos 65D
Los Arenales del Sol 15E
Los Balbases 65C
Los Barrios 73E
Los Battios de Luna 64B
Los Berengueles 14F
Los Boliches 14E
Los Corrales 73C
Los Corrales de Buelna 65A
Los Cortijos 69D
Los Dolores 74D
Los Hinojosos 70D
Los Monteros 14E
Los Navalmorales 69D
Los Navalucillos 69D
Los Palacios y Villafranca 73C
Los Rabanos 65F
Los Santos 69A
Los Santos de Maimona 69E
Los Villares 73D
Los Yébenes 69D
Losacino 64E
Losar de la Vera 69C
Losheim 39D
Loshult 30D
Losser 36C
Lossiemouth 3A
Lostwithiel 6E
Löt 31C
Lote 26E
Lötzen = Gizycko
Loudéac 42D
Loudon 44D
Loué 44D
Loughborough 7A
Loughor 6C
Loughrea 9C
Louhans 46E
Louisburgh 8F
Louka 92D
Loulé 72C
Louny 41D
Loupe, la 45A
Lourdes 66B
Loures 68E
Loures Barousse 66B
Louriçal 68C
Lourinha 68C
Lourosa 68B
Lousã, *Portugal* 68C
Lousã, *Portugal* 68C
Lousada 63E
Lousiká 92E
Louth, *England* 5F
Louth, *Rep. of Ireland* 8B
Loutoúfi 92C
Loutrá Aidhipsoú 92C
Loutrá Ipátis 92C
Loutrá Killinis 92F
Loutráki 92D
Loutraki Spaiiá 92D

Loutrón 92E
Loútsai 92F
Louvesc, la 52A
Louvière, la 38D
Louviers 38E
Louvigné-du-Désert 44A
Lövanger 21F
Lovasberény 86C
Lövberga 25A
Lovech 89C
Lövere 47F
Lovhögen 24F
Loviisa = Lovisa
Loviken 25C
Lovikka 14D
Lovinac 55D
Lovios 63C
Lovisa 11E
Lövlund, *Sweden* 20D
Lövlund, *Norway* 26A
Lövnäs, *Sweden* 24F
Lövnäs, *Sweden* 21A
Lövo 49D
Lovosice 41D
Lovran 55A
Lovrin 86B
Lövsjon 28B
Lövstabruk 29B
Lovvik 25D
Löwenberg 37B
Löwenstein 40F
Lower Austria = Niederösterreich
Lower Saxony = Niedersachsen
Lowestoft 7B
Lowick, *England* 4D
Lowick, *England* 5A
Łowicz 85C
Lozarevo 89A
Loznica 87A
Lozorno 49B
Lozoyuela 65E
Lærdal 26D
Lærdalsöyri = Lærdal
Læsø, Island 32C
Luarca 64A
Lubań 84D
Lubartów 85D
Lubawa 85A
Lübbecke 36D
Lübben 84D
Lübeck 33D
Lubenec 41D
Lubian 63D
Lubień 85A
Lubin 84D
Lublin 85D
Lubliniec 85E
Lubrin 74D
Lubsko 84D
Lübtheen 37A
Lübz 37B
Luc 43A
Luc-en-Diois 52D
Luc, le 52F
Lucainena de las Torres 74D
Lucan 9A
Lucca 54E
Lucena 73D
Lucena de Cid 71D
Lučenec 86A
Lucera 58E
Lucerne, Lake of = Vierwaldstätter-See
Lüchow 37A
Luciana 69F
Lucido 59C
Lucie-de-Tallan 62C
Lucija 16A
Lucillo 64C
Luckau 84D
Luckenwalde 37D
Lucksta 25C
Luco de Jiloca 66E
Luçon 44E
Ludag 2C
Ludborough 5F
Ludbreg 49F
Lüdenscheid 40A
Ludford 5F
Ludgershall 7C
Ludgo 29E
Lüdinghausen 36E
Ludlow 6B
Luduş 88D
Ludvika 29A
Ludwigsburg 40F
Ludwigshafen 40E
Ludwigslust 37A
Ludwigsstadt 41C

Luesia 66C

Lugagnano Val d'Arda 53D
Lugano 47E
Lugau 41F
Lugnås 28F
Lugnvik 24B
Lugo, *Italy* 54D
Lugo, *Spain* 63B
Lugoj 88F
Lugones 64B
Lugton 2F
Luhanka 11C
Luib 2C
Luikonlahti 13F
Lukova 87B
Lukovit 89C
Lukovo Sugarje 55D
Łuków 85D
Luksfjell 27A
Luktvatn 20A
Lukve 48F
Luleå 84F
Lüleburgaz 89B
Lulsgate 6D
Lulworth Cove 6F
Lumbier 66A
Lumbrales 63D
Lumbreras 65D
Lumbres 38A
Lumby 33C
Lumijoki 12B
Lummelunda 31B
Lumparland 25F
Lumphanan 3C
Lumpiaque 66C
Lumscheden 29A
Lumsden 3C
Lun 55D
Luna 66C
Lunano 54F
Lund 30F
Lunda 29D
Lundagård 21A
Lundamo 28F
Lunde, *Norway* 26E
Lunde, *Norway* 27A
Lunde, *Norway* 27D
Lunden 33F
Lunderseter 28A
Lunderskov 33E
Lundin Links 3E
Lundsbrunn 28F
Lüneburg 37A
Lunel 52E
Lünen 36E
Lunéville 39F
Lungern 47C
Lungro 59C
Lungsjön 25A
Lungsund 28E
Lunna 3B
Lunner 26B
Lunz 49C
Luogosanto 61B
Luopa 10A
Luopioinen 10D
Luque 73D
Lurcy-Lévy 45D
Lure 46D
Lurgan 8B
Lurisia 53C
Luröy 20A
Lulshnjë 87B
Lusignan 44F
Lusk 8B
Lusma 13D
Luso 68A
Lusperbryggan 14C
Luss 2F
Lussac-les-Châteaux 44F
Lussan 52E
Lustenau 47D
Luster 26C
Lutjenburg 33D
Lutnes 28A
Luton 7C
Lutterworth 7A
Lützen 41A
Lutzerath 39D
Lützow 33F
Luumäki 11C
Luusua 15C
Luvia 10C
Luvos 19E
Luxembourg 39D
Luxeuil-les-Bains 46B
Luz 66B
Luzarches 38E
Luzech 51C
Luzern 47C
Lužice 49B
Luzy 45D
L'vov 85F
Lwówek 84D
Lwówek Śląski 84D

Lyaskovets 89C
Lybster 3A
Lychen 37B
Lyck = Ełk
Lycke 30A
Lyckeby 31E
Lycksele 21E
Lydd 7F
Lydford 6E
Lydham 6B
Lydney 6D
Lye 31B
Lygna 26B
Lykkia 26D
Lylyvaara 13F
Lyme Regis 6F
Lymington 7E
Lympne 7D
Lyndhurst 7E
Lyneham 7E
Lyness 3A
Lyngdal, *Norway* 27A
Lyngdal, *Norway* 27D
Lyngen 16C
Lyngseidet 16C
Lynmouth 6C
Lynton 6C
Lyon 52A
Lyons-la-Forêt 38E
Lyonshall 6B
Lyrestad 28F
Lyseba 27E
Lysebotn 27E
Lysekil 28E
Lyss 46D
Lysvik 28D
Lytchett Minster 6F
Lytham 4F
Lytham St Annes 4F
Lythe 5D
Lyubimets 89D

Maam Bridge 8F
Maam Cross 8F
Maaninka 13E
Maanselkä 13C
Maarianhamma = Mariehamn
Maas 8C
Maaseik 39A
Maassluis 35C
Maastricht 39A
Mablethorpe 5F
Macael 74D
Mação 68D
Macclesfield 5E
Macduff 3C
Maceda 63D
Macedo de Cavaleiros 63F
Macedonia = Makedonija
Maceira 68C
Macelj 49B
Macerata 55E
Machault 39E
Machecoul 44C
Machine, la 45D
Machrihanish 4A
Măcin 88B
Macinaggio 62A
Mackmyra 29A
Macomér 61C
Mâcon 46E
Macosquin 8A
Macotera 64F
Macroom 9F
Macugnaga 47E
Macure 55F
Madangsholm 30B
Maddaloni 57F
Maderuelo 65E
Madésimo 47F
Madley 6D
Madonna di Campiglio 48E
Madrid 70A
Madridejos 70C
Madrigal de la Vera 69C
Madrigal de las Atlas Torres 64F
Madrigalejo 69E
Madrigueras 71E
Madroñera 69C
Maella 66F
Maentwrog 4F
Mäerus 88D
Maesteg 6C
Maestu 66B
Mafra 68E
Magallón 66E
Magaña 65D
Magaz 65C
Magdeburg 37C
Magellarë 87B
Magenta 53B
Maggiore, Lago, lake 47E

Maghera 8A
Magherafelt 8A
Maghull 4F
Magione 56B
Maglaj 87D
Maglehem 30F
Máglie 58B
Magnac-Laval 45E
Magnor 28C
Magny-en-Vexin 38E
Magouládhes 92F
Magoúliana 92D
Maguilla 69E
Maguire's Bridge 8D
Mahalás 92E
Mahón 75D
Mahora 71E
Mähring 41C
Maia 63F
Maiche 46D
Máida 59C
Maiden Newton 6F
Maidenhead 7C
Maidstone 7D
Maillezais 44E
Mailly-le-Camp 38F
Mainburg 41E
Maine, reg. 44A
Mainsriddle 4B
Maintenon 38E
Mainua 13C
Mainz 40C
Maiori 11F
Mairena de Alcor 73C
Maison-Neuve 46A
Maisons Blanches, les 44F
Maisons-Laffite 38E
Maissau 49B
Maissin 39C
Maizières-les-Vic 39F
Majdan 87C
Majdanpek 89E
Majorca 68C
Majorca = Mallorca
Majšperk 49F
Makarska 87C
Makedonija, prov. 87B
Makhaira 92E
Makkaur 17B
Makola 12D
Makov 85E
Maków Mazowiecki 85B
Makrakómi, *Grece* 92C
Makrakómi, *Greece* 92A
Mákri, *Greece* 89D
Mákri, *Greece* 92D
Makrikáppa 92A
Makrísia 92F
Makrokhóri 92A
Malá, *Sweden* 21C
Malá, *Spain* 73D
Mala Krsna 87A
Malacky 49B
Maladeta, Pico de la, mt. 66B
Málaga 73F
Malagón 69F
Malahide 8B
Malalbergo 54D
Malandríni 92B
Malandrínon 92C
Malangen, *Norway* 16C
Malangen, *Sweden* 28A
Málani 88C
Mälaren, lake 29C
Malatianoi 92A
Malaucène 52D
Malaunay 38E
Malax 12E
Malbork 85A
Malcésine 54A
Malchin 33B
Malchow 37B
Malchynlleth 6A
Maldegem 38B
Maldon 7D
Malé 48E
Máleme 90F
Malène, la 51D
Malente 33D
Måleräs 31C
Máles 91E
Malesco 47E
Malesherbes 45A
Malesiádha 92E
Malesina 92C
Malexader 31A
Malgovik 20F
Malgrat 67D
Mali Losinj 55D
Malicorne-sur-Sarthe 44B
Målilla 31A
Malin 8C
Malin More 8E

Malingsbo 29C
Malinska 55B
Maljevac 55B
Malkara 89B
Malkenes 26F
Malko Tŭrnovo 89B
Mallaig 2C
Mallaranny 8F
Mallén 66C
Mallersdorf 41E
Malles 47F
Mallorca, island 75F
Mallow 9D
Mallwyd 6A
Malm 23A
Malmbäck 30B
Malmberget 14C
Malmby 29C
Malmedy 39C
Malmei 27F
Malmesbury 6D
Malmköping 29C
Malmö 30E
Malmön 28E
Malmslätt 29E
Malnes 18B
Maló 86B
Malo 54E
Malo-les-Bains 38A
Maløv 32B
Måløy 26E
Malpartida de Cáceres 69C
Malpartida de la Serena 69E
Malpartida de Plasencia 69C
Malpas 5E
Malpensa, Airport 53B
Malpica, *Portugal* 68D
Malpica, *Spain* 63A
Malpica, *Spain* 69D
Mals 47F
Mälsåker 29D
Målselv 16C
Malset 26F
Malsjö 28D
Målsryd 30B
Maltby 5E
Maltby le Marsh 5F
Malton 5D
Malung 28B
Malungsfors 28B
Malvaglia 47E
Malveira 68E
Malvern Wells 6B
Malvik 23C
Malziey, le 51D
Mambaloú 92E
Mamers 44B
Mammern 47C
Mamonovo 85A
Måna 92D
Manacor 75E
Mánari 92D
Mancha Real 73D
Manchester 5E
Manciano 56A
Manciet 50F
Mandal 27D
Mándas 61D
Mandayona 65F
Mandello 47F
Mandoúdhion 92A
Mándra, *Greece* 92A
Mándra, *Greece* 92F
Manduria 58B
Manérbio 54A
Manfredonia 58E
Manged 28C
Manger 26F
Mångsbodarna 28B
Mangualde 68B
Maniago 48F
Manilva 73C
Manisa 91C
Manises 71C
Mankala 11C
Månkarbo 29B
Manllieu 67D
Mannersdorf 49B
Mannheim 40E
Manningtree 7D
Manolás 92E
Manoppello 57C
Manorbier 6C
Manorhamilton 8D
Manosque 52F
Manresa 67C
Mans, le 44B
Mansfield 5E
Mansilla 65D
Mansilla de las Mulas 64D

Mansle 44F
Manteigas 68B
Mantes 38E
Manthiréa 92D
Mantinea, anc. site 92D
Mantorp 29E
Mantova 54A
Mäntsälä 10F
Mänttä 10B
Mäntyharju 11C
Mäntyvaara 14C
Manzanares 70E
Manzanares el Real 70A
Manzanera 71C
Manzat 45F
Maqueda 69E
Mår 26D
Maracena 73D
Maranchón 65F
Marano 54E
Marans 44E
Mărăşeşti 88B
Maratea 58F
Marateca 68E
Marathón 92A
Marathópolis 92F
Marathos 92E
Marazion 6F
Marba 68E
Marbach, *Austria* 49A
Marbach, *W. Germany* 40F
Marbäck 30B
Marbella 73E
Marbesa 14E
Marburg 40A
Marby 24B
Marčana 55C
Marcaria 54A
March 7B
Marchamalo 70B
Marche 28E
Marche, prov., *Italy* 55E
Marche, reg., *France* 45E
Marchegg 49B
Marchena 73C
Marchstein 49A
Marchtrenk 49A
Marchwiel 4F
Marciac 66B
Marciana Marina 56A
Marcigny 45F
Marcilla 65D
Marcillac-Vallon 51D
Marcilly 45B
Marck, Airport 38A
Marckolsheim 47A
Marco de Canavezes 63E
Marden 7D
Mårdsel 14E
Mårdsele 21D
Mårdsjö, *Sweden* 21E
Mårdsjö, *Sweden* 25A
Mårdsund 24B
Marebello 11B
Marennes 44B
Maresfield 7F
Maréttimo 60E
Mareuil, *France* 50B
Mareuil, *France* 44E
Margam 6C
Margarítion 90A
Margate 7D
Margharita di Savoia 58C
Märghita 88D
Margina 88F
Margone 53A
Marí 92D
Maria 74D
Maria Laach 39D
Mariager 32D
Mariannelund 31A
Mariánské-Lázně 41D
Mariazell 49C
Maribo 33A
Maribor 49F
Maridalen 27A
Mariedam 29E
Mariefried 29C
Mariehamn 25F
Marienberg 41B
Marienbourg 39C
Marienburg = Malbork
Marienwerder = Kwidzyn
Mariestad 28F
Marifjöra = 26C
Marignane 52F
Marigny le Châtel 45B
Marija Bistrica 49F
Marin 63C
Marina di Badolato 59D
Marina di Campo 56A
Marina di Carrara 54E
Marina di Gioiosa 59D
Marina di Grosseto 56A
Marina di Massa 54E

Marina di Pisa 54E
Marina di Ravenna 54D
Marina Montegiordano 58D
Marina Romea 11A
Marinaleda 73C
Marine de Sisca 62A
Marines 38E
Marinetta 54E
Maringues 45F
Marinha Grande 68C
Marino 56D
Marisholm 30F
Maristuen 26D
Maritsa 89D
Markabygd 23C
Markaryd 30D
Markátes 92A
Markdorf 47D
Market Bosworth 7A
Market Deeping 7A
Market Drayton 5E
Market Harborough 7A
Market Rasen 5F
Market Warsop 5E
Market Weighton 5D
Markethill 8B
Markham Moor 5F
Markhus 27E
Markinch 3E
Markitta 14C
Markkleeberg 41A
Markneukirchen 41C
Markópoulon 92B
Markranstädt 37F
Marks Tey 7D
Marksuhl 40B
Markt Bibart 40D
Markt Indersdorf 48A
Markt Rettenbach 47B
Markt Schwaben 48A
Marktbreit 40D
Marktheidenfeld 40D
Marktoberdorf 47B
Marktredwitz 41C
Markyate 7C
Marl 36F
Marlborough 7C
Marle 38D
Marlow, *E. Germany* 33B
Marlow, *England* 7C
Marma, *Sweden* 29B
Marma, *Sweden* 25E
Marmande 50D
Mármara 92C
Marmaraereğlisi 89B
Marmári 92A
Marmaris 91D
Marmelete 72C
Marmolada, Gruppo della, mt. 48E
Marmolejo 73B
Marmoutier 39F
Marnach 39C
Marnäs 29A
Marnay 46C
Marne 33F
Marnheim 40C
Marnitz 37A
Maroldsweisach 40F
Marolles les-Braults 44B
Maromme 38E
Maróstica 54B
Marquina 65B
Marquise 38A
Marraskoski 15C
Marságlia 53D
Marsala 60E
Marsciano 56B
Marseillan 51F
Marseille 52F
Marseille-en-Beauvaisis 38C
Marshbrook 6B
Marshfield 6D
Marske 5C
Märsta 29D
Marstal 33C
Marstrand 30A
Martel 51C
Martelange 39C
Martello 47F
Martfeld 36D
Martigny 46F
Martigny-les-Bains 46A
Martigues 52E
Martim Longo 72C
Martin 85E
Martin de la Jara 73C
Martin de Yeltes 64E
Martin del Río 66E
Martin Muñoz 64F
Martina, *Italy* 58B
Martina, *Switzerland* 47D
Martinengo 53B

Martinez 69A
Martinganca 68C
Martinneva 12F
Martinon 92C
Martock 6F
Martoft 33C
Marton 5F
Martorell 67E
Martos 73D
Martres-Tolosane 67A
Martrou 44E
Martti 15B
Marttila 10E
Marum 35B
Marvão 68D
Mårvatn 26D
Marvejols 51D
Marybank 2D
Maryculter 3C
Marykirk 3C
Maryport 4D
Marzahne 37D
Mas-d'Azil, le 67A
Mas de la Matas 66F
Mas Neuf 51F
Masamagrell 71D
Maschen 36B
Maseqoso de Tajuña 65F
Masevaux 46D
Masham 5C
Masi 16D
Másino 47F
Maskamo 12E
Masku 10E
Masnou 67F
Massa 54E
Massa Lombarda 54D
Massa Lubrense 57E
Massa Marittima 56A
Massa Martana 56B
Massafra 58D
Massanet de Cabrenys 67D
Massat 67A
Masseube 66B
Massfjorden 26F
Massiac 51B
Massif Central, mts. 51B
Mästerby 31B
Masugnsbyn 14A
Mašun 55A
Matadepera 67C
Matamorosa 65A
Mataporquera 65A
Matapozuelos 64F
Mataránga 92E
Mataró 67F
Mätäsvaara 13D
Matélica 55E
Matera 58D
Mátészalka 88E
Matfors 25C
Matha 44F
Mathry 6C
Máti 92D
Matilla de los Caños 64F
Matlock 5E
Matlock Bath 5E
Matnäset 24D
Matozinhos 63E
Matre, Norway 26F
Matre, Norway 27E
Matrei 48C
Matrei in Osttirol 48D
Matterhorn, mt. 47E
Mattersburg 49D
Mattmar 24B
Mätyluoto 10C
Mátzani 92D
Matzen 49B
Maubeuge 38D
Maubourguet 66B
Mauchline 4B
Maud 3C
Maula 14F
Maulbronn 40E
Mauléon 44C
Mauléon-Soule 66A
Mauriac 51A
Mauron 42F
Maurs 51C
Mautern 49B
Mauterndorf 48D
Mauvezin 51E
Mauvoisin 46F
Mauze 44E
Mavas 18F
Mavríkion 92E
Mavrommáti 92C
Mavronéri 92C
Mawnan 6E
Maxwellheugh 5A
Maxwelltown 4B
Mayals 66F

Maybole 4B
Mayen 39D
Mayenne 44B
Mayeraille, la 43B
Mayet 44F
Mayet-de-Montagne, le 45F
Mayfield, England 5E
Mayfield, England 7F
Mayorga 64D
Mayrhofen 48C
Mazamet 67B
Mazara del Vallo 60F
Mazaráki 92E
Mazaricos 63A
Mazarrón 74D
Mazéres 67A
Mazzarino 60D
Mealhada 68A
Méan 39C
Measham 7A
Meaux 38F
Mechelen 39A
Mechernich 39D
Mecidiye 91A
Mecina Bombaron 74E
Meda 63F
Medak 55D
Medebach 40A
Medevibrunn 28F
Medgidia 89A
Mediaş 88D
Medicina 54D
Medina de las Torres 69E
Medina de Pomar 65A
Medina de Rioseco 64D
Medina del Campo 64F
Medina Sidonia 73E
Medinaceli 65F
Médoc, reg. 50A
Medulin 55C
Meerane 41A
Meersburg 47D
Meeth 6E
Méga Khorió 92E
Méga-Pondiás 92E
Megalópoliso 92F
Mégara 92B
Megården 18F
Megaspílaion, anc. site 92C
Megève 46F
Mehadia 88F
Mehamn 17A
Mehede 29B
Meheia 27A
Mehun-sur-Yèvre 45C
Meigle 3E
Meijel 35F
Meikleour 3E
Meimoa 68D
Meine 37C
Meinerzhagen 40A
Meiningen 40B
Meira 63B
Meiringen 47C
Meisenheim 39D
Meisingset 22F
Meissen 41B
Meitingen 40F
Mekrisärvi 13B
Mélambes 90F
Melbourn 7B
Melbourne 7A
Melbu 18D
Meldal 23D
Meldola 54D
Meldorf 33C
Melegnano 53B
Melendugno 58B
Melfi 58E
Melgaço 63C
Melgar de Fernamental 65C
Melhus 23C
Melida 65D
Melides 72C
Meligalá 92F
Melisey 46D
Melíssi 92C
Melito di Porto Salvo 59F
Melksham 6D
Mellansel 25B
Mellansjö 25C
Mellbystrand 30C
Melle 36D
Mellerud 28E
Mellid 63B
Mellilä 10E
Mellor Brook 5E
Mellrichstadt 40D
Melmerby 5C

Melnitsa Podolskaya 88C
Melöy 18E
Melrose 5A
Melsbroek = National, airport
Melsungen 40B
Meltaus 14D
Melton Mowbray 7A
Meltosjärvi 14D
Melun 45A
Melvaig 2A
Melvich 2B
Mélykút 86B
Membrilla 70E
Membrio 68D
Membrolle, la 44D
Memmingen 47B
Memuruba 26C
Menággio 47F
Menasalbas 69D
Mendavia 65D
Mende 51D
Menden 36E
Mendrisio 47E
Menemen 91C
Menen 38B
Menesjärvi 17E
Menetai 91E
Menfi 60F
Mengen 47B
Mengeringhausen 40A
Mengibar 73D
Mengshol 26B
Mennetou 45C
Mennock 4B
Menonen 10D
Menorca, island 75D
Mentana 56D
Menthon 46F
Menton 53E
Meopham 7D
Meppel 35B
Meppen 36C
Mequinenza 66F
Mer 45C
Meråker 23D
Meran 48E
Merano 48E
Merate 53B
Mérbakas 92D
Mercadal 75D
Mercatale 54F
Mercato San Severino 58F
Mercato Saraceno 54F
Mercurea 88F
Merdrignac 42D
Mere 6D
Mere Corner 5E
Mérida 69E
Merijärvi 12D
Merikarvia 10A
Mering 48A
Meringen 47E
Merkebekk 27A
Merkendorf 40F
Merkenes 18F
Merkine 85B
Merlebach 39F
Merópi 7E
Merrow 7C
Mers 38C
Mersch 39C
Merseburg 37F
Merthyr Tydfil 6D
Mértola 72C
Merton 6C
Méru 38E
Merville 38A
Méry 45B
Merzenstein 49A
Merzig 39F
Mesagne 58B
Mesäo Frio 63F
Meschede 40A
Meselefors 21E
Meshaw 6E
Meslay-du-Maine 44B
Mesle, le 44B
Mesnalien 26B
Mesocco 47F
Mésola 54D
Mesolóngion 92E
Mesón del Viento 63A
Mesorrákh 92B
Messaure 14C
Messina 60A
Messíni 92C
Messkirch 47A
Mestanza 69F
Mestlin 37A
Mestre 54B
Métabief 46F

Metaxádha 92F
Metelen 36C
Méthana 92B
Metheringham 5F
Methil 3E
Methlick 3C
Methóni, anc. site 90E
Methven 3E
Metković 87C
Metlika 55B
Metohija = Kosovo i Metohija
Metovnica 89E
Metsäkyla, Finland 13A
Metsäkylä, Finland 12D
Métsovon 90A
Metten 41F
Mettingen 36C
Mettlach 39F
Mettmann 39B
Metz 39F
Meulan 38E
Meung 45A
Meursault 46C
Meuselwitz 41A
Mevagissey 6E
Mexborough 5E
Meximieux 46E
Mexiátais 92C
Mey 3A
Meyenburg 37B
Meymac 51A
Meyrm 46F
Meyrueis 51D
Mezdra 89B
Mèze 51F
Mezhdurech'ye 85B
Mézières-en-Brenne 45C
Mezimostí 84F
Mézin 50F
Mezöcsáto 86A
Mezöhegyes 86B
Mezökovacsháza 86B
Mezökövesd 86A
Mezötúr 86A
Mezquitilla 14F
Mezzolombardo 48E
Miajadas 69E
Miastko 85A
Michalovce 86A
Micheldorf 49C
Michelstadt 40C
Michendorf 37D
Michurin 89B
Mickleton 7A
Mid Calder 3E
Mid Yell 3C
Middelfart 33C
Middelharnis 35C
Middelkerke Bad 38B
Middleburg 35E
Middleham 5C
Middlesbrough 5C
Middleton 5E
Middleton in Teesdale 5C
Middleton Stoney 7C
Middletown, N. Ireland 8B
Middletown, Wales 6B
Middlewich 5E
Midhéa 92D
Midhurst 7E
Midleton 9D
Midsomer Norton 6D
Midtgulen 26E
Midtre Leirpollen 17A
Midtskog 28A
Miechów 85E
Miedes 66E
Międzylesie 84F
Międzyrzec 85D
Międzyrzecz 84D
Miehikkälä 11C
Miejska Gorka 85A
Mielan 66B
Mielec 85F
Miercurea Ciuc 88D
Mieres 64B
Mieron 16F
Miersterhorst 37C
Miesbach 48C
Mieszkowice 84D
Migliarino 54D
Miguel Esteban 70D
Miguelturra 70E
Mihăileni 88C
Miidyé 89B
Mikhaylovgrad 89E
Mikhói 92F
Mikkeli 11A
Mikkeljord 20C
Mikolajki 85B
Mikołów 85E
Mikre 89C
Mikrománi 92F
Mikrón Pondiás 92E

Mikulov 49B
Milagro 65D
Miland 27C
Milano 53B
Milano Marittima 54D
Milazzo 60A
Mildenhall 7B
Miléai, Greece 90B
Miléai, Greece 92C
Milesi 92A
Mileto 59D
Miletus, anc. site 91C
Milevsko 84F
Milford, England 7C
Milford, Rep. of Ireland 8C
Milford Haven 6C
Milford on Sea 7E
Milhäo 64F
Miliá 92C
Miliaís 92F
Milicz 85C
Milin 41D
Milis 61C
Mill 35D
Millas 67B
Millau 51D
Millom 4D
Millport 2F
Millstreet 9F
Milltown Malbay 9E
Milly 45A
Milmarcos 65F
Milnathort 3E
Milngavie 2F
Milnthorpe 5C
Míloi 92D
Mílos 92D
Miloševo 85C
Milovaig 2C
Miltach 41F
Miltenberg 40D
Milton Abbot 6E
Milton Ernest 7A
Milverton 6F
Mimizan 50C
Mimizan-Plage 50C
Mina de Sāo Domingos 72D
Minas de Riotinto 72D
Minaya 70D
Mindelheim 47B
Minden 36D
Mindilógli 92E
Mindin 44C
Mindrummill 5A
Mînecí Ungureni 88D
Minehead 6D
Minervino Murge 58C
Minffordd 6A
Mingary 2C
Minglanilla 71C
Mingorria 69B
Mini 87C
Minićevo 89E
Minne 24D
Minnesund 28A
Minorca = Menorca
Minori 11F
Minsen 36A
Mińsk Mazowieckie 85D
Minsterley 6B
Minsterworth 6D
Mintlaw 3C
Mira, Italy 54B
Mira, Portugal 68A
Mira, Portugal 68C
Mira, Spain 71C
Mirambeau 50B
Miramont 50D
Miranda de Arga 65D
Miranda de Ebro 65D
Miranda do Corvo 68C
Miranda do Douro 64E
Mirande 66B
Mirandela 63F
Mirandilla 69E
Mirándola 54C
Mirano 54B
Miravci 89F
Mirebeau, France 44D
Mirebeau, France 46C
Mirecourt 46B
Mirepoix 67B
Miribel 46E
Mirna 49E
Miroşi 89C
Mirosławiec 84B
Mirotice 41F
Mirow 37B
Mirsíni 92C
Mirtiá, Greece 92E
Mirtiá, Greece 92F

Mirto Crosia 59C
Misano Adriatico 11B
Misilmeri 60C
Miskolc 86A
Mistelbach 49B
Misten 18F
Misterhult 31A
Misterton 6F
Mistras, anc. site 92D
Mistretta 60C
Mistros 92B
Mitandersfors 28C
Mitchell 6E
Mitchelstown 9D
Mitikas 92A
Mitilíni 91A
Mittådalen 23F
Mittelberg, Austria 47D
Mittelberg, Austria 48C
Mittenwald 48C
Mitterbach 49C
Mitterding 48B
Mitterndorf 49B
Mittersheim 39F
Mittersill 48D
Mitterteich 41C
Mittewald 48F
Mittweide 41B
Mizil 88D
Mjåvatn 27D
Mjell 26E
Mjöbäck 30A
Mjölby 29E
Mjölfjell 26D
Mjöndalen 27A
Mladá Boleslav 84F
Mladenovac 87A
Mława 85A
Mnichovo Hradiště 84F
Mníšek, Czechoslovakia 41D
Mníšek, Czechoslovakia 86A
Mo, Norway 26F
Mo, Norway 27C
Mo, Norway 28A
Mo, Sweden 28E
Mo, Sweden 25B
Mo i Rana 20B
Moaña 63C
Mocejón 69D
Mochales 65F
Mochtin 41F
Möckern 37D
Mockfjärd 28B
Möckmühl 40F
Mockrehna 37F
Modane 53A
Módhion 92C
Modica 60B
Modigliana 54D
Mödling 49B
Modnejar 70B
Modřany 41D
Modriča 86D
Modrý Kameň 86A
Moeiu 88B
Moelv 26B
Moena 48E
Moers 39B
Moffat 4B
Mogadouro 63F
Mogen 27C
Mogente 71E
Mogielnica 85D
Mogilev Podolskiy 88A
Móglia 54C
Mogliano Véneto 54B
Mogličë 87B
Mogofores 68A
Moguer 72B
Mohács 86D
Moheda 30D
Mohedas 69A
Mohill 8D
Möhkö 13B
Moholm 28F
Moi 27C
Moimenta da Beira 63F
Moira 8B
Moirans-en-Montagne 46E
Moisdon 44C
Moïssac 51C
Moisund 27D
Moita, Portugal 68E
Moita, Portugal 68B
Mojácar 74D
Mojados 64F
Moklinta 29C
Mol 39A
Mola di Bari 58C
Molàoi 90F
Mold 4F

Moldava nad Bodvou 86A
Molde, Norway 27E
Molde, Norway 22F
Moldjord 18F
Moldova Nouă 88F
Møldrup 32F
Moledo 63C
Molfetta 58C
Molières 51C
Molina de Aragón 65F
Mo'ina de Segura 74B
Molinella 54D
Molinicos 70F
Molinos 66F
Molins de Rey 67E
Moliterno 58F
Molkom 28D
Mölle 30C
Möllebrucke 48F
Molledo 65A
Möllenbeck 37B
Mollerusa 67C
Mollet 67F
Mollina 73D
Mollington 7A
Mollišjok 17C
Mölln 33D
Mollösund 30A
Mölltorp 28F
Mölnbo 29F
Mölndal 30A
Mölnlycke 30B
Moloja 47F
Mólos 92C
Moloy 46C
Molsheim 40E
Molveno 48E
Molygrove 6A
Mombeltrán 69B
Mombuey 64C
Mömlingen 40C
Mommark 33C
Momo 53B
Mon 28E
Mon Idée 38D
Møn, Island 33A
Monasterace Marina 59D
Monasterevin 9A
Monastier, le 52C
Monastir = Bitola
Monastiráki, Greece 92E
Monastiráki, Greece 92F
Monástra 92F
Moncada, Spain 67E
Moncada, Spain 71C
Moncalieri 52C
Moncalvo 53B
Monção 63C
Moncarapocho 72C
Mönchdorf 49A
Mönchen-Gladbach 39B
Mönchhof 49B
Monchilgrad 89D
Monchique 72C
Moncófar 71D
Moncontour, France 42D
Moncontour, France 44D
Moncoutant 44E
Monda 73F
Mondariz 63C
Mondelange 39F
Mondello 60C
Mondium de Basto 63F
Mondoñedo 63D
Mondoubleau 44B
Mondragon 52C
Mondragone 57C
Mondsee 48D
Monéglia 53D
Monegrillo 66D
Monein 66B
Monemvasía 90F
Monesterio 72E
Monestier-de-Clermont 52D
Moneymore 8A
Moneyneany 8A
Monfero 63B
Monflanquin 51C
Monforte, Portugal 68D
Monforte, Portugal 68F
Monforte de Lemos 63D
Monforte del Cid 71E
Monfrotinho 68D
Monheim 40F
Moniaive 4B
Monifieth 3E
Monistrol, France 52A
Monistrol, France 52C
Monistrol, Spain 67C
Monk Fryston 5E
Monkebüll 33E
Monkton 4B
Monleras 64E
Monmouth 6D

Monnikendam 35C
Monódhri 92A
Monólithos 91F
Monopoli 58B
Monor 86A
Monóvar 71E
Monpazier 51C
Monreal 65D
Monreal del Campo 66E
Monreale 60C
Monroy 69C
Monroyo 66F
Mons 38D
Monschau 39D
Monségur 50D
Monsélice 54B
Monsheim 40C
Monsummano 54E
Mont-de-Marsan 50F
Mont-Dore, le 51B
Mont-Louis 67C
Mont-sous-Vaudrey 46C
Mont-St-Michel, le 44A
Montabaur 39D
Montacute 6F
Montagnac 67B
Montagnana 54B
Montaigu 44C
Montaigut 45E
Montalbán 66E
Montalbano Ionico 58D
Montalbo 70D
Montalcino 56A
Montalcone 55A
Montaldo di Cósola 53D
Montalegre 63E
Montallegro 60D
Montalto di Castro 56C
Montalvão 68D
Montamarta 64F
Montana-Vermala 46F
Montañana 66C
Montánchez 69C
Montargil 68E
Montargis 45A
Montastruc-la-Conseillère 51E
Montauban 51E
Montauban-de-Bretagne 42D
Montbard 46C
Montbazens 51C
Montbazon 44D
Montbéliard 46D
Montbenoit 46D
Montblanch 67F
Montbrison 52A
Montbron 50B
Montbrun-les-Bains 52D
Montceau-les-Mines 46E
Montcenis 46C
Montchanin 46E
Montcornet 38C
Montcuq 51C
Montdidier 38C
Monte Carlo 53E
Monte Estoril 14C
Monte Rael 68C
Monte Redondo 68C
Monte San Savino 54F
Monte Sant' Ángelo 58C
Monteagudo de las Vicarias 65F
Montealagre del Castillo 71E
Montebello 54B
Montebelluna 54B
Montebourg 43A
Montebruno 53B
Montecatini Terme 54E
Montécchio 54C
Montécchio Maggiore 54B
Montecerignone 54F
Montech 51E
Montechiaro d'Asti 53C
Montecorvino Rovella 58F
Montefalco 56B
Montefiascone 56B
Montefrio 73D
Montegiórgio 57A
Montegrotto Terme 54B
Montehermoso 69C
Montejicar 73D
Montélimar 52C
Montella 58F
Montellano 73C
Montelpulciano 56B
Montemayor 73D
Montemolin 73A
Montemor-o-Novo 68E
Montemor-o-Velho 68C
Montendre 50B
Montenegro = Crna Gora
Montepiano 54C
Montereau 45B

Monterotondo 56D
Monterrey 63D
Monterroso 63D
Monterrubio de la Serena 69E
Montesano Santa Marcellana 58F
Montesarchio 57C
Montesquieu-Volvestre 67A
Montevarchi 54F
Montevécchio Marina 61C
Montfaucon, France 39E
Montfaucon, France 44C
Montfaucon, France 52A
Montfleur 46E
Montfort 50F
Montfort-l'Amaury 38E
Montfort-sur-Meu 42F
Montgenèvre 53C
Montgiscard 67A
Montgomery 6B
Montguyon 50B
Montherme 39C
Monthey 46F
Monthureux-sur-Saône 46B
Monti 61B
Montichiari 54A
Montier-en-Der 46A
Montignac 51C
Montigny-le-Roi 46A
Montigny-sur-Aube 46A
Montijo, Portugal 68E
Montijo, Spain 69E
Montilla 73D
Montillana 73D
Montivilliers 43B
Montjean 44C
Montluçon 45E
Montluel 46E
Montmarault 45F
Montmartin-sur-Mer 43C
Montmélian 52B
Montmirail 38F
Montmoreau 50B
Montmorillon 44F
Montoire 51C
Montorio al Vomano 57A
Montoro 73B
Montpaon 51F
Montpellier 52C
Montpezat-de-Quercy 51C
Montpezat-sous-Bauzon 52C
Montpon 50D
Montréal, France 45D
Montréal, France 67A
Montredon-Labessonié 51F
Montrejeau 66B
Montrésor 45C
Montreuil 38C
Montreuil-Bellay 44B
Montreux 46F
Montrevault 44C
Montreval-en-Bresse 46E
Montrichard 45C
Montroig 67E
Montrondes-les-Bains 52A
Montrose 3C
Montroy 71C
Montsalvy 51D
Montseny 67D
Montserrat, Monasterio de 67C
Montsûrs 44B
Montuenga 64F
Montuiri 75E
Monturque 73B
Monza 53B
Monzón 65C
Monzón de Campos 65C
Moosburg 48A
Mór 86C
Mor Budějovice 84F
Mora, Portugal 68E
Mora, Spain 70C
Mora, Sweden 28B
Mora de Ebro 66F
Mora de Rubielos 71A
Mora la Nueva 66F
Morąg 85A
Moraira 15F
Moral de Calatrava 70E
Moraleda de Zafayona 73D
Moraleja 69C
Moraleja del Vino 64F
Morales de Toro 64F
Moralina 64F
Morar 2C
Morata de Jalon 65F
Morata de Jiloca 65F
Morata de Tajuña 70A
Moratalla 74B
Moravská Třebová 84F

Morbach 39D
Morbegno 47F
Mörbisch 49D
Mörbylanga 31C
Morcenx 50E
Morciano di Romagna 54F
Morcone 57E
Morcott 7A
Mordiford 6D
Morebattle 5A
Morecambe 4D
Morella 66F
Morena, Sierra, mts. 73A
Mores 61A
Moret 45B
Moreton in Marsh 7C
Moretonhampstead 6E
Moretta 53C
Moreuil 38C
Morez 46F
Morgat 42C
Morgedal 27C
Morges 46F
Morgins 46F
Morgongåva 29C
Morhange 39F
Moriani Plage 62C
Morillo de Monclús 66D
Moringen 36F
Morjärv 14C
Mork 26C
Mörkö 29F
Mörkri 26C
Morlaas 66B
Morlaix 42C
Morley 5E
Mörlunda 31A
Mormanno 58B
Mormant 38F
Mörön de Almazán 65F
Morón de la Frontera 73C
Morovič 86B
Morpeth 5A
Morriston 6C
Mörrum 30C
Morsbach 39B
Mörsch 40E
Morskogen 28A
Morsvikbötn 18D
Mortagne 44B
Mortagne-sur-Sèvre 44C
Mortágua 68B
Mortain 43C
Mortara 53B
Morteau 46C
Mortehoe 6C
Mörtfors 31A
Mortimer's Cross 6B
Morton 7A
Mortsel 39A
Moruo 30C
Morville 6B
Morwenstow 6E
Morzine 46F
Mos 63B
Mosbach 40E
Mosby 27D
Mošćenička Draga 16B
Mosjöen 20C
Moskene 18C
Moskhokhariá 92C
Moskhokhórion 92C
Moskijärvi 14A
Moskog 26E
Moskosel 21B
Mosonszolnok 49D
Mosqueruela 71A
Moss 27A
Moss-side 8A
Mossbank 3B
Mossley 5E
Mosstodloch 3C
Most 41D
Mostar 87C
Möstéras 31C
Mosterhamn 27C
Mosterton 6F
Mostiska 85F
Móstoles 69B
Mostrim 8D
Mostu 28A
Mostyn 4F
Mosvik 23C
Mota del Cuervo 70D
Mota del Marqués 64F
Motala 28F
Mothe-Achard, la 44E
Mothe-St-Héraye, la 44F
Motherwell 2F
Motilla del Palancar 70D
Motjärnshyttan 28D
Motrico 65E
Motril 73F
Motta di Livenza 54B
Motte-du-Caire, la 52D

Mottistone 7E
Mottola 58F
Mottram 5E
Mouchard 46C
Moúdhros 91A
Moudon 46F
Mouhijärvi 10C
Moulins 45F
Moulins-Engilbert 45D
Moulins-la-Marche 43D
Mount Bellew 8D
Mountfield 8C
Mountmellic 9C
Mountrath 9C
Mount's Bay 6F
Mountshannon 9C
Mountsorrel 7A
Moura 72B
Mourão 68F
Mouríkion 92C
Mourmelon-le-Grand 38F
Mourne Abbey 9D
Mouscron 38B
Moustiers-Ste-Marie 52F
Mouthe 46F
Moutier 46D
Moutiers 52B
Moûtiers les Mauxfaits 44E
Mouzáki 92F
Moville 8C
Moy, N. Ireland 8B
Moy, Scotland 2D
Moyá 67C
Moycullen 9E
Moyeuvre-la-Grande 39E
Moyuèla 66E
Mozárbez 64F
Mrezećyno 84B
Mrkonjič Grad 87C
Mrkopalj 55B
Mrocza 85A
Mrzle Vodice 55B
Mszezonów 85C
Múccia 56B
Much 40A
Much Wenlock 6B
Muchalls 3C
Mücheln 41A
Mückenberg 41B
Muckross 9F
Mudanya 91B
Müden 37C
Muel 66E
Muff 8C
Mugaire 65B
Mugardos 63A
Mügeln 41B
Mugla, Spain 63A
Muğla, Turkey 91D
Mugron 50F
Mühlacker 40E
Mühlbach, Austria 49B
Mühlberg 37F
Mühldorf 48B
Mühlen Eichsen 33D
Mühlenbeck 37D
Mühlhausen 40B
Muhos 12B
Muine Bheag 9A
Muir of Ord 2D
Muirdrum 3E
Muirkirk 4B
Mukachevo 88B
Muker 5C
Mula 74B
Mulhacen, Cerro de, mt. 74C
Mülheim 39B
Mulhouse 46D
Mulhyttan 28D
Mullagh 8B
Mullaghmore 8D
Müllheim 47A
Mullinavat 9C
Mullingar 8D
Mullion 6F
Mullsjö 30B
Mulseryd 30B
Multia 10B
Multrå 25A
Multyfarnham 8D
Mumbles 6C
Mumby 5F
Muñana 69B
Münchberg 41C
Müncheberg 84D
München 48C
Münchhausen 40A
Munderkingen 47B
Mundesley 7B
Mundford 7B
Mundheim 26F
Munera 70F
Munguia 65B

Munich = München
Muniesa 66E
Munka Ljungby 30E
Munkedal 28E
Munkflohögen 24B
Munkfors 28D
Munksund 21D
Münnden 36F
Münnerstadt 40D
Muñogalindo 69B
Munsala 12E
Münsingen, Switzerland 47C
Münsingen, W. Germany 47B
Munsö 29D
Munster, France 46B
Münster, Switzerland 47E
Münster, W. Germany 36C
Munster, W. Germany 36B
Münstereifel 39D
Münzenberg 40C
Münzkirchen 48B
Muodoslompolo 14B
Muonio 14B
Muonionalusta 14B
Mur-de-Barrez 51D
Mur-de-Bretagne 42D
Muradiye 91C
Murano 54B
Murat 51B
Murat-sur-Vebre 51F
Muratli 89B
Murau 49C
Murca 63F
Murchante 65D
Murcia 74D
Mure, la 52D
Mürefte 89B
Murgeni 88B
Murguia 65B
Muri 47C
Murias de Paredes 64A
Murillo de Rio Leza 65D
Murillo el Fruto 65D
Murjek 14C
Murnau 48C
Muro, Italy 62C
Muro, Spain 75C
Muro de Alcoy 71E
Muro Lucano 58F
Murol 51B
Muros 63A
Muros de Nalón 64A
Murovano Kurilovtsy 88A
Murowana Goslina 85C
Mürren 47E
Murrhardt 40F
Murska Sobota 49F
Mursko Središće 49F
Murten 46D
Murtosa 68A
Murtovaara 15F
Murum 30B
Murvica 55D
Mürzzuschlag 49D
Musel 64B
Musken 18D
Musselburgh 3E
Mussidan 50D
Mussomeli 60D
Mussy 46A
Mustadfors 28E
Mustafa Kemalpaşa 91B
Mustèr = Disentis/Mustèr
Mustola 17F
Muszyna 85F
Mutalahti 13B
Muthill 2F
Mutters 13C
Mutterstadt 40E
Mutzig 46B
Muurame 10B
Muurla 10E
Muurola 15E
Muuruvesi 13E
Muy, le 52F
Muzillac 42F
Mycenae, anc. site 92D
Myckle 21D
Mydland 27D
Mykland 27D
Myklemyr 26C
Myllykoski 11C
Myllymäki 10B
Mynämäki 10E
Myra, anc. site 91F
Myrbostad 22F
Myrdal 26D
Myre 18B
Myrheden 21D
Myrskylä 11E
Mysen 28C
Myślenice 85E

Myśliborz 84B
Mysubyttseter 26C
Mysuseter 26A
Myszyniec 85B
Mýto 41F

Nå 26F
Na Logu 48F
Naantali 10E
Naarden 35C
Naarva 13F
Naas, *Rep. of Ireland* 9A
Nääs, *Sweden* 30A
Naasenfels 41E
Nabburg 41E
Náchod 84F
Nacka 29D
Naddvik 26D
Nådendal = Naantali
Nadvornaya 88C
Naeröy, *Norway* 26F
Naeröy, *Norway* 23A
Näfels 47C
Naggen 25C
Nago 54E
Nagold 47A
Nagu 10E
Nagybajom 86D
Nagycenk 49D
Nagykálló 88E
Nagykanizsa 86D
Nagykáta 86A
Nagykőrös 86A
Nagyvárad = Oradea
Nahe 33D
Näijänka 13A
Naila 41C
Nailbridge 6D
Nailsea 6D
Nailsworth 6D
Nairn 2D
Najac 51C
Nájera 65D
Näkkälä 16F
Nakkila 10C
Nakksjo 27A
Nakło 85A
Nakskov 33C
Nalliers 44E
Namdalseid 23A
Namna 28A
Nampa 86E
Namsos 23A
Namur 39C
Namysłów 85C
Nanclares de Oca 65B
Nancy 39F
Nangis 45B
Nans 46D
Nant 51F
Nantes 44C
Nanteuil-le-Haudouin 38F
Nantgarw 6D
Nantiat 45E
Nantiwch 5E
Nantua 46E
Náousa 90B
Nápoli 57E
Napoule, la 53E
När 31D
Narberth 6C
Narbonne 67B
Narborough, *England* 7A
Narborough, *England* 7B
Nardo 58B
Narkaus 15E
Narken 14D
Narni 56B
Naron 63A
Närpes 10A
Narvik 19C
Näs, *Sweden* 28B
Näs, *Sweden* 29A
Nåsåud 88C
Näsberg, *Sweden* 28B
Näsberg, *Sweden* 14C
Nasbinals 51D
Naseby 7A
Näshulta 29C
Našice 86D
Naso 60A
Nassau 85B
Nasserreith 47D
Nässjö, *Sweden* 25A
Nassjo, *Sweden* 30A
Nassundet 28D
Nastola 11C
Näsviken 28B
National, airport 39A
Nattavaara 14C
Nättraby 31E
Naturno 48E
Naturns 48E
Naucelle 51D
Nauders 47D

Nauen 37D
Naul 8B
Naumburg, *E. Germany* 41A
Naumburg, *W. Germany* 40B
Naunhof 41A
Naupaktos, anc. site 92E
Naustdal 26E
Nautsi 17F
Nava 64B
Nava de la Asunción 64F
Nava de Roa 65E
Nava del Rey 64F
Navacepeda de Tormes 69A
Navacerrada 69B
Navaconcejo 69C
Navafria 65E
Navahermosa 69D
Naval 66D
Navalcán 69D
Navalcarnero 69B
Navalmanzano 65E
Navalmoral 69B
Navalmoral de la Mata 69C
Navalvillar del Pela 69E
Navamorcuende 69D
Navan = An Uaimh
Navarcles 67C
Navarino = Pilos
Navaríti 92D
Navarredonda de la Sierra 69B
Navarrenx 66B
Navarrés 71E
Navas de Oro 65E
Navas de San Juan 74A
Navas del Madroño 69C
Navas del Rey 69B
Navascués 66A
Navasfrias 68B
Navatalgordo 69B
Nävekvarn 29E
Navenby 5F
Naverstad 28E
Navés 67C
Navia 63B
Navia de Suarna 63B
Navis 48C
Návpaktos 92E
Návplion 92D
Nävragöl 31C
Náxos 91C
Nay 66B
Nayland 7D
Nazaré 68C
Nazilli 91D
Ňdlac 86B
Néa Artáki 92A
Néa-Epídhavros 92D
Néa Filippiás 90A
Néa Kíos 92D
Néa Moudhaniá 90B
Néa Palátia 92A
Néa Psará 92A
Néa Víssi 92B
Néa Zoryiáni 92A
Neagh, Lough, lake 8A
Neap 3B
Neápolis, *Greece* 90A
Neápolis, *Greece* 90F
Neápolis, *Greece* 91D
Neath 6C
Nečemice 41D
Neckarelz 40E
Neckargemünd 40E
Neckarsulm 40F
Neda 63B
Nedalshytta 23F
Nedeliśće 49F
Nedervetil 12E
Nédha 92F
Nédhousa 92D
Nedstrand 27E
Needham Market 7B
Neerdar 40A
Neermoor 36A
Nefyn 4F
Negotin 89E
Negotino 89F
Negreira 63A
Negreni 88D
Nègrepelisse 51C
Negru Vadă 89A
Neheim-Hüsten 36E
Nehoiasu 88D
Neiden 17D
Neira de Jusa 63B
Neisse = Nysa
Nejdek 41D

Neksø 31E
Nelas 68B
Nelson 5E
Neméa 92D
Nemours 45A
Nenagh 9C
Neokhór 46F
Neokhóri 65D
Néon Karlóvasi 91A
Néon Petrítsi 89F
Nepomuk 41F
Nérac 50D
Neresheim 40F
Nereto 57A
Néris 45E
Nerja 73F
Nérondes 45D
Nerpio 74B
Nerva 72D
Nervi 53D
Nes, *Netherlands* 35B
Nes, *Norway* 26C
Nes, *Norway* 26E
Nes, *Norway* 26B
Nes, *Norway* 28A
Nes, *Norway* 23C
Nesbyen 26B
Nesflaten 27E
Neslandsvath 27A
Nesle 38D
Nesna 20A
Nesodden 27A
Ness, Loch, lake 2D
Nesscliff 6B
Nesseby 17D
Nesselwang 47D
Nesset 22F
Nestáni 92D
Nesterov, *U.S.S.R.* 85B
Nesterov, *Ukraine* 85F
Neston 4F
Nestórion 90A
Nesttun 26F
Nether Stowey 6D
Netheravon 6D
Netlandsnes 27D
Nettlebed 7C
Nettuno 56D
Netzschkau 41A
Neu Isenburg 40C
Neu Pölla 49A
Neu-Ulm 47B
Neubrandenburg 37B
Neubukow 33B
Neuburg 41E
Neuchâtel 46D
Neuchâtel, Lac de, lake 46D
Neudorf 40E
Neudörfl 49D
Neuenbürg, *W. Germany* 36A
Neuenbürg, *W. Germany* 40E
Neuenkirchen, *W. Germany* 36C
Neuenkirchen, *W. Germany* 36B
Neuenkirchen, *W. Germany* 36D
Neuf-Brisach 46B
Neufchâteau, *Belgium* 39C
Neufchâteau, *France* 46A
Neufchâtel 38C
Neuffen 40F
Neuhaus, *E. Germany* 37A
Neuhaus, *E. Germany* 41C
Neuhaus, *W. Germany* 36B
Neuhaus, *W. Germany* 36F
Neuhausen 47C
Neuhausen ob Eck 47A
Neuillé-Pont-Pierre 44D
Neuilly-l'Évêque 46A
Neuilly-St-Front 38F
Neukalen 33B
Neukirch 41B
Neukirchen, *Austria* 48B
Neukirchen, *W. Germany* 40B
Neukirchen, *W. Germany* 41F
Neukloster 33B
Neuland 36B
Neulengbach 49B
Neulussheim 40E
Neumarkt, *Austria* 49C
Neumarkt, *W. Germany* 41E
Neumarkt-St Veit 48B
Neumünster 33D
Neunburg 41E
Neung-sur-Beuvron 45C
Neunkirchen, *Austria* 49D

Neunkirchen, *W. Germany* 39F
Neurupping 37B
Neuses 40D
Neusledl 49B
Neuss 39B
Neustadt, *E. Germany* 37D
Neustadt, *E. Germany* 41A
Neustadt, *E. Germany* 41B
Neustadt, *W. Germany* 33D
Neustadt, *W. Germany* 40B
Neustadt, *W. Germany* 41C
Neustadt, *W. Germany* 47A
Neustadt am Rübenberge 36D
Neustadt an dem Waldnaab 41C
Neustadt an der Aisch 40D
Neustadt an der Donau 41E
Neustadt an der Weinstrasse 40E
Neustadt-Glewe 37A
Neustettin = Szczecinek
Neustrelitz 37B
Neuves-Maisons 39E
Neuveville, la 46D
Neuvic-d'Ussel 51A
Neuville 46E
Neuville-aux-Bois 45A
Neuvy-St-Sépulcre 45E
Neuvy-sur-Barangeon 45C
Neuwied 39D
Nevada, Sierra, mts 74C
Nevernes 20C
Nevers 45D
Nevesinje 87C
Neviges 39B
Nevlunghavn 27A
New Abbey 4B
New Aberdour 3C
New Alresford 7C
New Brighton 4F
New Buckenham 7B
New Buildings 8C
New Chapel 7C
New Cumnock 4B
New Deer 3C
New Galloway 4B
New Holland 5F
New Hunstanton 5F
New Luce 4A
New Machar 3C
New Mill 5E
New Mills 5E
New Pitsligo 3C
New Quay 6A
New Radnor 6B
New Romney 7F
New Ross 9A
New Scone 3E
New Selma 2F
Newark-on-Trent 5F
Newbiggin-by-the-Sea 5A
Newbliss 8D
Newborough 4F
Newbridge, *Scotland* 4B
Newbridge, *Wales* 6D
Newbridge on Wye 6B
Newburgh, *Scotland* 3C
Newburgh, *Scotland* 3E
Newbury 7C
Newby Bridge 4D
Newcastle 8B
Newcastle Emlyn 6A
Newcastle under Lyme 5E
Newcastle upon Tyne 5A
Newcastle West 9E
Newcastleton 5A
Newent 6D
Newgale 6C
Newhaven 7F
Newhouse 2F
Newlyn 6F
Newmains 2F
Newmarket, *England* 7B
Newmarket, *Rep. of Ireland* 9F
Newmilns 4B
Newnham 6D
Newport, *England* 6B
Newport, *England* 7E
Newport, *England* 7D
Newport, *Rep. of Ireland* 8F
Newport, *Rep. of Ireland* 9C
Newport, *Wales* 6D
Newport on Tay 3E

Newport Pagnell 7A
Newquay 6E
Newry 8B
Newton 5C
Newton Abbot 6E
Newton Aycliffe 5C
Newton Ferrers 6E
Newton-le-Willows 5E
Newton Mearns 2F
Newton St Boswells 5A
Newton Stewart 4B
Newton-upon-Trent 5F
Newtongrange 3E
Newtonmore 2D
Newtown, *England* 6B
Newtown, *Rep. of Ireland* 9C
Newtown, *Wales* 6B
Newtown Butler 8D
Newtown Hamilton 8B
Newtown Stewart 8C
Newtownards 8A
Newtownbarry = Bunclody
Newtowncunningham 8C
Newtyle 3E
Nexon 51A
Neyland 6C
Nickelsdorf 49B
Nicolosi 60B
Nicosia 60C
Nicotera 59F
Nice 53E
Nidda 40C
Niderkrüchten 39B
Niebla 72D
Niebüll 33E
Nieder Wöllstadt 40C
Niederanven 39D
Niederau 13D
Niederaula 40B
Niederbronn 39F
Niedereisenhausen 40A
Niederkaufungen 40B
Niedermarsberg 36F
Niederolm 40C
Niederorschel 40B
Niederösterreich, prov 49A
Niederrickenbach 12A
Niedersachsen, prov 36C
Niederweidbach 40A
Niederwölz 49C
Niederzerf 39D
Nieheim 36F
Niemcza 84F
Niemegk 37D
Niemisel 14E
Niemodlin 85E
Nienburg 36D
Niendorf 33D
Niepolomice 85E
Nierstein 40C
Nieszawa 85C
Nieukerk 39B
Nieuweschans 36A
Nieuwpoort 38B
Nigrita 89F
Niinisalo 10A
Nijar 74F
Nijkerk 35D
Nijmegen 35D
Nijverdal 35D
Níkaia 92B
Nikel 17D
Nikítas 90B
Nikitsch 49D
Nikkala 14F
Nikkilä 10F
Nikolaev 85F
Nikopol 89C
Nikšić 87C
Nilivaara 14C
Nilsebu 27E
Nilsiä 13E
Nîmes 52E
Nímfai 92F
Nin 57A
Ninefield 7F
Ninove 38B
Niort 44F
Nippikoski 24F
Niš 89E
Nisa 68D
Niscemi 60D
Niska 13A
Nisko 85F
Nissedal 27C
Nissilä 13C
Niton 7E
Nitra 86C

Nitrianskë Pravno 86C
Nittenau 41E
Nittkvarn 28D
Nivala 12F
Nivelles 38D
Nizza Monferrato 53D
Njurundabommen 25C
Njutånger 25E
Noailles 38E
Noain 65B
Nöbbelöy 30F
Nobber 8B
Noblejas 70C
Nocera 58F
Nocera Terinese 59C
Noceto 54C
Nogara 54A
Nogaro 50F
Nogent-en-Bassigny 46A
Nogent le-Roi 38E
Nogent le-Rotrou 44B
Nogent-sur-Seine 45B
Nogent-sur-Vernisson 45A
Nograles 65E
Nogueira de Ramuin 63D
Nohfelden 39D
Noirétable 51B
Noirmoutier-en-l'Ile 44C
Nokia 10D
Nola 57E
Nolay 46C
Nomény 39E
Nonancourt 38E
Nonant le-Pin 43D
Nonaspe 66F
Nontron 50B
Nonza 62A
Noordwijk 35C
Noormarkku 10C
Nor, *Sweden* 28A
Nor, *Sweden* 28D
Nöra, *Norway* 23E
Nora, *Sweden* 28D
Noraström 25D
Norberg 29C
Nórcia 56B
Nord Bergnäs 21A
Nord Fågelås 28F
Nord Fröya 22D
Nord Melby 30F
Nord Ny 28B
Nord-Odal 28A
Nord Rorum 30F
Nord Yanga 28F
Nordana 30D
Nordanås 21E
Nordanås 5E
Nordanka 25A
Nordberg 26C
Nordborg 33C
Nordby, *Denmark* 32D
Nordby, *Denmark* 33E
Norddal 22F
Norddalsfjord 26E
Norddeich 36A
Nordelph 7B
Norden 36A
Nordenham 36B
Norder Möckleby 31C
Norderhov 26B
Norderney 36A
Norderstapel 33F
Nordfjordeid 26E
Nordfold 18D
Nordhalben 41C
Nordhausen 37E
Nordhorn 36E
Nordingra 25D
Nordkirchen 36E
Nordkjosbotn 16C
Nordland 18C
Nordli, *Norway* 20C
Nordli, *Norway* 23B
Nördlingen 40F
Nordmaling 25B
Nordmark 28D
Nordreisa 16C
Nordrhein-Westfalen, prov 36E
Nördstedalen 26C
Nordtre Osen 24E
Nordvagen 17A
Nordvik 18F
Nore 26B
Norg 35B
Norheimsund 26F
Norman Cross 7A
Normandie, reg. 43D
Norn 29A
Nornäs 24E
Norra Finnskoga 28A
Norra Unnaryd 30B
Norrahammar 30B
Norråker 21C
Norrala 25E

Norrbo 25E
Norrboda 29B
Nørre Åby 33C
Nørre Alslev 33A
Nørre Nebel 32F
Nørre Saltum 32C
Nørre Snede 32F
Norresundby 32C
Norrfjärden 12A
Norrfors 25B
Norrhult 31C
Norrköping 29E
Norrnäs 10A
Norrskedika 29B
Norrsunda 29D
Norrsundet 29A
Norrtalje 29D
Norsholm 29E
Norsjö 21D
Norsjövallen 21D
Nort 44C
Nörten-Hardenberg 36F
North Ballachulish 2D
North Berwick 3E
North Channel 4A
North Coates 5F
North Collafirth 3B
North Creake 7B
North Elmham 7B
North Ferriby 5F
North Grimston 5D
North Kessock 2D
North Kilworth 7A
North Queensferry 3E
North Rhine Westphalia = Nordrhein-Westfalen
North Tolsta 2A
North Walsham 7B
Northallerton 5C
Northampton 7A
Northchapel 7C
Northeim 36F
Northiam 7F
Northleach 6D
Northop 4F
Northwich 5E
Norton, England 5D
Norton, England 6B
Nortorf 33D
Norum 21F
Norwich 7B
Norwich 3B
Nosen 26D
Nossebro 28E
Nössemark 28C
Nossen 41B
Noto 60B
Notodden 27A
Notre-Dame de Bellecombe 52B
Nottebäck 31C
Nottingham 5E
Nottuln 36C
Notviken 14E
Nousiainen 10E
Nouville 44F
Nova 49F
Nova Baňa 86C
Nova Bystrice 49A
Nova Gradiška 86D
Nova Paka 84F
Nova Varoš 87A
Nova Zagora 89C
Novaféltria 54F
Novales 66D
Novalja 55D
Novara 49E
Novara di Sicilia 60A
Nové Hrady 49A
Nove Mesto 84F
Nové Strašeci 41D
Nové Zámky 86C
Novelda 71E
Novellara 54C
Novés 69D
Novi Ligure 53D
Novi Marof 49F
Novi Pazar, Bulgaria 89A
Novi Pazar, Yugoslavia 87A
Novi Sad 86B
Novi Vinodolski 55B
Noviercas 65F
Novigrad 55A
Novo Mesto 49E
Novo Mesto Nad Vah 86C
Novoselitsa 88C
Novska 86D
Novy Bohumin 85E
Nový Jičin 85E
Nowa Sól 84D
Nowe 85A
Nowe Miasto, Poland 85A
Nowe Miasto, Poland 85C
Nowe Warpno 84B

Nowogard 84B
Nowogrodziec 84D
Nowy Dwor, Poland 85B
Nowy Dwor, Poland 85D
Nowy Dwór Gdański 85A
Nowy Korczyn 85F
Nowy Sacz 85F
Nowy Targ 85E
Noya 63A
Noyant-le-Lude 44D
Noyers 45D
Noyon 38D
Nozay 44C
Nærbö 27F
Nærbö 27F
Næstved 33A
Nucet 88E
Nueva Carteya 73D
Nuits-St-Georges 46C
Nules 71D
Nulvi 61A
Numansdorp 35C
Nummela 10F
Nummi 10F
Nuneaton 7A
Nunnanen 15E
Nuñomoral 69A
Nunspeet 35D
Nuoramoinen 11C
Nuoro 61A
Nuortikon 14C
Nurallao 61C
Nurmes 13D
Nurmijärvi 10F
Nurmo 12E
Nürnberg 41E
Nurri 61D
Nürtingen 40F
Nuttlar 36F
Nuttuln 36C
Nuupas 15E
Nuutajärvi 10D
Nœux-les-Mines 38D
Nyåker 25B
Nyäshamn 29F
Nyborg, Denmark 33C
Nyborg, Norway 17B
Nydala 30E
Nygård 19C
Nyhammar 28B
Nyhamnslage 30E
Nyhem 25D
Nyíradony 88E
Nyírbátor 88E
Nyíregyháza 86A
Nykarleby 12E
Nykil 29E
Nykirke, Norway 26B
Nykirke, Norway 27A
Nykøbing, Denmark 33A
Nykøbing, Denmark 32E
Nykøbing, Denmark 32B
Nykoping 29E
Nykrogen 29C
Nykroppe 28D
Nykvern 29D
Nyland, Sweden 25A
Nyland, Swden 25B
Nylund 85F
Nymburk 84F
Nyon 46F
Nyons 52D
Nýřany 41D
Nyrud 17F
Nysa 85E
Nysäter 28C
Nyseter, Norway 26B
Nyseter, Norway 26C
Nyskoga 28B
Nyskollaseter 26A
Nystad = Uusikaupunki
Nysted 33A
Nysund 28F
Nyvallen 25C

Oadby 7A
Oakengates 6B
Oakham 7A
Oakley 7C
Oanes 27E
Obbola 21F
Obdach 49C
Ober Roden 40C
Ober-Viechtach 41E
Oberammergau 48C
Oberau 48C
Oberaula 40E
Oberdachstetten 40F
Oberdrauburg 40F
Obergrafendorf 49B
Obergünzburg 47B
Obergurgl 48C
Oberhausen 39B

Oberhofen 47E
Oberiberg 47C
Oberkatz 40B
Oberkirch 40E
Oberlahnstein 39D
Oberlindhart 41E
Obermarchtal 47B
Obernai 46B
Oberndorf, Austria 48B
Oberndorf, W. Germany 47A
Obernkirchen 36D
Obernzell 41F
Oberösterreich, prov. 49A
Oberpleis 39B
Oberpullendorf 49D
Oberröblingen 37E
Oberroth 48A
Oberschleissheim 48A
Oberstaufen 47D
Oberstdorf 47D
Obertilliach 48F
Obertrubm 13B
Obertrum 48B
Oberursel 40C
Obervellach 48D
Oberwart 49D
Oberweissenbrunn 40D
Oberwesel 39D
Obidos 68C
Objat 51A
Obladis 47D
Obón 66F
Oborniki 84D
Obrenovac 86B
O'Briensbridge 9C
Obrov 55A
Obrovac 55D
Obsteig 13C
Ocaña 70C
Ochagavia 66A
Ochandianc 65B
Ochsenfurt 40D
Ochsenhausen 47B
Ochtendung 39D
Ochtrup 36C
Ockelbo 29A
Öckerö 30A
Ockley 7C
Ocna Şugătag 88B
Ocnele Mar 88D
Od 30B
Odby 33A
Odda 26F
Odder 32D
Odeceixe 72C
Odeleite 72D
Odemira 72C
Ödemis 91B
Ödenäs 30A
Odenbüll 33F
Odenheim 40E
Odense 33C
Odensvi 31A
Oder, river 84D
Oderzo 54B
Odiham 7C
Odivelas 72A
Odnes 26B
Odonsbacken 29C
Odorhei 88D
Odra, river 84D
Ödskölt 28E
Oebisfelde 37C
Oederan 41B
Oeiras 68E
Oelde 36E
Oelsnitz 41C
Oesede 36C
Oetmannshausen 40B
Oeventrop 40A
Oeversee 33E
Offenbach 40C
Offenburg 47A
Offerberg 25E
Offerdal 24B
Ofir 63C
Oftringen 47C
Ogbourne St George 7C
Ogenbargen 36A
Ogmore by Sea 6C
Ogna 27F
Ogulin 55B
Ohrdruf 40B
Ohrid 87B
Öhringen 40F
Ohtanajärvi 14D
Oiā 68A
Oijärvi 15D
Oikhaliá 92F
Oirschot 35E
Oisemont 38C
Oitti 10D
Oja 31D
Öje 28B

Öjebyn 21D
Okehampton 6E
Okeroinen 10D
Okonek 84B
Oksendal 22F
Øksfjord 16D
Oksna 28A
Øksnes 18B
Oktoniá 92B
Öland, island 31C
Olawa 85E
Olazagutia 65B
Olbernhau 41B
Olbia 61B
Olching 48A
Old Leake 5F
Old Meldrum 3C
Oldbury 6B
Oldcastle 8D
Oldeberkoop 35B
Oldebroek 35D
Oldelde 26E
Olden 26F
Oldenburg, W. Germany 33D
Oldenburg, W. Germany 36B
Oldenzaal 36C
Olderdalen 16C
Oldersum 36A
Oldham 5E
Olecko 85B
Oléggio 53B
Oleiros 68D
Olematö 62C
Olen 27E
Olensvag 27E
Olesa 85E
Oleśno 85E
Oletta 62A
Olette 67D
Olgopol 88A
Olhão 72C
Olhava 12B
Oliana 67C
Oliena 61D
Oliete 66F
Olimbos 91E
Olimbos, mt. 89F
Olite 65D
Oliva 71F
Oliva de Jerez 68F
Oliva de Mérida 69E
Oliva de Plasencia 69C
Olivares 73C
Olivares de Júcar 70D
Olive 27E
Olivenza 68F
Oliviera de Azemeis 63E
Oliviera de Frades 68B
Oliviera do Bairro 68A
Oliviera do Hospital 68B
Olivone 47E
Oliwa 85A
Olkusz 85E
Ollaberry 3B
Olleria 71E
Ollerton 5E
Olliergues 51B
Ollila 68A
Ölme 28D
Olmedo, Italy 61A
Olmedo, Spain 64F
Olney 7A
Olofsfors 9B
Olofström 30D
Olomouc 85E
Olona 53B
Olonzac 67B
Oloren-Ste-Marie 66B
Olost 67C
Olot 67C
Olovo 87C
Olpe 40A
Olsäter 28D
Ölserud 28E
Olsöy 23C
Ølst 32F
Olstervik 18D
Olsztynek 85A
Olsztyn 85A
Oltedal 27F
Olten 47C
Olteniţa 89C
Olterbacken 28F
Olvega 65D
Olvenstadt 37C
Olvera 73C
Olympia, anc. site 92F
Omagh 8A
Ombersley 6B
Omegna 47E
Omerköy 91B
Omiš 87C

Omisali 55B
Ommen 35D
Omurtag 89C
On 26E
Oña 65C
Onarheim 27E
Oñate 65B
Oncala 65D
Onchan 4D
Onda 71D
Ondara 71F
Ondárroa 65B
Onéglia 10F
Ongar 7D
Onich 2D
Onnestad 30F
Önningby 25F
Onsala 30A
Onsöy 28C
Ontaneda 65A
Onteniente 71E
Ontswedde 36A
Onttola 13F
Ontur 71E
Onzonilla 64D
Oola 9C
Ooltgensplaat 35C
Ooś 40E
Oostburg 35E
Oostduinkerke 38B
Oostende 38B
Oosterhout 35C
Osterkirk 4F
Oostmalle 39A
Oostvoorne 35C
Opatija 55A
Opatów 85D
Opatówek 85C
Opava 85E
Opicina 55A
Opladen 39B
Oplöyfjord 23B
Opoczno 85C
Opole 85E
Oppala 29A
Oppdal 23E
Oppdöl 22F
Oppeby 31A
Oppedal 26F
Oppegård, Norway 28A
Oppegård, Norway 28C
Oppeln = Opole
Oppenau 47A
Oppenheim 40C
Opphem 31A
Oppido Mamertina 59D
Oppsal 18E
Oquillas 65C
Ora 48E
Oradea 88E
Oradour-sur-Glane 51A
Oradour-sur-Vayres 51A
Orajärvi 14D
Oran 8D
Oranmore 9E
Öränsjö 28F
Orange 52C
Orašje 86D
Oraštie 88D
Oraşu Nou 88E
Oravais 12E
Oravita 88F
Ørbæk 33C
Orbassano 53C
Orbe 46F
Orbec 43D
Orbetello 56A
Örby 30A
Örbyhus 29E
Orce 74C
Orcera 70F
Orchies 38D
Orchomenus, anc. site 92D
Orcières 52D
Ordenes 63A
Ordino 67C
Orduña 65A
Öre, Norway 22F
Öre, Sweden 29A
Orea 71A
Orebić 16D
Ørebro 29C
Orellana la Vieja 69E
Øren 91D
Orense 63D
Oreoi 92C
Ørehshög 28F
Oresvik 20A
Øreyd 30B
Orford 7B
Orgañá 67C
Orgaz 69D

Orgelet 46E
Orgenvika 26B
Orgeyev 88A
Orgiva 74E
Orhaneli 91B
Orhangazi 91B
Orhanie = Botevgrad
Oria 74C
Orihuela 75A
Orihuela del Tremedal 71A
Orimattila 11C
Oripää 10C
Orismala 12E
Oristano 61C
Öriszentpéter 49E
Oriveden as 10D
Orivesi 10D
Orizare 89A
Örje 28C
Orkanger 23C
Orkdal 23C
Orkelljunga 30F
Orléans 45A
Orlová 85E
Orly, airport 38E
Ormea 53C
Ormesby 5C
Ørmon 29E
Ormož 49F
Ormsjö 20F
Ormskirk 4F
Ornans 46D
Ornas 29A
Ørnes 18E
Orneta 85A
Ørnhøj 32F
Ornskoldsvik 25A
Orol 63B
Oropesa 69D
Oropoú 92A
Orosei 61D
Orosháza 86B
Orpington 7D
Orre 27F
Orrefors 31C
Orrestad 27F
Örsa 24C
Orsala 28B
Ørsebo 31A
Orsières 46F
Örsjö 31C
Orşova 88B
Orsta 22F
Orsundbro 29E
Orta 47E
Orta Nova 58E
Ortaca 91D
Ortaklar 91C
Orte 56B
Ortelsburg = Szczytno
Orth, Austria 49B
Orth, W. Germany 33D
Orthez 66B
Ortigosa 65D
Ortigueira 63B
Ortisei 48E
Ortles, mt. 47F
Ortnevik 26F
Ortofta 30F
Orton 5C
Ortona 57C
Ortovero 53C
Ortsräsk 21F
Ørum 32D
Orusco 70B
Orvella 27A
Orvieto 56B
Orzinuovi 54A
Orzysz 85B

Os, Norway 28A
Os, Norway 23E
Os, Sweden 30D
Osa 26D
Osby 30D
Oschatz 37F
Oschersleben 37C
Oschiri 61B
Ose 27C
Oseja de Sajambre 64B
Osen, Norway 26E
Osen, Norway 23A
Osica de Jos 89C
Osijek 86D
Osilo 61A
Osimo 55E
Osios Loukas, anc. site 92C
Oskal 16F
Oskar 31C
Oskarshamn 31C
Oskarstrom 30C
Oskevik 28D
Oslo 27A

Osmaneli 91B	Ottery St Mary 6F	Paços de Ferreira 63E	Papadhátos 92E	Pawlett 6D	Penmaen-mawr 4F
Osmington 6F	Ottingen 40F	Pacov 84F	Papadhiánika 90F	Paxton 3E	Penmon 4F
Osna 29F	Ottobeuren 47B	Padasjoki 10D	Papenburg 36A	Payerne 46D	Pennal 6A
Osnabrück 36C	Ottweiler 39F	Paddock Wood 7D	Pappadhes 92C	Paymogo 72D	Pennan 3C
Osorno 65C	Otynya 88B	Paderborn 36F	Par 6E	Payrac 51C	Penne 57A
Osøyra 26F	Ötz 48C	Paderne 72C	Paracín 87A	Pazardzhik 89D	Penningby 29D
Ospedaletti 53E	Oucques 45A	Padiham 5E	Parada de Rubiales 64F	Pazarköy 91A	Penrhyndeudraeth 4F
Ospitaletto 54A	Ouddorp 35C	Pàdova 54B	Paradela 63F	Pazin 55A	Penrith 5C
Ospringe 7D	Oudenaarde 38B	Pádria 61C	Parades de Nava 64D	Pcim 85E	Penryn 6E
Oss 35D	Oudeschild 35C	Padrón 63C	Paradhísia 92F	Péage, le 52A	Pensford 6D
Ossa de Montiel 70F	Oudewater 35C	Padstow 6E	Parador de Gredos 69B	Peal de Becerro 74C	Pentre-Foelas 4F
Ossio Louká 92C	Oughterard 8F	Padul 73D	Parados 73C	Peasenhall 7B	Penybont 6B
Ossjöen 26D	Ougney 46C	Paduli 58E	Parakka 14A	Peć 87A	Penzance 6F
Ossun 66B	Ouistreham 43A	Pagánica 57C	Parálion-Ástrous 92D	Pechina 74E	Penzberg 48C
Östad 30A	Oulainen 12D	Pagánico 56A	Paramé 42D	Peckelsheim 36F	Péra Mélana 92D
Östanå 25E	Oulton, *England* 5E	Pagóndhas 91C	Paramithia 90A	Pécs 86D	Perafita 67C
Östanå 28A	Oulton, *England* 7B	Páguera 75E	Paranéstion 89D	Pécsvárad 86D	Perakhóra 92E
Ostanhede 29A	Oulu 12B	Paiania 92B	Paravóla 92E	Pedernoso 70D	Peraleda de la Mata 69C
Östansjö, *Sweden* 21A	Oulujoki 12B	Paião 68C	Paray-le-Monial 45F	Pedersöre 12E	Peraleda de Zaucejo 69E
Östansjö, *Sweden* 25E	Oulunsalo 12B	Paignton 6F	Parchim 37A	Pedrajas de San Esteben 64F	Peralejos de las Truchas 70B
Östavall 25C	Oulx = Ulzio	Paijanne, lake 10D	Parczew 85D	Pedralba 71C	Perales del Alfambra 66E
Ostbevern 36C	Oundle 7A	Paimbœuf 44C	Pardubice 84F	Pedras Rubras, airport 63E	Perales del Puerto 69C
Osted 33A	Ourique 72C	Paimpol 42D	Paredes 63E	Pedras Salgadas 63F	Peralta 65D
Öster Åmtervik 28D	Outeiro 63F	Paincastle 6B	Paredes de Coura 63C	Pedreguer 71F	Peralta de Alcofea 66D
Öster Ed 31A	Outés 63A	Paisley 2F	Pareja 70B	Pedrera 73C	Pérama 90F
Öster Frölunda 30B	Outokumpu 13F	Pajala 14D	Parentis-en-Born 50C	Pedro Abad 73D	Peranka 13A
Öster Grevie 30E	Outwell 7B	Pajares 64B	Parey 37D	Pedro Martínez 74C	Peraseinäjoki 10A
Öster Husby 29E	Ouveillan 67B	Pakoštane 55F	Párga 90A	Pedro Muñoz 70D	Peratiá 92E
Öster Karup 30C	Öv. Nyland 21E	Pakrac 86D	Pargas 10E	Pedrógão, *Portugal* 68C	Perchtoldsdorf 49B
Öster Klagstorp 30F	Öv. Soppero 14A	Paks 86D	Parhalahti 12D	Pedrógão, *Portugal* 72B	Percy 43C
Öster Ljungby 30E	Öv. Tväråselet 14E	Palacios 64C	Parikkala 11B	Pedrógão Grande 68D	Pérdhika 92E
Oster Slidre = Hegge	Ovada 53E	Palafrugell 67D	Paris 38E	Pedrógão Pequeno 68D	Perdhikóvrisi 92E
Øster Vrå 32C	Ovar 63E	Palaiá Epídhavros 92D	Parkajoki 14B	Pedrola 66C	Perechin 88E
Osterath 39B	Ovelgonne 36E	Palaiá Kórinthos 92D	Parkalompolo 14B	Peebles 4B	Peredo 63F
Osterburg 37C	Ovenstädt 36D	Palaiókastron, *Greece* 91E	Parkano 10A	Peel 4D	Pereiro 72D
Österby 29B	Overåneset 26C	Palaiókastron, *Greece* 92E	Parknasilla 9F	Peenemünde 84B	Perelló 67F
Osterbymo 31A	Overath 40A	Palaiokhóra 90F	Parma 54C	Pega 68B	Pérfugas 61A
Österfärnebo 29A	Overbister 3B	Palaiovrákha 92E	Parnassós, mt. 92E	Pegalajar 73D	Perg 49A
Östergraninge 25A	Överby, *Sweden* 28E	Palairos 92E	Parndorf 49B	Pegau 41A	Pergamum, anc. site 91A
Osterholz-Scharmbeck 36B	Överby, *Sweden* 29D	Palaiseau 38E	Parola 10D	Peggau 49C	Pérgine 48E
Osteria di Nóvoli 54F	Överenhorna 29D	Palamás, *Greece* 90B	Páros 91C	Pegin 87B	Pérgola 55E
Österkorsberga 30D	Överhogdal 24D	Palamás, *Greece* 92C	Parracombe 6C	Pegli 53D	Perho 12F
Östernoret 21E	Överkalix 14F	Palamós 67D	Parranporth 6E	Pegnitz 41C	Periana 73F
Osterode, *Poland* = Ostróda	Överlida 30A	Palamut 91A	Parråkårsa 19C	Pego, *Portugal* 68D	Périers 43A
Osterode, *W. Germany* 37E	Overmark 10A	Palas de Rey 63B	Parsberg 41E	Pego, *Spain* 71F	Périgueux 51A
Osterskår 29D	Overscaig 2B	Palau 61B	Parthenay 44B	Pehula 10C	Perivóli, *Greece* 92C
Östersund 24B	Overseal 7A	Palavas 52E	Partinico 60E	Peine 37C	Perivóli, *Greece* 92F
Östersundom 10F	Överselo 29C	Palazzolo Acréide 60B	Partney 5F	Péio 47F	Perivólia 92D
Österunda 29C	Övertanger 29A	Palazzolo sull'Oglio 53B	Pårup 32F	Peipohja 10C	Periyiáli 92D
Östervala 29A	Overton, *England* 7C	Palena 57C	Påryd 31C	Peïra-Cava 53E	Perleberg 37A
Ostervallskog 28C	Overton, *Wales* 4F	Palencia 64D	Pasajes 65B	Peisey-Nancroix 53A	Perlez 86D
Osterwick 36C	Övertorneå 14F	Palenciana 73D	Paşcani 88C	Peissenberg 48C	Përmet 90A
Osterwieck 37C	Överum 31A	Palenzuela 65C	Pasewalk 84B	Peiting 48C	Pernå 11E
Osthammar 29B	Oviedo 64B	Palermo 60C	Pasio 57E	Pekel 49F	Pernik 89E
Ostheim 40D	Oviken 24B	Palestrina 56D	Paslęk 15E	Pekkala 15E	Perniö 10E
Ostiglia 54C	Övre Årdal 26C	Palinges 45F	Pasmajärvi 14D	Pélagos 92D	Pernitz 49D
Ostiz 65B	Övre Grundsel 85F	Palinuro 58F	Pasman 55F	Pelasyía 92C	Pero 53B
Östmark 28A	Övre Lansjärv 85F	Paliománina 92E	Passage East 9B	Pelczyce 84B	Péronne 38D
Östra, *Italy* 55E	Övre Sirdal 27F	Paliópirgos 92E	Passage West 9D	Pélekas 92F	Perosa-Argent 53C
Östra, *Sweden* 29E	Ovsjöbyn 25A	Pälkäne 10D	Passau 41F	Pelhřimov 84F	Pérouges 46E
Östraby 30F	Ovtrup 32F	Pallándion 92D	Pássion 92D	Pelkosenniemi 15C	Perpignan 67B
Ostrach 47B	Ower 7E	Pallanza 47E	Passow 37B	Péllaro 59F	Perranporth 6E
Ostrava 85E	Öxabäck 30A	Pallas Green 9C	Passy 46F	Pellerin, le 44C	Perros-Guirec 42C
Östre Kil 27C	Oxberg 28B	Pallice, la 44E	Pastrana 70B	Pello 14D	Persberg 28D
Ostróda 85A	Oxelösund 29E	Palluau 44C	Pasym 85B	Pelopion 92F	Pershagen 29D
Ostrołęka 85B	Oxford 7C	Palma 68E	Pásztó 86A	Pelotá 92D	Pershore 6B
Ostrov, *Czechoslovakia* 41D	Oxílithos 92A	Palma de Mallorca 75E	Pataholm 31C	Pelovo 89C	Perstorp 30F
Ostrov, *Romania* 89A	Oxnered 28E	Palma del Rio 73C	Patay 45A	Pelso 13C	Perth 3E
Ostrów 85C	Oy, *Norway* 27D	Palma di Montechiaro 60D	Pateley Bridge 5C	Peltovuoma 16F	Perthus, le 67D
Ostrów Mazowiecka 85D	Oy, *W. Germany* 47D	Palmanova 55A	Pateniemi 12B	Pélussin 52A	Pertisau 48C
Ostrowiec 85C	Oya 63C	Palmela 68E	Paterna 71C	Pelvoux, mt. 52D	Pertteli 10E
Ostrzeszów 85C	Oyangen 26C	Palmi 59F	Paterna de Rivera 73E	Pembroke 6C	Pertuis 52F
Ostseebad Kühlungsborn 33B	Oyarzun 65B	Palohuornas 14C	Paterna del Campo 72D	Pembury 7D	Pertunmaa 11C
Ostuni 58B	Öye, *Norway* 26C	Palojärvi 16F	Paterna del Madera 70F	Pen-Guen 10A	Perúgia 56B
Osuna 73C	Öye, *Norway* 26D	Palojoensuu 14B	Paternion 48F	Pen-y-Gwryd 4F	Perusic 55D
Oswaldkirk 5C	Öyer 26A	Palomares del Campo 70D	Paterno 60B	Penacova 68A	Péruwels 38D
Oswestry 6B	Öyeren 28A	Palomas 69E	Paterswolde 35B	Penafiel, *Portugal* 63E	Pesaguero 64B
Oświęcim 85E	Öyfjell 27C	Palombara Sabina 56D	Pathénion 92D	Peñafiel, *Spain* 65E	Pésaro 55A
Otanmäki 13C	Oygarden 26B	Palos de la Frontera 72D	Pathhead 3E	Peñaflor 73C	Pescara 57A
Otava 11A	Oygardgrend 26B	Pålsbob 29E	Patna 4B	Penalsordo 69F	Pèschici 58C
Otero de Rey 63B	Öyjord 19C	Paltamo 13C	Pátrai 92E	Penalva do Castelo 68B	Peschiera del Garda 54A
Otford 7D	Oykel Bridge 2B	Pältsastugorna 16E	Patras = Pátrai	Penamacor 68D	Péscia 54B
Othem 31B	Oylo 26D	Palud, le 52F	Patrickswell 9C	Peñaranda de Bracamonte 64F	Pescina 57C
Otherty 6D	Oymark 28C	Pamhagen 49D	Patrington 5F	Peñaranda de Duero 65E	Pescolanciano 57C
Otivar 73F	Öynan 26D	Pamiers 67A	Pattensen 37D	Peñarroya Pueblonuevo 69F	Pescopagano 58F
Otley 5C	Oyne 3C	Pamilo 13F	Patterdale 4D	Peñarrubia 73F	Peshkopi 87D
Otocac 55D	Oyón 65D	Pampilhosa 68A	Patti 60A	Penarth 6D	Pesmes 46C
Otovci 49F	Oyonnax 46E	Pampilhosa de Serra 68D	Pattijoki 12B	Peñas de San Pedro 70F	Pesquera de Duero 65E
Otranto 58B	Oyos Negros 66E	Pampliega 65C	Pau 66B	Peñausende 64F	Pessac 50D
Otrícoli 56B	Oysang 27B	Pamplona 65D	Pauillac 50B	Pendálofon 90A	Pessin 37D
Otta 26A	Oyslebo 27D	Pamukova 91B	Paulhaguet 51B	Pendeória 92B	Pessoux 39C
Ottaviano 57E	Oystese 26F	Panagyurishte 89C	Paulhan 67B	Pendine 6C	Peşteana Jiu 88F
Ottenby 31E	Ozd 86A	Panaitólion 92E	Paulilátino 61C	Pendlebury 5E	Péta 90A
Ottenschlag 49A	Ozerisk 85B	Pančevo 86B	Paulushofen 41E	Pendoória 92B	Petalax 10B
Otter Ferry 2F	Ozieri 61A	Pancorbo 65C	Pauträsk 21C	Penedono 63F	Pétange 39E
Otterburn 5A	Ozimek 85E	Pandino 53C	Pavia, *Italy* 53B	Penela 68C	Peteranec 49F
Otterøy 23E	Ozor 55D	Pandy 6D	Pavia, *Portugal* 68F	Pengonjho 10D	Peterborough 7A
Ottersberg 36B	Ozorków 85C	Panes 64B	Pavias 71C	Penhas da Saúde 68B	Peterchurch 6D
Ottersleben 37C	Ozun 88D	Pangbourne 7C	Pavilly 38C	Peniche 68C	Peterhead 3C
Otterswick 3B		Pankakoski 13F	Pávliani 92C	Penicuik 4B	Peterlee 5C
Otterup 33C	Paattinen 10E	Pantäne 10A	Pavlice 49B	Peñíscola 71B	Petersfield 7E
	Paavola 12D	Pantón 63D	Pavlikeni 89C	Penistone 5E	Petilia 59C
	Pabjanice 85C	Páola 59F	Pavlon 92E	Penkridge 6B	Petkula 15A
	Pachino 60B	Pápa 86C			
	Paço de Sousa 63E	Papadhátais 92E	Pavullo nel Frignano 54C		

Petkus 37D
Pétra, *Greece* 92C
Petra, *Spain* 75C
Petralia-Sotto-Soprana 60C
Petrel 71E
Petrina 92D
Petrinja 86D
Petrodvorets 11F
Petromagoúla 92C
Petroseni 88F
Petrovac, *Yugoslavia* 87A
Petrovac, *Yugoslavia* 87D
Petrovaradin 86B
Petrovo Selo 55D
Petsákoi 92E
Petsmo 12E
Pettigo 8C
Petworth 7E
Peurasuvanto 15A
Pevensey 7F
Pévki 92F
Pewsey 7C
Peyrehorade 66A
Peyriac-Minervois 67B
Peyrolles 52F
Pézenas 67B
Pfaffenhofen 48A
Pfäffikon 47C
Pfarrkirchen 48B
Pfeffenhausen 41E
Pforzheim 40E
Pfronten 47D
Pfullendorf 47B
Pfullingen 47B
Pfunds 47D
Pfungstadt 40C
Phalsbourg 39F
Philadelphia 91D
Philippeville 39C
Philippopolis = Plovdiv
Phyäjärvi 12D
Phyäkoski 12B
Piacenza 53B
Piamio 10E
Piana, *France* 62C
Piána, *Greece* 92D
Piana degli Albanesi 60C
Piancastagnáio 56B
Piani 48F
Piani Resinelli 13F
Piano cel Vóglio 54C
Pianottoli-Caldarello 62E
Pias 72B
Piaseczno 85D
Piaski 85D
Piatra Neamt 88C
Piazza al Sérchio 54C
Piazza Armerina 60D
Piazza Brembo 47F
Picardie, reg. 38C
Picasent 71C
Pickering 5D
Picquigny 38C
Pídhima 92F
Piedicroce 62C
Piedimonte d'Alife 57E
Piedmont = Piemonte
Piedrabuena 69F
Piedrafita 63D
Piedrahita 69A
Piedralaves 69B
Piedras Albas 68D
Piégut 50B
Pieksämäki 11A
Pielavesi 13E
Piemonte, prov. 53C
Pieniężno 85A
Pienza 56B
Piera 67E
Piercebridge 5C
Pierowall 3A
Pierre-Buffière 51A
Pierre-de-Bresse 46C
Pierrefeu 52F
Pierrefitte-Nestalas 66B
Pierrefonds 38F
Pierrefort 51F
Pierrelatte 52C
Piešt'any 86C
Piesting 49D
Pietarsaari = Jacobstad
Pietra Ligure 53D
Pietrasanta 54E
Pietroşiţa 88D
Pieux, les 42F
Pieve di Bono 47F
Pieve di Cadore 48F
Pieve di Teco 53C
Pievepelago 54C
Pigádhia 91E
Pignataro 57E
Pihlajavesi 10B
Pihlava 10C
Pihtipudas 12F
Piikkiö 10E

Piippola 12D
Pikkarala 12B
Piła 84B
Pilalístra 92F
Pilar de la Horadada 75C
Pilas 72D
Pilatus, mt 47C
Pili 92A
Pilion 90B
Pilis 86A
Pilisvörösvar 86C
Pilos 90C
Pilton 6D
Pilzno 85D
Pina 66F
Piñar 73D
Pinarello 62C
Pinarhisar 89B
Pinchbeck 7A
Pinchbeck West 7A
Pincota 88F
Pindea de la Sierra 65C
Pindhos, mts. 90A
Pindus = Pindhos
Pinerolo 53C
Pineto 57A
Piney 46A
Pinhão 63F
Pinheiro 63E
Pinhel, *Portugal* 64E
Pinhel, *Portugal* 68C
Pinhoe 6F
Pinjainen 10F
Pinkafeld 49D
Pinneberg 33D
Pino 62A
Pinofranqueado 69A
Pinos Puente 73D
Pinoso 71E
Pinto 70A
Pinwherry 4A
Piombino 56A
Piotrków 85C
Piove di Sacco 54B
Piovene Rocchette 54B
Piraeus = Piraiévs
Piraiévs 92B
Piran 55A
Pirdop 89C
Pírgos, *Greece* 90F
Pírgos, *Greece* 91E
Pírgos, *Greece* 92F
Pirí 92C
Pirineos, mts. 66A
Pirkkala 10D
Pirmasens 39F
Pirna 41B
Pirnmill 4A
Pirot 89E
Pirovac 55F
Pirttikoski 15E
Piryí 91C
Pisa 54E
Piscopi = Tilos
Pisogne 47F
Pissos 50D
Pisticci 58D
Pistoia 54E
Pisz 85B
Piteå 21D
Piteşti 88D
Pithiviers 45A
Pitigliano 56B
Pitkälahti 13E
Pitlochry 2D
Pitmedden 3C
Pitsá 92C
Pitscottie 3E
Pittenweem 3E
Piyaí 90A
Pizarra 73F
Pizzighettone 54A
Pizzo 59C
Pjätteryd 30D
Plá de Santa María 67E
Plaffeien 46F
Plan-de-Baix 52D
Plan-d'Orgon 52E
Plan-du-Var 53E
Planá 41D
Plancoët 42F
Planiteron 92D
Plansee 13C
Plasencia 69C
Plassen 24E
Plat 16E
Plataiaí 92C
Platamon 89F
Platanákion 92D
Platanistós 92E
Plátanos, *Greece* 92C
Plátanos, *Greece* 92F
Plati, *Greece* 90B
Plati, *Greece* 92F

Platiána 92F
Platikambcs 90B
Plattling 41F
Plau 37B
Plaue 37D
Plauen 41C
Plavca 55D
Plavnica 87B
Playa de Aro 67D
Pleasley 5E
Pléaux 51A
Pléheuf 10A
Plélan-le-Grand 42F
Plémet-la-Pierre 42D
Plencia 65J
Plešivec 86A
Plestin 42C
Pleszew 85C
Plettenberg 40A
Pleumartin 44B
Pleven 89C
Pliego 74D
Plitvice 55D
Pljevlja 87B
Ploaghe 61A
Ploče 86F
Plochingen 40F
Plock 85C
Plockton 2D
Ploërmel 42F
Ploieşti 88D
Plombières-les-Bains 46B
Plön 33D
Płońsk 85C
Ploty 85C
Plouaret 42C
Ploubalay 42D
Ploudalmézeau 42C
Plouescat 42C
Plouha 42D
Ploutokhóri 92F
Plovdiv 89D
Pluckley 7D
Plumb Bridge 8C
Pluvigner 42F
Plymouth 6E
Plymstock 6E
Plzeň 42D
Pniewy 84C
Pnotypridd 6D
Po, river 53B
Pobla de Segur 67C
Poblet, Monasterio de 67E
Pocinho 63F
Pocklington 5D
Podbořany 41D
Poddębice 85C
Poděbrady 84F
Podensac 50D
Podgora 16D
Podgorica = Titograd
Podkova Charnichevo 89D
Podnanos 55A
Podplat 49F
Podravska Slatina 86D
Podsused 49F
Podu Iloaiei 88A
Podturen 49F
Podujevo 87A
Poet-Navalo 42F
Poetto 61F
Poggibonsi 54E
Póggio Mirteto 56D
Póggio Rusco 54C
Pogradec 87B
Pohja 10D
Pohořelice 84F
Poiana Brasov 88D
Poiana Teiului 88B
Poiares 68C
Poinsat 45E
Poirino 53C
Poissy 38E
Poitiers 44F
Poitou, reg 44E
Poix 38C
Poix-Terron 39C
Pojan 87B
Pojo 10D
Pojo 87D
Pokka 15A
Pokój 85C
Pola de Allande 64C
Pola de Laviana 64B
Pola de Lene 64B
Pola de Siero 64B
Pola de Somiedo 64A
Polán 69D
Polanow 84B
Połczyn Zdrój 84B
Polegate 7F
Polesella 54D
Polgár 86A

Polgárdi 86C
Poliána 92D
Polička 84F
Polidhroson 92C
Polientes 65A
Poligny 46C
Políkastron 89F
Políkhnitos 91A
Politiká 92A
Poljak 55D
Polla 58F
Pollen 16C
Pollfoss 26E
Pollensa 75C
Polmak 17D
Polperro 6E
Polvijärvi 13F
Polzeath 6E
Pomar 66D
Pomarez 50F
Pomarkku 10C
Pomarance 54E
Pombal 68C
Pomeroy 8A
Pomézia 56D
Pommersfelden 40D
Pomorski 84B
Pomoy 46D
Pomposa 54D
Ponferrada 64C
Pons, *France* 50B
Pons, *Spain* 67C
Ponsacco 54E
Pont-à-Mousson 39E
Pont-Audemer 43B
Pont Canavese 53A
Pont-d'Ain 46E
Pont-de-Chéruy 52B
Pont-de-Claix 52B
Pont-de-Dore 51B
Pont-de-l'Arche 38E
Pont-de-Montvert, le 52C
Pont-de-Roide 46D
Pont-de-Salars 51D
Pont de Suert 67C
Pont-de-Vaux 46E
Pont-de-Veyle 46E
Pont-du-Château 51B
Pont du Gard 52E
Pont du Travo, le 62C
Pont-Faverger 38F
Pont-l'Abbé 42E
Pont, le 46F
Pont l'Évêque 43B
Pont-St-Esprit 52C
Pont St Martin 53A
Pont-sur-Yonne 45B
Pontacq 66B
Pontailler 46C
Pontão 86F
Pontardaw 6C
Pontardulais 6C
Pontarion 45E
Pontarlier 46C
Pontassieve 54F
Pontaubault 43C
Pontaumur 45E
Pontcharra 52B
Pontchâteau 42F
Ponte de Barca 63C
Ponte de Lima 63E
Ponte de Sôr 68D
Ponte delle Arche 48E
Ponte di Legno 47F
Ponte di Piave 54B
Ponte-Leccia 62C
Ponte nelle Alpi 48F
Ponte Nova 48B
Ponte Nuovo 62C
Ponte Tresa 47E
Pontebba 48F
Pontecorvo 57C
Pontedera 54E
Pontedécimo 53D
Pontefract 5E
Ponteland 5A
Pontelongo 54B
Pontepetri 54E
Ponterwyd 6A
Pontet, le 52E
Pontevedra 63C
Pontevico 54A
Pontgibaud 51B
Pontigny 45B
Pontivy 42F
Pontoise 38E
Pontones 74A
Pontoon 8F
Pontorson 44A
Pontrémoli 54C
Pontresina 47F
Pontrhydfendigaid 6A
Pontrieux 42D

Polgárdi 86C
Ponts-de-Cé 44D
Pontypool 6D
Ponza 56F
Pool 5D
Poole 6F
Poolewe 2B
Pooley Bridge 4D
Poperinge 38B
Pópoli 57C
Popovo 89C
Poppi 54F
Poprad 85C
Porcuna 73D
Pordenone 54B
Poreč 55A
Pori 10C
Porjus 14C
Porkkala 10F
Porlammi 11E
Porlezza 13F
Porlock 6C
Pörnbach 41E
Pornianen 10F
Pornic 44C
Pornichet 42F
Porokylä 13D
Póros 16B
Porquerolles 10C
Porrentruy 46D
Porreras 75E
Porretta Terme 54C
Porriño 63C
Porsa 16B
Porsabygget 30C
Porsi 14C
Port Appin 2F
Port Askaig 2E
Port Bannatyne 2F
Port Bou 67D
Port Carlisle 4B
Port Charlotte 2E
Port-Cros 10C
Port de Bouc 52E
Port de Chiavari 62C
Port Dinorwic 4F
Port Ellen 2E
Port-en-Bessin 43A
Port Erin 4C
Port Eynon 6C
Port Glasgow 2F
Port Isaac 6E
Port-la-Nouvelle 67B
Port Lligat 15B
Port Logan 4C
Port Louis 42F
Port of Ness 2A
Port-St-Louis 52E
Port St Mary 4D
Port-sur-Saône 46D
Port Talbot 6C
Port-Vendres 67D
Port William 4D
Portacloy 8F
Portadown 8B
Portaferry 8B
Portalegre 68D
Portarlington 9C
Porte-Ste-Marie 50D
Portel 68F
Portel, le 38A
Portelandolfo 57B
Portezuelo 69C
Portglenone 8A
Portgordon 3C
Porthcawl 6C
Porthleven 6F
Portillo 64F
Portillo de Toledo 69D
Portimão 72C
Portinho 68E
Portinnisherrich 2F
Portino 15E
Portinscale 4D
Portishead 6D
Portknockie 3C
Portlaoise 9C
Portlaw 9C
Portloe 6E
Portmadoc 4F
Portmahomack 2B
Portmarnock 8B
Portnacroish 2F
Portnaguiran 2A
Portnahaven 2E
Portnoo 8C
Porto, *France* 62C
Porto, *Portugal* 63E
Porto Azzurro 56A
Porto Ceresio 13E
Porto Colóm 75F
Porto Cristo 75F
Porto d'Ascoli 57A
Porto de Lagos 72C
Porto de Mós 68C

Porto di Tre Porti 54B
Porto Empédocle 60D
Porto Garibaldi 54D
Pórto Khéli 92D
Pórto Lágo 89D
Porto Levante 60A
Porto Maurizio 10F
Porto Pollo 62C
Pórto Ráfti 92B
Porto Recanati 55E
Porto San Giorgio 57A
Porto San Stefano 56A
Porto Tolle 54D
Porto Torres 61A
Porto Vecchio 62C
Portoferráio 56A
Portofino 53D
Portogruaro 55A
Portomouro 63A
Portoroz 55A
Portovénere 54C
Portpatrick 4C
Portreath 6F
Portree 2C
Portrush 8A
Portsalon 8C
Pörtschach 49E
Portsmouth 7E
Portsonachan 2F
Portsoy 3C
Portstewart 8A
Portugalete 65A
Portumna 9C
Porvoo = Borgå
Porz 39B
Porzuna 69F
Posadas 73C
Poschiavo 47F
Posen = Poznań
Positano 57E
Possagno 54B
Pössneck 41A
Post-mawr 6A
Posta 56B
Postal 48E
Postojna 55A
Postolopŕty 41D
Posušje 87C
Potamiá 92F
Potamós, *Greece* 90F
Potamós, *Greece* 92F
Potenza 58F
Potes 64B
Potsdam 37D
Pottendorf 49B
Potter's Bar 7C
Pöttmes 41E
Potton 7A
Pouancé 44A
Pouilly, *France* 45D
Pouilly, *France* 45F
Pouilly, *France* 46C
Pouilly-en-Auxois 46C
Pouligny, le 42F
Poulgorm Bridge 9F
Pouliguen, le 42F
Poulítsa 92D
Poulton-le-Fylde 4D
Pound Hill 7C
Poussu 15F
Pouxeux 46B
Pouzauges 44C
Povazská Bystrica 85E
Povoa de Lanhoso 63E
Povoa de Varzim 63E
Powmill 3E
Poyatos 70B
Poyntz Pass 8B
Poysdorf 49B
Pöytyä 10E
Poza del la Sal 65C
Požarevac 86B
Poznań 84D
Pozo Alcón 74C
Pozo Cañada 71E
Pozoblanco 69F
Pozohondo 70F
Pozorrubio 70D
Pozuel del Campo 66F
Pozuelo de Alarcón 69B
Pozuelo de Calatrava 70E
Pozuelo de Zarzon 69C
Pozzallo 60B
Pozzuoli 57E
Prabuty 85A
Prachovske Skaly 84F
Pradejón 65D
Pradelles 52C
Prádena 65E
Prades 67B
Prado del Rey 73E
Pradoluengo 65C
Prägraten 48D
Prague = Praha

Praha 84F
Prahecq 44F
Prahovo 89E
Prája a Mare 58F
Praia da Rocha 72C
Praia da Santa Cruz 14C
Praiano 11F
Pralognan-la-Vanoise 53A
Prameny 41D
Pramousquier 10C
Praranger 52B
Prastós 92D
Prat del Llobregat 67D
Prato 54D
Prátola Peligna 57C
Prats de Llusanés 67D
Prats-de-Mollo 67D
Pravdinsk 85B
Pravia 64A
Précy-sous-Thil 46C
Predáppio 54D
Predazzo 48D
Predea 88D
Predejane 89E
Predlitz 49C
Predoi 48C
Predosa 53D
Preesall 4D
Preetz 33D
Préjano 65D
Preko 55F
Prellenkirchen 49B
Prelog 49F
Premantura 55C
Prémery 45D
Premiá de Mar 67F
Prenai 85B
Prenzlau 84B
Přerov 85E
Prerow 33B
Prescot 5E
Presicce 58B
Preslav 89C
Prešov 85F
Pressath 41C
Pressbaum 49B
Pressburg = Bratislava
Prestatyn 4F
Preste, la 67D
Presteigne 6B
Přeštice 41D
Preston, Scotland 5E
Preston, Scotland 3E
Preston Candover 7C
Prestonpans 3E
Prestwick 4B
Prettin 37F
Pretzsch 37F
Pretzwalk 37B
Preuilly-sur-Claise 44D
Priboj 87A
Příbram 41D
Priego 70B
Priego de Córdoba 73D
Prien 48D
Priene, anc. site 91C
Prievidza 86C
Prijeboj 55D
Prijedor 86D
Prijepolje 87A
Prilep 87B
Primaube 51D
Primda 41D
Primel-Trégastel 42C
Primolano 54B
Primorsk 11F
Primošten 16C
Princes Risborough 7C
Princetown 6E
Priólithos 92F
Priozersk 11D
Prisecnice 41D
Priština 87A
Pritzerbe 37D
Pritzier 37B
Pritzwalk 37B
Privas 52C
Priverno 57C
Prizren 87B
Prizzi 60C
Prnjavor 86D
Proaza 64B
Probus 6E
Prochowice 84D
Prócida 11E
Proença-a-Nova 68D
Prokópion 92A
Prokuplje 87A
Pronsfeld 39B
Propriano 22C
Prosějov 85E
Prosek 87B
Prosílion 92C
Prosotsáni 89F
Proussós 92E
Provence, reg. 52F

Provins 45B
Præstø 33A
Prudhoe 5A
Prudnik 85E
Prüm 39D
Pruna 73E
Prundu Bîrgăului 88C
Prusánsky 49B
Pruszcz 85A
Przechlewo 85A
Przedbórz 85C
Przemyśl 85F
Przeworsk 85F
Przysucha 85D
Psakhná 92A
Psári, Greece 92D
Psári, Greece 92F
Psie Pole 85C
Pszczółki 85A
Pteleón 92C
Ptolemais 90A
Ptuj 49F
Pubill 2F
Pucioasa 88D
Puck 85A
Puckeridge 7C
Pudasjärvi 13A
Puddletown 6F
Pudsey 5E
Puebla de Alcocer 69F
Puebla de Alfindén 66D
Puebla de Almenara 70D
Puebla de Arenoso 71C
Puebla de Don Fadrique 74C
Puebla de Don Rodrigo 69F
Puebla de Guzmán 72C
Puebla de Hijar 66F
Puebla de la Calzada 69E
Puebla de Lillo 64B
Puebla de Obando 69E
Puebla de Sanabria 63D
Puebla de Sancho Pérez 69E
Puebla de Trives 63D
Puebla de Vallbona 71C
Puebla del Caramiñal 63C
Puebla del Duc 71E
Puebla Larga 71E
Puelba del Maestre 73A
Puente Caldelas 63C
Puente Ceso 63A
Puente Cesures 63C
Puente de Domingo Flórez 63D
Puente de la Reina 65D
Puente Genil 73D
Puente Viesgo 65A
Puenteáreas 63C
Puentedeume 63A
Puentenansa 65A
Puentes de Garcia Rodriguez 63B
Puerto Castilla 69A
Puerto de Alcudia 75C
Puerto de Andraitx 75E
Puerto de la Selva 67D
Puerto de la Sóller 75C
Puerto de Mazarrón 74D
Puerto de Pollensa 75C
Puerto de San Vicente 69D
Puerto de Santa Maria 73E
Puerto Lápice 70C
Puerto Lumbreras 74D
Puerto Motril 73F
Puerto Real 73E
Puerto Serrano 73E
Puértolas 66D
Puertollano 69F
Puertomingalvo 71A
Puffendorf 39B
Puget-Théniers 53E
Puget-Ville 52F
Puglia, prov 58E
Puhos, Finland 11B
Puhos, Finland 13A
Pui 88F
Puiești 88B
Puigcerdá 67C
Puigreig 67C
Puigvert 67C
Puiseaux 45A
Puisserguier 67B
Pukavik 30F
Pukë 87B
Pukkila 10F
Pula 55C
Puławy 85D
Pulborough 7E
Pulheim 39B
Pulju 14B
Pulkkila 12D

Pulpí 74D
Pulsano 58B
Pułtusk 85D
Pumpsaint 6C
Pungești 88B
Punkalaidun 10C
Punkasalmi 11B
Punta Marina 11A
Punta-Umbria 72D
Puolanka 13A
Puottaure 14E
Purbach 49B
Purchena 74D
Purkersdorf 49B
Purley 7C
Purmerend 35C
Purmo 12E
Purullena 74C
Püspökladány 86A
Putanges 43C
Putikko 11B
Putlitz 37B
Putnok 86A
Puttelange 39F
Puttgarden 33D
Puumala 11D
Puy-Guillaume 45F
Puy, le 52A
Puy-l'Évêque 51C
Puylaurens 67A
Puyoô 66A
Puzol 71D
Pwllheli 4F
Pyecombe 7E
Pyhäjärvi 12D
Pyhäjoki 12D
Pyhäntä 13C
Pyhäranta 10C
Pyhäsalmi 12D
Pyhäselkä 13F
Pyhtää 11E
Pyla-sur-Mer 50C
Pyle 6C
Pylkönmäki 10B
Pylos, anc. site 90C
Pyrénées, mts. 66B
Pyrzyce 84B
Pytten 27D

Quadrath-Ichendorf 39B
Quakenbrück 36C
Quarteira 72C
Quartu Sant'Elena 61F
Quatre-Chémins, les 44E
Quedlinburg 37E
Queensbury 5E
Queensferry 4F
Queipo 73C
Quel 65C
Queluz 68E
Quend 38C
Quercianella Sonnino 54E
Querfurt 37E
Quero 70D
Quesada 74C
Quesnoy, le 38D
Questembert 42F
Quiberon 42F
Quickborn 33D
Quillan 67A
Quillebeuf 43B
Quilty 9E
Quimper 42E
Quimperlé 42E
Quin 9E
Quincoces de Yuso 65A
Quingey 46D
Quintana de la Serena 69E
Quintana del Castillo 64C
Quintana del Puente 65C
Quintanar de la Orden 70D
Quintanar de la Sierra 65C
Quintanar del Rey 70D
Quintanilha 64C
Quintanilla de Abajo 65C
Quintanilla Sobresierra 65C
Quintin 42D
Quinto 66F
Quintos 72C
Quiroga 63D
Quissac 52E
Qukës Shkumbin 87B
Qyteti Stalin 90A

Råå 30E
Raab = Győr
Raahe 12B
Rääkkylä 11B
Raalte 35D
Rab 55D

Rabac 16B
Rábade 63B
Rabastens, France 51E
Rabastens, France 66B
Rabber 36D
Rabbi Termi 48E
Rabka 85E
Râby-Rönö 29E
Răcăciuni 88B
Racalmuto 60D
Racconigi 53C
Raciąż 85C
Racibórz 85E
Råda 28D
Rădăuți 88B
Radcliffe 5E
Råde, Norway 28C
Rade, W. Germany 36B
Radebeul 41B
Radeburg 41B
Radeče 49E
Rådelsbråten 28A
Radenthein 48F
Radevormwald 40A
Radmirje 49E
Radna 88F
Radnice 41D
Radnor 6B
Radolfzell 47C
Radom 85D
Radomir 89E
Radomsko 85C
Radstadt 48D
Radstock 6D
Radusa 87C
Radymno 85E
Radziejów 85C
Radzymin 85D
Radzyń Podlaski 85D
Raesfeld 36E
Raffadali 60D
Rafford 3C
Rafsbotn 16D
Raften 18D
Raghly 8D
Raglan 6D
Ragunda 25A
Ragusa, Yugoslavia = Dubrovnik
Ragusa, Italy 60B
Råhällan 29A
Rahden 36D
Rain 41E
Rainford 5E
Rainham 7D
Rainjo 63C
Rainworth 5E
Raisdorf 33D
Raisio 10E
Raistakka 15E
Rajamäki 10F
Rakeie 28D
Rakhovo 88D
Rakkestad 28C
Rakoniewice 84D
Rakovica 55D
Rakovnik 41D
Rakvice 49B
Ramales de la Victoria 65A
Ramallosa 63C
Ramatuelle 10C
Rambervillers 46B
Rambouillet 38E
Rambucourt 39E
Ramelton 8C
Ramkvilla 30D
Rämmen 28E
Ramnäs 29C
Râmnicu Vâlcea 88D
Ramså 18B
Ramsberg 29C
Ramsbottom 5E
Ramsele 25A
Ramsey, England 7A
Ramsey, I. of Man 4D
Ramsgate 7D
Ramshyttan 29A
Ramsjö 25A
Ramsta 29D
Ramvik 25C
Ranalt 48C
Rånåsfoss 28C
Randaberg 27E
Randalstown 8A
Randan 45F
Randanne 51B
Randazzo 60A
Randen, Norway 26A
Randen, W. Germany 47A

Randes 26B
Randsfjord 26B
Randsverk 26A
Rångedala 30B
Rangstrup 33E
Ranis 41A
Rankoviévo = Kraljevo
Rankwell 47D
Rannoch Moor 2F
Ransäter 28B
Ransby 28B
Rantajärvi 14D
Rantasalmi 11B
Rantsila 12D
Ranua 15E
Raon-l'Etape 46B
Rapallo 53D
Raphoe 8C
Rapness 3A
Rapolano 54F
Rapperswil 47C
Rapsáni 90B
Räsälä 13E
Rasbo 29D
Rascafria 65E
Rasivaara 11B
Raška 87A
Rasovo 89E
Rastatt 40E
Rastede 36B
Rastenburg = Kętrzyn
Răstolița 88D
Rasueros 64F
Ratan 21F
Rath Luirc 9C
Rathangen 9A
Rathcormac 9D
Rathdangan 9A
Rathdowney 9C
Rathdrum 9A
Rathen 3C
Rathenow 37D
Rathfriland 8B
Rathkeale 9E
Rathmore 9F
Rathmullan 8C
Rathnew 9A
Ratibor = Racibórz
Ratingen 39B
Rattenburg 48C
Rattosjärvi 14D
Rättvik 29A
Ratzeburg 33D
Raudeberg 26E
Raufoss 26B
Rauhellern 26D
Rauland 27C
Rauma 10C
Raumünzach 40E
Raundal 26F
Raunds 7A
Rautajärvi 10D
Rautalampi 13E
Rautas 14A
Rautavaara 13C
Rautjärvi 11D
Rautvatn 20B
Rauxel 36E
Rava Russkaya 85F
Raved 33E
Ravello 57E
Ravenglass 4D
Ravenna 54D
Ravensburg 47B
Ravenscar 5D
Ravna Gora 55B
Rawa Mazowiecka 85C
Rawcliffe 5E
Rawicz 84D
Rawtenstall 5E
Rayleigh 7D
Rayol, le 52F
Razgrad 89C
Razlog 89F
Rcohe-en-Ardenne, la 39C
Rea 65C
Reading 7C
Reale, le 61A
Réalmont 51E
Rearsby 7A
Reawick 3B
Reay 2B
Reay Forest 2B
Rebais 38F
Rebolla de Jadraque 65F
Reboly 13D

Rebordelo 63F
Recanati 55E
Recaș 88F
Recco 53D
Recea 89E
Recess 8F
Recey 46C
Rechnitz 49D
Recke 36C
Recklinghausen 36E
Recogne 39C
Recologne 46C
Recz 84B
Red Bull 5E
Red Dial 4D
Redalen 26B
Redbourn 7C
Redcar 5C
Redditch 6B
Redhill 7C
Redlin 37B
Redon 42F
Redondela 63C
Redondo 68F
Redruth 6E
Redslared 30A
Rees 36E
Reeth 5C
Reftele 30D
Regen 41F
Regensburg 41E
Réggio di Calábria 59F
Reggio nell'Emilia 54C
Reggiolo 54C
Reghin 88D
Regna 29E
Régua 63F
Reguengos de Monsaraz 68F
Rehau 41C
Rehburg 36D
Rehden 36D
Rehna 33D
Reichenau, Austria 49D
Reichenau, Switzerland 47D
Reichenau, W. Germany 47C
Reichenbach 41A
Reichshoffen 39F
Reiersdal 27D
Reigate 7C
Reillo 70D
Reims 38F
Reiná 23D
Reinach 47C
Reine 18C
Reinfeld 33D
Reinheim 40C
Reinosa 65A
Reinsvoll 26B
Reisjärvi 12F
Reiss 3A
Reistad 27A
Rejmyra 29E
Rejowiec 85D
Rekarne 29C
Reliquias 72C
Relleu 71F
Remagen 39D
Rémalard 44B
Remels 36A
Remich 39F
Remiremont 46B
Remmet 24D
Remollen 52D
Remoulins 52E
Remschied 39B
Rémuzat 52D
Rena 24E
Renazé 44A
Rendal 24E
Rendina 92E
Rendsburg 33A
Renfrew 2F
Renginion 92C
Reni 88B
Renko 10D
Renkomäki 10D
Renkum 35D
Rennebu 23E
Rennerod 40A
Rennes 44A
Rennes-les-Bains 67B
Renström 21F
Renteria 65B
Rentjärn 21C
Renvyle 8F
Réole, la 50D
Repcelak 86C
Replot 12E
Reposaari 10C
Repvag 17A
Requéna 71C

Réquista 51F
Resana 54B
Resele 25A
Resen 87B
Resende 63F
Reşita 88F
Resolven 6C
Ressons-sur-Matz 38F
Reszel 85B
Retamal 69E
Reteag 88E
Rethel 38F
Rethem 36D
Réthi 92D
Réthimnon 90F
Retournac 52A
Retuerta de Bullaque 69D
Retz 49B
Reus 67E
Reusel 35F
Reutlingen 47B
Reutte 47D
Revel 67A
Revholmen 28C
Revigny 39E
Revilla del Campo 65C
Revin 39C
Revnice 41D
Revničov 41D
Revonlahti 12B
Revsbotn 17A
Revsudden 31C
Revsund 25D
Rexbo 29A
Rhaunen 39D
Rhayader 6B
Rhein, river 40C
Rheinbach 39B
Rheinberg 36F
Rheinböllen 39D
Rheine 36C
Rheinfelden 47C
Rheinfelden Baden 47C
Rheinhausen 39B
Rheinland-Pfalz, prov 39D
Rhein/Main, airport 40C
Rheinsberg 37B
Rheinzabern 40E
Rheydt 39B
Rhiconich 2B
Rhine = Rhein, etc.
Rhineland-Palatinate = Rheinland-Platz
Rho 53B
Rhodes = Ródhos
Rhodope Mts. = Rodopi Planina
Rhondda 6D
Rhône, river 52E
Rhoose 6D
Rhosili 6C
Rhosneigr 4F
Rhuddlan 6E
Rhydspence 6B
Rhyl 4F
Rhynie 3C
Riala 29D
Riaño 64B
Rians 52F
Riaza 65E
Ribadavia 63C
Ribadeo 63B
Ribadesella 64B
Ribaflecha 65D
Ribarroja 71C
Ribas de Fresser 67C
Ribe 33E
Ribeauville 46B
Ribécourt 38F
Ribeira 63C
Ribeira de Pena 63F
Ribemont 38D
Ribera 60D
Ribera del Fresno 69E
Ribérac 50B
Ribnitz-Damgarten 33B
Ričany Jílové 84F
Riccia 58E
Riccione 54F
Riceys, les 46A
Richelieu 44D
Richhill 8B
Richmond, England 7C
Richmond, England 5C
Richtenberg 33B
Rickmansworth 7C
Ricla 66E
Ricobayo 64E
Riddarhyttan 29C
Riddes 46E
Riding Mill 5A
Ridley 5E
Riec-sur-Belon 42E
Ried, Austria 47D
Ried, Austria 48B

Riedau 48B
Riedenburg 41E
Riedlingen 47B
Riem, airport 48A
Riesa 37F
Rietberg 36F
Rieti 56B
Rieumes 67A
Rieupeyroux 51C
Rieux, France 67A
Rieux, France 67B
Riez 52F
Rigánion 92E
Rigi, mt 47C
Rignano Flaminio 56D
Riihimäki 10F
Riipi 15C
Riistavesi 13E
Rijeka 55B
Rijssen 35D
Rillington 5D
Rimavská Sobota 86A
Rimbo 29D
Rimforsa 31A
Rimini 54F
Rîmnicu Sărat 88B
Rincón de la Victoria 73F
Rincón de Soto 65D
Rindal 23E
Ringarum 29E
Ringe 33C
Ringebu 26A
Ringenpen 26B
Ringerike 26B
Ringford 4B
Ringkøbing 32F
Ringládhes 92F
Ringnes 26B
Ringöy 26F
Ringselet 21A
Ringsend 8A
Ringsted 33A
Ringstorp 29E
Ringwood 6F
Rinkaby 30F
Rinteln 36D
Rio Maior 68C
Riobarba 63B
Riodeva 71C
Riofrio de Aliste 64C
Riom 45F
Riom-ès-Montagnes 51B
Rionero, Italy 57C
Rionero, Italy 58F
Rios 63D
Rioseco de Tapia 64D
Riotorto 63B
Riovéggio 54C
Rioz 46D
Ripatransone 57A
Ripats 14C
Ripley, England 5C
Ripley, England 5E
Ripley, England 7C
Ripoll 67C
Ripollet 67E
Ripponden 5E
Riquewihr 46B
Risan 87C
Risbäck 4F
Risberg 28B
Risberget 28A
Riscle 50F
Risede 20F
Riseley 7C
Rish 89A
Risnes, Norway 26F
Risnes, Norway 27D
Risnov 88D
Risögrund 14F
Risör 27B
Rissa 23C
Ristiina 11C
Ristijärvi 13A
Ristisaari 13F
Risträsk 14C
Risudden 14F
Ritjemjåkk 19C
Ritsóna 92A
Riudoms 67E
Riva 54A
Riva Azzurra 11B
Rivabella 11B
Rivanazzano 53D
Rivarolo Ligure 53D
Rive-de-Gier 52A
Rivergaro 53D
Riverhead 7D
Riverstown 8D
Rives 52B
Rivesaltes 67B
Rivière Thibouville, la 43B
Rivisóndoli 57C
Rivoli 53A

Rixheim 46D
Rizais 92D
Rízoma 90A
Rjånes 26E
Rjukan 27C
Roa 26B
Roade 7A
Roadford 9E
Roadhead 5A
Roanne 45F
Róbbio 53B
Roberton 4B
Robertsbridge 7F
Robertsfors 21F
Robleda 69A
Robledillo de Trujillo 69C
Robledo de Chavela 69B
Robres 66D
Roc-Amadour 51C
Rocca di Mezzo 57C
Rocca di Papa 56D
Rocca San Casciano 54F
Rocca Sinibalda 56D
Roccadáspide 58F
Roccamonfina 57E
Roccaraso 57C
Roccastrada 56A
Roccella Ionica 59D
Rochdale 5E
Roche-Bernard, la 42F
Roche-Derrien, la 42D
Roche-Posay, la 44D
Roche-sur-Yon, la 44E
Rochechouart 51C
Rochefort, Belgium 39C
Rochefort, France 44E
Rochefort-en-Terre 42F
Rochefort-Montagne 51B
Rochefoucauld, la 44F
Rochelle, la 44C
Rocheservière 44C
Rochester, England 5A
Rochester, England 7D
Rochford 7D
Rochfortbridge 8D
Rochlitz 41B
Rociana 72D
Rock 6E
Rockcliffe 4B
Rockenhausen 39D
Rockesholm 28D
Rockingham 7A
Rockneby 31C
Rocroi 39C
Rodach 40D
Rodaljice 55F
Rödberg 26B
Rødby 33C
Rødbyhavn 33C
Rødding 33E
Rødekro 33E
Rodel 2A
Rodellar 66D
Roden 35B
Rodenkirchen 36B
Rodewald 36D
Rodewisch 41A
Rodez 51D
Rodholívos 90B
Ródhos, island 91F
Rodi Gargánico 58E
Roding 41E
Rödjdafors 28A
Rödje 29C
Rodna 88C
Rodopi Planina, mts 89F
Rodosto = Tekirdağ
Rödöy 18E
Roermond 35F
Roeselare 38B
Rofors 28F
Rogatec 49F
Rogätz 37C
Rogliano, France 62A
Rogliano, Italy 59C
Rognan 18F
Rogne 26B
Rogoźno 9E
Rogsta 25E
Rohrbach, Austria 41F
Rohrbach, Austria 49D
Rohrberg 37C
Rohrbrunn 40D
Roisel 38D
Rojales 75A
Rok 28F
Roke 30F
Roknäs 12A
Rokycany 41D
Rolampont 46A
Röldal 27E
Rolfstorf 30C
Rollag 27A

Rolle 46F
Rollesby 7B
Rolsberga 30F
Rolsöy 28C
Roma, Sweden 31B
Roma, Italy 56B
Romagna, reg 54D
Romagnano 53B
Roman 88C
Romano, Carpineto = Carpineto Romano
Romans 52B
Romanshorn 47D
Romarheim 26F
Rome = Roma
Romford 7D
Römhild 40D
Romilly 45B
Rommenas 28C
Romont 46F
Romorantin 45C
Romsen 29A
Romsey 7E
Römskog 28C
Ronaldsway, airport 4D
Roncegno 48E
Roncesvalles 66A
Ronchamp 46B
Ronchi 55A
Ronciglione 56D
Ronco, Italy 53D
Roncobilaccio 54C
Ronda 73E
Rondablikk 26A
Rønde 32D
Rondissone 53A
Rondoassba 26A
Ronehamn 31D
Rönnäng 30A
Rønnäs 20D
Ronneburg 41A
Ronneby 31E
Rönninge 29D
Rönningen 23C
Rönnöfors 24B
Rönö 29E
Ronse 38B
Roordahuizum 35B
Roosendaal 35E
Ropczyce 85F
Ropeid 27E
Roquebilliére 53E
Roquefort 50F
Roquemaure 52C
Roquestéron 53E
Roquetas 52F
Roquetas de Mar 74E
Roquevaire 52F
Rörbäcksnäs 28B
Rörö 30A
Röros 23F
Rorschach 47D
Rörstad 18F
Rörvik, Norway 23C
Rörvik, Norway 26E
Rörvik, Norway 23A
Rosa, Monte, mt 47E
Rosal de la Frontera 72D
Rosapenna 8C
Rosarno 59E
Rosas 67D
Rosbeg 8C
Roscoff 42C
Roscommon 8D
Roscrea 9C
Rosegreen 9C
Rosehall 2B
Rosehearty 3C
Roselle 51A
Rosemarkie 2D
Rosendal 27E
Rosenfeld 47A
Rosenheim 48C
Roseto degli Abruzzi 57A
Rosice 84F
Rosières 38D
Rosiers, les 44D
Roşiorii de Vede 89C
Roskilde 32B
Roslags-Kulla 29D
Rosmaninhal 68B
Rosmuc 9E
Rosporden 42E
Rösrath 39B
Ross 8B
Ross-on-Wye 6D
Rossa 47F
Rossano 59C
Rossas 63E
Rossbrunn 40D
Rosscarbery 9F
Rossett 4F
Rossfjord 16C
Rossiglione 53D

Rolle 46F
Rosslare 9A
Rosslare Harbour 9B
Rosslau 37D
Rosslea 8D
Rossleben 41A
Rossnes 26F
Rostadalen 16E
Rostånga 30F
Rostock 33B
Rostrenen 42D
Rostrevor 8B
Rostuša 87B
Röstvangen 23E
Rosyth 3E
Rot 24F
Rota 72F
Rotenburg 36B
Rötgen 39B
Roth, W. Germany 39B
Roth, W. Germany 41E
Rötha 41A
Rothbury 5A
Rothenburg ob der Tauber 40F
Rothéneuf 42D
Rotherham 5E
Rothes 3C
Rothesay 2F
Rothienorman 3C
Rothwell 7A
Rotonde, la 51D
Rotondella 58D
Rott 48A
Rottach 48C
Rottenbuch 48C
Rottenburg, W. Germany 41E
Rottenburg, W. Germany 47A
Rottenmann 49C
Rotterdam 35C
Rottna 28D
Rottne 30D
Rottneros 28D
Rottweil 47A
Roubaix 38B
Roudnice 41D
Rouen 38E
Rouffach 46B
Roughton 7B
Rouillac 44F
Roujan 67B
Roundstone 9E
Roundwood 9A
Roupakia 92F
Rovaniemi 15C
Rovato 54A
Rovde 22E
Rovereto 54A
Röveshagen 33B
Roverud 28A
Roviaís 92C
Rovigo 54D
Rovinj 55C
Rowardennan 2F
Rowsley 5E
Royal Leamington Spa 7A
Royal Tunbridge Wells 7D
Royan 50A
Royat 51B
Roybridge 2D
Roye 38D
Royère 51A
Royken 27A
Royknes 27D
Royston 7C
Röyttä 14F
Röytvik 20A
Rözan 85B
Rozay-en-Brie 38F
Rozier, le 51D
Rožmitál 41D
Rožňava 86A
Roznov 88C
Rozoy-sur-Serre 38D
Rozprza 85C
Roztoky 41D
Rozwadów 85F
Rožomberok 85E
Rubena 65C
Rubery 6B
Rubí 67E
Rubiães 63C
Rubielos de Mora 71C
Rucăr 88D
Ruda 31C
Rude 33A
Rüdesheim 39D
Rudki 85F
Rudkøbing 33C

Rudna 84D
Rudnik 85F
Rudolstadt 41A
Rue 38C
Rueda 64F
Ruelle 50B
Ruffec 44F
Ruffieux 46E
Rufford 4F
Rugby 7A
Rugeley 6B
Rugles 43D
Ruhla 40B
Ruhpolding 48D
Ruidera 70F
Rukkedalen 26B
Rulbo 24F
Rülzheim 40E
Rum 49B
Ruma 86B
Rumblingbridge 3E
Rumeln 39B
Rumilly 46F
Rummelsburg = Miastko
Rumont 39E
Runcorn 5E
Runderoth 40A
Rundvik 25B
Rungsted 32B
Runhallen 29C
Rünkhofen 47C
Runni 13C
Runnymede 7C
Runsten 31C
Runswick 5D
Ruokolahti 11D
Ruokto 19E
Ruosniemi 10C
Ruotsinpyhtää 11E
Ruovesi 10B
Rupe 55F
Rus 73B
Ruschuk = Ruse
Ruse, Belgium 89C
Ruše, Yugoslavia 49F
Rush 8B
Rushall 6D
Rushden 7A
Rusko 10E
Ruskeele 21C
Ruskträsk 21C
Rüsselsheim 40C
Russi 54D
Rust 49B
Rute, Spain 73D
Rute, Sweden 31B
Rutherglen 2F
Ruthin 4F
Ruthven 2D
Rüti 47C
Rutino 58F
Rutledal 26F
Ruukki 12B
Ruunaa 13D
Ruurlo 35D
Rutana 10D
Ruvo di Puglia 58C
Ružomberok 85E
Rybnik 85E
Rybnitsa 88A
Rychnov 84F
Ryd 30D
Rydaholm 30D
Rydöbruk 30D
Rydsnäs 31A
Rye 7F
Ryfoss 26D
Rygg 26E
Rygge 27A
Ryggestad 27C
Ryki 85D
Rymanów 85F
Rýmarov 85E
Ryn 85B
Ryngestad 27C
Rypin 85A
Ryr 28E
Ryshkany 88A
Ryssby 30D
Ryton 5A
Ryttern 29C
Ryttylä 10D
Rzepin 84D
Rzeszów 85F

S. Sunderbyn 14E
Sääksjärvi 10D
Sääksmäki 10D
Saal 41E
Saalbach 48D
Saalburg 41C
Saales 46B
Saalfeld 41A
Saalfelden 48D

Saanen 46F
Saanenmöser 12C
Saarbrücken 39F
Saarburg 39D
Saarela 13E
Saarenkylä 86E
Saari, Finland 11B
Saari, Finland 12F
Saarijarvi 12F
Saarland, Prov. 39F
Saarlouis 39F
Saas-Fee 47E
Šabac 86B
Sabadell 67E
Sabáudia 56F
Sabbioneta 54C
Sabero 64C
Sabiñánigo 66D
Sabiote 74A
Sablé 44B
Sables d'Olonne, les 44E
Sables-d'Or 42D
Saboia 72C
Sabres 50D
Sabrosa 63F
Sabugal 68B
Sabuncu 91B
Säby 30B
Sacavém 68E
Sacecorbo 65F
Sacedón 70B
Săcel 88C
Săcele 88D
Sachseln 47C
Sachsenhausen 40A
Sacile 54B
Säckingen 47C
Sacra di San Michele 53A
Sacramenia 65E
Săcueni 88E
Sada 63A
Sádaba 66C
Saddell 4A
Sadgora 88C
Sæbö, Norway 26E
Sæbö, Norway 26D
Sæby 32C
Sægrov 26E
Saelices 70D
Saerbeck 36C
Sævrasvåg 26F
Sáfara 72B
Safárikovo 86A
Säffle 28D
Saffron Walden 7D
S'Agaró 67E
Sågen 28B
Sagfjord 18D
Sagmyra 29A
Sagone 62C
Sagres 72C
Sagunto 71D
Sagvåg 27E
Sahagún 64D
Sahalahti 10D
Šahy 86C
Saignelégier 46D
Saija 15D
Saillagouse 67C
Saimaa, Lake 11C
St Abbs 3E
St Aegidi 48B
St-Affrique 51E
St Agnes 6E
St-Agrève 52C
St-Aignan 45C
St-Alban-sur-Limagnole 51D
St Albans 7C
St-Amand-de-Vendôme 45C
St-Amand-en-Puisaye 45D
St-Amand-les-Eaux 38D
St-Amand-Montrond 45C
St Amans 51D
St-Amans-Soult 67B
St Amant 51E
St Ambroix 52C
St-André-de-Cubzac 50D
St-André-de-l'Eure 38E
St-André-les-Alpes 52F
St Andrews 3E
St Ann's 4B
St Anthème 52A
St Anthony 6E
St Anton 47D
St-Antonin 51C
St Asaph 6D
St Athan 6D
St-Auban 53E
St-Auban-sur-l'Ouvèze 52D
St-Aubin, France 43A
St-Aubin, Switzerland 46D
St-Aubin-du-Cormier 44A

St-Aulaye 50B
St Austell 6E
St-Avold 39F
St Aygulf 53E
St Bartholomä 13A
St Bees 4D
St-Benoît-du-Sault 45E
St-Benoît-en-Woëvre 39E
St-Benoît-sur-Loire 45A
St-Bertrand-de-Comminges 66B
St Blaise 46B
St Blasien 47C
St Blazey 6E
St Bonnet-le-Château 52A
St Brévin 44C
St Briavels 6D
St Brides 6C
St Brides Major 6D
St-Brieuc 42D
St Buryan 6E
St Calais 44B
St Cannat 52F
St-Cast 42D
St-Cergue 46F
St Chamond 52A
St-Chély-d'Apcher 51D
St-Chinian 67B
St Ciers 50B
St-Clar 51E
St-Claude-sur-Bienne 46E
St Clears 6C
St Columb Major 6E
St Cyprien 51C
St-Cyr-sur-Mer 52F
St Cyrus 3F
St David's 6C
St Denis 38E
St Didier-en-Velay 52A
St Dier 51B
St Dizier 46A
St Donat 52A
St-Éloy-les-Mines 45F
St-Étienne 52A
St-Étienne-de-Montluc 44C
St-Étienne-de-St-Geoirs 52B
St-Étienne-de-Tinée 53C
St-Étienne-les-Orgues 52D
St Fargeau 45D
St-Félicien 52A
St Fergus 3C
St Fillans 2F
St-Florent 45C
St-Florent-le-Vieil 44C
St Florentin 45B
St Flour 51D
St Fons 52A
St François-Longchamp 12E
St-Fulgent 44C
St Gallen 47D
St Gallenkirch 47D
St-Galmier 52D
St-Gaultier 45E
St-Gély-du-Fesc 52E
St-Gengoux 46E
St-Geniez-d'Olt 51D
St-Genis-Laval 52A
St-Genis-Pouilly 46F
St Georgen, Austria 49C
St Georgen, W. Germany 47A
St-Georges-sur-Loire 44C
St Geours-de-Maremne 50E
St-Germain 38E
St-Germain-de-Joux 46E
St Germain-des-Fossés 45F
St-Germain-Laval 52A
St-Germain-Lembron 51B
St-Germain-les-Belles 51A
St-Germain-l'Herm 51B
St Germans 6E
St Gertraud 48
St Gervais 46F
St Gervais-d'Auvergne 45F
St-Gildas-des-Bois 42F
St Giles 7C
St Gilgen 13B
St-Gilles 52E
St-Gilles-sur-Vie 44E
St Gingolph 46F
St-Girons 67A
St Goar 39D
St Goarshausen 39D
St-Gobain 38D
St-Gorgon 46D
St-Guénolé 42E
St-Guilhem-le-Desert 51F
St Heddinge 33A
St Helens, England 5E

St Helens, England 7E
St Helier 42B
St-Hilaire-du-Harcouet 43C
St-Hippolyte-du-Fort 52C
St-Honoré 45D
St-Hubert 39C
St-Imier 46D
St Ingebert 39F
St Ives, England 6F
St Ives, England 7A
St Jacut-de-la-Mer 10A
St Jakob 49E
St Jean-Cap-Ferrat 10E
St-Jean-d'Angély 44F
St-Jean-de-Bournay 52B
St-Jean-de-Losne 46C
St-Jean-de-Luz 66A
St-Jean-de-Maurienne 52B
St-Jean-de-Monts 44C
St-Jean-de-Sixt 56F
St-Jean-du-Bruel 51F
St-Jean-du-Gard 52C
St-Jean-en-Royans 52D
St-Jean-Pied-de-Port 66A
St Johann, Austria 48D
St Johann, Austria 49A
St Johann, Austria 49C
St Johann im Tirol 48D
St John's 4D
St John's Chapel 5C
St Johnston 8C
St-Juéry 51E
St-Julien 46F
St-Julien-Chapteuil 52A
St-Junien 44F
St-Just-en-Chevalet 45F
St-Juste-en-Chaussée 38E
St Just 6F
St Justin 50F
St Keverne 6E
St Korsnes 16D
St-Lary 66B
St-Laurent-de-la-Salanque 67A
St-Laurent-de-Médoc 50B
St-Laurent-du-Jura 46F
St-Laurent-du-Pont 52D
St Lawrence 7E
St Léonard 51A
St Leonards 7F
St Leonhard 48C
St-Lô 43C
St Louis, airport 47C
St-Loup 46B
St-Lunaire 42D
St-Lys 67A
St-Maixent 44F
St-Malo 42D
St-Marcellin 52B
St Margaret's at Cliffe 7D
St Margaret's Hope 3A
St Margrethen 47D
St-Mars-la-Jaille 44C
St Martin 44E
St-Martin-de-Londres 52E
St-Martin-de Valamas 52C
St-Martin-Vésubie 53C
St Martory 67A
St Mary's 3A
St Mathieu 51A
St-Maurice, France 51F
St-Maurice, Switzerland 46F
St Mawes 6E
St-Maximin 52F
St-Médard-en-Jalles 50D
St Méen 42D
St Mellons 6D
St Méloir-des-Ondes 10B
St Michael 49D
St-Michel-de-Maurienne 52B
St-Mihiel 39E
St Monance 3E
St Moritz 47E
St Nazaire 44C
St Nectaire 51B
St Neots 7D
St-Nicolas 51E
St-Nicolas-de-Port 39F
St-Nicolas-du-Pélem 42D
St Niklaus 38B
St Niklaus 47E
St Nikolai 49C
St Oedenrode 35D
St Omer 38A
St Pair-sur-Mer 10B
St-Palais, France 50A
St-Palais, France 66A
St Pardoux 51A
St Paul, France 53E
St Paul, France 50E
St-Paul-Cap-de-Joux 51E
St-Paul-de-Fenouillet 67B

St-Paulien 52A
St-Pé 66B
St-Péray 52C
St-Père-en-Retz 44C
St Peter 33F
St Peter Port 42B
St-Philbert 44C
St-Pierre, France 44E
St-Pierre, France 51F
St-Pierre-de-la-Fage 51F
St-Pierre Église 43A
St Pierre-en-port 43B
St-Pierre-le-Moutier 45D
St-Pierre-sur-Dives 43C
St-Point 46D
St Pol 38C
St-Pol-de-León 42C
St Pölten 49B
St-Pons 67B
St Pourçain 45F
St-Private 51A
St-Quay-Portrieux 42D
St Quentin 38D
St-Rambert, France 46E
St-Rambert, France 52A
St-Rambert-d'Albon 52A
St-Raphaël 53E
St-Rémy 52E
St Romain 43B
St-Rome-de-Cernon 51F
St-Rome-de-Tarn 51D
St-Saulge 45D
St Sauveur, France 45D
St Sauveur, France 53C
St Sauveur, France 66B
St-Sauveur-le-Vicomte 43A
St Savin, France 44F
St-Savin, France 50B
St-Savinien 44E
St-Seine-l'Abbaye 46C
St-Sernin-sur-Rance 51F
St Servan 42D
St-Sever 50F
St Stefan 48F
St-Sulpice-la-Pointe 51E
St-Sulpice-les-Feuilles 45E
St-Symphorien 50D
St-Symphorien-d'Ozon 52A
St-Symphorien-sur-Coise 52A
St Teath 6E
St Tönis 39B
St Trivier-de-Courtes 46E
St-Trojan 44E
St Tropez 53E
St-Truiden 39A
St Ulrich 48
St Vaast-la-Hougue 43A
St Valentin 49A
St Valéry-en-Caux 43B
St Vallier, France 52A
St Vallier, France 53E
St-Varent 44D
St Vaury 45E
St Veit 49E
St Vincent 53A
St-Vith 39C
St Wendel 39F
St Weonards 6D
St Wolfgang 13B
St Yorre 45F
St-Yrieix 51A
St Zacharie 52F
Saintes 50B
Saintes-Maries, les 52E
Saintfield 8B
Saintonge, Reg. 50B
Saivomuotka 14B
Sajószentpéter 86A
Sakiryany 88A
Sakskøbing 33A
Säkylä 10C
Šala, Czechoslovakia 86C
Sala, Sweden 29C
Sala Consiina 58F
Salahmi 13C
Salamajärvi 12F
Salamanca 64F
Salamis 92B
Salàn 28B
Salangen 19A
Salar 73D
Salardu 88E
Salas, Spain 64A
Salas, Yugoslavia 89E
Salas de los Infantes 65C
Sälboda 28C
Salbohed 29C
Salbris 45C
Salbus, Norway 26F
Salbus, Norway 27E
Salcombe 6E

Saldaña 64D
Sale 5E
Saleby 28F
Salemi 60E
Salen, Scotland 2C
Salen, Scotland 2E
Sälen, Sweden 24F
Salernes 52F
Salerno 58F
Salers 51B
Salford 5E
Salgótarján 86A
Salies-de-Béarn 66A
Salies-de-Salat 67A
Salignac 51C
Salihli 91D
Salinas 64B
Salinas de Añana 65A
Salinas de Oro 65B
Saline 54E
Salins-les-Bains 46D
Salir 72C
Salisbury 7C
Säliste 88F
Salla 15D
Sallanches 46F
Sallent, Spain 66B
Sallent, Spain 67C
Salles-Curan 51D
Sally Gap 9A
Salmeron 70B
Salmivaara 15D
Salmünster 40B
Salo, Finland 10E
Salò, Italy 54A
Salobreña 73F
Saloinen 12D
Salon 47D
Salonica = Thessaloníki
Salonta 88E
Salorino 68D
Salou 67E
Salpakangas 10D
Salsadella 71B
Salses 67B
Saltash 6E
Saltbotn 23B
Saltburn 5C
Saltcoats 4B
Saltdal 18F
Saltergate 5D
Saltfleet 5F
Salthill 9E
Saltoluokta 19E
Saltsjobaden 29D
Saltveit 27E
Saltvik 25F
Saluzzo 53C
Salvacañete 71C
Salvaleón 68F
Salvan 46F
Salvaterra de Magos 68E
Salvaterra de los Barros 69E
Salvaterra de Miño 63C
Salviac 51C
Salzburg 48D
Salzgitter 37C
Salzhausen 37A
Salzkammergut, Reg. 48D
Salzkotten 36F
Salzwedel 37C
Sama de Langreo 64B
Samadet 50F
Samarína 90A
Samatan 67A
Sambor 85F
Samedan 47F
Samer 38A
Sámi 90C
Samikón 92F
Sammacampagna 54A
Sammakko 14C
Sammatti 10F
Samnanager 26F
Samoëns 46F
Samokov 89E
Samora Correia 68E
Samothráki 91A
Samper de Calada 66F
Sampeyre 53C
Samsø, Island 32D
Samuelsberg 16C
San Adrián 65D
San Agustin, Spain 70A
San Agustin, Spain 71C
San Andrés, Spain 64F
San Andrés, Spain 67F
San Antolin de Ibias 63B
San Antonio Abad 71F
San Antonio de Calonge 15A
San Asensio 65D

San Bartolomé de la Torre 72D
San Bartolomeo in Galdo 58E
San Baudilio de Llobregat 67E
San Baudilio de Llusanés 67C
San Benedetto del Tronto 57A
San Benedetto Po 54C
San Bonifacio 54B
San Candido 48F
San Carlos 74F
San Carlos de la Rápita 71B
San Casciano in Val di Pes 54E
San Cataldo, Italy 58B
San Cataldo, Italy 60D
San Celoni 67D
San Cesárea Terme 58B
San Clemente 70D
San Cristobal de Cea 63D
San Cristóbal de Entreviñas 64D
San Cristóbal de la Vega 64F
San Cugat del Vallés 67E
San Daniele del Friúli 48F
San Dona di Piavé 54B
San Emiliano 64B
San Esteban de Bas 67D
San Esteban de Gormaz 65E
San Felice Circeo 56F
San Felices de los Gallegos 64E
San Felíu 67E
San Felíu de Condinas 67C
San Felíu de Guixols 67E
San Ferdinando di Puglia 58C
San Fernando 73E
San Fili 59C
San Francisco Javier 74F
San Gimignano 54E
San Ginésio 57A
San Giorgio del Sánnio 58E
San Giorgio di Nogaro 55A
San Giórgio di Piano 54D
San Giorgio Ionico 58B
San Giovanni, Italy 58E
San Giovanni, Italy 59C
San Giovanni in Croce 54A
San Giovanni in Persiceta 54C
San Giovanni Suérgiu 61E
San Giovanni Valdarno 54F
San Hilario Šacalm 67D
San Hipólito de Voltrega 67D
San Ildefonso = La Granja
San Javier 75C
San José, Spain 74F
San José, Spain 75E
San Juan 73C
San Juan Bautista 74F
San Juan de Alicante 71E
San Juan de las Abadesas 67D
San Juan de Vilasar 67E
San Juan del Puerto 72D
San-Juliá 67C
San Leonardo 65C
San Lorenzo al Mare 10F
San Lorenzo de Calatrava 70E
San Lorenzo de la Parrilla 70D
San Lorenzo de Morunys 67C
San Luis 75D
San Marcello Pistoiese 54E
San Marco Argentano 59C
San Marco dei Cavoti 58E
San Marco in Lámis 58E
San Marino 54F
San Martin de la Vega 70A
San Martin de Pusa 69D
San Martin de Tous 67E
San Martin de Valdeiglesias 69B
San Martino di Castrozza 48E
San Martino di Lota 62A
San Mateo 71B
San Mauro a Mare 11B

San Michele 48E
San Michele di Ganzaria 60B
San Miguel de Bernuy 65E
San Miguel de Salinas 75C
San Milláde la Cogolla 65D
San Miniato 54E
San Muñoz 64E
San Nicolo Ferrarese 54D
San Nicolo Gerrei 61F
San Pancrázio Salentino 58B
San Pedro 70F
San Pedro Alcántara 73E
San Pedro de Ceque 64C
San Pedro del Arroyo 64F
San Pedro del Pinatar 75C
San Peïre 10D
San Pellegrino 47F
San Pier d'Arena 53D
San Pietro 60A
San Pietro Vernotico 58B
San Polo d'Enza in Caviano 54C
San Quirico de Besora 67D
San Quírico d'Orcia 56B
San Rafael 69B
San Roque 73E
San Sadurni de Noya 67E
San Salvador, Spain 64B
San Salvador, Spain 15C
San Salvatore Monferrato 53D
San Sebastian 65B
San Severino Marche 55E
San Severo 58E
San Silvestre de Guzmán 72D
San Stéfano 60C
San Stéfano di Cadore 48F
San Tiago do Escoural 68E
San Vicente 65D
San Vicente de Alcántara 68D
San Vicente de Castellet 67C
San Vicente de la Barquera 65A
San Vicente del Raspeig 71E
San Vigílio 48E
San Vincenzo 56A
San Vito, Italy 48E
San Vito, Italy 61F
San Vito al Tagl 55A
San Vito Chietino 57C
San Vito de Normanni 58B
San Vito lo Capo 60E
Sanahuja 67C
Sanaigmore 2E
Sanary 52F
Sancergues 45D
Sancerre 45D
Sanchidrián 64F
Sanchonuño 65E
Sancti-Spiritus 69A
Sand, Norway 27E
Sand, Sweden 28A
Sanda 27D
Sandane 26E
Sandanski 89F
Sandared 30A
Sandarne 25E
Sandbach 5E
Sandbukt 16C
Sande, Norway 22E
Sande, Norway 26E
Sande, Norway 27A
Sandefjord 27A
Sandeid 27E
Sandersdorf 41E
Sanderstölen 26B
Sandfors 21D
Sandgate 7D
Sandhaug 26D
Sandhead 4C
Sandhult 30A
Sandhurst 7C
Sandıklı 91D
Sandnes 27F
Sandness 3B
Sandnessjöen 20A
Sandomierz 85F
Sandon 5E
Sandown 7E
Sandringham 7B
Sandsele 21C
Sandset 18B
Sandstad 23C
Sandträsk 14E
Sandvatn 27F

Sandvig 31E
Sandvik 31C
Sandvika 24A
Sandviken, Sweden 24B
Sandviken, Sweden 29A
Sandwich 7D
Sandwick 3B
Sandy 7A
Sangarcia 65E
Sangenjo 63C
Sangerhausen 37E
Sangernboden 12C
Sangis 14F
Sangüesa 66C
Sanitz 33B
Sankt Olof 30F
Sanlúcar de Barrameda 72F
Sanlúcar de Guadiana 72D
Sanlúcar la Mayor 73C
Sanluri 61C
Sannazzaro 53B
Sannicandro di Bari 58C
Sannicandro Garganico 58E
Sannidal 27B
Sanok 85F
Sanquhar 4B
Sanremo 53E
Sansepolcro 54F
Sanski Most 86D
Santa Amalia 69E
Santa Angelo Lodigiano 53B
Santa Bárbara 66F
Santa Bárbara de Casas 72D
Santa Caterina de Pittinuri 61C
Santa Caterina Valfurva 47F
Santa Caterina Villarmosa 60D
Santa Clara 68C
Santa Clara a Velha 72C
Santa Clara de Louredo 72C
Santa Coloma de Farnés 67D
Santa Coloma de Queralt 67E
Santa Comba 63A
Santa Comba Dáo 68B
Santa Comba de Rossas 63F
Santa Croce Camerina 60B
Santa Cruz 68E
Santa Cruz de Bezana 65A
Santa Cruz de Campezo 65D
Santa Cruz de la Zarza 70D
Santa Cruz de Moya 71C
Santa Cruz de Mudela 70E
Santa Cruz del Retamar 69D
Santa Elena 70E
Santa Estévão 68E
Santa Eufemia 69F
Santa Eulalia, Portugal 68F
Santa Eulalia, Spain 71A
Santa Eúlalia del Rio 74F
Santa Fé 69D
Santa Florent 62A
Santa Geltrude 48E
Santa Lucie 62C
Santa Luzia 72C
Santa Margarida da Serra 72A
Santa Margarida de Sadão 72A
Santa Margarita 75C
Santa Margherita di Belice 60F
Santa Margherita Ligure 53D
Santa Maria, Spain 75C
Santa Maria, Switzerland 47F
Santa Maria Cápua Vétere 57E
Santa Maria de Cayón 65A
Santa Maria de Huerta 65F
Santa Maria degli Angeli 56B
Santa Maria del Campo 65C
Santa Maria del Campo Rús 70D
Santa Maria del Paramo 64D

Santa Maria la Real de Nieva 65E
Santa Maria Maggiore 47E
Santa Marina Salina 60A
Santa Marinella 56D
Santa Marta 69E
Santa Marta de Magasca 69C
Santa Marta de Penaguião 63F
Santa Nicola da Crissa 59D
Santa Olalla 69D
Santa Olalla de Cala 73C
Santa Pola 75A
Santa Severa, France 62A
Santa Severa, Italy 56D
Santa Sofia, Italy 54F
Santa Sofia, Portugal 68F
Santa Susana 68E
Santa Teresa 60A
Santa Teresa Gallura 61B
Santa Tomé del Puerto 65E
Santadi 61E
Santaella 73C
Santafé 73C
Sant'Agata 60A
Santander 35A
Sant'Andrea 61F
Sant'Angelo, Italy 58F
Sant'Angelo, Italy 11E
Sant'Antíoco 61E
Santañy 75E
Sant'Arcángelo 58D
Sant'Arcángelo di Romagna 54F
Santarém 68C
Santas Martar 64D
Sant'Elia a Pianisi 58E
Santesteban 65B
Sant'Eufémia Lamézia 59C
Santhiá 53A
Santiago de Calatrava 73D
Santiago de Compostela 63A
Santiago de la Espada 74A
Santiago do Cacém 72A
Santibáñez 63B
Santibáñez de Vidriales 64C
Santillana 65A
Santiponce 73C
Säntis, Mt. 47D
Santisteban del Puerto 70F
Santiz 64F
Santo Aleixo 72B
Santo Domingo de la Calzada 65D
Santo Domingo de Silos 65C
Santo Jaques 47E
Santo João do Monte 68A
Santo Tirso 63E
Santo Tomé 74C
Santoña 65A
Santovenia 64D
Santu Lussurgiu 61C
Santuario 73B
Santuario de Nuria 67C
Santuário d'Oropa 53A
Santurce 65A
São Bartolomeu de Messines 72C
São Bento do Mato 68F
São Braz do Regedouro 68F
São Francisco da Serra 72A
São Gens 72D
São Geraldo 68E
São Gonçalc 63F
São Gregorio 63C
São João da Madeira 63E
São João da Pesqueira 63F
São João de Tarouca 63F
São João dos Caldeireiros 72C
São Lourenço 68B
São Manços 68F
São Martinho do Porto 68C
São Miguel de Machede 68F
São Pedro da Cadeira 68E
São Pedro da Torre 63C
São Pedro de Muel 68C
São Pedro do Sul 68B
São Romão 68E
São Teotónic 72C
Saône, River 46E
Sápai 89D

Sapanca 91B
Sapataria 68E
Sappada 48F
Sappetsele 21C
Sappisaasi 14A
Sarajevo 87C
Saraklí 90B
Saramon 67A
Sarandë 90A
Sarata 88B
Saray 89B
Saraykóy 91D
Sardegna, Island 61C
Sardhínina 92E
Sardinia = Sardegna
Sardis, Anc. Site 91D
Sardoal 68C
Sarentino 48E
Sargans 47D
Sari d'Orcino 62C
Sarígöl 91D
Sariñena 66F
Sarıyer 89B
Sarjankyla 12D
Sarkad 86B
Şarköy 89B
Sarlat 51C
Sărmaşu 88C
Sarmizegetusa 88F
Särna 24F
Sarnadas 68D
Sarnen 47C
Sarno 57E
Sarnthein 48E
Särö 30A
Saronno 53B
Sárospatak 86A
Sarpsborg 28C
Sayéïka 92E
Sarralbe 39C
Sarraz, la 46F
Sarre 7D
Sarre-Union 39F
Sarreal 67E
Sarrebourg 39F
Sarreguemines 39F
Sarriá 63D
Sarriá de Ter 67D
Sarrión 71C
Sarroca 66F
Sarron 66B
Sarstedt 36D
Sarténe 62C
Sartilly 43D
Sarule 61D
Sárvár 49D
Sarvijoki 12E
Särvsjön 23E
Sarzana 54C
Sarzeau 42F
Sarzedas 68D
Sas-van-Gent 35E
Sasamón 65C
Sásd 86D
Sassari 61A
Sassello 53D
Sassenage 52B
Sassenberg 36C
Sassnitz 84B
Sasso Marconi 54C
Sassoferrato 55E
Sassuolo 54C
Sástago 66F
Satäo 68B
Sater 24E
Satila 30A
Satillieu 52A
Sátoraljaújhely 86A
Satow 33B
Satra 28F
Satrup 33E
Sattajärvi 14D
Sattanen 15A
Sattel 47C
Sättna 25D
Satu Mare 88E
Sauda 27E
Saudasjöen 27E
Sauerbrunn 49D
Saugues 51D
Sauherad 27A
Saujon 50A
Sauland 27C
Saulgau 47B
Sauliéu 45D
Sault 52D
Sault-de-Navailles 66B
Saumur 44D
Saunavaara 15C
Sauveterre 66A
Sauveterre-d'Aveyron 51D
Sauveterre-de-Guyenne 50D

Sauvika 27B
Sauvo 10E
Sauxillanges 51B
Sauze, le 53C
Sauzé-Vaussais 44F
Sava 58B
Såpri 58F
Säräisniemi 13C
Sävar 21F
Sävast 14E
Save 30A
Savela 12F
Savelli 59C
Säveni 88C
Saverdun 67A
Saverne 39F
Savigliano 53C
Savignano sul Rubicone 54F
Savigny sur Braye 44B
Saviñán 65F
Savines 53F
Savitaipale 11C
Šavnik 87A
Savogin 47F
Savona 53D
Savonlinna 11B
Savonranta 11B
Sävsjö 30B
Savukoski 15C
Savvália 92F
Sawbridgeworth 7D
Saxmundham 7B
Saxnäs 20D
Saxthorpe 7B
Saxton 5D
Saxtorp 30E
Saxvallen 23D
Saxilby 5F
Sax 71E
Saynätsalo 10B
Scafarels, les 53E
Scafell Pikes, Mt. 4D
Scalasaig 2E
Scalby 5F
Scalea 58F
Scalloway 3B
Scandiano 54C
Scansano 56A
Scanzano 58F
Scarborough 5D
Scardroy Lodge 2D
Scarinish 2D
Scarp 2A
Scarriff 9C
Scatsta 3B
Schaan 47D
Schaffhausen 47C
Schagen 35A
Schangnau 47C
Schärding 48B
Scharnitz 48E
Scheemda 36A
Schéggia 54F
Scheibbs 49A
Scheibenberg 41B
Scheidegg 47D
Scheinfeld 40D
Schelklingen 47B
Schenefeld 33F
Scherfede 36F
Schermbeck 36E
Scheveningen 35C
Schiedam 35C
Schieder 36D
Schifferstadt 40E
Schildau 37F
Schilpario 47F
Schiltach 47A
Schimborn 40D
Schio 54B
Schiphol, Airport 35C
Schirmeck 46B
Schitu Duca 88A
Schkeuditz 37F
Schladen 37C
Schladming 48D
Schlatten 49D
Schleiden 39D
Schleiz 41A
Schleswig 33E
Schleswig Holstein, Prov. 33F
Schleusingen 40D
Schlieben 37F
Schliersee 48C
Schlotheim 40B
Schluchsee 47A
Schluderbach 48
Schlüsselfeld 40D
Schmalkalden 40B
Schmallenberg 40A
Schmelz 39C

Schmidt 39B
Schmidtmühlen 41E
Schmiedeberg 41B
Schmiedefeld 40B
Schmölln 41A
Schneeberg 41A
Schneidemül = Piła
Schneverdingen 36A
Schoenberg 39D
Schönberg 33D
Schönebeck, E. Germany 37C
Schönebeck, E. Germany 37B
Schönefeld, Airport 37D
Schönewalde 37F
Schönficht 41C
Schongau 47B
Schöningen 37C
Schönsee 41C
Schönthal 41E
Schoonhoven 35C
Schopfheim 47C
Schöppenstedt 37C
Schorndorf 40F
Schotten 40D
Schramberg 47A
Schrems 49A
Schrepkow 37B
Schriesheim 40E
Schrobenhausen 41B
Schröcken 47D
Schruns 47D
Schull 9F
Schuls = Scuol/Schuls
Schussenried 47B
Schwabach 41E
Schwäbisch Gmünd 40F
Schwäbisch Hall 40F
Schwabmünchen 47B
Schwagstorf 36C
Schwaigern 40E
Schwanden 47C
Schwandorf 41E
Schwanebeck 37C
Schwartzenberg 41B
Schwarzach 48D
Schwarzau 49D
Schwarzenbek 37A
Schwarzenburg 46D
Schwarzenfeld 41E
Schwarzwald, Mts. 47C
Schwaz 48C
Schwechat 49B
Schwedt 84B
Schweich 39D
Schwelm 40A
Schwenningen 47A
Schwerin 33D
Schwerte 36E
Schwetzingen 40E
Schwyz 47D
Sciacca 60F
Scicli 60B
Scilla 59F
Scoarta 88F
Scole 7B
Scopello 53A
Scordia 60B
Scorzè 54B
Scotch Corner 5C
Scotselv 27A
Scotter 5F
Scourie 2B
Scousburgh 3B
Scrabster 3A
Screeb 9E
Scunthorpe 5F
Scuol/Schuls 47D
Scutari = Shkodër
Scutari = Üsküdar
Sea Palling 7B
Seacroft 5E
Seaford 7F
Seaham 5C
Seahouses 5A
Seamer 5D
Seascale 4D
Seaton 6F
Seaton Burn 5A
Sebergham 4D
Sebersdorf 49E
Sebeş 88F
Sebnitz 41B
Séchault 39E
Seclin 38D
Secondigny 44F
Sečovce 86A
Séd 86C
Sêda 68F
Sedan 39C
Sedano 65C
Sedbergh 5C
Seddülbahir 91A

Séderon 52D
Sedgeberrow 6D
Sedgefield 5C
Sedgley 6B
Sédico 48E
Sedlčany 84F
Sedlescombe 7F
Sedrina 53B
Sedrun 47E
Seebach 37C
Seefeld 48C
Seehausen, E. Germany 37A
Seehausen, E. Germany 37C
Seerhausen 41B
Sées 43D
Seesen 37C
Seeshaupt 48C
Seferihisar 91C
Sefrivatn 20C
Segalstad bru 26A
Segård 26B
Segerstad 31C
Seglingsberg 29C
Seglora 30A
Segmon 28D
Segni 56D
Segonzac 50B
Segorbe 71C
Segovia 65E
Segré 44C
Segur 15C
Segura 68D
Segura de León 72B
Segura de los Baños 66E
Sehnde 36D
Seia 68B
Seica Mare 88D
Seiches 44D
Seïda 17B
Seiersberg 49C
Seignelay 45B
Seille 39F
Seinajoki 12E
Seine, River 45B
Seíni 88E
Seipäjävi 15C
Seitevare 19E
Seixal 68E
Sejerby 32D
Sékoula 92F
Sel 84F
Séla 92F
Selänpää 11C
Selb 41C
Selbekken 23C
Selborne 7C
Selbu 23C
Selby 5E
Selce 55B
Selenicë 90A
Sélestat 46B
Selet 21D
Seletin 88C
Selfors 20B
Seliaňtika 92E
Seligenstadt 40C
Selimiye 91C
Selinoús 92F
Selje 26E
Seljelvnes 16C
Seljord 27C
Selkirk 4B
Sella 71F
Sellasía 92D
Selles 45C
Sellindge 7D
Sellrain 13C
Selm 36E
Selmsdorf 33D
Selseng 26C
Selsey 7E
Selsviken 25A
Seltjärn 25B
Seltz 40E
Selva, Norway 23C
Selva, Italy 54A
Selvino 47F
Sem 27A
Sembrancher 46F
Semmering 49D
Semur-en-Auxois 45D
Sena 66D
Senden 36E
Senec 86C
Senftenberg 84D
Senica 86C
Senigállia 55E
Seniso 58D
Senj 55D
Senlis 38E
Sennecey-le-Grand 46E
Sennen 6F
Sennestadt 36D
Sennybridge 6D
Senonches 43D
Senones 46B
Senorbi 61D
Sens 45B
Senta 86B
Seo de Urgel 67C
Sepolno 85A
Seppois 46D
Septèmes 52F
Sepúlveda 65E
Sequeros 68A
Seraing 39A
Serbia = Srbija
Şercaia 88D
Sercœur 46B
Sered 86C
Seregno 53B
Serfaus 47D
Sergoúla 92E
Seriate 53B
Sérifos 92B
Sermache do Bom Jardim 68C
Sermaize 39E
Sérmide 54D
Sernancelhe 63F
Serock 85D
Serón C
Serón de Najima 65F
Seros 66F
Serpa 72D
Serra 71C
Serra San Bruno 59D
Serracapriola 58E
Serradilla 69C
Serradillo del Arroyo 69A
Sérrai 89F
Serramanna 61E
Serravalle Scrivia 53D
Serre-Chevalier 52D
Serres 52D
Serrières 52A
Sersale 59C
Sertã 68D
Sérvia 90B
Servian 67B
Seseña 70C
Sesimbra 68E
Seskarön 14F
Seskinore 8D
Sesma 65D
Sessa 57E
Sesso 48F
Sesto Calende 53B
Sesto Fiorentino 54E
Sesto San Giovanni 53B
Šeštokai 85B
Sestri Levante 53D
Sestri Ponente 53D
Sestriere 53C
Sestroretsk 11F
Sesvete 49F
Setchey 7B
Sète 51F
Setermoen 16E
Setskog 28C
Séttimo Torinesé 53A
Settle 5C
Settons, les 45D
Setúbal 68E
Seui 61D
Seurre 46C
Sevalla 29C
Sevdrega 30B
Sevenoaks 7D
Sever 68A
Séverac-le-Château 51D
Severin 37C
Severn, River 6B
Séveso 53E
Sevettijärvi 17D
Sevilla 73C
Sevilleja de la Jara 69D
Sevlievo 89D
Sevnica 49E
Seyches 50D
Seyne-les-Alpes 52D
Seyne-sur-Mer, la 52F
Seyssel 46E
Sézanne 38F
Sezze 56D
Sfinári 90F
Sfintu Gheorghe 88D
Shabla 89A
Shaftesbury 6F
Shalfleet 7E
Shanagolden 9E
Shandon 2F
Shanklin 7E
Shannon 9C
Shannon, Airport 9E
Shannon Bridge 9C
Shap 5C
Sharnbrook 7A
Sharnford 7A
Shawbury 6B
Sheerness 7D
Sheessel 36B
Sheffield 5E
Shefford 7C
Sheigra 2B
Sheldwich 7D
Shepton Mallet 6D
Sheraton 5C
Sherborne 5F
Sherburn 7D
Shercock 8B
Shere 7C
Sheringham 7B
Sherston 6D
Shiel Bridge 2D
Shieldaig 2D
Shifnal 6B
Shijak 87B
Shildon 5C
Shillelagh 9A
Shipley 5E
Shipston on Stour 7C
Shipton 5C
Shipton under Wychwood 7C
Shkodër 87B
Shoeburyness 7D
Shoreham-by-Sea 7E
Shorwell 7E
Shotley Bridge 5A
Shrewsbury 6B
Shrewton 6D
Shrivenham 7C
Shrule 8F
Shumen 89A
Siátista 90A
Sibbo 10F
Sibbult 30F
Sibenik 55F
Sibiu 88D
Sible Hedingham 7D
Sicilia, Island 60D
Sicily = Sicilia
Šid 86B
Sidcup 7D
Sideby 10A
Sidensjö 25B
Siderno 59D
Sidford 6F
Sidhirókastron, Greece 89F
Sidhirókastron, Greece 92F
Sidmouth 6F
Siedlce 85D
Siegburg 39B
Siegen 40A
Sieglar 39B
Siemiatycze 85D
Siena 54F
Sieniawa 85F
Sieppijärvi 14D
Sieradz 85C
Sierck-les-Bains 39F
Sierning 49A
Sierpc 85C
Sierra de Fuentes 69C
Sierra de Yeguas 73C
Sierre 47C
Sievi 12D
Sigdal 26B
Sigean 67B
Sigerfjord 18D
Siggjarvåg 27E
Sighet 88E
Sighişoara 88D
Siğırcı 91B
Sigmaringen 47B
Signa 54E
Signy-l'Abbaye 39C
Sigtuna 29D
Sigüenza 65F
Sigués 66A
Siikainen 10A
Siikajoki 12B
Siilinjärvi 13E
Sikáminos 92A
Sikeå 14B
Sikfors 14E
Sikilsdalsseter 26A
Sikión 92D
Sikionía = Kiáton
Sikselet 21D
Siles 70F
Silímna 92D
Silíqua 61E
Silistra 89A
Silivri 89B
Siljan 27A
Siljansnäs 28B
Siljuberget 28A
Silkeborg 32F
Silkesdamm 28D
Silla 71C
Sillé-le-Guillaume 44B
Silleda 63C
Sillerud 28C
Sillian 48F
Sillingvard 30B
Silloth 4D
Sillre 25C
Silo 55B
Sils 47F
Siltakylä 11E
Silvaplana 47F
Silvares 68B
Silvberg 29A
Silverdalen 31A
Silverstone 7A
Silverton 6F
Silves 72C
Simancas 64F
Simat de Valldigna 71F
Simav 91B
Simbach 48B
Simiádhes 92D
Simitli 89F
Simlangsdalen 30D
Simmern 39D
Simnas 85B
Simo 14F
Simola 11D
Simonsbath 6C
Simonstad 27C
Simonstorp 29E
Simópoulon 92F
Simpele 11D
Simplon 47E
Simrishamn 30F
Sinaia 88B
Sinanaj 87B
Sinarádhes 92F
Sinarcas 71C
Sindal 32C
Sindelfingen 40E
Sındırğı 91B
Sinederevo 86B
Sindelfingen 40E
Sindırğı 91B
Sinekçi 91A
Sines 72C
Sinettä 15C
Sinéu 75C
Sinfâes 63E
Singen 47C
Sîngiorgiu de Pădure 88D
Singleton, England 4F
Singleton, England 7E
Singö 29B
Singsås 23E
Singusdal 27A
Siniaís 92F
Siniscóla 61B
Sinj 87C
Sinnai 61F
Sinnes 27F
Sînnicolau Mare 86B
Sinsheim 40E
Sinspelt 39D
Sintra 68E
Sinzig 39D
Siófok 86D
Sion 46E
Sion Mills 8C
Šipka 89C
Sippola 11C
Sira 27F
Siracusa 60B
Sirdal = Tonstad
Siret 88C
Sirevag 27F
Sirka, Finland 14B
Sirkka, Finland 14D
Sirmione 54A
Şirnes 27F
Siroki Brijeg 87C
Síros 91C
Siruela 69F
Sisak 86C
Sisante 70D
Sissach 47C
Sissonne 38F
Sisteron 52D
Sitges 67E
Sitia 91E
Sitoména 92E
Sittingbourne 7D
Sivasli 91D
Six Hills 7A
Six Mile Bottom 7B
Six-Fours-la-Plage 52F
Sixmilebridge 9E
Sixmilecross 8C
Sixpenny Handley 6F
Sixt 46F
Sizun 42C
Sjælland, Reg. 33A
Sjalevad 25B
Sjenica 87A
Sjoa 26A
Sjöåsen 23B
Sjöbo 30F
Sjöholt 22F
Sjørup 32F
Sjötorp 28F
Sjoutnäs 20F
Sjövik 30A
Sjulsåsen 20F
Sjulsmark 14E
Sjundeå 10F
Sjuntorp 28E
Skaba 26A
Skælskør 33C
Skafidháki 92D
Skaftung 10A
Skagen 32C
Skaidi 17A
Skail 3A
Skála, Greece 90F
Skála, Greece 92D
Skála, Greece 92F
Skålbo 26D
Skalderviken 30C
Skallelv 17B
Skallinge 30C
Skalmierzyce 85C
Skals 32F
Skalsvik 18E
Skånevik 27E
Skanderborg 32D
Skånland 18D
Skanör 30E
Skansholm 20F
Skansnäs 21A
Skäplinge 29B
Skara 28F
Skara Brae 3A
Skarberget 18D
Skarblacka 29E
Skåre 28D
Skarhamn 30A
Skärlov 31C
Skarnes 28A
Skaro 26D
Skarstad 30B
Skarsvag 17A
Skarszewy 85A
Skarvsjö 21C
Skast 33E
Skästra 25E
Skattkärt 28D
Skattungbyn 24F
Skau 18F
Skaulo 14A
Skave 32F
Skaw, The =
Skeabost 2C
Skeberg 28B
Skebo 29D
Skebokvarn 29E
Skedsmo 28C
Skee 28E
Skeen 30D
Skei 26E
Skelby 33A
Skegness 5F
Skelleftå 21D
Skellehamm 21D
Skelleftestrand 21D
Skelmersdale 5E
Skelwith Bridge 4D
Skene, Scotland 3C
Skene, Sweden 30A
Skepastí 92C
Skepastón 92E
Skeppshult 30D
Skepptuna 29D
Skerries 8B
Skhimatárion 92A
Ski 28C
Skiamesjo 26F
Skibbereen 9F
Skibotn 16C
Skien 27A
Skiftenes 27D
Skillinge 30D
Skillingfors 28C
Skinnskatteberg 29C
Skipness 2F
Skipton 5C
Skiptvet 28C
Skíros 92B
Skivarp 30F
Skive 32B
Skiwerzyna 84D
Skjåk 26C
Skjæberget 28A
Skjeberg 28C
Skjeggedal 27D
Skjeljanger 26F
Skjern 32F
Skjerstad 18F
Skjervöy 16C
Skjold, Norway 16E
Skjold, Norway 27E
Skjolden 26C
Skjomen 19C
Skjönsta 18F
Sklavokhóri 92D
Skliron 92F
Skoczów 85E
Skodborg 33E
Skodsborg 32B
Skofja Loka 49E
Skog 25D
Skogadalsböen 26C
Skogaleger 26A
Skoganvarre 17C
Skoger 27A
Skogeröy 17D
Skoghall 28D
Skogmo 23B
Skogn 23C
Skogsfjord 16C
Skokloster 29D
Sköldinge 29C
Sköldstrup 32D
Skole 85F
Sköllesta 29E
Skopí 92D
Skopje 87B
Skorovatn 23B
Skorped 25B
Skostorp 29C
Skotfoss 27A
Skotiní 92D
Skotterud 28C
Skottorp 30C
Skoura 92D
Skourokhóri 92F
Skövde 28F
Skradin 55F
Skærbæk 33E
Skredsvik 28E
Skreia 28A
Skrein 26B
Skripoú 92C
Skromberga 30E
Skröven 14C
Skudeneshavn 27E
Skui 27A
Skulerud 28C
Skulgam 16C
Skulsfjord 16C
Skultorp 28F
Skultuna 29C
Skulyany 88A
Skurup 30F
Skute 26B
Skutskär 29A
Skutvik 18D
Skylberg 28F
Skyttorp 29D
Slagelse 33C
Slaggyford 5A
Slane 8B
Slangerup 32B
Slano 87C
Slany 41C
Śląska 84D
Slatina 89C
Slättberg 29A
Slåtten 17A
Slåttevik 27E
Slavkov 84F
Slavonia, Reg. 86D
Slavonice 49A
Slavonska Požega 86D
Sławno 84B
Sławoborze 84B
Sleaford 5F
Sleights 5D
Sleng 21B
Slesiń 85C
Slife 31B
Sligachan 2C
Sligo 8D
Sliven 89C
Slivnitsa 89E
Slobozia, Rumania 88B
Slobozia, Rumania 89C
Słońsk 84D
Slottsbron 28D
Slough 7C
Slovenia = Slovenija
Slovenija, Prov. 86F
Slovenjgradec 49E
Slovenska Bistrica 49F
Słubice 84D
Sluknow 84D
Slunchev Bryag = Sunny Beach

Slunj 55B
Słupca 85C
Słupsk 85A
Smådalseter 26C
Småll Taberg 30B
Smålandsstenar 30D
Smedby 31C
Smederska Palanka 87A
Smedjebacken 29C
Smedland 27C
Smedsbo 29A
Smedsbyn 14E
Smedstorp 30F
Smelror 17B
Smigiel 84D
Smilcic 55D
Smilde 35B
Smîrdioa 89C
Smiřice 84F
Smögen 28E
Smolyan 89D
Smorfjord 17A
Smörhamn 26E
Smyadovo 89A
Smygehamn 30F
Smyrna = İzmir
Snäckgärdsbeden 31B
Snaefell, Mt.4D
Snaith 5E
Snappertuna 10F
Snarum 27A
Snåsa 23B
Sneek 35B
Sneem 9F
Snejbjerg 32F
Sniadowo 85B
Snillfjord 23C
Snina 85F
Snössvallen 24F
Snöstorp 30C
Snowdon, Mt.4F
Snyatyn 88C
Soave 54A
Sobernheim 39D
Soběslav 84F
Sobótka 84D
Sobrado 63B
Sobrado de Paiva 63E
Sobral de Monte Agraćo 68E
Sobrance 86A
Sobreira Formosa 68D
Søby 33C
Sočerga 55A
Socuellamos 70D
Sodankylä 15A
Söderåkra 31C
Söderala 25E
Söderbärke 29C
Söderby, Finland 25F
Söderby, Finland 12E
Söderby-Karl 29D
Söderfors 29A
Söderhamn 25E
Söderköping 29E
Södertälje 29C
Sodra Finnskoga 28A
Sodupe 65A
Soest 36E
Soestdijk 35D
Sofádhes 90B
Sofia = Sofíya
Sofikón 92D
Sofíya 89E
Sögel 36C
Sogndal, Norway 27F
Sogndalsfjøra 26C
Sögüt 91B
Soham 7B
Soignies 38D
Söjtör 49F
Söke 91C
Sokhós 90B
Sokna 26B
Sokółka 85B
Sokolniki 85C
Sokolov 41C
Sokołów Podlasti 85D
Sola 27F
Solana de los Barros 69E
Solana del Pino 69F
Solares 65A
Solbad Hall 48C
Solberg 25A
Solberga 30B
Solbergelva 27A
Solca 88A
Solda 47F
Sölden 48C
Solec Kujawski 85A
Solenzara 62C
Solesmes 38D

Solf 12E
Solheim 26F
Solheimstuhl 26D
Solheimsvik 27E
Solihull 6A
Solingen 39B
Sollana 71D
Sollefteå 25A
Sollentuna 29D
Sóller 75C
Sollerön 28B
Solli 28C
Sollia 26A
Solliès-Pont 52F
Sollihogda 27A
Solna 29D
Solórzano 65A
Solosancho 69B
Solothurn 47C
Solrød 33A
Solsona 67C
Solsvik 26F
Soltau 36B
Solumshamn 25D
Solumsmo 27F
Solund 26F
Solvalla 29D
Sölvesborg 30F
Solvik 18F
Solvorn 26C
Soma 91A
Sombernon 46C
Sombor 86B
Somcuţa Mare 88E
Somerniemi 10F
Somero 10F
Somersham 7A
Somerton 6D
Sommariva del Bosco 53C
Sommarset 18F
Sommen 39B
Sömmerda 41A
Sommesous 38F
Sommières 52E
Somogyszob 86D
Somogyvár 86D
Somosierra 65E
Sompuis 39E
Son, Norway 27A
Son, Spain 63C
Son Servera 75D
Soncillo 65A
Soncino 53B
Söndeled 27B
Sønder Brody 33C
Sønder Dalby 33A
Sønder Felding 32F
Sønder Omme 32F
Sønderborg 33C
Sondershausen 40B
Søndersø 33C
Søndervig 32F
Sondre Holand 28C
Sóndrio 47F
Songe 27B
Songeons 38E
Sonkajärvi 13C
Sonneberg 41C
Sonogno 47E
Sonseca con Casalgordo 69D
Sönsterud 28B
Sonthofen 47D
Sontra 40B
Sopeira 67C
Sopelana 14A
Sopot 85A
Sopron 49D
Sör Aurdal = Bagn
Sör-Odal 28A
Sora 57C
Söråker 25C
Sorbas 74D
Sörberget 24F
Sörby 28D
Sörbygden 25C
Sore 50D
Sörenberg 47C
Sörfjarden 25E
Sorfjorden 20A
Sörfold 18F
Sörfors 20F
Sörforsa 25E
Sorgono 61C
Sorgues 45E
Sörheim 26C
Soria 65D
Soriano nel Cimino 56B
Sorihuela 69A
Sorihuela del Guadalimar 70F
Sorisdale 2C
Sörkedalen 27F
Sorkhós 90B
Sörkjosen 16C

Sörli 23B
Sörmark 28A
Sörmjöle 25B
Sorn 4B
Sorø 33A
Soroki 88A
Soroksár 86C
Sörollnes 18B
Söroysund 16B
Sörreisa 16C
Sorrento 57E
Sorsakoski 11A
Sorsele 21C
Sörskog 29A
Sortino 6CB
Sortland 18B
Sorum 28E
Sörumsand 28C
Sorunda 29F
Sörvær 16B
Sörvattnet 23F
Sos del Rey Católico 66C
Sösdala 30F
Sosnovo 11D
Sosnowiec 85E
Sospel 54B
Šoštanj 49E
Sotillo 69B
Sotkamo 13C
Sotoserrano 69A
Sotra 26F
Sotresgudc 65C
Sotrsjön 25E
Sotta 62E
Sottunga 25F
Sotuélamos 70F
Souillac 51C
Souilly 39E
Soulac 50A
Soultz-sous-Forêts 40E
Sound, The 6E
Souppes 45A
Sourdeval 43C
Soure 68C
Soúrpi 90B
Sousel 68F
Soustons 50E
South Brent 6E
South-haa 3B
South Harting 7E
South Hayling 7E
South Kessock 2D
South Mimms 7C
South Molton 6E
South Queensferry 3E
South Shields 5A
South Wootton 7B
Southam 7A
Southampton 7E
Southborough 7D
Southend 4A
Southend on Sea 7D
Southery 7B
Southport 4F
Southsea 7E
Southwell 5F
Southwold 7B
Souvigny 45F
Sover 48E
Soverato 59C
Soveria Mannelli 59C
Sovestad 3CF
Sowerby Bridge 5E
Spa 39C
Spaichingen 47A
Spalato = Split
Spalding 7A
Spångenäs 31A
Spangenberg 40B
Spangereid 27D
Sparbu 23C
Sparkford 5F
Sparreholm 29E
Sparta, Greece, Anc. Site 92D
Sparta, Italy 60A
Spárti 92D
Spartilla 92F
Spártos 92E
Spáta 92B
Spean Bridge 2D
Spello 56B
Spennymoor 5C
Sperkhiás 92C
Sperlonga 57E
Spetisbury 6F
Spétsai 92D
Speyer 40E
Spezzano Albanese 59C
Spezzano della Sila 59C
Spiddal 9E

Spiekeroog 36A
Spíli 90F
Spilimbergo 48F
Spilling 27D
Spilsby 5F
Spinazzola 58C
Spincourt 39E
Spind 27F
Spindleruv Myln 84F
Spišská Belá 85F
Spišská Nová Ves 86A
Spišské Podhradie 85F
Spiterstulen 26C
Spittal 48F
Spittal of Glenshee 3C
Spitz 49A
Spjelkavik 22E
Split 87C
Splügen 47F
Spoláíta 92E
Spoleto 56B
Spondigna 47F
Spondinig 47
Spongdal 23C
Spotorno 53D
Sprakensehl 37C
Spremberg 84D
Sprendlingen 40C
Spresiano 54B
Springe 36B
Sproxton 5C
Spurn Head 5F
Spydeberg 28C
Squinzano 58B
Squire's Gate, Airport 4F
Srbica 87A
Srbija, Prov.87A
Srbobran 86B
Srem 85C
Srem Raca 86B
Sremska Mitrovica 86A
Sremski Karlovci 86B
Sroda 85C
St.-Gaudens 67A
Stabbestad 27B
Stade 36B
Stadhampton 7C
Stádhion 92D
Stadra 28D
Stadthagen 36B
Stadtilm 41A
Stadtkyll 39D
Stadtlauringen 40D
Stadtlengsfeld 40B
Stadtlohn 36C
Stadtoldendorf 36F
Stadtroda 41A
Stäfa 47C
Staffanstorp 30F
Staffelstein 41C
Staffin 2C
Stafford 6B
Stafsberg 28A
Stai 26A
Stainach 49C
Staines 7C
Stainz 49E
Stair 4B
Stalac 87A
Stalbridge 6F
Stalcerži 55B
Stalham 7B
Stallarholmen 29C
Ställberg 28D
Ställdallen 28D
Stalonnäset 20D
Stålpeni 88D
Stalybridge 5E
Stamford 7A
Stamford Bridge 5D
Stammham, W. Germany 41E
Stammham, W. Germany 48B
Stamna 92E
Stamnes 26F
Stamsele 25A
Stamsund 18C
Standal 26E
Standish 5E
Standon 7C
Stanford-le-Hope 7D
Stånga 31B
Stange 28A
Stangnes 18B
Stangvik 22F
Stanhope 5C
Stanjel 55A
Stanke Dimitrov 89E
Staňkov 41D
Stanley, England 5A
Stanley, Scotland 3E
Stenón 92C
Stános 92E
Stans 47C
Stansted Mountfitchet 7D

Staphorst 35B
Stapleford, England 5E
Stapleford, England 6D
Stará L'ubovňa 85F
Stara Pazova 86B
Stara Planina, Mts. 89E
Stara Zagora 89C
Stargard, E. Germany 37B
Stargard, Poland 84B
Stårheim 26E
Stari Grad 16D
Starigrad-Paklenica 55D
Starina 85F
Staringrad 55D
Starnberg 48A
Staro Oryakhovo 89A
Starogard 85A
Starokazache 88B
Starup 32F
Starý Plzenec 41D
Starý Sambor 85F
Stary Smokovec 86A
Staszów 85F
Stathelle 27A
Statsbuöyen 26A
Staunton 6D
Stavali 26D
Stavanger 27E
Stavby 29D
Stavelot 39C
Stavely 5E
Stavenisse 35C
Staveren 35B
Stavern 27A
Staverton 7A
Stavre 24D
Stavrodhrómi 92F
Stavrós 90B
Stavroúpolis 89D
Stavsjö 28A
Stavsjöbruk 29E
Stavsnäs 29D
Stawiski 85B
Ste-Adresse 43B
Ste Baume, la 52F
Ste-Croix 46D
Ste Engrâce 66B
Ste-Enimie 51D
Ste-Foy-la-Grande 50D
Ste Gauburge-Ste Colombe 43D
Ste-Geneviève 51D
Ste-Hermine 44E
Ste Livrade 50D
Ste-Marie-aux-Mines 46B
Ste-Maure 44D
Ste-Maxime 52F
Ste Ménéhould 39E
Ste-Mère-Église 43A
Ste Odile 46B
Ste-Sévère 45E
Steane 27C
Stechelberg 47E
Steenbergen 35C
Steenwijk 35B
Stefaneşti 88A
Stefáni 92A
Stegaros 26D
Stege 33A
Stegeborg 29E
Steierdorf Anina 88F
Steiermark, Prov. 49C
Steigen 18D
Stein, Austria 49C
Stein, Scotland 2C
Stein, Switzerland 47C
Stein, W Germany 41E
Stein-am-Rhein 47C
Steinach, Austria 48C
Steinach, E. Germany 41C
Steinau 40D
Steine 23D
Steinfeld 36C
Steingaden 48C
Steinhausen 47B
Steinheim, W Germany 40C
Steinheim, W Germany 47B
Steinkjer 23B
Steinsåsen 23F
Steinsbole 17D
Stemshang 22D
Stenåsa 31C
Stenay 39E
Stend 26F
Stendal 37C
Steneby 28E
Steni 92A
Steninge 30C
Stensele 21C
Stensjön 30B
Stenstorp 28F
Stenstråsk 21D

Stensund 21C
Stenträsk 14C
Stenungsund 30A
Stérna 92D
Sternberg 33B
Sternberk 85E
Sterringi 26C
Sterup 33C
Sterzing 48
S'tęszew 84D
Stet 87A
Stettin = Szczecin
Stevenage 7C
Steveníkoi 92C
Stevenston 4B
Steventon 7C
Stewarton 4C
Stewartstown 8A
Steyning 7E
Steyr 49A
Stibb Cross 6E
Stickney 5F
Stiens 35B
Stigamo 30B
Stigen 28E
Stigliano 58D
Stigsjö 25D
Stigtomta 29E
Stilís 92C
Stillington 5C
Stilo 59D
Stilton 7A
Stimánga 92D
Stintino 61A
Stirling 2F
Stirovaca 55D
Stjärnfors 28D
Stjärnsund 29A
Stjördalshalsen 23C
Stöa 24E
Stock 7D
Stockach 47A
Stöckalp 12A
Stockaryd 30D
Stockbridge 7C
Stockerau 49B
Stockholm 29D
Stockport 5E
Stocksbridge 5E
Stockton on Tees 5C
Stod, Czechoslovakia 41D
Stod, Norway 23D
Stöde 25C
Stoer 2B
Stoke Ferry 7B
Stoke on Trent 5E
Stoke Poges 7C
Stokenchurch 7C
Stokesley 5C
Stokke 27A
Stokkemarke 33C
Stokksund, Norway 26E
Stokksund, Norway 23C
Stokmarknes 18D
Stolac 87C
Stolberg, E. Germany 37F
Stolberg, W. Germany 39B
Stollberg 41B
Stöllet 28B
Stolp = Słupsk
Stolzenau 36D
Stómion, Greece 90B
Stómion, Greece 92C
Stommen 28C
Stömne 28C
Stone, England 5E
Stone, England 6D
Stonebridge 7A
Stonehaven 3C
Stonehenge, Anc. Site 6D
Stonehouse 4B
Stoneleigh 7A
Stonglandet 18B
Stony Stratford 7C
Stonybreck 3D
Stoos 47C
Stöpafors 28D
Stor Aby 28F
Stor Anna 29E
Stor Elvda 26A
Stor Elvdal 24E
Stor Fågalås 30B
Stor Harene 30A
Stor Löten 28B
Stor Ny 28D
Stor Rör 31C
Stor Skedvi 29A
Stor Sundby 29C
Stor Tuna 29A
Stor Unneryd 30D
Stor Vi 31A
Storabränna 24B

Stordal, *Norway* 23D
Stordal, *Norway* 22F
Store Molvik 17B
Stören 23D
Storenga 18F
Storfjellseter 26A
Storfjordbotn 17A
Storfors 28D
Storforshei 20B
Storgrytdalsseter 26A
Storhögen 24B
Storjord 18F
Storlien 24A
Storlögda 21E
Stormyra 23C
Stornäset, *Sweden* 20D
Stornäset, *Sweden* 20F
Stornäsudden 20F
Stornes 18B
Stornoway 2A
Storo 47F
Storozhinets 88C
Storrington 7E
Storruste 26B
Storsand, *Sweden* 25E
Storsand, *Norway* 27A
Storsävarträsk 21D
Storsjö 25D
Storsjön 25B
Storsund 14E
Storuman 21C
Storvik 29A
Stotfold 7C
Stött 18E
Stotternheim 41A
Stoupí 90B
Stourbridge 6B
Stourport 6B
Støvring 32C
Stow 5A
Stow on the Wold 7C
Stowmarket 7B
Stra 54B
Strabane 8C
Strachan 3C
Strachur 2F
Stradbally 9C
Stradella 53B
Stradishall 7B
Stradsett 7B
Straelen 39B
Straiton 4B
Strakonice 41E
Strambino 53A
Strand 18B
Strand 24E
Stranda, *Norway* 26C
Stranda, *Norway* 27E
Stranddalshytta 27E
Strandebarm 26F
Strandvik 26F
Strangford 7B
Strängnäs 29C
Strångsjö 29E
Strångsund 24D
Stranice 49A
Stranorlar 8C
Stranraer 4A
Strasbourg 40E
Strasburg 84B
Strasheny 88A
Straškov 41D
Strass 48C
Strassfurt 37E
Stratford on Avon 7A
Strath Braan 3E
Strath Conon 2D
Strathaven 4B
Strathblane 2F
Strathdon 3C
Strathkanaird 2B
Strathmiglo 3E
Strathpeffer 2D
Strathy 2B
Strathyre 2F
Strátjära 25E
Strátos 92E
Stratton 6E
Straubing 41E
Straulas 61B
Straumbua 26A
Straume 26F
Straumen, *Norway* 23C
Straumen, *Norway* 18F
Straumshamm 26E
Strážnice 86C
Strážov 41F
Štrba 85E
Streatley 7C
Street 6D
Stréfi 92F
Strehaia 88F
Strehla 37F
Strengen 27A
Strensall 5C

Stresa 47E
Stretford 5E
Stretham 7B
Stretton, *England* 5E
Stretton, *England* 7A
Stribro 41D
Strichen 3C
Strimasund 20B
Striživojna 86D
Strofiliá 92A
Strokestown 8D
Ström 28C
Stromberg 39D
Stromboli, Mt. 59E
Stromeferry 2D
Strömfors 21D
Stromness 3A
Strómni 92C
Strömsbo 29A
Strömsholm 29C
Strömsnäsbruk 30D
Stromstad 28E
Strömsund, *Sweden* 21C
Strömsund, *Sweden* 24B
Stronachlachar 2F
Strongfjorden 26E
Strongil 92E
Strongoli 59C
Stronsay 3B
Strontian 2D
Strood 7D
Stroud 6F
Struan 2C
Strubbæk 33E
Strücklingen 36A
Struer 32F
Struga 87B
Strumica 89F
Struy Bridge 2D
Stryków 26E
Stryn 26E
Stryy 85F
Strzegom 84D
Strzeice 85E
Strzelce 84B
Strzelin 85E
Strzelno 85C
Strzyżów 85F
Stubbekøbing 33A
Stubbeng 16C
Stuben 47D
Studina 89C
Studland 6F
Studley 6B
Studsvik 29F
Stugun 25A
Stukenbrock 36D
Stump Cross 7B
Stupava 49B
Stupinigi 53C
Stuppach 40F
Sturefors 29E
Sturminster Newton 6F
Šturovo 86C
Sturry 7D
Stuttgart 40F
Stvolny 41D
Styggberg 25C
Styria = Steiermark
Styrvoll 27A
Suances 65A
Subbersta 25A
Subiaco 56D
Subotica 86B
Suceava 88C
Suchan 84B
Suchdol 49A
Suchedniów 85D
Suchowola 85B
Süchteln 39B
Sudbö 27C
Sudbury, *England* 5E
Sudbury, *England* 7B
Süderbrarup 33C
Suderhastedt 33F
Suderschmedeby 33E
Sudety, Mts. 84F
Südlohn 36A
Sueca 71D
Sugnet 24F
Suhl 40B
Suhlendorf 37A
Suhopolje 86D
Suinula 10D
Suippes 39E
Suiro 10C
Sukeva 13C
Sul 23D
Sulby 4D
Suldal 27E
Sulechów 84D
Sulejów 85C
Sulgen 47C
Sulgrave Manor 7A
Sulina 88B

Sulingen 36D
Sulitjelma 18F
Sulkava 11B
Sully 45A
Sulmona 57C
Sultanhisar 91D
Sulviken 24B
Sulz 47A
Sulzbach, *W. Germany* 39F
Sulzbach, *W. Germany* 40F
Sulzbach-Rosenberg 41E
Sumbilla 65B
Sumburgh, Airport 3D
Sümeg 86C
Sumiainen 13E
Sumiswald 47C
Summer Bridge 5C
Sumperk 85E
Sund, *Sweden* 25B
Sund, *Norway* 23C
Sund, *Norway* 26F
Sundborn 29D
Sundbron 25B
Sundbyberg 29D
Sunde 23C
Sunde 27E
Sundebra 27B
Sunderland 5A
Sundern 40A
Sundet 24A
Sundre 26D
Sunds 32F
Sundsby 30A
Sundsjö24D
Sundsøre 32F
Sundstöyl 27C
Sundsvall 25C
Sundvollen 26B
Sunhult 30B
Sunnansjö 28B
Sunnåsbruk 29A
Sunndal, *Norway* 26E
Sunndal, *Norway* 26F
Sunndalsöra 22F
Sunne, *Norway* 24B
Sunne, *Norway* 28D
Sunnemo 28D
Sunnersberg
Sunny Beach 89A
Suodenniemi 10C
Suolahti 10B
Suolovuobme 16D
Suomenniemi 11C
Suomusjärvi 10F
Suomussalmi 13A
Suonenjoki 13E
Suorva 19E
Suošjavrre 16D
Supetar 16C
Suphelle 26E
Supuru de Jos 88E
Surahammar 29C
Surbiton 7C
Surčin 86B
Surdulica 89E
Surgères 44E
Suria 67C
Surnadalsöra 22F
Sursee 47C
Surte 30A
Surwold 36A
Susa 53A
Susch 47D
Süsel 33D
Süssen 40F
Susten 47E
Susurluk 91B
Sutești 88B
Sutterton 5F
Sutton, *England* 7B
Sutton, *England* 7C
Sutton Bridge 7B
Sutton Coldfield 7A
Sutton in Ashfield 5E
Sutton-on-Sea 5F
Sutton-on-the-Forest 5C
Sutton Scotney 7C
Suva Reka 87A
Suwałki 85B
Suzzara 54C
Svabensverk 25E
Svalov 30E
Svalrya 28A
Svalyava 88E
Svanå 29C
Svaneke 31E
Svanesund 30A
Svansele 30F
Svanskog 28C
Svanstein 14D
Svanvik 17D
Svappavaara 14A
Svardsjö 29A
Svarstad 27A

Svartå, *Finland* 10F
Svartå, *Sweden* 28F
Svartå, *Sweden* 29E
Svartbyn, *Sweden* 14E
Svartbyn, *Sweden* 14F
Svarte 30F
Svärtinge 29E
Svartlå 14E
Svartnås 29A
Svartöstaden 17E
Svartvik 25C
Svatsum 26A
Svedala 30F
Svedje 25B
Sveg 24D
Sveindal 27D
Svejo 27E
Svelgen 26E
Svelvik 27A
Svenarum 30B
Svendborg 33D
Svene 27E
Svennevad 29E
Svensby 16C
Svenkerud 26B
Svenljunga 30B
Svennevad 29E
Svensby 16C
Svenstrup 32C
Sveta Marija 49F
Sveti Nikole 89F
Sveti Stefan 16F
Svetloye 85A
Svetogorsk 10D
Svetozarevo 87A
Svettijärvi 17D
Svilajnac 87A
Svilengrad 89D
Svinesund 28E
Svingstad 26B
Svinhult 31A
Svishtov 89C
Svitavy 84F
Svolvær 18F
Svortevik 26E
Svrljig 89E
Swadlincote 7A
Swaffham 7B
Swallow Nest 5E
Swalmen 35F
Swanage 6F
Swanlinbar 8D
Swansea 6C
Swarkeston 5E
Swatragh 8A
Swidnik 84B
Swiebodzin 84D
Swiecie 85A
Swindon 6D
Swinemunde =
  Swinoujście
Swineshead 5F
Swinford, *England* 7A
Swinford, *Rep. of Ireland*
  8F
Swinoujście 84B
Swinton 3E
Swords 8D
Sycow 85C
Sydänmaa 10A
Syke 36D
Sykkylven 22F
Sylling 27A
Sylte 22F
Symington 4B
Synzhereya 88A
Syre 2B
Syrerum 31A
Sysmä 10D
Sysslebäck 28B
Syston 7A
Syväjärvi 15C
Syvde 26E
Szarvas 86A
Szczecin 84B
Szczecinek 84B
Szczekociny 85E
Szczerców 85C
Szczucin 85F
Szczuczyn 85B
Szczytno 85B
Szécsény 86A
Szeged 86B
Szeghalom 86A
Székesfehérvár 86C
Szendrö 86A
Szentes 86B
Szentgotthárd 49D
Szentlörinc 86D
Szigetvár 86D
Sziksző 86A
Szlichtyngowa 84D
Szolnok 86A
Szombathely 49D

Szubin 85A

Taavetti 11C
Tábara 64D
Tabernas 74D
Tabernes de Valldigna 71F
Taboada 63D
Tábor 84F
Tabua 68B
Tabuaćo 63F
Tabuenca 65F
Täby 29D
Tachov 41C
Tadcaster 5C
Tafalla 65D
Tafjord 22F
Taftea 21F
Tággia 53E
Tagliacozzo 57C
Táglio di Po 54D
Tågsjöberg 25A
Tahal 74D
Tahús 67C
Tailfingen 47A
Tain 2B
Tain-L'Hermitage 52A
Taipalsaari 11D
Taivalkoski 15F
Taivassalo 10E
Tajo, River 69C
Taklax 10A
Tal-y-llyn 6A
Talarrubias 69F
Talavera de la Reina 69D
Talavera la Real 68F
Talayuela 69C
Talayuelas 71C
Talence 50D
Tallard 52D
Tallåsen 25E
Tållberg 28B
Talley 6C
Talljärv 14E
Talloires 46F
Tallow 70D
Tallowbridge 9D
Tallsjö 21E
Talmont 44E
Tålsmark 21F
Talvik 16D
Talybont 6A
Tamames 69A
Tamarite de Litera 66D
Tamariu 15A
Tambach-Dietharz 40B
Tamási 86D
Tammela 10D
Tammerfors = Tampere
Tammisaari = Ekenäs
Tampere 10D
Tamsweg 48B
Tämta 30A
Tamworth 7A
Tana 17B
Tanágra 92A
Tanakajd 49D
Tananger 27D
Tancarville 43B
Tandărei 88B
Tanderagee 8B
Tandjsöborg 24F
Tangen, *Norway* 27C
Tangen, *Norway* 28A
Tangen, *Norway* 28C
Tangerhütte 37C
Tangermünde 37D
Tanhua 15A
Taninges 46F
Tankapirtti 15A
Tann 40B
Tannadice 3C
Tännäs 23E
Tannay 45D
Tannila 15E
Tanumshede 28E
Taormina 60A
Tapiola 10F
Tapolca 86D
Tappernøje 33A
Taraaya 89B
Taracena 70B
Taradell 67C
Tarancón 70D
Taransay 2A
Táranto 58D
Tarare 46E
Tarascon 52E
Tarasp 47D
Tarazona 65D
Tarazona de la Mancha
  70D
Tárbena 71F

Tarbert, *Rep. of Ireland* 9E
Tarbert, *Scotland* 2A
Tarbert, *Scotland* 2F
Tarbes 66B
Tarbet 2F
Tarbolton 4B
Tardajos 65C
Tardelcuende 65F
Tardets-Sorholus 66A
Tärendö 14D
Tarfside 3C
Târgu Lăpuş 88E
Tarifa 73E
Tarland 3C
Tarleton 4F
Tarm 32F
Tarmstedt 36B
Tärna 29C
Tärnaby 20B
Tarnobrzeg 85F
Tarnow 85F
Tarnowska 85F
Tärnsjö 29A
Tarouca 63F
Tarporley 5E
Tarquinia 56D
Tarragona 67E
Tarrasa 67E
Tárrega 67C
Tartas 50F
Tarutino 88B
Tarvasjoki 10E
Tarves 3C
Tarvin 5E
Tarvisio 48F
Tasjö 20F
Tășnad 88E
Tassin 52A
Tåstrup 32B
Tata 86C
Tatabanya 86C
Tatarbunary 88B
Tatra, Mts. 85E
Tatranska Lomnica 85E
Tau 27E
Tauberbischofsheim 40D
Taufkirchen 48A
Taunton 6F
Tauscha 37F
Tauste 66C
Tauves 51B
Tavannes 46D
Tavas 91D
Tavastila 11E
Tavastkenkä 13C
Tavelsjö 21F
Taverna 59C
Tavernelle 56B
Tavira 72D
Tavistock 6E
Tavşanli 91B
Tay, River 3E
Tayinloan 4A
Taynuilt 2F
Tayport 3E
Tazones 64B
Tczew 85A
Teaca 88C
Teano 57E
Teba 73E
Tébar 70D
Tebay 5C
Teckomatorp 30E
Tecuci 88B
Tedburn St Mary 6E
Teesside 5C
Tefenni 91D
Teg 25B
Tegea, Anc. Site 92D
Tegel, Airport 37D
Tegelen 35F
Tegelsmora 29B
Tegernsee 48C
Teignmouth 6F
Teijo 10F
Teil, le 52C
Teinestölen 26B
Teisko 10D
Teiuș 88F
Tejares 64F
Tejo, River 68D
Tekirdağ 89B
Telciu 88C
Telese 57E
Telford 6B
Telgte 36C
Telish 89C
Tellejåkk 14E
Teltow 37D
Tembleque 70C
Temerin 86B
Temmes 12B
Tempelhof, Airport 37D

Témpio Pausánia 61A
Temple 3E
Temple Bar 6A
Temple Ewell 7D
Temple Sowerby 5C
Templemore 9C
Templepatrick 8A
Templin 37B
Tempo 8D
Tempsford 7A
Ten Boer 35B
Tenala 10E
Tenay 46E
Tenbury Wells 6B
Tenby 6C
Tence 52A
Tende 53C
Tenebrón 69A
Tenhult 30B
Tenterden 7D
Tentugal 68A
Teo 63C
Tepasto 14B
Tepelenë 90A
Teplice 41B
Tepsa 15A
Ter Apel 36C
Teramo 57A
Terborg 35D
Teregova 88F
Terena 68F
Terešov 41D
Terespol 85D
Terézin 41D
Tergnier 38D
Terheijden 35C
Terišov 86A
Terjärv 12E
Termens 67C
Termini 60C
Térmoli 57D
Terndrup 32C
Terneuzen 35E
Ternhill 5E
Terni 56B
Ternitz 49D
Terracina 57E
Terralba 61C
Terras do Bouro 63C
Terrasson 51A
Terriente 71A
Terroba 65D
Terrugem 68E
Tertenia 61D
Teruel 71A
Tervakoski 10D
Terval 89A
Tervo 13E
Tervola 14F
Tervuren 39A
Tessin 33B
Tessy 43C
Teste-de-Buch, la 50C
Tét 86C
Tetbury 6D
Teterow 33B
Tetovo 87B
Tettnang 47D
Teulada, Italy 61E
Teulada, Spain 71F
Teurajärvi 14D
Teuva 10A
Tevansjö 25C
Teviothead 4B
Tewkesbury 6D
Thale 37E
Thalerhof, Airport 49C
Thalfang 39D
Thalheim 41B
Thalwil 12A
Thame 7C
Thames, River 7C
Thamshamn 23C
Thann 46B
Thannhausen 47B
Thaon-les-Vosges 46B
Tharsis 72D
Thásos 90B
Thaxted 7D
Theale 7C
Thelmässing 41E
Themar 40D
Thénezay 44F
Thenon 51A
Theóktiston 92D
Theológos, Greece 92A
Theológos, Greece 92D
Théoule 52D
Thérmon 92E
Thermopylai, Anc. Site 92C
Thespiaí 92C
Thessaloníki 90B
Thetford 7B
Theux 39C

Thiaucourt 39E
Thiberville 43D
Thiede 37C
Thiene 54B
Thiers 45F
Thiesi 61C
Thilliers, les 38E
Thillot, le 46B
Thionville 39F
Thíra 91E
Thirsk 5C
Thisted 32E
Thísvi 92C
Thívai 92C
Thiviers 51A
Thizy 46E
Thoissey 46E
Thoknia 92F
Tholen 35E
Thomastown 9C
Thônes 46F
Thonon-les-Bains 46F
Thorens-Glières 12F
Thorigny-sur-Oreuse 45B
Thornaby-on-Tees 5C
Thornbury 6D
Thornby 7A
Thorne 5E
Thorney 7A
Thornhill, Scotland 2F
Thornhill, Scotland 4B
Thornton 4D
Thorrington 7D
Thouars 44D
Thouría 92F
Thrapston 7A
Threekingham 5F
Threshfield 5C
Thueyts 52C
Thuin 38D
Thuir 67B
Thum 41B
Thumby 33C
Thun 47E
Thürkow 33B
Thurles 9C
Thurlestone 6E
Thurnscoe 5E
Thursby 4D
Thurso 3A
Thury-Harcourt 43C
Thusis 47F
Thyatera, Anc. Site 91B
Thyborøn 32F
Tibro 28F
Tichfield 7E
Ticino, Prov. 47E
Tickhill 5E
Tidaholm 30B
Tidan 28F
Tidersrum 31A
Tidworth 7C
Tiebas 65D
Tiefencastel 47F
Tiel 35D
Tielt 38B
Tienen 39A
Tiengen 47C
Tierga 65F
Tiermas 66A
Tierp 29B
Tighnabruaich 2F
Tihany 86C
Tijesno 55F
Tíjola 74C
Tikkakoski 10B
Tilburg 35D
Tilbury 7D
Tilchâtel 46C
Tileagd 88E
Tillberga 29C
Tillicoultry 2F
Tílos 91E
Tilshead 6D
Timahoe 9C
Timbákion 90F
Timfristos 92E
Timișoara 86B
Timmell 30B
Timmernabb 31C
Timmersdala 28F
Timmervik 28E
Timolin 9A
Timrå 25C
Tinahely 9A
Tinchebray 43C
Tineo 64A
Tingewick 7C
Tinglev 33E
Tingsryd 30D
Tingstade 31B
Tingvatn 27D
Tingvoll 22F
Tinn = Atrå
Tinnoset 27A

Tinntorp 28C
Tínos 91C
Tintagel 6E
Tintern 6D
Tintigny 39C
Tione di Trento 47F
Tipperary 9C
Tiptree 7D
Tirana = Tiranë
Tiranë 87B
Tirano 47F
Tiraspol 88A
Tîrgoviște 88D
Tîrgu Frumos 88A
Tîrgu Jiu 88F
Tîrgu Mureș 88D
Tîrgu Neamț 88C
Tîrgu Ocna 88D
Tîrgu Secuesc 88D
Tirilye 91B
Tírins 92D
Tiriolo 59C
Tirol, Prov. 48C
Tirrénia 54E
Tirschenreuth 41C
Tirstrup 32D
Tiszafüred 86A
Titaguas 71C
Tithoréa 92C
Titisee 47A
Titograd 87A
Titov Veles 89F
Titova 55D
Titovo Užice 87A
Titran 22D
Tittelsnes 27E
Tittling 41F
Tittmoning 48B
Titu 88D
Titz 39B
Tiuccia 62C
Tived 28F
Tiverton 6F
Tivisa 67E
Tívoli 56D
Tjällmo 29E
Tjåmotis 9E
Tjarnkullen 20D
Tjautjas 14C
Tjernmoen 28A
Tjölling 27A
Tjönnefoss 27C
Tjörnekalv 30A
Tjötta 20A
Tkon 55F
Tobarra 71E
Tobblach 48F
Tobercurry 8D
Tobermore 8A
Tobermory 2E
Tobru 26B
Tocha 68A
Töckfors 28C
Todal 22F
Toddington 7C
Todi 56B
Tödi, Mt. 47C
Todmorden 5E
Todtmoos 47C
Todtnau 47A
Tofta, Sweden 30C
Tofta, Sweden 31B
Toftlund 33E
Tofvalla 25A
Tohmajarvi 11B
Toholampi 12D
Toijala 10D
Toivakka 11A
Tokajo 86A
Toledo 69D
Tolentino 55E
Tolfa 56D
Tolg 30D
Tolga 23E
Tolkis 10F
Tollarp 30F
Tollsjö 30A
Tolmezzo 48F
Tolna 86D
Tolo 29D
Tolob 3D
Tolós 92D
Tolosa, Portugal 68D
Tolosa, Spain 65B
Tolve 58D
Tomar 68C
Tomashevka 85D
Tomashpol 88A
Tomaszów Lubelski 85F
Tomaszów Mazowiecka 85C
Tomatin 2D
Tomdoun 2D

Tomelilla 30F
Tomelloso 70F
Tomgraney 9C
Tomich 2D
Tomintoul 3C
Tömmerneset 18D
Tommerup 33C
Tomnavoulin 3C
Tomrefjord 22F
Tomta 29C
Tomter 28C
Tona 67D
Tonbridge 7D
Tondal 27C
Tondela 68B
Tønder 33E
Tongeren 39A
Tongue 2B
Tönjum 26D
Tonnay-Charente 44E
Tonneins 50D
Tonnerre 45B
Tönnet 28B
Tonning 33F
Tonsberg 27A
Tonstad 27F
Toome 8A
Toomyvara 9C
Topcliffe 5C
Toplita 88C
Topol Ki 11D
Topola 87A
Topolčane 87B
Topol'čany 86C
Topólia 92C
Topoloveni 88D
Topolovgrad 89D
Topraisar 89A
Topsham 6F
Toques 63B
Tor Vaiánica 56D
Torá 67C
Torbalı 91C
Torbay 6F
Torberget 24E
Torcello 54B
Torcross 6E
Torcy 38E
Tordera 67D
Tordesillas 64F
Töre 14F
Töreboda 28F
Torekov 30C
Torelló 67E
Toreno 64C
Torgås 28B
Torgau 37F
Torhamn 31E
Torhop 17B
Torhout 38B
Torigni 43C
Torija 70B
Toril 71A
Torino 53A
Torino di Sangro 57C
Torla 66B
Törmänen 17F
Tornavacas 69A
Torneträsk 14A
Tornevalla 29E
Tornio 14F
Toro 64F
Törökszentmiklós 86A
Torp 25C
Torpa, Sweden 30B
Torpa, Sweden 30D
Torpe 26E
Torphins 3C
Torpo 26D
Torpoint 6E
Torpshammar 25C
Torquay 6F
Torquemada 65C
Torralba de Calatrava 70E
Torräo 68E
Torre Annunziata 57E
Torre Baja 71C
Torre Cardela 74C
Torre de Dona Chama 63F
Torre de Juan Abad 70F
Torre de Miguel Sesmero 68F
Torre de Moncorvo 63F
Torre del Campo 73D
Torre del Greco 57E
Torre del Mar 73E
Torre Mileto 58E
Torre Pacheco 75C
Torre Pedrera 11B
Torre-Péllice 53C
Torreblanca 71B
Torreblascopedro 73B
Torrecampo 69F
Torrecilla de la Orden 64F
Torrecilla en Cameros 65D

Torrecillas de la Tiesa 69C
Torredembarra 67E
Torredonjimeno 73D
Torrejón de Ardoz 70A
Torrejón de la Calzada 70C
Torrejón el Rubio 69C
Torrejoncillo 69C
Torrelaguna 65E
Torrelapaja 65F
Torrelavega 65A
Torrelobatón 64F
Torrelodones 69B
Torremaggiore 58E
Torremegia 69E
Torremocha 69C
Torremolinos 73F
Torrente 71C
Torrente de Cinca 66F
Torrenueva 14F
Torreorgaz 69C
Torreperogil 74C
Torres 73D
Torres de Albánchez 70F
Torres Novas 68C
Torres Vedras 68E
Torresandino 65C
Torrevieja 75C
Torrico 69D
Torriglia 53D
Torrijo 65F
Torrijos 69D
Torroella de Montgri 67D
Torroal 68E
Torrox 73D
Torsåken 29A
Torsåker 25B
Torsång 29A
Torsås 31C
Torsborg 24F
Torsby 28B
Torscaig 2C
Torscana, Prov 54E
Torseter 28A
Torshatta 29C
Torsken 18B
Torslanda 30A
Torsnes 26F
Torsö 28F
Torsvåg 16A
Tortella 67D
Tórtoles de Esqueva 65C
Tortona 53D
Tortosa 66F
Tortozendo 68D
Toruń 85A
Torup 30C
Torvalla 25A
Torviscon 74E
Torvsjö 21E
Torvund 26F
Torzym 84D
Tosbotn 20C
Tosen 20C
Tossá 67D
Tossåsen 24D
Tösse 28E
Tostedt 36B
Toszek 85E
Totana 74D
Tôtes 38C
Tótkomlos 86B
Tötlandsvik 27E
Totnes 6E
Tottenham 7C
Totton 7E
Toucy 45D
Touët 53E
Toul 39E
Toulon 52F
Toulon-sur-Arroux 45D
Toulouse 51E
Touquet-Paris-Plage, le 83C
Tour-du-Pin, la 52B
Tour-Fondue, la 10C
Touraine, Reg. 42F
Tourcoing 38B
Tourkoléka 92D
Tournai 38B
Tournan 38F
Tournay 66B
Tournon 52A
Tournon-d'Agenais 51C
Tournon-St-Martin 44D
Tournus 46E
Tourouvre 43D
Tours 44D
Tourves 52F
Toury 45A
Toužim 41D
Tovdal 27D

Tow Law 5C
Towcester 7A
Towyn 6A
Töysä 10B
Traban-Trarbach 39D
Trabazos 64C
Tradate 53B
Tradet 30B
Trafaria 68E
Tragacete 70B
Traganón 92F
Tragwein 49A
Traian 88B
Traiguera 71B
Traisen 49B
Traiskirchen 49B
Tralee 9E
Tramagal 68B
Tramaríglio 61A
Tramelan 46D
Tramore 9D
Tranås, Sweden 30B
Tranås, Sweden 30F
Tranche, la 44E
Trancoso 64E
Tranebjerg 32D
Tranekær 33C
Tranemo 30B
Tranent 3E
Tranhult 30B
Trani 58C
Tranöy 19A
Transtrand 28B
Transylvania, Reg. 88F
Transylvanian Alps = Carpati Meridionali
Tranvik 29D
Trápani 60E
Traryd 30D
Träskholm 21D
Träslövsläge 30C
Trasmiras 63D
Trassem 39D
Traun 49A
Traunstein 48D
Travad 28F
Travemunde 33D
Travnik 87C
Trawsfynydd Llanuwchllyn 4F
Trayas, le 53E
Trbovlje 49E
Trebbin 37D
Trébeurden 42C
Trebič 84F
Třebíč 87D
Trebisacce 58D
Trebišov 86A
Trebujena 73E
Trecastle 6C
Trecate 53B
Tredegar 6D
Treen 6F
Trefnant 4F
Tregaron 6A
Trégastel 42C
Tregony 6E
Tréguier 42D
Treherbert 6D
Trehörna 30B
Trehörningsjö 25B
Treib 47C
Treignac 51A
Treis 39D
Trekanten 31C
Trelleborg 30E
Trélon 38D
Tremadoc 4F
Tremblade, la 44E
Tremezzina 47F
Třemošna 41D
Tremp 67C
Trenance 6E
Trenčín 86C
Trendelburg 36F
Trengereid 26F
Trent, River 5F
Trentino-Alto Adige, Prov. 48E
Trento 48E
Tréport, le 38C
Trescore Balneario 54A
Tresenda 47F
Tresjuncos 70D
Trespaderne 65A
Tresta 3B
Tretower 6D
Trets 52F
Tretten 26A
Trettin 26A
Treuburg = Olecko
Treuchtlingen 40F
Treuenbrietzen 37D
Trevélez 74E

Treviglio 53B
Treviño 65D
Treviso 54B
Třevoň 84F
Trévoux 46E
Treysa 40B
Trezzo 53B
Trhové Sviny 49A
Triabo 31C
Triánda 91F
Tribanj 55D
Triberg 47A
Tribsees 33B
Tricárico 58D
Tricase 58B
Trickett's Cross 6F
Trídhos 92F
Trie 66B
Trieben 49C
Trier 39D
Trieste 55A
Tríglia 92B
Trigueros 72D
Trikkala 90A
Tríklinos 92E
Tríkorfon 92E
Trillo 70B
Trim 8B
Trimouille, la 45E
Trinafour 2D
Trindade 63F
Tring 7C
Trinité-Porhoet, la 42F
Trino 53B
Tripi 92D
Tripití 92F
Trípolis 92D
Triponzo 56B
Tripótama 92F
Tripótamos 92F
Triptis 41A
Trístenon 92E
Trittau 33D
Trnava 86C
Trödje 29A
Trogen 47D
Trogir 87E
Trögstad 28C
Troia 58E
Troina 60A
Troisdorf 39B
Troizín 92D
Trollhättan 28E
Tromsdalen 16C
Tromsö 16C
Tronche, la 52B
Trondenes 18B
Trondheim 23C
Trönö 25E
Trontveit 27C
Troon 4B
Trópaia 92F
Tropea 59F
Trosa 29F
Trossingen 47A
Trostberg 48B
Trostyanets 88A
Troutbeck 4D
Trouville 43B
Trovåg 27E
Trowbridge 6D
Trowse Newton 7B
Troy, Anc. Site 91A
Troyan 89C
Troyes 45B
Trstena 85E
Trstenik 87A
Trubia 64B
Truchas 64C
Trujillo 70B
Trumpet 6D
Trumpington 7B
Trun 47E
Truro 6E
Trușești 88C
Trutnov 84F
Tryserum 31A
Trysil 24E
Trzebiatow 84B
Trzebnica 85C
Trzemeszno 85C
Tsamandás 90A
Tsar Kaloyan 89C
Tsiótion 90B
Tsitália 92D
Tsoukaléïka, Greece 92E
Tsoukaléïka, Greece 92F
Tuam 8F
Tubbergen 36C
Tübingen 47A
Tučepi 16D
Tuchan 67F
Tuchola 85A
Tuchów 85F
Tudanca 65A

Tuddal 27C
Tudela 65D
Tudela de Duero 64F
Tuéjar 71C
Tuffe 44B
Tulcea 88B
Tulchin 88A
Tulla 9E
Tullamore 9C
Tulle 51A
Tullinge 29D
Tulln 49B
Tullow 9A
Tulovo 89C
Tulppio 15B
Tulsk 8D
Tumba 29D
Tumby 5F
Tumleberg 28E
Tummel Bridge 2D
Tun 28E
Tuna, Sweden 29E
Tuna, Sweden 29D
Tuna, Sweden 31A
Tuna, Sweden 25C
Tunadal 25C
Tunbridge Wells = Royal Tunbridge Wells
Tundradalsseter 26E
Tungelsta 29F
Tungenes 27E
Tungestölen 26C
Tunnhovd 26D
Tunstall, England 5E
Tunstall, England 7B
Tuntsa 15B
Tuohikotti 11C
Tuolluvaara 14A
Tuomioja 12D
Tupos 12B
Turcifal 68E
Turda 88F
Turégan 65E
Turek 85F
Turenki 10D
Türgovishte 89C
Turgutlu 91C
Turis 71C
Türje 86C
Turka 85E
Türkheim 47B
Turku 10E
Turleque 70C
Turnberry 4A
Turnhout 39A
Turnov 84F
Turnu Măgurele 89C
Turnu Roșu 88D
Turnu Severin 88F
Turón 74E
Turriff 3C
Turtagro 26C
Turtola 14D
Turvey 7A
Tuscánia 56B
Tuscany = Toscana
Tusilovic 55B
Tușnad 88D
Tuszyn 85C
Tutiyarvi 15D
Tutrakan 89C
Tuttlingen 47A
Tuulos 10D
Tuupovarra 13F
Tuusniemi 13F
Tuusula 10F
Tuxford 5F
Tuy 63C
Tuzla 87C
Tvååker 30C
Tvärålund 21F
Tvärån 14E
Tveit 27E
Tverra 27F
Tving 31C
Tvinne 26F
Tvrdonice 49B
Tvǔrdǐtsa 89C
Tweedmouth 3E
Tweedsmuir 4B
Twimberg 49C
Twistringen 36D
Two Bridges 6E
Twycross 7A
Twyford, England 7E
Twyford, England 7C
Twynholm 4B
Tyachevo 88B
Tychowo 84B
Tychy 85E
Tydal 84D
Tyedstrand 27B
Tygelsjö 30E
Tyin 26C

Tyinholmen 26C
Tylldal 26A
Tylösand 30C
Tymbark 85E
Tynderö 25D
Tyndrum 2F
Tynemouth 5A
Tyngsjö 28B
Tynset 23E
Tyringe 30F
Tyristradd 26B
Tyrnävä 12B
Tyrol = Tirol
Tyrrelspass 9C
Tysdal 27E
Tysfjord 18D
Tysnes 27F
Tysse 26F
Tyssedal 26F
Tysvær 27E

Ualand 27F
Ubach 39A
Ubbedissen 36D
Ubeda 74C
Ubergsmoen 27D
Uberlingen 47C
Ubierna 65C
Ubrique 73F
Uceda 65E
Ucero 65E
Uchte 36D
Uckermünde-haff 84B
Uckfield 7F
Udbina 55D
Udbyhøj 32D
Uddebo 30B
Uddevalla 28E
Uden 35D
Udenäs 28F
Udine 48F
Uelsen 36C
Uelzen 37A
Uerzell 40D
Uetersen 33F
Uettingen 40D
Uetze 37C
Uffenheim 40D
Ugerløse 33A
Uggelheden 28A
Ugíjar 74E
Ugine 52B
Ugljane 87C
Uherské Hradište 85E
Uherský Brod 85E
Uhingen 47B
Uhlfeld 40D
Uig, Scotland 2A
Uig, Scotland 2C
Uimaharju 13F
Uithuizen 55B
Ujazd 85E
Ujpest 86C
Ujście 84B
Ukna 31A
Ula 91D
Uladal 27E
Ullånger 25E
Ullapool 2B
Ullared 30C
Ullatti 14C
Ullava 12F
Ulldecona 71B
Ullsfjord 16C
Ulm 47B
Ulmen 39D
Ulmeni 88D
Ulog 87C
Ulricehamn 30B
Ulrika 31A
Ulriksberg 28B
Ulriksfors 25A
Ulsberg 23E
Ulsjöl 29C
Ulstein 22E
Ultvängstorp 30B
Ulubey 91D
Ulverston 4D
Ulvik 26D
Ulvila 10C
Ulvshyttan 29A
Ulzio 53A
Umag 55A
Umberleigh 6E
Umbértide 54F
Umbria, Prov. 56B
Umbukta 20B
Umeå 25B

Umfors 20B
Umgransele 21C
Umljeoki 11C
Umnås 20D
Umurbey 91A
Unari 15C
Uncastillo 66C
Underåsen 27D
Undersvik 25E
Undredal 26D
Uněšov 41D
Ungeny 88A
Ungerdorf 49F
Unhais da Serra 68B
Unhošt 41D
Uniejów 85C
Unirea 88F
Unna 36E
Unquera 64B
Unt Stinkenbrunn 49B
Unterägeri 47C
Untergarching 48B
Untergröningen 40F
Unterhaching 48A
Unterluss 37C
Unterpullendorf 49D
Unterwasser 47D
Unterweissenbach 49A
Unterwieterdorf 49A
Unterzolling 48A
Untorp 24F
Upavon 7C
Upper Austria = Oberösterreich
Upper Chapel 6B
Upper Tean 5E
Uppgränna 30B
Upphärad 28E
Uppheim 26E
Uppingham 7A
Uppsala 29D
Uppsala Väsby 29D
Uppsjohytta 26B
Upton upon Severn 6D
Upwell 7B
Urach 47B
Uras 61C
Urbánia 54F
Urbino 54F
Urda 70C
Urdos 66B
Uriage 52B
Urjala 10D
Urk 35B
Urla 91C
Urlați 88D
Urmston 5E
Urnäsch 12B
Urnes 26C
Uroševac 87A
Urrea de Gaén 66F
Ursagre 69E
Urshult 30D
Ursviken 21D
Urziceni 88D
Uşak 91D
Used 65D
Useldange 39C
Useras 71B
Usingen 40C
Usk 6D
Uskedal 27E
Uskedar 89B
Uslar 36F
Ussat-les-Bains 67A
Ussel 51A
Ust'-Luga 11F
Ustaoset 26D
Ustaritz 66A
Uster 47C
Ustí nad Labem 41B
Ustilug 85D
Ustovo 89D
Ustrzyki Dolne 85E
Utajärvi 13A
Utåker 27E
Utebo 69D
Uteolivas 97B
Utersum 33E
Utiel 71C
Utifällen 21E
Utne 26F
Utrera 87E
Utrillas 66E
Utsjoki 17C
Utskarpen 20A
Uttendorf 48B
Uttersberg 29C
Utti 11C
Uttoxeter 5E
Utvik 26E
Uukuniemi 11B
Uurainen 10B

Umfors 20B
Umgransele 21C
Ummeljoki 11C
Umnås 20D
Umurbey 91A
Unari 15C
Uncastillo 66C

Uusi Valamo 13F
Uusi Värtsilä 11B
Uusikaarlepyy = Nykarleby
Uusikaupunki 10E
Uusikyla 11C
Uvana 28B
Uvarova 91A
Uxbridge 7C
Uyeasound 3B
Uzès 52C
Uzhgorod 88E
Uzhok 85F
Uzunköprü 89D

V. Jakobselv 17D
Vä 30F
Vaajakoski 11A
Vaala 13A
Vaalimaa 11C
Vaaraslahti 13E
Vaasa 12E
Vaattojärvi 14D
Vabre 51F
Vác 86C
Vacha 40B
Väckelsång 30D
Vad 29C
Väddö 29D
Vadersted 28F
Vadheim 26E
Vadje 28B
Vado Ligure 53D
Vadsbro 29E
Vadsö 17D
Vadstena 28F
Vaduz 26C
Værøy 18C
Vagå 26A
Vagan 18D
Vage 26F
Vaggeryd 30B
Vägjöfors 28B
Vagnhärad 29F
Vagos 68A
Vähäkyrö 12E
Vahanka 12F
Vaigne 44B
Vaihingen 40E
Vailly, France 38F
Vailly, France 45C
Vainikkala 11C
Vairano Scalo 57E
Vaison 52D
Vaite 46C
Vajkijaur 14C
Vakarel 89E
Vakern 28B
Vákhlia 92F
Vaksdal 26F
Val d'Esquières 53E
Val-d'Isère 53A
Val-Suzon 46C
Våladålen 24A
Valadares 63E
Valado 68C
Valais, Prov. 47E
Valandovo 89F
Valasske Klobouky 85E
Valasske Meziřiči 85E
Valberg, France 53C
Valberg, Norway 18C
Valberg, Sweden 28D
Valbondione 47B
Valcarlos 66A
Valdagno 54B
Valdahon, le 46D
Valdealgorfa 66F
Valdecaballeros 69D
Valdefuentes 69E
Valdeganga 71E
Valdelacasa de Tajo 69C
Valdemaluque 65E
Valdemarsvik 31A
Valdemorillo 69B
Valdemoro 70C
Valdemoro Sierra 71C
Valdeolivas 70E
Valdepeñas 70E
Valdepeñas de Jaén 73D
Valderas 64D
Valderrobres 66F
Valderrueda 64B
Valdeverdeja 69C
Valdobbiádene 54B
Valdoviño 63B
Vale de Cambra 63E
Vale de Prazeres 68D
Valea lui Mihai 88E
Valea Viseului 88C
Valebö 27A
Valen 23C
Valenca do Minho 63C
Valençay 45C

Valence, France 50F
Valence, France 52C
Valence-d'Agen 51C
Valence-d'Albigeois 51F
Valencia 71D
Valencia de Alcántara 68D
Valencia de Don Juan 64D
Valencia de las Torres 69E
Valencia del Mombuey 72B
Valencia del Ventoso 72B
Valenciennes 38D
Vălenii de Munte 88D
Valenza 53B
Valescure 53E
Valevag 27E
Valfiaunès 52E
Valguarnera Caropepe 60D
Valhelhas 68B
Valimi 92C
Valira 92B
Valjevo 87A
Valjok 17C
Valkeakoski 10D
Valkeala 11C
Valkenswaard 35F
Valkom 11E
Vall 31B
Vall d'Alba 71D
Vall de Uxó 71D
Valla 29E
Valladolid 64F
Vallata 58E
Vallauris 53E
Valldal 26C
Valldalsseter 27C
Valldemosa 75C
Valle 27C
Valle d'Aosta, Prov. 53A
Valle de Cabuérniga 65A
Valle de la Serena 69E
Valle de los Caidos 69B
Vallecas 70A
Vallelado 65E
Vallelunga Pratameno 60D
Vallen, Sweden 21F
Vallen, Sweden 25A
Vallentuna 29D
Valleraugue 51D
Vallesvær 27C
Vallet 44C
Valley 4F
Vallgrund 12E
Vallibona 71B
Vallo della Lucánia 58F
Valloire 52B
Vallombrosa 54F
Vallon 52C
Vallorbe 46F
Valls 67E
Vallset 28A
Valljön 28A
Vallsta 25E
Vallvik 25E
Valmaseda 65A
Valmojado 69D
Valmontone 56D
Valö 29B
Valognes 43A
Valona = Valorë
Valongo 63E
Valpaços 63F
Valpovo 86D
Valras-Plage 67B
Valréas 52C
Valroia la Buena 64D
Vals, France 52C
Vals, Switzerland 47F
Valseca 65E
Valsjöbyn 20F
Valskog 29C
Valstagna 54B
Válta, Greece 92D
Válta, Greece 92F
Valtesiníkon 92F
Valtétsi 92D
Valtice 49B
Valtierra 65D
Valtimo 13F
Valtorp 30B
Valverde de Burguillos 69E
Valverde de Júcar 70D
Valverde de Leganés 68F
Valverde del Camino 72D
Valverde del Fresno 68D
Valvträsk 14E
Vama 88C
Våmdo 29D
Vamdrup 33E
Våmhus 24F
Vamlingbo 31D
Vammala 10C

Vámos 90F
Vamospéres 86A
Vampula 10C
Vanaja 10D
Vandborg 32F
Vandóies 48E
Väne Åsaka 28E
Vanels, les 51D
Vänern, Lake 28F
Vänersborg 28E
Vänersnäs 28E
Vañes 65A
Vang 26D
Vange, England 7D
Vånge, Sweden 29D
Vangsnes 26F
Vanhakyla 17D
Vanjaurbäck 21E
Vanjaurträsk 21E
Vännacka 28C
Vännäs 21F
Vännäsberget 14F
Vännäsby 21F
Vannes 42F
Vans, les 52C
Vansbro 28B
Vanse 27F
Vantaa 10F
Vanylven 26E
Váprio d'Adda 53B
Vara 28E
Vara de Rey 70D
Varades 44C
Varages 52F
Varaldsöy 21F
Varallo Sésia 47E
Varaždin 49F
Varazze 38D
Varberg 30C
Varde 33E
Vardö 25F
Vare 30D
Varel 36A
Varenes 27E
Varengeville 43B
Varenna 13F
Varennes 45F
Varennes-en-Argonne 39E
Varèse 47E
Varese Ligure 53D
Vårgårda 30A
Vargas 65A
Vargon 28E
Värhamo 30D
Varhaug 27F
Vari 92B
Varilhes 67A
Varing 28F
Varjisträsk 21B
Varkaus 11A
Varna 89A
Varna Druzhba 89A
Värnäs 28B
Varnhem 28F
Varöbacka 30C
Varois 46C
Városlöd 86C
Varpaisjärvi 13E
Várpalota 86C
Vársova 92D
Vartdal 29E
Vartholomión 92F
Vartofta 30B
Varutrask 21D
Varvásaina 92F
Varzi 53D
Varzy 45D
Vasa = Vaasa
Vasarás 92D
Vásárosnameny 88E
Vașcău 88F
Väse 28D
Vasehuse 32D
Vasiláki 92F
Vasilikón, Greece 92A
Vasilikón, Greece 92E
Vasilikón, Greece 92F
Vasilópoulon 92E
Vaskio 10E
Vasles 44F
Vaslui 88B
Vassbotten 28E
Vassbygdi 26D
Vassenden 26E
Vassijaure 16E
Vassor 12F
Vasstulan 26D
Västanfors 29C
Västansjö 20B
Västanträsk 21F
Västerås 29C
Västerfärnebo 29C
Vasterfjäll 19E
Västergam 31B
Västerhaninge 29F

Vastermyrriset 21E
Västertåsjö 20F
Västervik 31A
Västland 29B
Vasto 57C
Västra Ny 28F
Vasvár 49D
Vatan 45C
Vathí, Greece 91C
Vathí, Greece 92A
Váthia 90F
Vatne, Norway 26E
Vatne, Norway 27D
Vatne, Norway 22F
Vatnstraum 27D
Vätö 29D
Vats 27E
Vättern, Lake 28F
Vättershaga 29D
Vattholma 29D
Vattrång 25E
Vaucouleurs 39E
Vauvert 52E
Vaxholm 29D
Växsjö 30D
Våxtorp 30D
Váyia 92B
Vayrac 51C
Vazovgrad 89C
Veberöd 30F
Vebomark 21F
Vechelde 37D
Vechta 36D
Vecinos 64F
Veckerhagen 36F
Veckholm 29D
Vedavangen 27E
Veddige 30C
Vedea 88D
Vedra 63C
Vedum 30B
Veendam 36A
Veere 35E
Vefall 27A
Vega de Valcarce 63D
Vegadeo 63B
Vegarshei 27B
Veggli 26B
Veghel 35D
Véglie 58B
Vegusdal 27D
Vehmaa 10E
Vehmasmäki 13E
Vehmersalmi 13E
Vehus 27D
Veines 17A
Veinge 30C
Véio 56D
Veiros 68F
Veitsiluoto 14F
Vejen 32B
Vejer de la Frontera 73E
Vejle 32F
Vejprty 41D
Vel Gorica 86F
Velada 69D
Velaóra 92E
Velbert 39B
Veldemelen 23A
Velden 49E
Velenje 49E
Velestínon 90B
Vélez Blanco 74D
Vélez de Benaudalla 74E
Vélez Málaga 73F
Vélez Rubio 74D
Velika Gradište 86B
Velika Plana 87A
Veliko Turnovo 89C
Velingrad 89F
Veljun 55B
Velká Hled'sebe 41C
Vel'ké-Leváre 49B
Velki Berezny 88B
Velletri 56D
Vellon 92D
Veloúsia 92A
Velpke 37C
Velsen 35C
Velten 37D
Velvarv 41D
Vemdalen 24D
Venabu 26A
Venabygd 26A
Venaco 62C
Venafro 57C
Venaria 53A
Venåsseter 26A
Vence 53E
Venda Nova 63F
Vendas Novas 68E
Vendel 29B
Vendelsö 29D
Vendeuvre 46A

Vendôme 45A
Vendrell 67C
Véneto, Prov. 54B
Venézia 54B
Venialbo 64F
Venjan 28B
Vennesla 27D
Vennesund 20C
Venosa 58E
Venraij 35D
Vensmoen 18F
Vent 48E
Venta de Arraco 66A
Venta de Baños 64D
Venta de Cardeña 69F
Venta Nueva 64A
Ventas de Huelma 73D
Ventimiglia 53E
Ventnor 7E
Vera 74D
Vera de Bidasoa 65B
Verberie 38F
Verbicaro 59E
Verbier 46F
Vercelli 53B
Verdalsöra 23C
Verden 36B
Verdens Ende 27A
Verdon, le 50A
Verdun, France 39E
Verdun, France 46C
Verdun, France 51E
Verfeil 51E
Vergara 65B
Vergato 54C
Vergel 71F
Verges 67D
Vergt 51C
Verin 63D
Veringendorf 47A
Verkenseter 26A
Verket 27A
Verma 23D
Vermenton 45D
Verna, la 54F
Vernet 67D
Verneuil 43D
Vernon, France 38E
Vernon, Greece 90A
Vernoux 52C
Verolanuova 54A
Verona 54A
Verpillière, la 52B
Verride 68C
Verrières, les 46D
Versailles 38E
Versam 47D
Verselí, Czechoslovakia 84F
Verselí, Czechoslovakia 86C
Versoix 46F
Vertou 44C
Vertoura 92A
Vertus 38F
Vérvaina 92E
Verveln 31A
Vervins 38D
Verzy 38F
Vesanto 13E
Vesilahti 10D
Vesoul 46D
Vessigebro 30C
Vest Åmtervik 28D
Vestby, Norway 27A
Vestby, Sweden 28C
Vestbygd 18D
Vester Egede 33A
Vester Torsås 30D
Vesterøhavn 32C
Vestfossen 27A
Vestmarka 28A
Vestnes 22F
Vestone 54A
Vesúvio, Mt. 57E
Veszprém 86C
Veteli 12F
Vetlanda 30B
Vetren 89E
Větrni 49A
Vetsikko 17C
Vettasjärvi 14A
Vetterslev 33A
Veules les Roses 43B
Veum 27C
Veurne 38B
Vevelstad 20A
Vevey 46F
Vevring 26E
Veynes 52D

Vezdemarban 64F
Vézelay 45D
Vézelise 46B
Vezzani 62C
Viana 65D
Viana del Bollo 63D
Viana do Alentejo 68F
Viana do Castelo 63E
Vianen 35D
Viantie 14F
Viaréggio 54E
Viátor 74E
Vibo Valéntia 59D
Viborg 32F
Vibraye 44B
Vibyggera 25B
Vic 51D
Vic-en-Bigorre 66B
Vic-Fézensac 50F
Vic-le-Compte 51B
Vicálvaro 70A
Vicdessos 67A
Vicenza 54B
Vich 67D
Vichy 45F
Vickerstown 4D
Vickleby 31C
Vico 62C
Vico del Gargano 58C
Vico Equense 11F
Vicovu de Sus 88C
Victoria Bridge 8C
Vidago 63F
Vidauban 52F
Viddal 26F
Videbæk 32F
Videle 89C
Videm 55B
Videm-Krško 49F
Vidin 89E
Videseter 26C
Vidigueira 72A
Vidin 89E
Vidreras 67D
Vidsel 21E
Viechtach 41F
Vieira, Portugal 63E
Vieira, Portugal 68C
Vieki 13D
Viella 67A
Vielsalm 39C
Vienenburg 37C
Vienna = Wien
Vienne 52C
Vieremä 13C
Viernheim 40C
Viersen 39B
Vierwaldstätter-See, Lake 47C
Vierzon 45C
Viesta 58C
Vietgest 33B
Vietri 58F
Vif 52B
Vigan, le 51F
Vigeland 27D
Vigévano 53B
Vigge 25C
Vigmostad 27D
Vignes 26B
Vigneulles-les-Hattonchâtel 39E
Vignola 54C
Vignole 53D
Vignory 46A
Vigo 63C
Vigo di Fassa 48E
Vigone 53C
Vigrestad 27F
Viguera 65D
Vihanti 12D
Vihiers 44B
Vihtavuori 10B
Vihti 10D
Viiala 10D
Viinijärvi 13F
Viirnkyla 15E
Viitasaari 12F
Vik, Norway 26E
Vik, Norway 26F
Vik, Norway 20C
Vik, Sweden 29C
Vika, Sweden 28B
Vika, Sweden 29A
Vikabyn 28B
Vikajärvi 15C
Vikane 28C
Vikebygd 27E
Vikedal 27D
Vikeland 27D
Viken 30E
Viker, Norway 26B
Viker, Norway 28B
Vikersund 27A
Vikeså 27F
Vikkala 10F

Vikmanshyttan 29A
Vikna 23A
Viksjö 25C
Viksöyre 26F
Vikstöl 26D
Vila Boim 68F
Vila da Feira 63E
Vila de Rei 68D
Vila do Bispo 72C
Vila do Conde 63E
Vila Flor 63F
Vila Franca de Xira 68E
Vila Nogueira 68E
Vila Nova da Cerveira 63C
Vila Nova de Famalicão 63E
Vila Nova de Fozcôa 63F
Vila Nova de Gaia 63E
Vila Nova de Milfontes 72C
Vila Nova de Paiva 63F
Vila Pouca de Aguiar 63F
Vila Real 63F
Vila Real de Santo Antonio 72D
Vila Ruiva 68F
Vila Velha de Ródão 68D
Vila Verde, Portugal 63E
Vila Verde de Ficalho 72D
Vila Viçosa 68F
Vilada 67C
Viladrau 67D
Vilaller 67C
Vilanova de Sau 67D
Vilar da Viega 63E
Vilar Formoso 68B
Vilaseca 67E
Vilches 73B
Vilhelmina 25C
Vilkaviškís 85B
Villa del Prado 69B
Villa del Rio 73D
Villa Nova de Ourém 68C
Villa San Giovanni 59F
Villa Santa Maria 57C
Villa Santina 48F
Villabáñez 64F
Villablino 64A
Villabragima 64D
Villabuena del Puente 64F
Villacañas 70C
Villacarlos 75D
Villacarriedo 65A
Villacarrillo 74A
Villacastin 65E
Villach 48F
Villacidro 61E
Villaciervos 65D
Villaconejos 70C
Villada 64D
Villadiego 65C
Villaeles de Valdavia 64D
Villaescusa de Haro 70D
Villafamés 71D
Villafranca, Spain 65B
Villafranca, Spain 65D
Villafranca de Córdoba 73D
Villafranca de los Barros 69E
Villafranca de los Caballeros 70C
Villafranca de Oria 65B
Villafranca del Bierzo 63D
Villafranca del Campo 66E
Villafranca del Cid 71B
Villafranca del Panadés 67E
Villafranca di Verona 54A
Villafrechós 64D
Villafruela 65C
Villagarcia de Arosa 63C
Villagarcia del Llano 71C
Villager 64A
Villagonzalo 69E
Villaharta 73A
Villähde 11C
Villahermosa 70F
Villahermosa del Rio 71C
Villahoz 65C
Villaines-la Juhel 44B
Villajoyosa 71F
Villajuiga 67D
Villalba, Spain 63B
Villalba, Spain 69B
Villalba de la Sierra 70B
Villalba de los Arcos 66F
Villalba de los Barros 69E
Villalba del Alcor 72D
Villalón de Campos 64D
Villalonga 71F
Villalpando 64D
Villamalea 71C
Villamañán 64D
Villamanrique 70F

Villamanrique de la Condesa 72D
Villamanta 69B
Villamarchante 71C
Villamartin 73E
Villamayor de Calatrava 69F
Villamayor de Campos 64D
Villamayor de Santiago 70D
Villandraut 50D
Villandry 44D
Villanova Monteleone 61C
Villanubla 64F
Villanueva de Alcardete 70D
Villanueva de Alcorón 70B
Villanueva de Algaidas 73D
Villanueva de Cameros 65D
Villanueva de Castellón 71E
Villanueva de Córdoba 69F
Villanueva de Gállego 66C
Villanueva de la Concepción 73F
Villanueva de la Fuente 70F
Villanueva de la Jara 70D
Villanueva de la Reina 73B
Villanueva de la Serena 69E
Villanueva de la Sierra 69C
Villanueva de la Vera 69C
Villanueva de las Torres 74C
Villanueva de los Castillejos 72D
Villanueva de San Juan 73C
Villanueva de Trabuco 73D
Villanueva del Aceral 64F
Villanueva del Arzobispo 74A
Villanueva del Duque 69F
Villanueva del Fresno 68F
Villanueva del Huerva 66E
Villanueva del Rey 73A
Villanueva del Rio y Minas 73C
Villanueva y Geltrú 67E
Villaobispo 64C
Villaodrid 63B
Villapalacios 70F
Villaquejida 64D
Villaquilambre 64D
Villar de Barrio 63D
Villar de Chinchilla 71E
Villar de Ciervo 64E
Villar de Domingo Garcia 70B
Villar de Humo 71C
Villar de Olalla 70D
Villar de Peralonso 64E
Villar del Arzobispo 71C
Villar del Rey 68F
Villarcayo 65A
Villard-de-Lans 52B
Villardefrades 64F
Villarejo de Fuentes 70D
Villarejo de Salvanés 70D
Villares del Saz 70D
Villargordo 73D
Villargordo del Cabriel 71C
Villarluengo 66F
Villarquemado 71A
Villarramiel 64D
Villarrasa 72D
Villarreal 71D
Villarreal de Alava 65B
Villarrin de Campos 64D
Villarrobledo 70D
Villarroya de la Sierra 65F
Villarroya de los Pinares 71A
Villarrubia 73C
Villarrubia de los Ojos 70C
Villarrubia de Santiago 70C
Villars 46F
Villars-les-Dombes 46E
Villarta de los Montes 69F
Villarta de San Juan 70C
Villasana de Mena 65A
Villasandino 65C
Villasarracino 64D
Villasequilla de Yepes 70C
Villasimíus 61F
Villasor 61E

Villastar 71A
Villatobas 70C
Villatoya 71C
Villava 65B
Villaverde de Guadalimar 70F
Villaverde de Rio 73C
Villaverde de Trucios 65A
Villaviciosa 64B
Villaviciosa de Córdoba 73A
Villaviciosa de Odon 69B
Villavieja de Yeltes 64E
Villé 46B
Villeblanca 72D
Villebois-Lavalette 50B
Villecroze 52F
Villedieu-les-Poêles 43C
Villefagnan 44F
Villefort 52C
Villefranche, France 46E
Villefranche, France 53E
Villefranche-de-Lauragais 67A
Villefranche-de-Périgord 51C
Villefranche-de-Rouergue 51C
Villefranche-sur-Cher 45C
Villel 71A
Villemayor de Gállego 66D
Villemur 51E
Villena 71E
Villenauxe 45B
Villeneuve, Italy 53A
Villeneuve, Switzerland 46F
Villeneuve-d'Aveyron 51C
Villeneuve-de-Marsan 50F
Villeneuve l'Archevêque 45B
Villeneuve-les-Avignon 52E
Villeneuve-St-Georges 38E
Villeneuve-sur-Lot 51C
Villeneuve-sur-Yonne 45B
Villeparisis 38E
Villeréal 51C
Villers 43A
Villers-Bocage 43C
Villers-Cotterets 38F
Villersexel 46D
Villerville 43B
Víllia 92C
Villiers-St-Georges 38F
Villingen 47A
Villoldo 64D
Villoria 64F
Villotta 54B
Vilnes 26E
Vilppula 10B
Vilsbiburg 48B
Vilshofen 41F
Vilshult 30D
Vilsund 32E
Vilusi 87C
Vilvestre 63F
Vilvoorde 39A
Vimercate 53B
Vimianzo 63A
Vimieiro 68F
Vimioso 63F
Vimmerby 31A
Vimo 28B
Vimoutiers 43D
Vimperk 41F
Vinaixa 67C
Vinaroz 71B
Vinay 52B
Vinberg 30C
Vindafjorden 27E
Vindelgransele 21C
Vindeln 21F
Vinderup 32F
Vindsvik 27E
Vinga 86B
Vingåker 29E
Vinhais 63D
Vinje, Norway 23C
Vinje, Norway 26F
Vinje, Norway 27C
Vinjevingen 27C
Vinju Mare 89E
Vinkovci 86D
Vinninga 28F
Vinogradov 88E
Vinon 52F
Vinslöv 30F
Vinstra 26A
Vintjarn 29A
Vintl 48E
Vintrosa 28D
Vinuesa 65D
Viöl 33E
Vipiteno 48C

Virancik 91B
Vire 43C
Virek 18D
Vireux 39C
Virfurile 88F
Virginia 8D
Virje 86D
Virmutjoki 11D
Virojoki 11E
Virolahti 11E
Virovitica 86D
Virpazar 87B
Virra 92A
Virserum 31A
Virsbo 29C
Virtasalmi 11A
Virton 39E
Vis 57B
Visbek 36D
Visby 31B
Visé 39A
Višegrad 87A
Viserba 11B
Viserbella 11B
Viseu 68B
Viseu de Sus 88C
Visiedo 66E
Vişina Veche 89C
Viskafors 30A
Viskinge 32C
Vislanda 30D
Visnes 27E
Visnum 28F
Viso del Marqués 70E
Viso, Monte, Mt. 53C
Visoko 87C
Visp 47E
Vissefjärda 31C
Visselhövede 36B
Vissenbjerg 33C
Visso 56B
Vissoie 47E
Vistabella del Maestrazgo 71B
Viste 27E
Vistheden 14E
Vistula = Wisła
Vitā 14E
Viterbo 56B
Vitigudino 64E
Vítina 92D
Vitoria 65B
Vitré 44A
Vitrey 46A
Vitry-le-François 39E
Vitsand 28B
Vitsi = Vérnon
Vittamäki 13C
Vittangi 14A
Vitteaux 46C
Vittel 46B
Vittoria 60B
Vittório Veneto 54B
Vittsjö 30D
Vitvattnet 14F
Viuf 33E
Vivario 62C
Vivel del Rio Martin 66E
Viveli 26D
Viver 71C
Vivero 63B
Viverols 52A
Viveros 70F
Vivier-sur-Mer, le 10B
Viviez, 51C
Vivungi 14A
Vize 89B
Vizíkion 92F
Vizille 52B
Vizovice 85E
Vizzavona 62C
Vizzini 60B
Vlaardingen 35C
Vladičin Han 89E
Vladimirci 87A
Vlákhoi 92F
Vlakhokerasiá 92D
Vlakhomándra 92E
Vlakhópoulon 92F
Vlakhorráfti 92F
Vlasenica 87C
Vlašim 84F
Vlaslei 55C
Vlasotince 89E
Vlássi 92F
Vlčany 86C
Vlieland 35A
Vlissingen 35E
Vlkahérna 92D
Vlorë 87B
Vlotho 36D
Vöcklabruck 48B
Vodernberg 49C

Voditsa 89C
Vodnjan 55C
Voe 3B
Voghera 53B
Vohburg 41E
Vohenstrauss 41C
Vöhringen 47B
Void 39E
Voikaa 11C
Voiron 52B
Voislova 88F
Voitsberg 49C
Voitsdorf 49A
Vojens 33C
Vojnic 55B
Vojnitsa 13B
Vojvodina, Prov. 86B
Vöklamarkt 48B
Voknavolok 13B
Volary 41E
Volda 26E
Volders 48C
Volgsele 21C
Volgsjöfors 21E
Volissós 91C
Volkach 40D
Völkermarkt 49E
Völklingen 39F
Volkmarsen 36F
Vollenhove 35B
Vollsbu 26A
Vollset 26C
Vollum 26A
Vólos 90B
Volovo 88B
Voltri 53D
Volterra 54E
Volturara Appula 58E
Volvic 45F
Volyně 41F
Vomvokoí 92E
Vónitsa 92E
Voorschoten 35C
Voorst 35D
Voorthuizen 35D
Vöra 12E
Vorarlberg, Prov. 47D
Vorbasse 33E
Vorden 35D
Vorderriss 48C
Vordhónia 92D
Vordingborg 33B
Voreppe 52B
Vorey 51B
Vormsund 28A
Vorupør 32E
Vosges, Mts. 46B
Voss 26F
Vossevangen = Voss
Votice 84F
Vouillé 45B
Voúla 92B
Voulgarélion 90A
Voulte, la 52C
Voulx 45B
Voúnargon 92F
Vouvray 44D
Vouziers 39E
Vouzela 68B
Voves 45A
Voxna 25E
Vrå, Denmark 32C
Vrå, Sweden 30D
Vráble 86C
Vrakháti 92D
Vrakhnéïka 92F
Vráliossen 27C
Vrana 55D
Vranganiótika 92F
Vranja 55A
Vranje 89E
Vratsa 89E
Vrbnik 55D
Vrbovec 49F
Vrbovsko 55B
Vreden 36C
Vrena 29E
Vrésthena 92D
Vreta Kloster 29E
Vretstorp 28F
Vrgorac 87C
Vrh 55B
Vrhnika 49E
Vries 35B
Vriezenveen 35D
Vrigstad 30B
Vríses 92E
Vrísis 92A
Vrondádhes 91C
Vrondamas 90D
Vršac 86B
Vrsar 55C
Vrútky 85E
Vsetín 85E

Vučitrn 87A
Vukova Gorica 55B
Vukovar 86D
Vulpera 47D
Vuohijärvi 11C
Vuojärvi 15C
Vuokatti 13C
Vuoksenniska 11D
Vuolijoki 13C
Vuollerim 14C
Vuostimo 15C
Vuotsó 15A
Vuottas 14C
Vürbitsa 89C
Vust 32E
Vyartsilya 11B
Vyborg 11D
Východoceský 84F
Vysoké Mýto 84F
Vysokoye 85D
Vysotsk 11D
Vyšší Brod 49A

Waabs 33C
Waalwijk 35D
Wąbrzezno 85A
Wachtendonk 39B
Waddesdon 7C
Waddington, England 5F
Waddington, Rep. of Ireland 9A
Wadebridge 6E
Wädenswil 47C
Wadern 39F
Wadhurst 7D
Wagenfeld 36D
Wageningen 35D
Waging 48B
Wahn, Airport 39B
Waiblingen 40F
Waibstadt 40E
Waidhofen 49A
Wainfleet All Saints 5F
Wakefield 7B
Walachia, Reg 88D
Walchsee 48B
Wałcz 84B
Wald, Austria 48D
Wald, Switzerland 47C
Waldbröl 40A
Waldeck 40A
Waldenbuch 40E
Waldenburg, Poland = Wałbrzych
Waldenburg, W. Germany 41A
Waldfenster 40D
Waldfischbach 39F
Waldheim 41B
Waldkappel 40B
Waldkirch 47A
Waldkirchen 41F
Waldmünchen 41F
Waldsassen 41C
Waldshut 47C
Walenstadt 47D
Walford 6B
Wall 6B
Wallasey 4F
Walldürn 40D
Wallingford 7C
Walls 3B
Wallsbüll 33E
Wallsend 5A
Walmer 7D
Walsall 6B
Walsrode 36D
Walsum 36E
Waltershausen 40B
Waltham 7A
Waltham Abbey 7D
Walton-le-Dale 5E
Walton on the Naze 7D
Waltrop 36D
Wałtrzych 85F
Wanderup 33E
Wangen 47D
Wangersen 36B
Wangs 12B
Wanlockhead 4B
Wanne-Eickel 36E
Wansford 7A
Wantage 7C
Wanzleben 37C
Warboys 7A
Warburg 40F
Wardenburg 36A
Ware 7C
Wareham 6F
Waremme 39A
Waren 33B
Warendorf 36C
Warin 33B
Warka 85D

Warley 6B
Warmington 7A
Warminster 6D
Warmwell 6F
Warnemunde 33B
Warrenpoint 8B
Warrington 5E
Warsaw = Warszawa
Warstade 36B
Warstein 36F
Warszawa 85D
Warszow 84B
Warth 47D
Warwick, England 5A
Warwick, England 7A
Washington, England 5A
Washington, England 7E
Wasselonne 39F
Wassen 47E
Wassenaar 35C
Wasseralfingen 40F
Wasserauen 47B
Wasserburg 48B
Wassertrüdingen 40F
Wassy 46A
Wast Water, lake 4D
Wasungen 40B
Watchet 6D
Watenstedt 37C
Waterbeach 7B
Waterford 9D
Wateringhouse 3A
Waterloo 38B
Waterloo Cross 6F
Waterville 9F
Watford 7C
Watlington 7C
Watten 3A
Wattens 48C
Wattenscheid 39B
Watton 7B
Watton at Stone 7C
Wattwil 47C
Wavre 39A
Wearhead 5C
Wedel 33F
Wedmorpe 6D
Wednesbury 6B
Wednesfield 6B
Weedon 7A
Weener 36A
Weert 35F
Weesen 47C
Weesp 35C
Weeze 35D
Weferlingen 37C
Wegberg 39B
Wegeringhausen 40A
Weggis 47C
Węgorzewo 85B
Węgorzyno 84B
Węgrów 85D
Wehr 47C
Weichshofen 41E
Weida 41A
Weiden 41C
Weidenau 40A
Weikersheim 40F
Weil der Stadt 40E
Weilburg 40C
Weilheim 48C
Weimar 41A
Weinfelden 47C
Weingarten, W. Germany 40E
Weingarten, W. Germany 47B
Weinheim 40C
Weinsberg 40F
Weissbach 47D
Weissenbach, Austria 47D
Weissenbach, Austria 48D
Weissenburg 41E
Weissenfels 41A
Weissenhorn 47B
Weissenstadt 41C
Weisskirchen 49C
Weisstannen 47D
Weitendorf 33B
Weitersfeld 49B
Weitra 49A
Weiz 49D
Welle 36B
Wellesbourne 7A
Wellingborough 7A
Wellington, England 6B
Wellington, England 6F
Wells, England 6D
Wells, Rep. of Ireland 9A
Wells next the Sea 7B
Welney 7B
Wels 49A
Welsh Corner 4F
Welshpool 6B
Welsickendorf 37C

Welwyn 7C
Welwyn Garden City 7C
Welzheim 40F
Wem 6B
Wemding 40F
Wemperhardt 39C
Wenden 40A
Wendisch-Baggendorf 33B
Wendling 7B
Wendover 7C
Wenduine 38B
Wengen 47E
Wennington 5C
Wensley 5C
Weppersdorf 49D
Werben 37C
Werbig 37D
Werbomont 39C
Werdau 41A
Werden 39B
Werdohl 40A
Werl 36E
Werlte 36C
Wermelskirchen 39B
Wernberg 41C
Werne 36E
Werneuchen 37D
Wernigerode 37E
Wertheim 40D
Wertingen 40F
Weseke 36C
Wesel 36E
Wesenberg 37B
Weser, River 36B
Wesselburen 33F
Wesseling 39B
West Auckland 5C
West Bridgford 5E
West Bromwich 6B
West Calder 3E
West End 7E
West Haddon 7A
West Ham 7C
West Harptree 6D
West Kilbride 4A
West Linton 3E
West Malling 7D
West Meon 7E
West Mersea 7D
West Sandwich 3B
West Tanfield 5C
West Terschelling 35B
West Wittering 7E
West Woodburn 5A
Westbury 6D
Westerbork 35B
Westerburg 39B
Westerham 7C
Westerland 33E
Westerstede 36A
Westgate 7D
Weston super Mare 6D
Westport 8F
Westruther 3E
Westward Ho! 6C
Wetheral 5A
Wetherby 5C
Wetter 39B
Wetteren 38B
Wetteringen 36C
Wettin 37E
Wettingen 47C
Wetwang 5D
Wetzikon 47C
Wetzlar 40A
Wexford 9A
Weybridge 7C
Weyer 49C
Weyhill 7C
Weymouth 6F
Whaley Bridge 5E
Whalley 5E
Wharfe 5C
Wheatley 7C
Wheddon Cross 6D
Wherwell 7C
Whicham 4D
Whiddon Down 6E
Whipsnade 7C
Whiston 5E
Whitburn 2F
Whitby 5D
Whitchurch, England 5E
Whitchurch, England 6D
Whitchurch, England 7C
Whitchurch, Wales 6D
Whiteabbey 8A
Whitebridge 2D
Whitehall 3B
Whitehaven 4D
Whitehead 8A
Whiteparish 7E
Whithorn 4D
Whitland 6C
Whitney 6B

Whitstable 7D
Whitstone 6E
Whittingham 5A
Whittington 4F
Whittlesey 7A
Wiblingen 47B
Wick 3A
Wickford 7D
Wickham 7E
Wickham Market 7B
Wicklow 9A
Widdrington 5A
Widecombe-in-the-Moor 6E
Widenbrück 36F
Widford 7D
Widmerpool Cross Roads 5E
Widnes 5E
Wiebelskirchen 39F
Więcbork 85A
Wiehe 41A
Wiehl 40A
Wielbark 85B
Wieliczka 85E
Wielun 85C
Wien 49B
Wiener Neustadt 49D
Wierden 35D
Wieruszów 85C
Wies 48C
Wiesbaden 40C
Wieselburg 49A
Wiesenburg 37D
Wiesloch 40E
Wigan 5E
Wigston Magna 7A
Wigton 4D
Wigtown 4B
Wijhe 35D
Wil 47C
Wildbad 40E
Wildberg 37B
Wildeshausen 36B
Wildhaus 47D
Wildon 49F
Wildschönau = Auffach/ Niederau
Wilhelmsburg, *Austria* 49B
Wilhelmsburg, *W. Germany* 36B
Wilhelmshaven 36A
Wilhermstadt 35C
Wilkau-Hasslau 41A
Willand 6F
Willemstad 35C
Willersley 6B
Willesden 7C
Williton 6D
Wilmslow 5E
Wilnsdorf 40A
Wilsdruff 41B
Wilsontown 3E
Wilster 33F
Wilton 6D
Wiltz 39C
Wimbledon 7C
Wimborne Minster 6F
Wimereux 38A
Wincanton 6F
Winchcomb 6D
Winchelsea 7F
Winchester 7C
Windecken 40C
Windermere 4D
Windischgarsten 49C
Windsbach 40D
Windsheim 40F
Windsor 7C
Windygates 3E
Wing 7C
Wingham 7D
Winkleigh 6E
Winklern 48F
Winneriden 40F
Winningen 39D
Winschoten 36A
Winsen 37A
Winsford 7D
Winslow 7C
Winsum 35B

Winterbach 49A
Winterberg 40A
Winterbourne Abbas 6F
Wintermoor 36B
Winterswijk 35D
Winterthur 47C
Winterton 5F
Wintzenheim 46B
Wipperfürth 40A
Wirksworth 5E
Wisbech 7B
Wishaw 2F
Wisła 85E
Wisła, River 85D
Wismar 33B
Wissant 38A
Wissembourg 40E
Wissen 39B
Witham 7D
Witheridge 6E
Withernsea 5F
Witney 7C
Witten 39B
Wittenberg 37D
Wittenberge 37A
Wittenburg 37A
Wittensee 33D
Wittersham 7F
Wittingen 37C
Wittlich 39D
Wittmund 36A
Wittstock 37B
Witzenhausen 40B
Wiveliscombe 6F
Władysławowo 85A
Wleń 84D
Włocławek 85C
Włodawa 85D
Wodzisław 85E
Woerden 35C
Woerth 39F
Wohlen 47C
Woking 7C
Wola 85C
Wolfach 47A
Wolfegg 47B
Wolfen 37F
Wolfenbüttel 37C
Wolfenschiessen 12A
Wolfhagen 40B
Wolfratshausen 48A
Wolfsberg 49E
Wolfsburg 37C
Wolgast 84B
Wolhusen 47C
Wolin 84B
Wolkersdorf 49B
Wollaston 7A
Wolmirstedt 37C
Wolsingham 5C
Wolsztyn 84D
Woltersdorf 37A
Wolthausen 36D
Wolvega 35B
Wolverhampton 6B
Wolverton 7A
Wolvey 7A
Wolviston 5C
Wombwell 5E
Wonersh 7C
Woodbridge 7B
Woodenbridge 9A
Woodford, *England* 7D
Woodford, *Rep. of Ireland* 9F
Woodhall Spa 5F
Woodhead 5E
Woodstock 7C
Woodtown 8B
Woodville 7A
Woofferton 6B
Wookey Hole 6D
Wool 6F
Woolacombe 6C
Wooler 5A
Woolsthorpe 5F
Woolwich 7D
Woore 5E
Wootton 5F

Wootton Basset 6D
Worb 47C
Worbis 37E
Worcester 6B
Wörgl 48C
Workingham 7C
Workington 4D
Worksop 5E
Workum 35B
Wörlitz 37F
Wormbridge 6D
Wormhoudt 38A
Wormit 3E
Worms 40C
Wornitz 40F
Wörrstadt 40C
Wörth, *W. Germany* 40E
Wörth, *W. Germany* 40D
Wörth, *W. Germany* 41E
Wörther See, Lake 49E
Worthing 7E
Wortley 5E
Wössingen 40E
Wotton under Edge 6D
Woudenberg 35D
Wragby 5F
Wrentham 7B
Wrexham 4F
Wriezen 84D
Wrocław 85C
Wronki 84D
Wrotham 7D
Wrotham Heath 7D
Wroughton 6D
Wroxham 7B
Września 85C
Wschowa 84D
Wulfen 36E
Wülfrath 39B
Wünnenberg 36F
Wunsiedel 41C
Wunstorf 36D
Wuppertal 39B
Würnsdorf 49A
Würselen 39A
Wurzach 47B
Wurzbach 41C
Würzburg 40D
Wurzen 37F
Wusterhausen 37B
Wuustwezel 39A
Wych Cross 7D
Wye 7D
Wyk 33E
Wymondham 7B
Wyrzysk 85A
Wysokie Maz 85B
Wyszków 85D
Wyszogród 24D
Wythall Heath 6B

Xanten 35D
Xánthi 89D
Xanthus, Anc. Site 91F
Xeriés 92F
Xertigny 46B
Xidheika 92D
Xilókastron 92C
Xinía 92C
Xirokhóri 92F
Xironomí 92C

Yablonov 88C
Yakoruda 89F
Yalakdere 91B
Yalova 91B
Yambol 89C
Yampol 88A
Yanguas 65D
Yannina = Ioánnina
Yarcombe 6F
Yaremcha 88C
Yarm 5C
Yarmouth 7E
Yaryshev 88A
Yasinya 88C
Yatağan 91D
Yátova 71C
Yatton 7D
Yavorov 85F
Ybbs 49A

Ydby 32F
Yderby 32D
Ydrefors 31A
Yealmpton 6E
Yecla 71E
Yedintsy 88A
Yelverton 6E
Yeméni 92C
Yenice 91A
Yeniköy 91B
Yenino 85A
Yenişehir 91B
Yeoryítsi 92D
Yeovil 6F
Yepes 70C
Yeráki, Anc. Site 92F
Yerville 38C
Yesa 66A
Yeşilova 91D
Yeste 70F
Yetholm 5A
Yetminster 6F
Ygskorset 25E
Yiáltra 92C
Yiannádhes 92F
Yiannitsá, *Greece* 89F
Yiannitsá, *Greece* 90C
Yiannítsi 92A
Yiannitsoú 92C
Yimnón 92A
Yíthion 90F
Ylämaa 11C
Yläne 10C
Yli-li 12B
Ylihärmä 12E
Ylikiiminki 12B
Ylikylä 15C
Ylistaro 12E
Ylitornio 14F
Ylivieska 12D
Ylöjärvi 10D
Yngsjö 30F
York 5C
Youghal 9D
Yoxford 7B
Ypäjä 10F
Ypenburg, Airport 35C
Yport 43B
Yppari 12D
Yrke 27E
Ysby 30D
Yspytty Ystwyth 6A
Yssingeaux 52A
Ystad 30F
Ystradgynlais 6C
Ytre Arna 26F
Ytterbyn 14F
Ytterhogdal 24D
Ytterlännäs 25B
Yttermalung 28B
Ytteresjön 21F
Ytterturingen 24D
Yuncos 69D
Yunquera de Henares 70B
Yverdon 46F
Yvetot 43B
Yvonand 46D
Yxe 29C
Yxerum 29E

Zaandam 35C
Zabalotov 88C
Zabari 87C
Zabkowice 84F
Zabłudów 85B
Zabno 49F
Zabreh 84F
Zabrze 85E
Zadar 55D
Zafra 69E
Zaga 48F
Zagań 84D
Zagorá 90B
Zagorje 49E
Zagreb 87D
Zagubica 89E
Zahara 73E
Zahna 37D
Záhorská Bystrica 49B
Zaidín 66D

Zaječar 89E
Zákány 49F
Zákha 92F
Zakháro 92F
Zákinthos 92F
Zakopane 85E
Zakroczym 85C
Zákros 91E
Zalaegerzeg 49F
Zalalövo 49F
Zalamea de la Serena 69E
Zalamea la Real 72D
Zaláu 88E
Zaleshchiki 88C
Zalewo 85A
Zalla 65A
Zaluznica 55D
Zamberk 84F
Zambrana 65D
Zambrów 85B
Zamora 64F
Zamość 85F
Zandvoort 35C
Zapponeta 58C
Zarafóna 92D
Zaragoza 66C
Zarauz 65B
Zarkon 90B
Zărnești 88D
Zarnów 85C
Zarrentin 37A
Zary 84D
Zarza Capilla 69F
Zarza la Mayor 68D
Zarzadilla de Totana 74D
Zas 63A
Zasieki 84D
Zastavna 88C
Zate 41D
Zawiercie 85E
Zazvic 55F
Zbaszyń 84D
Zd'ár 84F
Zdice 41D
Zdihovo 55B
Zdrelac 55F
Zduńska 85C
Zealand = Sjælland
Zebreira 68D
Zechlin 37B
Zegar 55D
Zehdenick 37B
Zeist 35D
Zeitlarn 48B
Zeitz 41A
Zele 38B
Zelechów 85D
Zelenogorsk 11F
Zelezny Brod 84F
Zelhem 35D
Zeliezovce 86C
Zélion 92C
Zell 39D
Zell am See 48D
Zell am Ziller 48C
Zella-Mehlis 40B
Zellingen 40D
Zeltweg 49C
Zelzate 38B
Zemenón 92D
Zemun 86B
Zemunik 55D
Zenica 87C
Zennor 6F
Zepče 87C
Zerbst 37D
Zergan 87B
Zermatt 47E
Zernez 47F
Zeulenroda 41A
Zeven 36B
Zevenaar 35D
Zevgolatió, *Greece* 92D
Zevgolatió, *Greece* 92F
Zevgolatión 92D
Zeytindağ 91A
Zgierz 85C
Zgorzelec 84D
Zhabe 88C
Zheleznodorozhnyy 85B
Ziar-nad-Hronom 86C

Zicava 62C
Ziegenhain 40B
Zielona Góra 84D
Zierenberg 40B
Zierikzee 35C
Zierzow 37A
Ziesar 37D
Zilina 85E
Zimnicea 89C
Zingst 33B
Ziríkia 92C
Zirl 48C
Zirndorf 41E
Zirovnica 87B
Zísta 90A
Zistersdorf 49B
Zittau 84D
Zlatitsa 89C
Zlatni Piassatsi = Golden Sands
Złocieniec 84B
Złoczew 85C
Zlonice 41D
Zlutice 41D
Żmigród 84D
Zminj 55A
Znamensk 85B
Znin 85C
Znojmo 49B
Zofingen 47C
Zollhaus 40C
Zollikofen 46B
Zóni 92D
Zonza 62C
Zörbig 37F
Zorita 69C
Zorleni 88B
Zorneding 48A
Zory 85E
Zossen 37D
Zrenjanin 86B
Zruč 84F
Zsáka 86A
Zschopau 41B
Zucaina 71C
Zuéra 66D
Zufre 72D
Zug 47C
Zugspitze, Mt. 48C
Zuidhorn 35B
Zuidlaren 35B
Zújar 74C
Zülpich 39B
Zumárraga 65B
Zumaya 65B
Zundert 35E
Zuoz 47F
Zupanja 86D
Zurich, *Netherlands* 35B
Zürich, *Switzerland* 47C
Zürich-See, Lake 47C
Zurndorf 49B
Zürs 47D
Zurzach 47C
Zusmarshausen 47B
Züsow 33B
Zuta Lokva 55D
Zutphen 35D
Zuzemberk 49E
Zvezdets 89B
Zvolen 86C
Zvornik 87A
Zwartsluis 35B
Zweelo 35B
Zweibrücken 39F
Zweisimmen 46F
Zwenkau 41A
Zwettl 49A
Zwickau 41A
Zwiefalten 47B
Zwiesel 41F
Zwischenahn 36A
Zwolen 85D
Zwolle 35D
Zwönitz 41B
Zyradów 85C
Zywiec 85E